JN069947

第一次検定・第二次検定

建築
施工管理技士
要点テキスト

2級

建築学
共通
建築施工
施工管理法
法規
第二次検定
検定試験問題

市ヶ谷出版社

ま え が き

建築施工管理技士の制度は，建設業法によって制定されたもので，建築技術者の技術水準を高めることと，合わせて社会的地位の向上を目的としております。その歴史は，意外と浅く，2級建築施工管理技術検定試験が昭和58年度に，1級建築施工管理技術検定試験が昭和59年度に実施されました。

建築業に携わっている建築技術者にとって，是非取得したい資格の一つであることは，毎年の受験者の数をみても，よくわかります。しかしながら，合格率をみると，逆に取得することが容易でないことがわかります。

日々の建築技術の進歩はめざましいものがあり，建築技術者が習得しなくてはならない事項も増える一方です。また，建築施工管理技士の試験の出題範囲は，建築施工の分野に留まることなく，多岐にわたっているため，ますます学習の範囲が拡散しがちになります。

一方，受験者の多くは，中堅の技術者であり，言い換えれば，現場で一番忙しく，自分の時間を取ることがとても難しい方々となっています。このような方々が独学で，上記のような拡散しがちな出題範囲の試験勉強をすることは，困難であることは想像に難くないと執筆者らは考えていました。

そこで，**過去の試験問題を徹底的に分析**し，**試験合格のために**，**必要最少限な項目**とは何かを絞り出し，「**要点テキスト**」というものができないかと考え，執筆したのが本書です。

各項目をできる限り，**見開き2ページ**でまとめて，**試験で解答を導くための記述のみに凝縮**しようとしたものです。特に，**重要かつ頻出する事項は，赤字**で示して，学習の効率を究極まで高めようとして執筆しました。したがいまして，各項目の掘り下げ度合いは，それほど深いものとはいえませんが，**試験の合格**を目指す受験生にとっては，**必要かつ十分な内容**となっているものと考えています。合格をお祈りします。

2級建築施工管理技術検定は，「令和3年度」から第一次検定（旧学科試験）と第二次検定（旧実地試験）になりました。詳しくは次ページをご参照ください。

令和6年3月

著　者

2級建築施工管理技術検定　令和3年度制度改正について

令和3年度より，施工管理技術検定は制度が大きく変わりました。

●試験の構成の変更　（旧制度）　→　（新制度）
学科試験・実地試験　→　第一次検定・第二次検定
●第一次検定合格者に『技士補』資格
令和3年度以降の第一次検定合格者が生涯有効な資格となり，国家資格として『2級建築施工管理技士補』と称することになりました。
●試験内容の変更・・・以下を参照ください。
●受験手数料の変更・・第一次検定，第二次検定ともに受検手数料が5,400円に変更。

試験内容の変更

学科・実地の両試験を経て2級建築施工管理技士となる現行制度から，施工技術のうち，基礎となる知識・能力を判定する第一次検定，実務経験に基づいた技術管理，指導監督の知識・能力を判定する第二次検定に改められます。

第一次検定の合格者には技士補，第二次検定の合格者には技士がそれぞれ付与されます。

第一次検定

これまで学科試験で求めていた知識問題を基本に，実地試験で出題していた施工管理法の基礎的な能力問題が一部追加されることになりました。

第一次検定はマークシート式で，出題形式の変更はありませんが，これまでの四肢一択形式に加え，追加される施工管理法の基礎的な能力を問う問題は，四肢二択の解答形式となります。合格に求める知識・能力の水準は現行検定と同程度となっています。

第一次検定の試験内容

検定科目	検定基準	知識・能力の別	解答形式
建築学等	1　建築一式工事の施工の管理を適確に行うために必要な建築学，土木工学，電気工学，電気通信工学及び機械工学に関する概略の知識を有すること。 2　建築一式工事の施工の管理を適確に行うために必要な設計図書を正確に読みとるための知識を有すること。	知　識	四肢一択
施工管理法	1　建築一式工事の施工の管理を適確に行うために必要な施工計画の作成方法及び工程管理，品質管理，安全管理等工事の施工の管理方法に関する基礎的な知識を有すること。	知　識	四肢一択
	2　建築一式工事の施工の管理を適確に行うために必要な基礎的な能力を有すること。	能　力	四肢二択
法　　規	建設工事の施工の管理を適確に行うために必要な法令に関する概略の知識を有すること。	知　識	四肢一択

（2級建築施工管理技術検定　受検の手引きより引用）

第二次検定

第二次検定は，施工管理法についての試験となります。知識を問う四肢一択のマークシート方式の問題と，能力を問う記述式の問題となります。

第二次検定の試験内容

受検種別	検定科目	検定基準	知識能力	解答形式
建築	施工管理法	① 主任技術者として，建築一式工事の施工の管理を適確に行うために必要な知識を有すること。	知識	四肢一択（マークシート）
		② 主任技術者として，建築材料の強度等を正確に把握し，及び工事の目的物に所要の強度，外観等を得るために必要な措置を適切に行うことができる応用能力を有すること。 ③ 主任技術者として，設計図書に基づいて，工事現場における施工計画を適切に作成し，施工図を適正に作成することができる応用能力を有すること。	能力	記述
躯体	躯体施工管理法	① 建築一式工事のうち基礎及び躯体に係る工事の施工の管理を適確に行うために必要な概略の知識を有すること。	知識	四肢一択（マークシート）
		② 基礎及び躯体に係る建築材料の強度等を正確に把握し，及び工事の目的物に所要の強度等を得るために必要な措置を適切に行うことができる高度の応用能力を有すること。 ③ 建築一式工事のうち基礎及び躯体に係る工事の工程管理，品質管理，安全管理等工事の施工の管理方法を正確に理解し，設計図書に基づいて，当該工事の工事現場における施工計画を適切に作成し，及び施工図を適正に作成することができる高度の応用能力を有すること。	能力	記述
仕上げ	仕上施工管理法	① 建築一式工事のうち仕上げに係る工事の施工の管理を適確に行うために必要な概略の知識を有すること。	知識	四肢一択（マークシート）
		② 仕上げに係る建築材料の強度等を正確に把握し，及び工事の目的物に所要の強度，外観等を得るために必要な措置を適切に行うことができる高度の応用能力を有すること。 ③ 建築一式工事のうち仕上げに係る工事の工程管理，品質管理，安全管理等工事の施工の管理方法を正確に理解し，設計図書に基づいて，当該工事の工事現場における施工計画を適切に作成し，及び施工図を適正に作成することができる高度の応用能力を有すること。	能力	記述

（2級建築施工管理技術検定　受検の手引きより引用）

2級建築施工管理技術検定の概要

1. 試験日程

	【前期】第一次検定	【後期】第一次検定・第二次検定
受検申込期間	令和6年2月9日（金）～3月8日（金）	令和6年6月26日（水）～7月24日（水）
試験日	令和6年6月9日（日）	令和6年11月24日（日）
合格発表	令和6年7月10日（水）	第一次検定　令和7年1月10日（金） 第二次検定　令和7年2月7日（金）

2. 受検資格

第一次検定のみ

試験実施年度に満17歳以上となる者【生年月日が平成20年4月1日以前の者が対象】

第二次検定のみ

次にあげる［1］～［3］のいずれかに該当し「第一次・第二次検定」の受検資格を有する者は，第一次検定免除で第二次検定のみ受検申込が可能です。

［1］　建築士法による一級建築士試験の合格者

［2］　（令和2年度までの）2級建築施工管理技術検定試験の「学科試験のみ」受検の合格者で有効期間内の者

［3］　2級建築施工管理技術検定の「第一次検定」合格者

第一次検定・第二次検定

下表の区分イ～ロのいずれか一つに該当する方が受検申込可能です。

区分	受検種別	最終学歴	実務経験年数	
			指定学科卒業	指定学科以外卒業
イ	建築または躯体または仕上げ	大学 専門学校の「高度専門士」	卒業後1年以上	卒業後1年6ヶ月以上
		短期大学 5年制高等専門学校 専門学校の「専門士」	卒業後2年以上	卒業後3年以上
		高等学校 専門学校の「専門課程」	卒業後3年以上	卒業後4年6ヶ月以上
		その他（最終学歴問わず）	8年以上	

区分	受検種別	職業能力開発促進法による技能検定合格者		必要な実務経験年数
		技能検定職歴	級別	
ロ	躯体	鉄工（構造物鉄工作業），とび，ブロック建築，型枠施工，鉄筋施工（鉄筋組立て作業），鉄筋組立て，コンクリート圧送施工，エーエルシーパネル施工	1級	問いません
			2級	4年以上
		平成15年度以前に上記の検定職種に合格した者	—	問いません
		単一等級エーエルシーパネル施工	—	問いません
	仕上げ	建築板金（内外装板金作業），石材施工（石張り作業），石工（石張り作業），建築大工，左官，タイル張り，畳製作，防水施工，内装仕上げ施工（プラスチック系床仕上げ工事作業，カーペット系床仕上げ工事作業，鋼製下地工事作業，ボード仕上げ工事作業），床仕上げ施工，天井仕上げ施工，スレート施工，熱絶縁施工，カーテンウォール施工，サッシ施工，ガラス施工，表装（壁装作業），塗装（建築塗装作業），れんが積み	1級	問いません
			2級	4年以上
		平成15年度以前に上記の検定職種に合格したした者	—	問いません
		単一等級れんが積み	—	問いません

※1．実務経験年数の基準日については，「受検の手引」をご覧ください。
※2．職業能力開発促進法に規定される職業訓練等のうち国土交通省の認定を受けた訓練を修了した者は，受検資格を満たすための実務経験年数に職業訓練期間を算入することが可能です。詳細は受検の手引 をご覧ください。

3. 試験地

（前期）札幌・仙台・東京・新潟・名古屋・大阪・広島・高松・福岡・沖縄

（後期）札幌・青森・仙台・東京・新潟・金沢・名古屋・大阪・広島・高松・福岡・鹿児島・沖縄

※学校申込の受検者　帯広・盛岡・秋田・長野・出雲・倉敷・高知・長崎が追加されます。

4. 試験の内容

「2級建築施工管理技術検定　令和3年度制度改正について」をご参照ください。

受検資格や試験の詳細については受検の手引をよく確認してください。

不明点等は下記機関に問い合わせしてください。

5. 試験実施機関

〒105-0001　東京都港区虎ノ門4-2-12　虎ノ門4丁目MTビル2号館

TEL：03-5473-1581

一般財団法人　建設業振興基金　試験研修本部

HP：www.fcip-shiken.jp

本書の使い方

本書には，次のような工夫がしてある。

(1) 特に，**重要な用語**は，**赤字**で示している。
(2) **頻出している文章**には，**赤の網掛け**をしてある。
(3) 図解によって**ポイントが一目瞭然**，わかるようになっている。
(4) **箇条書きを多用**し，**簡潔でわかりやすい表現**を心掛けている。
(5) 重要な用語等を，欄外に記述し，見やすくしている。

本書の構成は，試験の流れに沿って，以下のようになっている。

第１章　建築学
第２章　共　通
第３章　建築施工
第４章　施工管理法
第５章　法　規
第６章　第二次検定（旧実地試験）

本書の内容は，「まえがき」にあるように，本試験を徹底的に分析した結果，そのエッセンスともいうべきものに，凝縮されている。したがって，**本書に書かれていることが，理解できていれば，必ずや合格の栄冠を勝ち取れる**ものと自負している。

そのためには，まず，**本書を熟読**し，**内容を理解**するようにしていただきたい。その後，「問題集」などにより，**本試験問題を反復練習**していただきたい。問題集の解説などで，理解できない項目があれば，本書に戻って，理解を深めてください。

忙しく働く建築技術者の方々にとっては，最少のエネルギーで，効率良く学習したいとの願望は当然のことであるし，その一助となることを，最大の目的として執筆した本書であるが，資格試験に王道がないことも，また事実である。輝かしい２級建築施工管理技士の資格取得を目指して，大いに努力をしていただきたい。

●令和６年度の勉強していくうえでの注意

実際に学習していく上では，次のような点にも注意しておくとよいでしょう。

(1) **施工管理法・建築学**は，できるだけ問題の選択肢を理解し，覚えていくことがたいせつです。このような択一式問題は，選択肢の１肢，１肢をじっくり頭に入れて整理していくと，比較的容易に覚えられるものです。

(2) **建築施工**については，自分の得意とする分野を半分だけ選び，それを徹底的に学習するのもよい方法でしょう。

応用能力問題に対する準備

応用能力問題に対する準備として，次のような点に注意していくとよいでしょう。

(1) 令和３年度から施工管理法について，工事の施工の管理を適確に行うために必要な基礎的な能力を有することを判定するために，実地試験で求められていた能力問題の一部が追加されることになりました。

(2) しかしながら，実際令和３年度，４年度に出題された応用能力問題は，本書でいう「建築施工」からの四肢二択の問題で，いずれも本書を学習しておけば，解答できる問題でした。

(3) 令和６年度は，過去３年度と同様に「建築施工」からの出題になるか，「施工管理法」からの出題になるかは不明ですが，いずれにしても，本書で取り上げている過去の試験問題に関連した出題になると思われます。

(4) したがって，本書をきちんと学習しておけば，出題分野・出題形式（四肢一択または四肢二択）に関わらず正答を導けるものと思われます。

目　次

第4章　施工管理法

第5章　法　規

第6章　第二次検定（旧実地試験）

第一次検定（学科試験）

分野別の出題数と解答数

年度別 / 分野別	令和5年				令和4年				令和3年	
	（前期）		（後期）		（前期）		（後期）		（後期）	
	出題数	解答数	出題数	解答数	出題数	解答数	出題数	解答数	出題数	解答数
建築学等	**14**	**9**	**14**	**9**	**14**	**9**	**14**	**9**	**14**	**9**
環境工学	3		3		3		3		3	
一般構造	4	9	4	9	4	9	4	9	4	9
構造力学	3		3		3		3		3	
建築材料	4		4		4		4		4	
共　通	**3**	**3**	**3**	**3**	**3**	**3**	**3**	**3**	**3**	**3**
舗装・植栽工事	1	1	1	1	–		–	–	–	–
建築設備	2	2	2	2	3	3	2	3	3	3
設計図書・測量	–	–	–	–	–	–	1	–	–	–
建築施工	**15**	**12**	**15**	**12**	**11**	**8**	**11**	**8**	**11**	**8**
地盤調査	–		–		–		–		–	
仮設工事	–		1		–		–		1	
地　業	–		1		1		1		1	
土工事	1		–		1		–		–	
鉄筋コンクリート工事	2		1		2		3		2	
鉄骨工事	–		1		–		–		1	
木工事	2		1		1		1		–	
補強コンクリートブロック工事	–		–		–		–		–	
躯体工事全般	1		–		–		–		–	
建設機械	–	**8**	–	**8**	–	**8**	–	**8**	–	**8**
防水工事	1		–		–		–		1	
石工事	1		–		1		–		–	
タイル工事	–		1		–		1		–	
屋根工事	–		1		–		–		1	
金属工事	1		1		1		1		–	
左官工事	–		1		1		1		1	
建具工事	–		–		1		1		1	
塗装工事	1		1		–		1		–	
内装工事	1		1		2		1		1	
仕上工事全般	–		–		–		–		1	
施工管理法	**10**	**10**	**10**	**10**	**10**	**10**	**10**	**10**	**10**	**10**
施工計画	3	3	3	3	3	3	3	3	3	3
工程管理	2	2	2	2	2	2	2	2	2	2
品質管理	3	3	3	3	3	3	3	3	3	3
安全管理	2	2	2	2	2	2	2	2	2	2
応用能力問題	**4**	**4**	**4**	**4**	**4**	**4**	**4**	**4**	**4**	**4**
法　規	**8**	**6**	**8**	**6**	**8**	**6**	**8**	**6**	**8**	**6**
建築基準法	2		2		2		2		2	
建設業法	2		2		2		2		2	
労働基準法	1	6	1	6	1	6	1	6	1	6
労働安全衛生法	1		1		1		1		1	
環境保全	1		1		1		1		1	
その他	1		1		1		1		1	
出題・解答数	**50**	**40**	**50**	**40**	**50**	**40**	**50**	**40**	**50**	**40**

第一次検定　過去問題分析表

分類		年度	令和５年（前期）	令和５年（後期）	令和４年（前期）	令和４年（後期）	令和３年（前期）	令和３年（後期）
第一章　建築学	1・1 環境工学	換気			1			
		照明	2				2	
		採光・照明		2	2	2		3
		通気・換気		1				1
		湿度・結露	1			1	1	
		色	3			3	3	
		日照・日射						2
		音		3	3			
	1・2 一般構造	木造在来軸組構法	4			4	4	
		RC 構造	5	4	4	5	5	4
		S 構造	6	5，6	5，6	6	6	5，6
		杭基礎	7			7		7
		基礎構造		7	7		7	
		部材の応力度		8			8	
	1・3 構造力学	荷重及び外力	8			8		8
		構造材料の力学的性質			8			
		単純梁の反力計算	9			9		9
		単純梁に集中荷重が作用したときの応力			9			
		単純梁にモーメント荷重が作用した時の応力		9			9	
		等辺分布荷重を受ける片持ち梁の応力						
		単純梁の曲げモーメント図	10					10
		集中荷重を受けるラーメンの曲げモーメント図				10		
		片持ち梁の曲げモーメント図		10	10		10	
	1・4 建築材料	鋼の性質			11			
		構造用鋼材		11				11
		コンクリート	11			11	11	
		木材				12		12
		木質材料		12				
		建具の性能項目		13	12			13
		セラミックタイル	12			13	12	
		防水材料	13			14		14
		シーリング材		14	13		13	
		カーペット						
		内装材料	14		14		14	

　は応用能力問題

分類		年度	令和５年（前期）	令和５年（後期）	令和４年（前期）	令和４年（後期）	令和３年（前期）	令和３年（後期）
第二章　共通	設備・契約・その他	鋼製巻尺の距離補正						
		測量		15		15		
		防災設備						
		自動火災報知設備			16			
		空気調和設備			17			
		舗装工事	15				15	
		電気設備の用語・記号	16			16	16	
		屋外排水設備			15			15
		照明設備		16				16
		建築設備の用語		17				17
		給排水設備	17			17	17	
第三章　建築施工	躯体	墨出し・やり方		18	18			18
		埋戻し				18	18	
		標準貫入試験						
		地業工事		19	19			19
		土工事	18					
		鉄筋の継手・定着			39			
		鉄筋のかぶり厚さ	39			19	19	
		鉄筋の加工・組立て		20				39
		型枠支保工		39	20	20		
		型枠の締付け金物	19				39	
		型枠工事						20
		型枠の存置		40				21
		コンクリートの調合				21	40	
		コンクリートの養生			21			
		コンクリート用骨材	20					
		高力ボルト摩擦接合		21				22
		鉄骨の加工				39		
		鉄骨の建方			40			
		錆止め塗装	40				20	
		在来軸組構法	21	22	22	22	21	40
		RC 造建築物の解体工事				40		
		木造建築物の分別解体	22				22	
	仕上げ	シーリング工事						
		シート防水接着工法		41				23
		アスファルト防水工事				41	23	
		ウレタンゴム系塗膜防水	23		41			
		床タイル張り				23		
		壁タイル後張り工法		23				41
		金属製折板葺		24				24
		金属材料の裏面処理，表面仕上げ	25			24	25	
		張り石工事	24		23		24	

は応用能力問題

分類		年度	令和５年（前期）	令和５年（後期）	令和４年（前期）	令和４年（後期）	令和３年（前期）	令和３年（後期）
第三章 建築施工	仕上げ	床コンクリートの直均し仕上げ			25			
		壁のセメントモルタル塗り		25		25		25
		雨どい			24			
		セルフレベリング材塗り	**41**					
		ガラス工事						
		塗装工事			**42**	27		**42**
		仕上塗材仕上げ					**41**	
		建具工事	**42**	26	26	26	26	26
		塗装工事の素地ごしらえ	26				27	
		木部の塗装工事		27				
		ビニル床シート張り		28		**42**		
		床のフローリング張り	27				**42**	
		カーペット敷き			27			
		フリーアクセスフロア				28		
		内装改修工事			28			
		内部仕上げの改修工事						
		押出成形セメント板張り	28					
		モルタル塗り仕上げ外壁改修						
		壁のせっこうボード張り						27
		カーテン工事					28	
		外部仕上げ改修工事		**42**				28
第四章 施工管理法	施工計画	事前調査・準備作業	29	29	29	29	29	29
		施工計画と事前調査						
		仮設計画	30	30	30	30	30	30
		材料の保管		31	31			31
		提出書類の提出先（申請先）	31			31	31	
	工程管理	総合工程表			32			
		工程計画の立案		32				
		工程計画及び工程管理	32			32	32	32
		工事計画及び工程管理						
		バーチャート工程表	33	33	33	33	33	33
	品質管理	品質管理の用語	34			34	34	
		品質管理		34	34			
		施工品質管理表（QC 工程表）						34
		トルシア形高力ボルト	36	35				35
		試験・検査	35		35	35，36	35	
		コンクリート試験		36	36		36	36
		鉄筋のガス圧接継手						
	安全管理	安全管理用語			37			
		事業者の講ずべき措置		38				38
		作業主任者の職務	37			37		
		作業主任者の選任					37	

分類		年度	令和５年（前期）	令和５年（後期）	令和４年（前期）	令和４年（後期）	令和３年（前期）	令和３年（後期）
第四章 施工管理法	安全管理	通路及び足場	38		38	38	38	
		建築工事における危害及び迷惑						37
		工事現場の安全管理						
第五章 法規	建築基準法	建築基準法全般	43, 44	43, 44	43, 44	43, 44	43, 44	43, 44
	建設業法	建設業の許可	45	45	45	45	45	45
		建設工事の請負契約		46	46			46
		工事現場における技術者	46			46	46	
	労働基準法	労働基準法全般				47		
		労働契約		47	47			47
		年少者の就業	47				47	
	労働安全衛生法	安全衛生教育		48	48			
		元方安全衛生管理者				48		
		安全衛生管理者・安全衛生責任者					48	
		労働者の就業に当たっての措置						
		労働基準監督署長への報告	48					
		健康の保持増進のための措置						48
	環境保全関係法	廃棄物の処理及び清掃に関する法律		49	49			49
		建設リサイクル法上の特定建設資材	49			49	49	
	その他	道路法				50		
		騒音規制法	50				50	
		消防法		50	50			50

＊応用能力問題　問 39～42 全問解答

分類	年度	令和５年（前期）	令和５年（後期）	令和４年（前期）	令和４年（後期）	令和３年（前期）	令和３年（後期）
建築施工	型枠の締付け金物					39	
	レディーミクストコンクリート					40	
	鉄筋の加工・組立て						39
	鉄筋の継手			39			
	鉄筋のかぶり厚さ	39					
	鉄骨の加工				39		
	鉄骨の建方			40			
	型枠支保工		39				
	型枠の存置期間		40				
	鉄骨の錆止め塗装	40					
	RC 造建築物の解体工事				40		
	鋼製建具	42					
	在来軸組構法						40
	仕上塗材仕上げ					41	
	床のフローリングボード張り					42	
	セルフレベリング材塗り	41					
	タイル後張り工法						41
	ウレタンゴム系塗膜防止			41			
	シート防水接着工法		41				
	屋上アスファルト防水工事				41		
	ビニル床シート張り				42		
	塗装工事			42			42
	外壁仕上げの劣化と改修工法		42				

第二次検定（旧実地試験）

年度別出題内容一覧表

問題 No.	出題項目	令和５年	令和４年	令和３年	令和２年	令和元年
1.	経験記述 （記述式）	工程管理 ①工事概要 ②遅延させるかもしれないと考えた当時の状況とそれが遅延につながった要因 ③遅延を防ぐために実際に行った対策 ④作業工程を周知や共有するための有効な方法や手段と共有が不十分な場合に起こる工程への影響	品質管理 ①工事概要 ②品質低下につながる不具合とそう考えた理由，不具合を発生させないために行ったこと，留意したこと ③施工の品質を確保するために着手時の確認事項とその理由，施工中または完了時の確認事項とその理由	施工計画 ①工事概要 ②着目した項目，工種名，現場の状況と施工計画時に検討したこと，検討した理由，実施したこと ③品質低下の防止，工程遅延の防止について検討したこととその理由，防止対策と留意事項	工程計画 ①工事概要 ②工事を遅延させないために努めたこと ③工期を短縮するための有効な方法や手段	施工計画 ①工事概要 ②実際に行った事前検討事項とその理由 ③産業廃棄物を減らすために有効な方法や手段と留意すべきこと
2.	施工管理 （記述式）	建築用語 14 種類の中から５つの用語説明と施工の留意点	建築用語 14 種類の中から５つの用語説明と施工の留意点	建築用語 14 種類の中から５つの用語説明と施工の留意点	建築用語 14 種類の中から５つの用語説明と施工の留意点	建築用語 14 種類の中から５つの用語説明と施工の留意点
3.	工程管理 （記述式）	工程表と出来高表 ①該当する作業 ②工事金額の合計に対する比率 ③・着手時期が不適当な作業名 ・適当な着手時期 ・実績出来高の累計の金額	工程表と出来高表 ①該当する作業 ②実積出来高の累計（比率） ③出来高表の誤りを修正し，実績出来高の累計金額をだす	ネットワーク計算 ①該当する作業 ②工事完了日 ③実積出来高の累計（比率） ④実積出来高の累計（金額）	工程表と出来高表 ①該当する作業 ②取付作業完了日 ③実積出来高の累計金額 ④累計金額の差と総工事金額に対する比率 ⑤総工事金額に対する	工程表と出来高表 ①該当する作業 ②取付け終了日 ③完成出来高の累計（金額） ④完成出来高の累計（パーセント）
4.	法　規 （語句訂正）				①建設業法 ②建築基準法施行令 ③労働安全衛生法	①建設業法 ②建築基準法施行令 ③労働安全衛生法
	法　規 （四肢一択式）	①建設業法 ②建築基準法 ③労働安全衛生法	①建設業法 ②建築基準法 ③労働安全衛生法	①建設業法 ②建築基準法 ③労働安全衛生法		
5.	躯体と仕上げ （語句訂正）				①躯体語句訂正４つ ②仕上げ語句訂正４つ	①躯体語句訂正４つ ②仕上げ語句訂正４つ
	躯体と仕上げ （四肢一択式）	①躯体関連４つ ②仕上げ関連４つ	①躯体関連４つ ②仕上げ関連４つ	①躯体関連４つ ②仕上げ関連４つ		

注）出題される５問題は，全て必須問題。
※本書は，種別「建築」のみを掲載します。

第1章　建　　築　　学

令和5年度　建築学の出題傾向

出題数は14問（解答数9問）

①　環境工学：前期・後期ともに3問出題

②　一般構造：前期・後期ともに4問出題

③　構造力学：前期・・・荷重と静定梁から3問出題
　　　　　　後期・・・断面の性質と静定梁から3問出題

④　建築材料：前期・後期ともに4問出題

①，②，④については正答肢が頻出肢であり，比較的易しかった。③については，いずれも過去問題を学習していれば得点できる程度であった。

1・1　環　境　工　学

学習のポイント

「第1章　建築学」からの出題は，14問で，9問を選択して解答することになっている。14問のうち「1・1　環境工学」に関する出題は，3問程度である。出題傾向は，例年ほぼ同様であり，本テキストの範囲を十分に学習しておけば，3問とも正答できる可能性は高い。

1・1・1　日射・日照

(1)　日　射

日射には，**直達日射**と**天空日射**とがあり，これらの合計を**全天日射**という。曇天の場合には，天空日射のみがあることになる。

太陽光線の波長は，図1・1に示すように，約300～5000 nm（ナノメートル，10^{-6} mm）な範囲にあり，400～800 nm の範囲の光線は人間の目に見え，これを**可視光線**という。

直達日射　晴天の場合に直接地表に到達する日射

天空日射　大気中の分子や浮遊物などによって散乱されて間接的に地表に到達する日射

全天日射　直達日射と天空日射の合計

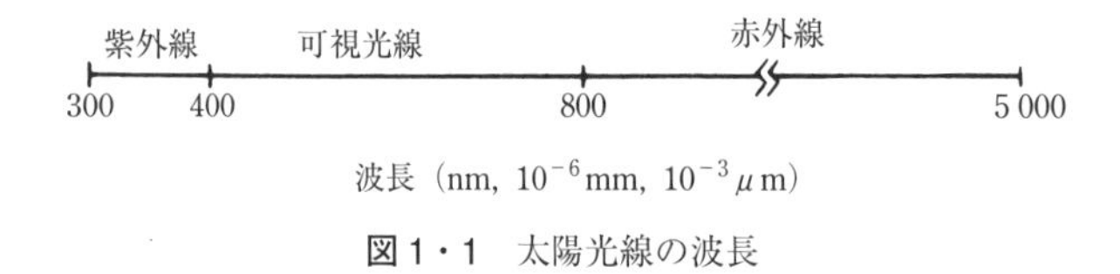

図1・1　太陽光線の波長

地上に達する太陽光線のエネルギーのうち紫外線部が1～2% を，可視光線部が40～45% を，赤外線部が53～59% を占める。

わが国における終日直達日射量は，図1・2に示すように，夏期においては水平面，東西面，南面，北面の順に少なくなり，冬期においては南面，水平面，東西面，北面の順に少なくなる。また，南面の終日直達日射量は，夏期の場合のほうが冬期の場合よりも少ない。

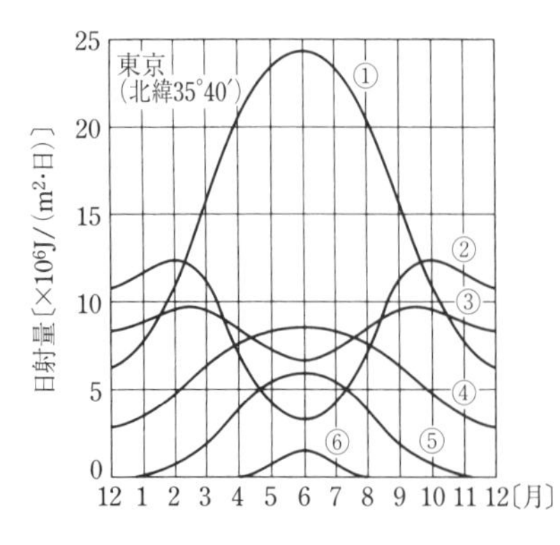

図1・2　水平面・鉛直面の終日直達日射量の年変化（東京の例）

(2)　日　　照

直接日射があたることを日照といい，一般の建物の場合には，建築計画上できるだけ日照を確保することが必要である。

可照時間は，その土地の緯度により，また，その季節によりかわる。その例を表1・1に示す。曇天・雨天などの日の日照時間は，当然，可照時間よりも少ない。実際の日照時間と可照時間との比をパーセントで表した値を**日照率**といい，東京地方における日照率は1月で約60%，8月で約50%である。

表1・1　壁面の方位と可照時間（北緯35°付近）

壁面の方位	夏　至	春分・秋分	冬　至
南　面	7時間 0分	12時間0分	9時間34分
北　面	7時間24分	0分	0分
東　面 西　面	7時間12分	6時間0分	4時間47分

(3)　日　　影

地面に鉛直に立てた棒の長さの影は，図1・3に示すような**日影曲線**により求められる。たとえば，図から北緯35度付近においては，太陽が最も南側にくる冬至の正午における長さ1mの棒の影は真北の方向に向き，その長さは約1.7mであることがわかる。建物の影は，日影曲線を利用して，建物の角に建物の高さと同じ高さの棒が立っていると考えて求めれば良い。

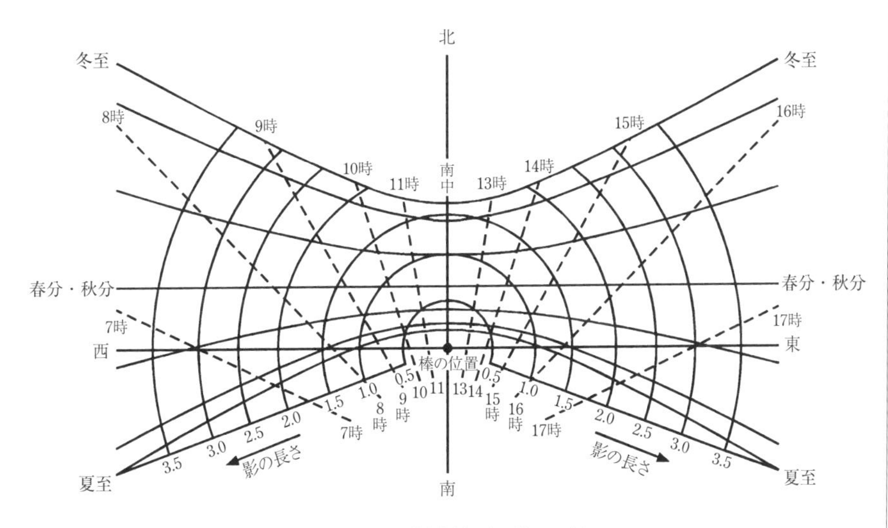

図1・3　日影曲線（北緯35度）

太陽高度　太陽が地平面となる角度

太陽方位角　太陽の方位と真南との角度

南中　太陽が子午線上にきた時

真太陽日　南中から次の南中まで

平均太陽日　真太陽日の1年間の平均値

可照時間　ある方位の壁が晴天の日に日照を受けることのできる時間

日照率　実際の日照時間と可照時間との比をパーセントで表した値

永久日影　夏至においても終日日影となる部分で，1年を通じて日影となる部分

終日日影　建物などによって，1日中日影になる部分

日照時間　日照計で測定される直達日射量が120W/m^{2}以上である時間

1・1・2 採光・照明

(1) 照度・光度および輝度

照度は，光源からの距離の2乗に反比例する。部屋の奥行きが深くなるほど均斉度は悪くなる。

◀よく出る

どの程度の照度が適当であるかは，場所や作業の内容によって異なる。その基準にはJIS Z 9110（照度基準）がある。表1・2にJISによる主な基準を示す。

照度 1 m^2の面に入る光束量（単位：ルクス〔lx〕）

光束量 人の目に入る光の量（単位：ルーメン〔lm〕）

均斉度 昼光による照度分布の最低照度と最高照度の比

表1・2 主な室の照度の基準（JIS Z 9110）

建物の用途	場　　所	照度基準〔lx〕
住　　宅	居間（団らん・娯楽）	150～ 300
	書斎（読書・勉強）	500～1000
	食堂・台所（食堂・調理台・流し台）	200～ 500
共同住宅の共用部分	受付・集会室・ロビー	150～ 300
	エレベータホール・エレベータ	100～ 200
	物置・ピロティ・車庫	30～ 75
事　務　所	細かい作業の事務室・設計室・製図室	750～1500
	受付・事務室・会議室・電子計算室	300～ 750
	エレベータホール・集会室・食堂	200～ 500
	廊下・階段・便所	100～ 200

(2) 昼光率

昼光率は，次式で求める。採光計画では，照度は変化するので，昼光率を指標として用いる。昼光率は，時刻や天候によって変化はしない。

$$昼光率 = \frac{室内のある点の水平面照度〔lx〕}{その時の全天空水平面照度〔lx〕} \times 100〔\%〕$$

採光昼間での全天空水平面照度は，1年間の95%は4500 lxとなるので，一般に，全天空水平面照度の基準としては，5000 lxが最低基準とされる。したがって，室内のある点の水平面照度を100 lxにするには，昼光率が2%になるように窓を設ければ良い。

全天空水平照度 室外の障害物のない場所すなわち全天空を望むことのできる場所における直射日光による照度を含まない水平面照度

光度 光源の光の強さ（単位：カンデラ〔cd〕）

輝度 光源などからの人の目に入る光の強さ（単位：cd/m^2）

昼光率 採光による室内の明るさを表すもの

採光昼間 太陽高度が10°以上となる時間帯

グレア 高輝度な部分や極端な輝度対比などによって感じるまぶしさである。

(3) 採光計画

採光の光源は，太陽である。しかし，太陽からの直射日光は，変動が激しく，光源として直接に利用できないばかりか，有害になることもある。このため，採光計画では，原則として直射日光を遮へいし，天空光を光源として扱っている。

採光は，側窓・天窓・高側窓などによって得る。天窓は，同じ面積の側窓の3倍の採光効果があるが，雨仕舞が面倒であり，はめ殺しになることが多くなるので自然換気が利用しにくい。

◀よく出る

事務所・教室・住宅の居室などにおいては南向きの窓がよく，製図室・アトリエなどの照度変化の少ないことが望ましい部屋においては北向きの窓がよく，美術館・博物館などにおいては天窓や高側窓がよい。

室内の照度分布を均一化するためには，窓を高い位置に設ける，窓の上に庇を設ける，窓ガラスをすりガラスにする，部屋の奥行きを深くしない，室内の仕上げの色を反射率の高い色にする，などの考慮をするとよい。

(4)　照明用光源の種類

照明器具により明るさを得ることを照明という。表1・3に主な照明用光源を示す。

表1・3　照明用光源の種類

種類	特徴
白熱ランプ	生産が中止され，蛍光ランプやLEDランプへの移行が進んでいる。
ハロゲンランプ	高輝度で，**演色性**も高い。価格面から店舗やスタジオのスポット照明・ダウンライトなどに用いられる。
蛍光ランプ (Hf蛍光ランプ)	高効率，長寿命でちらつきが少なく事務所などの照明に用いられる。
HIDランプ	高輝度放電（High Intensity Discharge）ランプの総称
水銀ランプ	水銀を使用できなくなるため，高圧ナトリウムランプ・メタルハライドランプに移行が進んでいる。
メタルハライドランプ	演色性が高く，スポーツ施設，商業施設など，屋内外の様々な施設に広く普及している。
高圧ナトリウムランプ	演色性は良くないが，効率を重視する工場・体育館などに用いられる。
低圧ナトリウムランプ	演色性は良くないが，効率が高いので，自動車道路・トンネルなどに用いられる。
LEDランプ	高効率で他の照明用光源に比べ寿命が長く，省エネ対策として広く用いられる。

(5)　照明方法

照明方法には，照明の際の光束の上下方向の割合によって，**直接照明・半直接照明・全般拡散照明・半間接照明**および**間接照明**に分けられる。**直接照明による陰影は，他の照明による陰影よりも濃い。**

表1・4　配光による照明方法

照明方法	上向き光束〔%〕	下向き光束〔%〕	備　考
直接照明	0～10	90～100	金属性の笠を使用して光束の大部分を下方に送る。
半直接照明	10～40	60～90	つや消しの半透明の笠を使用する。
全般拡散照明	40～60	40～60	乳白色のグローブなどを使用する。
半間接照明	60～90	10～40	光束の大部分を天井面へ送り，その反射光で室内を照明する。
間接照明	90～100	0～10	不透明な反射面を用い光源を隠し，反射光のみで室内を照明する。

建築学

演色性　物の色の見え方に影響を与える光源の性質

ランプ効率　全光束をその消費電力で割った数値。白熱灯は蛍光灯に比べランプ効率が低い。

色温度　光色を客観的な物理的尺度で表したもの。色温度が低くなれば赤味がかった光色になり，高くなれば青味がかった光色になる。単位はケルビン（K）

照明方法は，室内全体を明るくする全般照明，特殊な場所のみを照らす局所照明および全般照明と局所照明を併用する全般局所併用照明に分類される。

全般局所併用照明の場合，全般照明の照度は，局部照明の照度の1/10以上とするのが望ましい。

タスク・アンビエント照明　「アンビエント」（周囲環境）照明は，控えめの照度の全般照明とし，「タスク」（作業）照明は，明るめの照度の局部照明とする。
省エネ効果がある。

1・1・3 伝熱・結露

(1) 熱　量

外壁の**熱容量**が大きいと，外部の気温の変動に対する室温の変動が穏やかになる。

(2) 伝　熱

熱の伝わり方には，熱ふく射（放射）・熱対流および熱伝導の3種類がある。熱ふく射は，熱放射とも呼ばれ，ある物体の表面から熱が電磁波の形で放射される現象である。

熱対流は，流体内に部分的な温度差がある場合に流体が移動することによって熱が伝わる現象である。

(3) 熱伝導

熱伝導は，物体内に温度差が存在すると，図1・4に示すように高温部から低温部へ熱が移動する現象である。壁体を貫流する熱量は，外気温と室内温度の差が大きいほど多くなる。

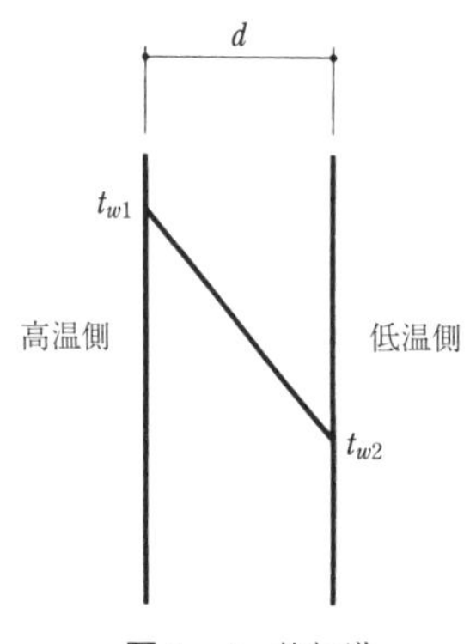

図1・4　熱伝導

熱伝導率の大きい材料ほど熱を伝えやすい。各種材料の熱伝導率の値は，湿潤状態になると大きな値となる。また，同じ種類の材料でも密度が大きいほど大きな値となり，温度が高いほど大きな値となる。

(4) 熱伝達

固体とその固体に接する液体との間には，熱ふく射・熱対流・熱伝導の関係する複合的な伝熱が生じるが，これを**熱伝達**という。**表面熱伝達率**は，固体の表面の形状や流体の流速によって異なる値となるが，実用上の熱負荷計算においては，固体の部位ごとに一定の値を用いている。ちなみに，壁の場合，風速が速いほど，表面熱伝達率は大きくなる。

静止空気は熱を伝えにくいので，壁などの内部に空気層を設けると断熱性が増す。空気層の厚さが20～30 mmを超えると，伝熱はほぼ一定となるが，厚すぎると空気層内部に自然対流が生じて断熱効果が悪くなるので，空気層の厚さは20 mm程度にするのが最も効果的である。

熱量　単位はJで，水1 kgの温度を1℃高める熱量は，4.186 kJ

比熱　ある単位質量の物体の温度を1℃高めるのに必要な熱量

熱容量　ある物体の温度を1℃高めるのに必要な熱量。その物体の比熱と質量の積

◀よく出る

熱伝導率　厚さ1 mの単一材料の両面の表面温度差が1℃のときに，材料の熱の移動方向に対して直角な断面積1 m²を1時間あたりに移動する熱量

表面熱伝達率　固体の表面積1 m²あたり，それに接する液体との温度差1℃あたり1時間に固体・液体間を移動する熱量

(5)　熱貫流（熱通過）

建物の壁や屋根などを通して出入りする熱の移動は，壁や屋根などの材料における熱伝導とそれらの内外面における熱伝導によって生じ，これらを合わせて熱貫流あるいは熱通過という。壁体は，熱貫流率が大きいものほど断熱性能が低い。

熱貫流率（熱通過率）　材料の表面積 1 m² あたり，温度差 1℃ あたりに 1 時間に移動する熱量

熱貫流抵抗　熱貫流率の逆数

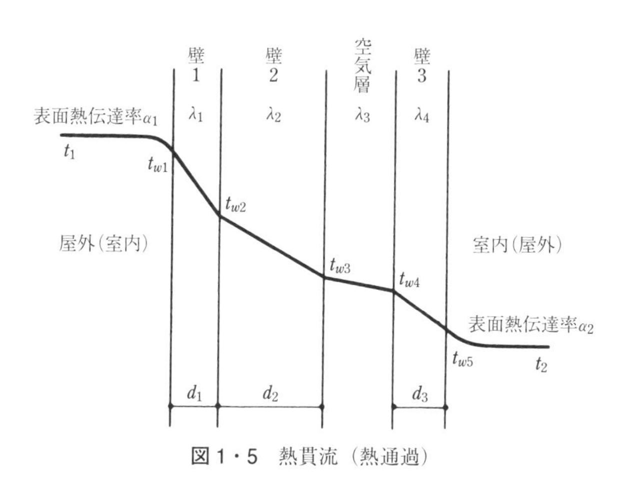

図1・5　熱貫流（熱通過）

(6)　結　　露

空気がその露点温度よりも低い温度の壁などに接した場合，すなわち，壁表面の温度における飽和水蒸気圧が空気中の水蒸気圧より低くなる場合には，その空気の飽和絶対湿度以上の絶対湿度は水蒸気から水滴に変わり，壁面などに水滴が生じる。この現象を結露といい，冬期に窓ガラスや断熱性の悪い外壁などの内面に生じやすい（内部結露）。また，夏期に冷房された部屋では，換気によって外気がそのまま流入すると，結露しやすい。

表面結露を防止するためには，壁などの断熱性を良く（熱貫流率を小さく）して壁などの室内側表面温度が高くなるようにするとともに，室内で発生する水蒸気を換気などで室外に排出する必要がある。隅角部や熱橋（ヒートブリッジ）部の結露を防止するには，断熱材をその部分に張り付ける。

露点温度　水蒸気を含む空気を冷却したとき，凝結が始まる温度

絶対湿度　乾燥空気 1 kg と共存している水蒸気の質量

表面結露　壁などの表面に結露が生じること

ヒートブリッジ（熱橋）　躯体を構成する部材で，断熱材を他の材料が貫通することにより熱が伝わりやすくなる部分

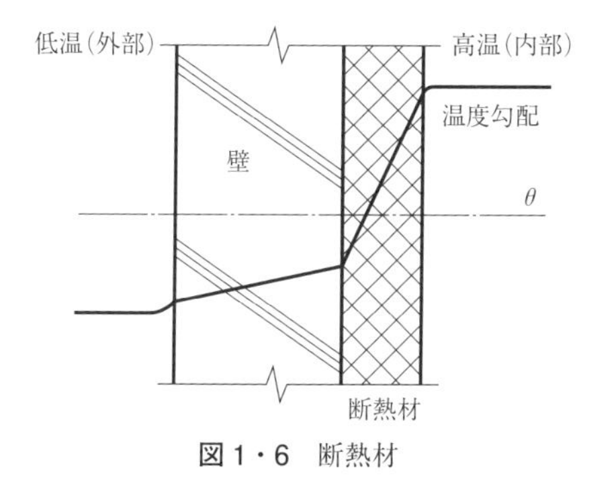

図1・6　断熱材

1・1・4 換 気

(1) 換 気

換気は人間の呼吸，燃料の燃焼，燃焼ガスや臭気の排除のために不可欠である。ある部屋の空気が1時間あたり何回入れ替わるかを示す値を換気回数といい，表1・5に室の用途別の**換気回数**を示す。

表1・5 室用途別必要換気回数〔回/h〕

室 名	換気回数	室 名	換気回数
住宅（居間）	1～3	レストラン客室	7
住宅（台所）	3	レストラン厨房	30～60
住宅（寝室）	0.5～1	教室	3～6
事務室	4	ホテル客室	3
便所・洗面所	5～15	病院・病室	5
湯沸室	6～10	劇場	9～11
浴室	3～5	室内駐車場	10以上

成人1人あたりに必要な換気量は，休息時には30～35 m^3/h，労働時には約50 m^3/h，最低でも17 m^3/hである。

在室者の呼吸作用による1人あたりの必要換気量は，室内の二酸化炭素発生量を室内の許容二酸化炭素濃度と外気の二酸化炭素濃度の差で除して求める。

$$Q=\frac{K}{P_a-P_o}$$

ここに，Q：必要換気量，K：室内の二酸化炭素発生量

P_a：室内の許容二酸化炭素濃度，P_o：外気の二酸化炭素濃度

換気 室内で発生する熱・水分・粉じん・排気ガス・有害ガスなどを排除して，新鮮な空気を入れ替えること

全般換気 室内全体の空気を外気によって希釈しながら入れ換えるもので，住宅の居室や事務所ビルの執務室などに用いられる。

空気齢 空気が流入口から室内の各点に到達するのに要する時間

(2) 自 然 換 気

室の上下に開口があり，室内の温度が外気の温度よりも高い場合には，室内の空気は外気よりも軽いので上部の開口部から外に出る一方，下部の開口部からは外気が室内に入ってくる。これが**重力換気**であり，換気量は室内外の温度差が大きいほど，上下の開口部の垂直距離が大きいほど，多くなる。

建物に風があたると，風上側は正圧となり，風下側は負圧になるから，この両側の壁に開口があると換気が行われる。これが**風力換気**であり，換気量は，風速と開口部の面積にほぼ比例する。

自然換気 ファンを使用しない換気

重力換気 室内外の温度差に基づく空気の密度差による換気

風力換気 建物の外壁に加わる風圧による換気

◀よく出る

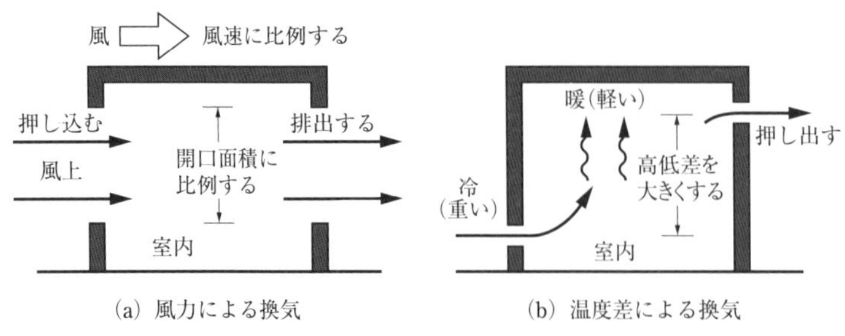

図1・7 自然換気の方法

(3) 機械換気

機械換気は，ファンを使用して強制的に換気を行うもので，機械換気の方式は，表1・6に示すように，3種類に大別できる。

機械換気 ファンを使用する換気

表1・6 機械換気の方法

機械換気方式の種類	方　式	適用など
第一種換気方式	給気ファン → 室（圧力制御可） → 排気ファン	室内の圧力制御も容易にできる。一般の室のほか，調理室，機械室などの換気に適用される。
第二種換気方式	給気ファン → 室（正圧） →	室内が正圧となるので，クリーンルーム，ボイラ室，発電機室などの換気に適用される。
第三種換気方式	→ 室（負圧） → 排気ダクト 排気ファン	室内が負圧になるので，室内の煙，臭気などの汚染物質が生じる厨房，湯沸室，便所，浴室などの換気に適用される。

通風 室内を風が通り抜けること。もっぱら夏季の防暑対策として利用される。

1・1・5 音

(1) 音の強さ・大きさ

音波が空気中を伝わるときには，密度の大きい部分の圧力は大気中よりもやや高く，密度の小さい部分の圧力は大気中よりもやや低い。この圧力を**音圧**という。

パワーレベル，**音の強さのレベル**および**音圧レベル**は，次式で表される。

$$\text{パワーレベル} = 10\log_{10}\left(\frac{W}{10^{-12}}\right)$$

$$\text{音の強さのレベル} = 10\log_{10}\left(\frac{I}{10^{-12}}\right)$$

$$\text{音圧レベル} = 20\log_{10}\left(\frac{P}{2\times10^{-5}}\right)$$

W：ある音のエネルギー〔W〕，I：ある音の強さ〔W/m²〕，P：ある音の音圧〔Pa〕

音の強さを I とすると，単位面積を1秒間に流れるエネルギーが距離 c〔m〕の間に存在することになるから，その空間の音のエネルギー密度 E は，

$$E = \frac{I}{c}$$

E：音のエネルギー密度〔W・s/m³ = J/m³〕，I：音の強さ〔W/m²〕，c：音速〔m/s〕

音源が複数存在する時の音圧レベルは，次式で表される。

$$L = 10\log_{10}\left(10^{\frac{L_1}{10}} + 10^{\frac{L_2}{10}} + \cdots + 10^{\frac{L_n}{10}}\right)$$

したがって，同じ音圧レベル L_1 の音が二つ加わると，

$$L = 10\log_{10}\left(10^{\frac{L_1}{10}} + 10^{\frac{L_1}{10}}\right) = 10\log_{10}\left(10^{\frac{L_1}{10}} \times 2\right) = 10\left(\log_{10}10^{\frac{L_1}{10}} + \log_{10}2\right)$$

$$= L_1 + 3.01$$

となり，約3 dB音圧レベルは大きくなる。

また，二つの音の音圧レベルの差が10 dB以上あるときの合成の音圧レベルは，大きい方の音圧レベルとほぼ同じになる。

デシベル〔dB〕 ある音のエネルギー，音の強さまたは音圧の基準値に対する相対値

パワーレベル 人の耳に聞こえる最小の音のエネルギー 10^{-12} W を基準値としたときの相対値 デシベル〔dB〕

音の強さのレベル 音の強さ 10^{-12} W/m² を基準値としたときの相対値 デシベル〔dB〕

音圧レベル 音圧レベル 2×10^{-5} Pa を基準値としたときの相対値 デシベル〔dB〕

(2) 騒 音

騒音の評価には，**NC 曲線**が広く使用されている。

対象とする騒音について，騒音のオクターブバンドごとの音圧レベルを NC 曲線にプロットし，すべてのバンドである基準曲線を下回るとき，その曲線の数値を評価量（NC 数）とする。

NC 曲線 空調騒音などの広帯域のスペクトルを持つ定常騒音を対象として，事務室内騒音の大規模な実態調査と，そこで働く職員へのアンケート調査を基にまとめられた。米国の Beranek が提案した。

(3) 吸音率と透過損失

材料の**吸音率**は，一般に，低音に対するよりも高音に対する方が大きい。吸

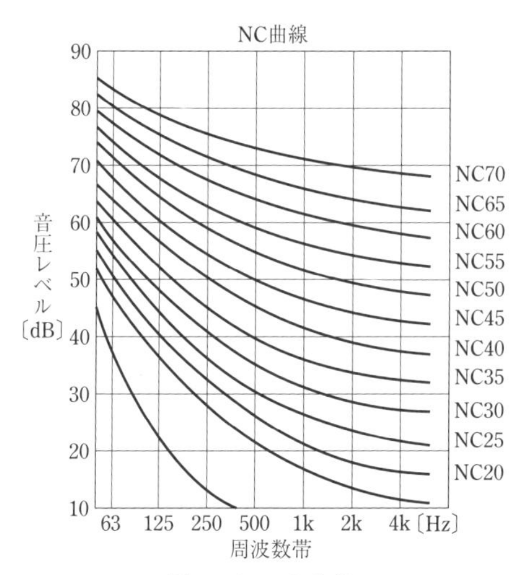

図1・8 NC曲線

音材は，吸音機構により，多孔質型吸音，板（膜）振動型吸音，共鳴器型吸音に分類される。グラスウール，ロックウールなどの多孔質材料は，主に高音域を，合板やボード類と剛壁の間に空気層があるときは，主に低音域を，有孔板やスリットと剛壁の間に空気層があるときは，主に中音域を吸音する。遮音による騒音防止の効果を上げるためには，壁や窓などの透過損失を高める。単層壁の透過損失は，同じ材料の場合，厚さが厚いものほど大きい。

(4) 点音源からの距離減衰

自由空間中にある音響出力 W の点音源から，距離 d の音の強さ I は，半径 d の球面の表面積 $4\pi d^2$ を通過するエネルギーの総和が W であるから，

$I=\dfrac{W}{4\pi d^2}$ となって，距離の2乗に反比例する。

点音源からの任意の距離 d および 2 d 離れた点の音の強さのレベル差は，

$$10\log_{10}\frac{W}{2\pi d^2\cdot 10^{-12}}-10\log_{10}\frac{W}{2\pi(2d)^2\cdot 10^{-12}}=10\log_{10}4=6\text{〔dB〕}$$

となる。

(5) 残　　響

室内の音源の振動が停止してからも，音波が壁などによって反復反射するので，音が完全に聞こえなくなるまでにはいくらかの時間を要する。この現象を残響という。室容積が同じ場合，室内の総吸音力が大きくなると残響時間が短くなる。講演を主とする室の最適残響時間は，音響ホールに比べて短い。

回折　塀などの遮へい物があっても周波数の低い音は，回り込む現象

床衝撃音　軽量衝撃音と重量衝撃音がある。

建築学

◀よく出る

吸音率 α

$$\alpha=1-\frac{R}{I}=\frac{A+T}{I}$$

I：壁に入射する音の強さ

R：反射するエネルギー

A：壁体中に吸収されるエネルギー

T：透過するエネルギー

$I=R+A+T$

つまり，射音以外はすべて吸音する。

音の透過率 τ

$$\tau=\frac{T}{L}$$

透過損失 TL

$$TL=10\log_{10}\frac{1}{\tau}=10\log_{10}\frac{L}{T}\text{〔dB〕}$$

残響時間　室内の音源が停止してから平均音響エネルギー密度が100万分の1になるまでの時間，すなわち，音源が停止してから平均音圧レベルが60 dB下がるのに要する時間

1・1・6　色　　彩

(1)　色の性質

物体の色は，**無彩色**と**有彩色**とに大別される。**色相**，**彩度**および**明度**を色の3要素または3属性といい，これらの組合せによって色がほとんど決まる。有彩色はこれらの3要素を全部有しているが，無彩色は，明度のみを有している。

無彩色　白・灰色・黒のように色どりをもたない色

有彩色　青み・赤みなどの色どりをもつ色

色相　有彩色の色を特性づける性質

彩度　色づきの鮮やかさの度合い

明度　その色の反射率の大小により明暗の違いがある。その色の明るさの度合い

(2)　表　　色

色を表す方法には，**マンセル表色系**，オストワルド表色系，CIE（国際照明委員会）表色系などがあるが，建築の分野ではマンセル表色系が用いられることが多い。マンセル表色系においては，色を色相，明度，彩度という表し方をする。

色相については，R（赤）・YR（黄赤，だいだい色）・Y（黄）・GY（黄緑）・G（緑）・BG（青緑）・B（青）・PB（青紫）・P（紫）・RP（赤紫）の10に分け，さらに，一つの記号の範囲を10に分割して1～10までの番号を付ける。なお，図1・9に示すように，これらの円周上に等間隔に配置したものを**色相環**という。色相環の中心を点対称として対応色を混ぜると無彩色となり，このような色を互いに**補色**という。

明度については，純黒を0，純白を10として，その間の明度を1，2，…で表す。

彩度については，無彩色からの色のつき具合を，1，2，…と区別するが，その段階は色相によって異なり，赤が最も多く，青が最も少ない。たとえば，純粋の赤は，色相が5R，明度が4，彩度が14であり，5R4/14と表す。純粋な黒や純粋な白は色相や彩度がないので，Nのみで表し，純粋な黒はN0で純粋な白はN10である。また，明るい灰色も色相や彩度がないので，Nのみで表し，明度は8であればN8と表す。これらを立体的に表したものに，マンセル色立体がある。

純色　各色相のなかで最も彩度の高い色

図1・9　マンセル色相環

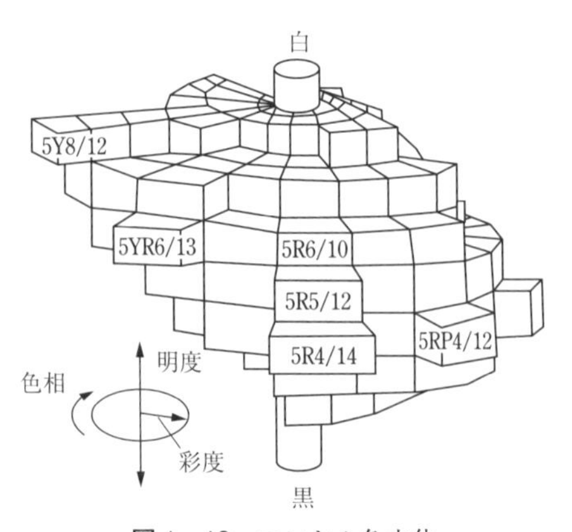

図1・10　マンセル色立体

(3) 色彩の心理効果

◀よく出る

色相環において，黄緑と紫とを結ぶ線の赤側の色は暖かく感じ，青緑側の色は涼しく感じる。暖感を感じさせる色（暖色）は進出して膨張して見え（進出色），時間の流れが早く感じる。暖色は，寒色に比べ一般に，近距離に感じられる。これに対して，涼感を感じさせる色（寒色）は後退して縮んで見える（後退色）。

明度の低い色は，後退して縮んで見え（後退色），重く，硬く感じる。これに対して，明度の高い色は，進出して膨張して見え（進出色），軽く，やわらかく感じる。したがって，上部よりも下部を暗い色にすると，重心が下がっているように感じ，安定感を与える。

同じ色でも，面積が大きいほど，明度と彩度が増加して見え，その色らしく見える。この現象を色彩の面積効果という。また，同じ色でも，暗い場所では青味がかって見え，赤と青を明るい所から暗い所へ移すと，赤の方がより暗くなるように感じられる。二つ以上の色の組合せが，人に心地よい感じを与えるとき，色が調和しているという。

等明度，等彩度の色彩の組合せでは，補色色相の組合せが最も識別しやすい。また，等明度，等彩度の色相対比による色彩の変化は，背景の色相の補色色相の方向へ変化して見え，すなわち，色相差の大きな方向へ変化して見え，補色関係の色彩においては色相変化は認められないので，彩度が高まって感じられる。

彩度は，背景の彩度との差が大きくなる方向に変化して見える。

また，無彩色の背景で，図形の色彩を凝視している時に，突然図形の彩色を取り去ると，同じ箇所にはほぼ補色の色相の同形図形が感じられる。

(4) 色彩調節

色彩の心理効果を利用して，よりよい住環境や職場環境を作り出すことを色彩調節という。建築では，一般に5YR～10YRの暖色で，明度7～8の彩度の低い色がよく使用される。病院の手術室などにおいては，医者や患者の安静や疲労回復のために青緑の色が多く用いられる。また，工場などにおいては，作業能率の向上を目的とする色彩調節のほか，生産系列の色分け，危険・注意・安全などを示す色分けなどにも色彩調節が利用されている。

また，異なる色の光を投影して混色することを加法混色といい，色ガラスや色フィルタの重ね合わせによって別の色を生じさせることを減法混色という。

1・2 一 般 構 造

学習のポイント

「第1章　建築学」からの出題は，14問で，9問を選択して解答することになっている。14問のうち「1・2　一般構造」に関する出題は，4問程度である。「地盤・基礎」「木構造」「鉄筋コンクリート構造」「鉄骨構造」からの出題頻度は高く，これらについては選択し，正答したい。「その他の構造」は，出題頻度も低いため，余裕があれば，学習してほしい。

1・2・1 地盤・基礎

(1) 地　　盤

土の種類は，粒子の大きいものから，礫（粒径2 mm以上）・砂（2～0.074 mm）・シルト（0.074～0.005 mm）・粘土（0.005 mm以下）に大別される。

地盤は，土の粒径の混合割合により，**砂質地盤**，**粘土質地盤**，**ローム**に大別される。この3者の混合の中で砂の割合が多いものを砂質粘土という。

粘土質は，**圧密沈下**による**不同沈下**が，砂質地盤では**液状化**が問題になることがある。

地盤の許容応力度は，地盤調査を行い，その結果に基づいて定めなければならない。ただし，建築基準法施行令第93条には，地盤の種類に応じた許容応力度が規定されている。

ローム　砂・シルト・粘土が混合したもの

圧密沈下　粘土地盤が荷重を受けることにより，間隙水が徐々に周囲に流出し，その結果，間隙比が減少して沈下現象を起こすことをいう。

液状化　水で飽和した砂が，振動・衝撃などによる間隙水圧の上昇のためにせん断抵抗を失う現象である。地盤が液状化することにより，地中に埋設された施設等が浮き上がるおそれがある。

表1・7　各種地盤の許容応力度

	岩盤	固結した砂	土丹盤	密実な礫層	密実な砂質地盤	砂質地盤※	堅い粘土質地盤	粘土質地盤	堅いローム層	ローム層
長期	1000	500	300	300	200	50	100	20	100	50
短期	長期の数値の2倍とする。									

※地震時に液状化のおそれのないもの　（単位：kN/m^2）

(2) 基　　礎

基礎の機能は，上部構造物を安全に支持し，沈下等を生じさせないことにある。

基礎は，**直接基礎**と**杭基礎**とに分類される。併用することはなるべく避ける。

基礎スラブの形状は，独立フーチング基礎・複合フーチング基礎・連続フーチング基礎・べた基礎に分類できる。基礎の形状・大きさは各々の基礎面の接地圧が地盤の許容地耐力を超えず，各基礎の沈下が許容沈下量内になるように，地盤調査結果に基づいて決定する。基礎スラブの根入れ深さが深くなるほど，鉛直支持力は大きくなる。

杭基礎は，**支持杭**と**摩擦杭**とに大きく分類される。支持杭と摩擦杭では，沈

直接基礎　荷重を基礎スラブ下部から直接，支持地盤に伝える基礎。底面は，地下凍結深度より深くする。

杭基礎　地中に築造された杭を介して支持地盤に伝える基礎

支持杭　杭の先端を支持地盤に到達させる杭

摩擦杭　杭の周面摩擦力に期待する杭

下を生じる土層が異なり，沈下速度も異なる。したがって，支持杭と摩擦杭を併用することは望ましくない。

また，**既製杭**と**場所打ち杭**という分類もある。既製杭にはPC杭・RC杭・鋼杭等があり，**打込み**・**埋込み**・回転貫入工法等により施工される。鋼杭は，地中の腐食対策が必要である。場所打ち杭には，**アースドリル工法**・**リバース工法**・**オールケーシング工法**等がある。アースドリル工法は，狭い敷地でも比較的作業性が良い。打込み杭とセメントミルク工法による埋込み杭とアースドリル工法等による場所打ち杭の許容支持力の大小関係は，一般的に，打込み杭>埋込み杭>場所打ち杭である。杭の支持力には，周面の摩擦力を見込むことができる。

地盤沈下によって，杭には**負の摩擦力**（下向きの摩擦力，ネガティブフリクション）が生じる。特に，支持杭では，負の摩擦力が生じると，杭の先端部における圧縮軸力が大きくなる。

地震時には，杭に曲げモーメントとせん断力が生じる。杭に生じる曲げモーメントは，一般に，杭頭部が大きく，杭先端部にはほとんど生じない。

沖積層　地質学的に最も新しい地層。一般的に軟弱である。

洪積層　沖積層の下に分布する地層。支持地盤に適している。

負の摩擦力　軟弱地盤等において，周囲の地盤が沈下することにより，杭の周面に下向きに作用する摩擦力

SC杭　外殻鋼管付きのコンクリート杭で，じん性に富み，大きな水平力が作用する杭に適している。

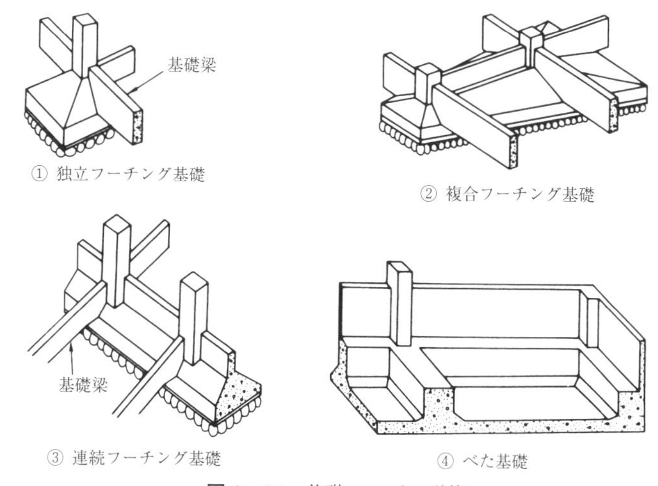

図1・11　基礎スラブの形状

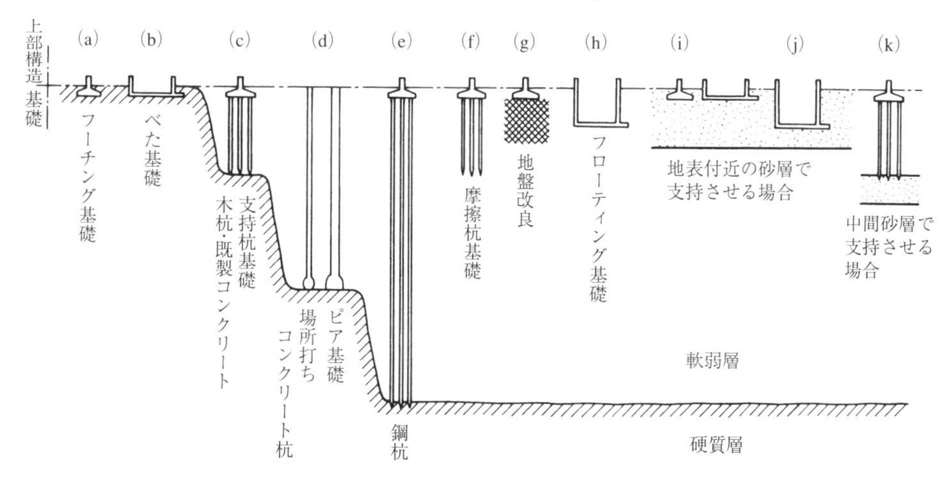

図1・12　杭の分類

1・2・2 木　構　造

(1) 構造設計

・地階を除く階数が2を超える建築物の1階の柱の小径は，13.5 cm 以上とする。また，有効細長比は，150 以下とする。

・2階建の隅柱は，通し柱とするか，または接合部を通し柱と同等以上の耐力を有するように補強した柱とする。

・圧縮力を負担する筋かいは，厚さ3 cm 以上で幅9 cm 以上の木材を使用する。引張力を負担する筋かいは，厚さ1.5 cm 以上で幅9 cm 以上の木材または径9 mm 以上の鉄筋を使用する。

・筋かいは，地震時に大きな水平力を負担し，柱に圧縮力や引抜力として伝わる。この引抜力に抵抗するために，筋かいの付く柱脚部には，アンカーボルトが必要になる。

◀よく出る

アンカーボルト

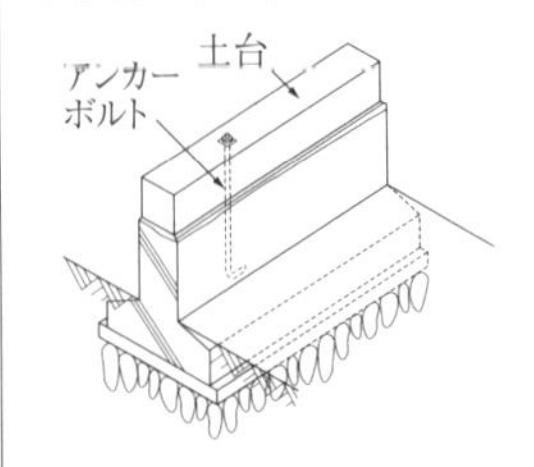

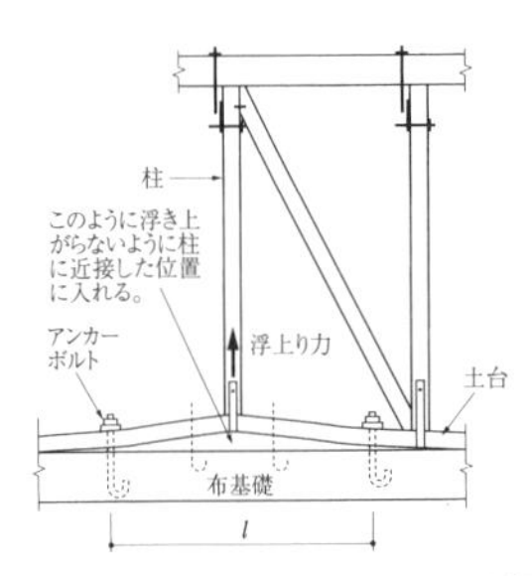

図1・13　アンカーボルトの配置例

通し柱　上下階を通して用いる柱

真壁　和室の壁仕上げで柱があらわれるように仕上げをしたもの

大壁　柱の面が表にあらわれないようにしたもの

火打梁　外周軸組や大きな力を受ける間仕切軸組の交差部に入れ，骨組の水平面を堅固にするもの。

・筋かいには，切欠きをしてはならない。筋かいと柱，間柱が交差する部分では，柱，間柱を欠込む。また，梁，桁などの横架材の材長中央部の引張側における切欠きは，応力集中による弱点となりやすいので，できるだけ避ける。

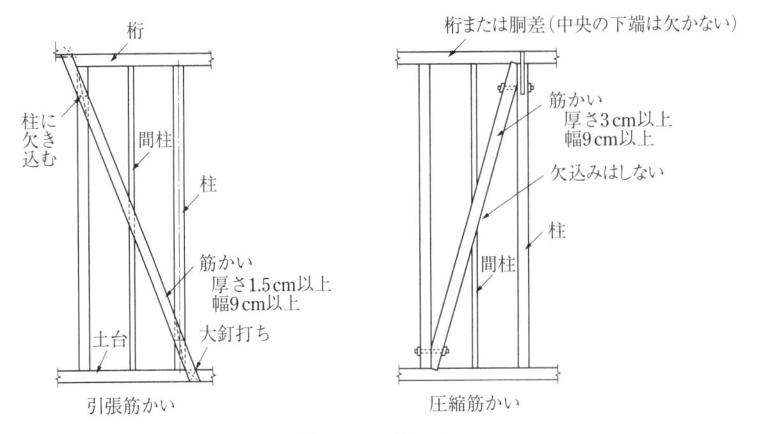

図1・14　筋　か　い

和小屋　屋根荷重を垂木・母屋・小屋束・小屋梁へと伝え，梁によって支える構造。梁には曲げモーメントが生じる。

洋小屋　部材をトラス（三角形）に組みたて，剛性を高めた構造で，和小屋よりも広いスパンをとることができる。

・筋かいを入れる主な軸組の軸組長さに乗ずる倍率は，下表のようになる。

筋かい	厚さ1.5 cm以上で幅9 cm以上の木材または径9 cm以上の鉄筋	厚さ3 cm以上で幅9 cm以上の木材	厚さ4.5 cm以上で幅9 cm以上の木材	9 cm角以上の木材
倍率	1.0〈2.0〉	1.5〈3.0〉	2.0〈4.0〉	3.0〈5.0〉

〈　〉内は，たすき掛けに入れた場合

筋かいを入れた構造耐力上必要な軸組の長さは，各階の床面積が同じ場合，1階の方が2階より大きな値となる。

建築学

(2)　接合金物

(a)　短ざく金物（管柱の連結，胴差相互の連結）

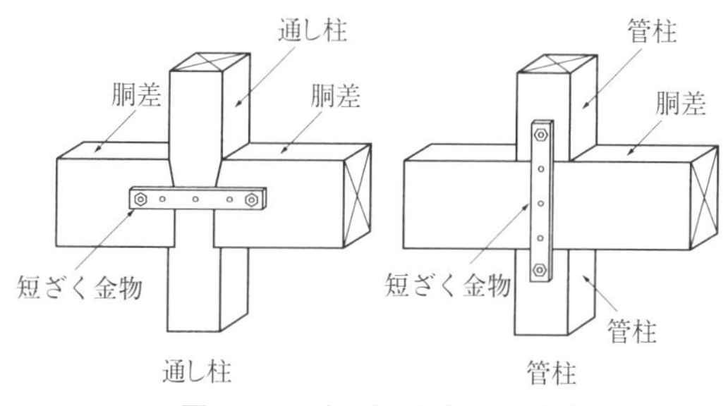

図1・15　短ざく金物の使用例

管柱　2階建以上の建物の柱で土台から軒まで通さず，途中で桁・胴差などで中断されているもの。

胴差　2階の床を作るための部材。梁・桁と並行に建物の周りをぐるりと巡るように配する。

短ざく金物

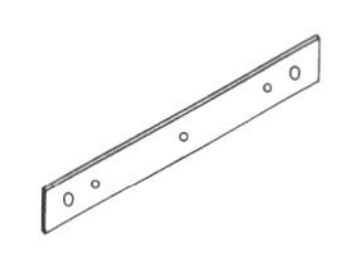

(b)　かね折れ金物（通し柱と胴差の取合い）

(c)　羽子板ボルト（柱と梁・桁の接合，小屋梁と軒桁の接合）

かね折れ金物

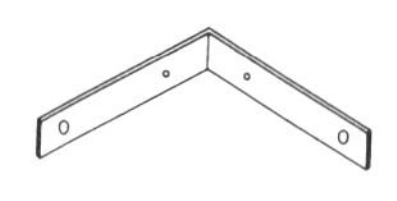

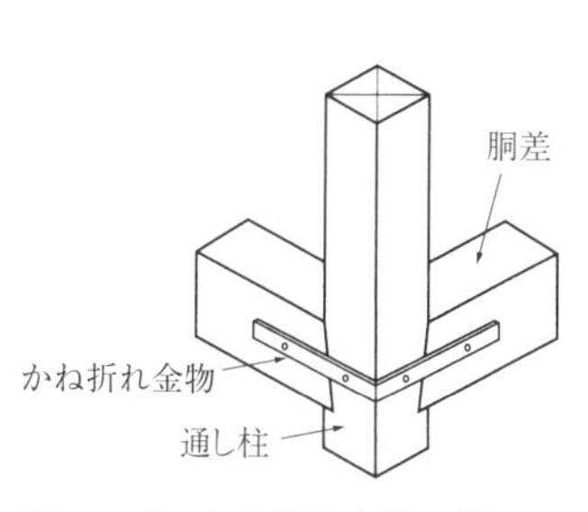

図1・16　かね折れ金物の使用例

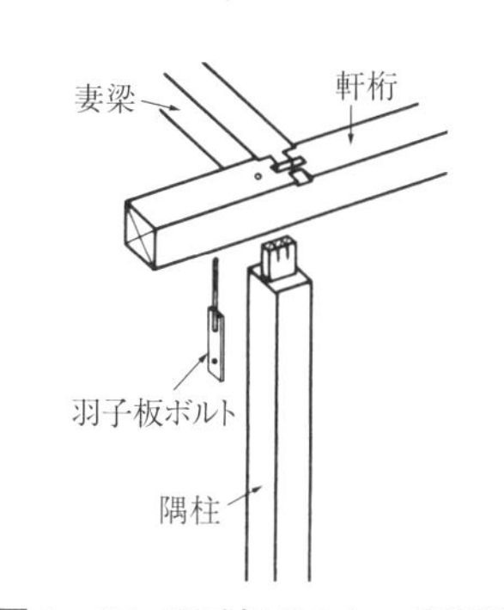

図1・17　羽子板ボルトの使用例

羽子板ボルト

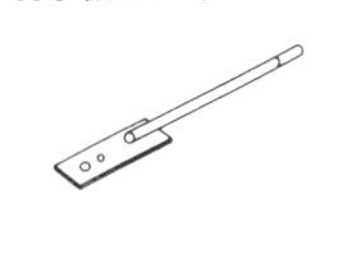

(d)　筋かいプレート（筋かいと柱・横架材の接合）

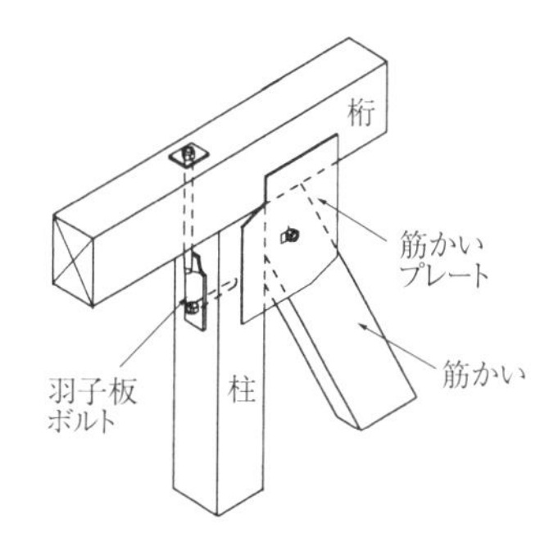

図1・18　筋かいプレートの使用例

筋かいプレート

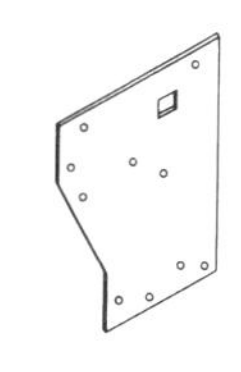

建築学

(e) ホールダウン金物（柱と基礎の接合）

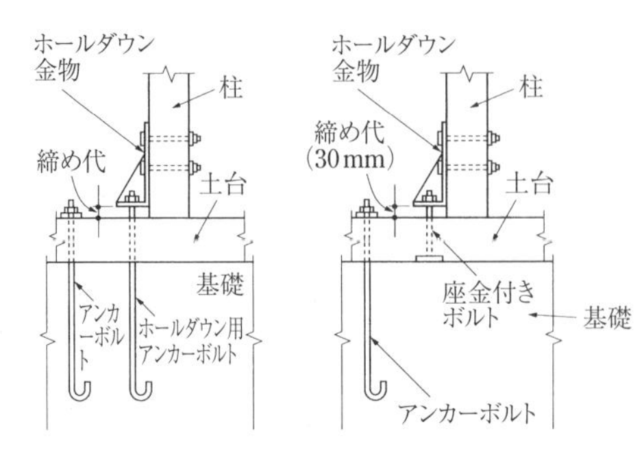

図1・19 ホールダウン金物の使用例

ホールダウン金物

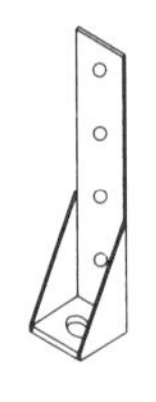

(f) シャープレート（材の接合部）

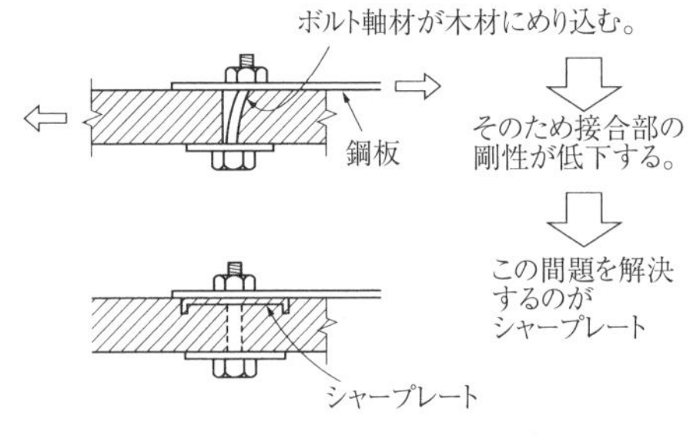

図1・20 シャープレートの使用例

シャープレート（小）

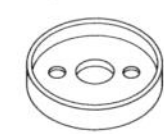

シャープレート（大）

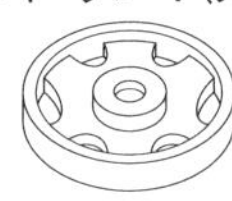

(g) メタルプレートコネクター（トラス部材の節点の接合）

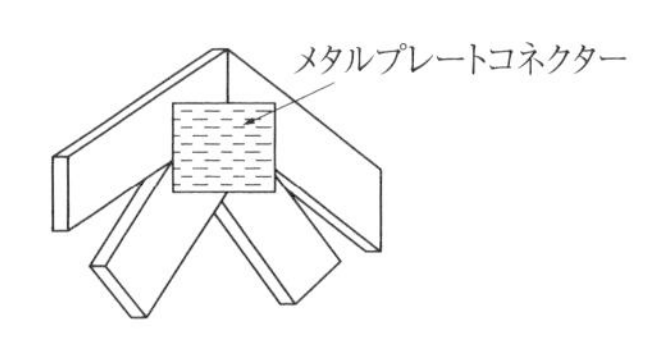

図1・21 メタルプレートコネクターの使用例

メタルプレートコネクター

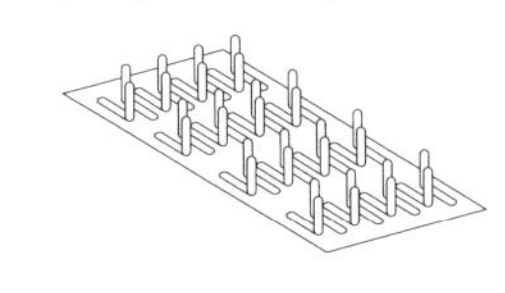

(h) ひねり金物（たる木と軒桁の接合）

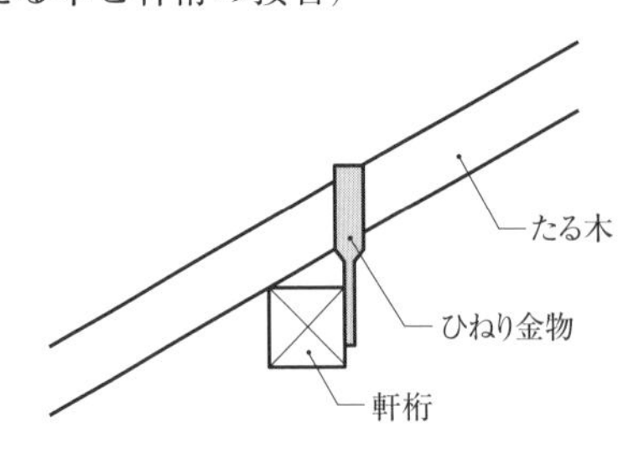

図1・22 ひねり金物の使用例

ひねり金物

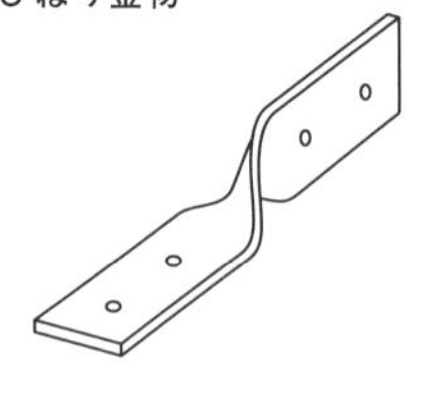

1・2・3　鉄筋コンクリート構造

(1)　構造計画

建築物の形状は，正方形または正方形に近い長方形の平面形が望ましく，平面的に長大なものや複雑な平面または立面形状のものは，エキスパンションジョイントを設けて，構造的に切り離すことが望ましい。

建築物の重心と剛心の距離は，できるだけ小さくなるようにする。耐震壁など剛性の大きい部材を偏った配置にすると，剛性の中心が偏り，地震時に，剛心を中心とするねじれ振動が生じて，耐震壁のない方に大変形・破壊が生じる。

各階の剛性に偏りがあると，剛性の小さい階で地震時に変形・損傷が集中しやすいので注意する。

◀よく出る

重心　各階の重量の中心。塔屋などの偏在，セットバックのある建物は，重心が平面中心からはずれる。

剛心　各階の剛性の中心。耐力壁や筋かいの配置が偏ると，剛心も偏ることになる。

(2)　柱

柱の最小径とその主要支点間距離の比は，普通コンクリートの場合 1/15（軽量コンクリートの場合 1/10）以上とする。

短柱は，せん断破壊を起こしやすくなる。せん断破壊は，曲げ破壊に比べて脆（ぜい）性的な破壊形式であり，避けなければならない。短柱としないために，腰壁や垂れ壁にはスリットを設け，構造的に縁を切る。

柱の主筋の断面積の和は，コンクリート断面積の 0.8% 以上とする。主筋は，引張力以外に圧縮力に対しても有効に働く。ただし，引張鉄筋比を大きくすると，主筋に沿ってひび割れが生じる付着割裂破壊が生じたり，変形能力が小さくなるので注意する。また，帯筋比は，0.2% 以上とする。帯筋比が大きいほどせん断耐力は大きくなる。

地震時に負担している軸方向圧縮力が大きくなると，変形能力が小さくなり，脆性破壊の危険がある。

柱の出隅部の主筋では，末端部にフックを必要とする。

柱に用いる帯筋の端部は，原則として 135° 以上に折り曲げ，余長 6 d（d は鉄筋径）をとって定着する。**スパイラル筋**を用いる場合，その重ね継手の長さは，50 d（d は，呼び名の数値，または鉄筋径）以上，かつ 300 mm 以上とする。帯筋は，柱の中央部より上下端部の間隔を密にする。

短柱　柱せいに比して長さの短い柱

スパイラル筋　らせん状の帯筋

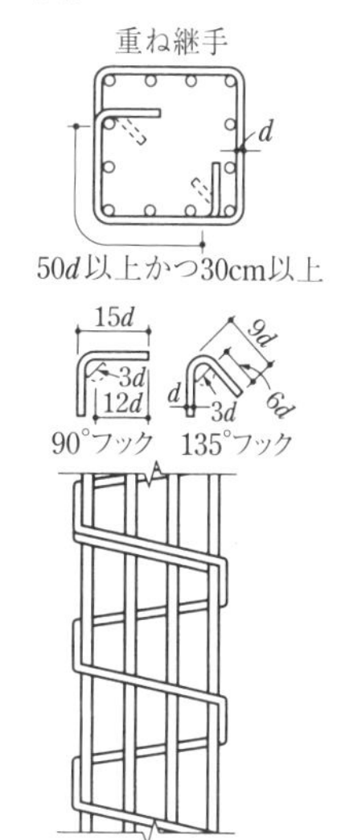

(3)　梁

構造耐力上主要な梁は，上端と下端に配筋する**複筋梁**とする。図 1・23 に示すように，下端筋の端部は，原則として曲げ上げて柱梁接合部に定着する。また，鉄筋の折り曲げ起点は，柱の中心線を越えた位置とする。

梁に貫通孔を設けた場合，孔の周辺に応力が集中し，せん断耐力を低下させる。せん断耐力は，孔の部分を除いた断面積に比例するが，曲げ耐力は低下しないため，せん断破壊を生じやすくなる。やむをえず貫通孔を設ける場合には，径を梁せいの 1/3 以下を限度とし，梁スパン中央付近に配置し，かつ補強筋を配する。

◀よく出る

複筋梁　上端と下端に配筋する梁

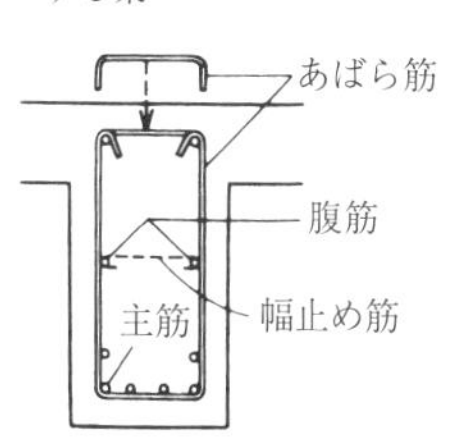

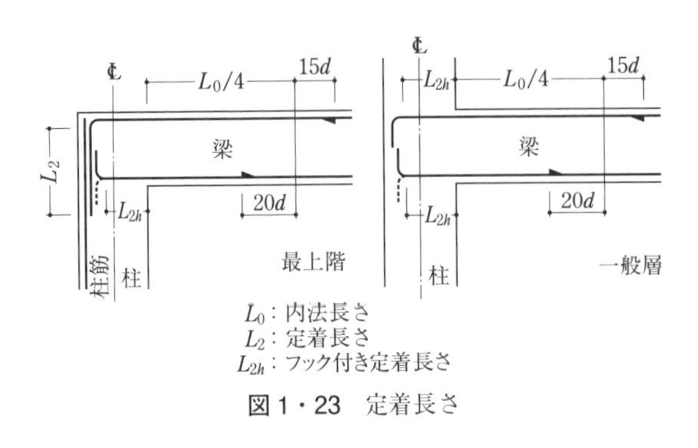

図1・23　定着長さ

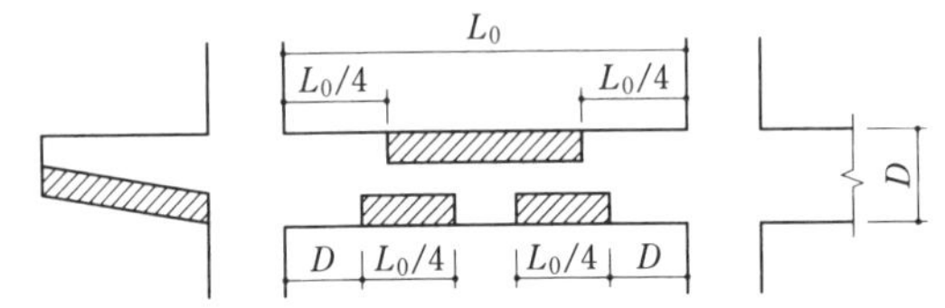

図1・24　継手の位置

かぶり厚さ　鉄筋を覆うコンクリートの厚さ。構造耐力，耐久性及び耐火性を確保するために必要である。

鉄筋のコンクリートに対する許容付着応力度　コンクリートの設計基準強度が高くなると高くなる。上端筋<下端筋

コンクリートの長期の許容圧縮応力度　設計基準強度の$\frac{1}{3}$

D35を超える異形鉄筋では，原則重ね継手を用いない。

(4) 耐 震 壁

耐震壁は，地震時にねじれ変形が生じないように，建築物の重心と剛心との距離が小さくなるように配置する。構造上，耐震壁とみなされないような非構造壁も地震時には，耐震壁と同様に働くことがあるので注意する。

耐震壁の水平耐力は，曲げ・せん断・浮上がりなどを考慮して，総合的に求める。特に，基礎の剛性が小さい場合，耐震壁が剛体回転を起こし，水平力を負担できないことがあるので注意を要する。

小さな開口がある場合でも，耐震壁と扱うことができるが，**開口部には適切な補強筋を配置する必要がある。**

耐震壁の壁厚　12 cm 以上とし，かつ壁の内法高さの1/30以上

耐震壁のせん断補強筋比　0.25% 以上

◀よく出る

(5) ひ び 割 れ

構造上のひび割れは，主に，**曲げひび割れとせん断ひび割れ**がある。曲げひび割れは，曲げモーメントの発生する位置に材軸と直角に発生する。せん断ひび割れは，図1・25のように45° 方向に引張応力が働くために発生する。

曲げひび割れには，引張側の主筋を増やし，せん断ひび割れには，あばら筋や帯筋を増やすことにより，ひび割れを防ぐ。

ひび割れには，曲げひび割れ・せん断ひび割れなどの構造的なひび割れの他，乾燥収縮によるもの・ブリーディングによるもの・アルカリ骨材反応によるものなどがある。

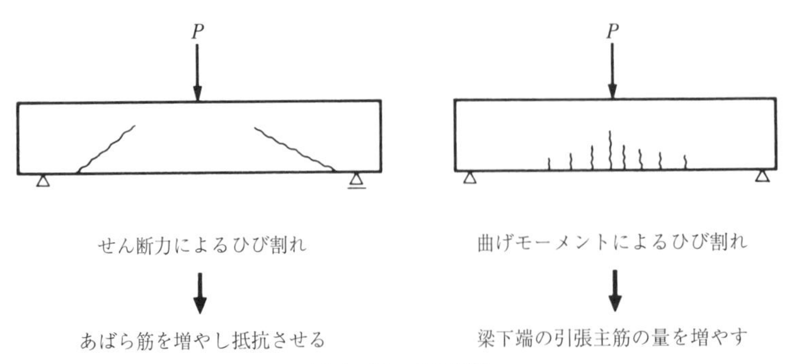

図1・25　ひび割れ

床スラブの厚さは8 cm 以上とする。
片持ちスラブの厚さは持出し長さの$\frac{1}{10}$以上とする。

1・2・4 鉄骨構造

(1) 鋼材の性質

鋼材の引張強さは，含まれる炭素量によって異なる。一般に，炭素含有量が0.8% 前後のときに引張強さは最大となる。JIS における鋼材の種類の記号 SS 400，SN 490 B，STK 400 などの数値は，引張強さの下限値を N/mm^2 で表している。また，鋼材のヤング係数は，2.05×10^5 N/mm^2 で鋼材の種類にかかわらず一定である。**鋼材は，不燃材料であるが，高温になると軟化する性質をもつので，耐火被覆を施す。**

(2) 座　　屈

座屈は，圧縮材の弾性座屈，曲げ材の横座屈および板要素の局部座屈などがその代表例である。

圧縮材の弾性座屈は，その座屈長さが長いほど生じやすい。座屈長さは，表1・8に示すように，部材の支持条件により異なる。座屈長さを部材の断面二次半径で除したものを**細長比**といい，**細長比の大きいものほど座屈しやすい。**

表1・8　座屈長さ l_k

移動に対する条件	拘束			自由	
回転に対する条件	両端自由	両端拘束	1端自由 他端拘束	両端拘束	1端自由 他端拘束
座屈形 (l＝材長)					
l_k	l	$0.5l$	$0.7l$	l	$2l$

曲げ材の**横座屈**は，断面のせいが大きいほど生じやすく，箱形あるいは丸形断面である鋼管は生じにくい。大梁に架けられる小梁には，大梁の横座屈を拘束する働きがある。

断面板要素の局部座屈は，**幅厚比**が大きいほど生じやすい。

H 形鋼のウェブの補強として用いるスチフナには，材軸に平行な水平スチフナと直角な中間スチフナがあり，水平スチフナは，曲げ圧縮座屈に，中間スチフナはせん断座屈に対して用いる。

(3) 高力ボルト接合

引張耐力の非常に大きい高力ボルトを用いた接合を高力ボルト接合といい，摩擦接合と引張接合がある。

高力ボルト摩擦接合は，高力ボルトに導入される軸力と摩擦面の管理が重要である。摩擦面は，浮き錆を除いた赤錆状態を標準とする。この場合のすべり係数は0.45とすることができる。摩擦面の数により，一面摩擦と二面摩擦が

鉄筋コンクリート構造に比べ，
・大スパンの建築物が可能
・工場加工の比率が高く現場作業が少ない
・変形能力が大きい
・軽量化が図れる

座屈　圧縮材の弾性座屈，曲げ材の横座屈および板要素の局部座屈などがその代表例である。

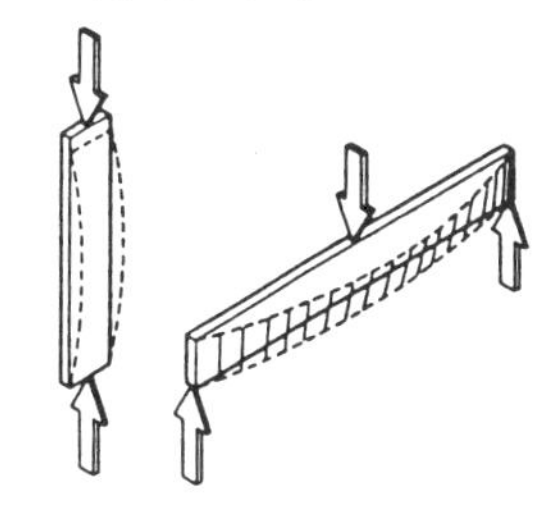

(a) 弾性座屈　(b) 横座屈

断面二次半径 i

$$i = \sqrt{\frac{I}{A}}$$

I：断面二次モーメント (p. 32 参照)
A：断面積

幅厚比　厚さに対する幅の比。H 鋼の幅厚比は，以下のように定められている。

$\frac{b}{t_f}$：フランジの幅厚比

$\frac{d-2t_f}{t_w}$：ウェブの幅厚比

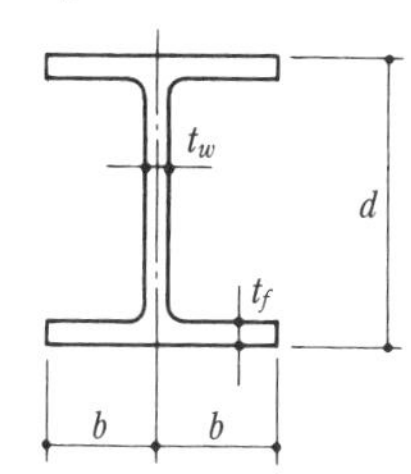

高力ボルト摩擦接合　部材同士の締め付け接触面の摩擦により，力を伝達する接合法

あり，二面摩擦は一面摩擦の2倍の許容せん断力となる。

高力ボルト摩擦接合は，繰り返し応力に対しての許容応力度の低減は考えなくてよいが，せん断力と同時に引張力を受ける場合には，引張力の大きさに応じて許容応力度を低減する。

高力ボルト相互間の中心距離はその径の2.5倍以上とする。

ダイヤフラム 柱と梁を接合する接合部に設ける鋼板。一般に，梁のフランジ厚さより厚い鋼板とする。

フィラープレート 厚さの異なる板をボルト接合する際に設ける鋼板。板厚さの差によるすき間を少なくするために用いる。

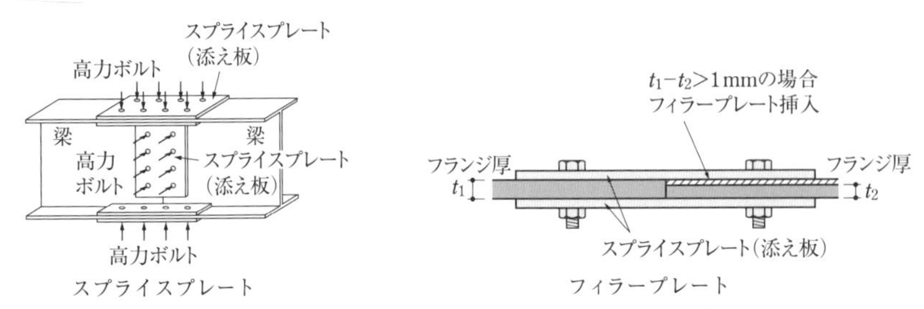

図1・26 スプライスプレート（添え板）とフィラープレート

(4) 溶 接

溶接する箇所を**溶接継目**といい，溶接継目には，**突合せ溶接（完全溶込み溶接）**・**隅肉溶接**・**部分溶込み溶接**がある。

突合せ溶接（完全溶込み溶接）では，充分な管理が行われている場合，その許容応力度は，接合される母材の許容応力度とすることができる。突合せ継手の食い違いの誤差は，鋼材の板厚に応じて決められている。

隅肉溶接は，接合する母材間の角度が60° 以下，または120° 以上である場合には，応力を負担させてはならない。隅肉長さの有効長さは，溶接全長からサイズの2倍を引いた値である。

部分溶込み溶接は，せん断力のみを受ける場合に使用でき，溶接線と直角方向に引張力を受ける場合や溶接線を軸とする曲げを受ける場合には，使用できない。また，繰り返し応力を受ける箇所にも使用できない。

突合せ溶接（完全溶込み溶接） 突き合わせた母材に開先を作り，そこを溶着金属で埋めて接合する溶接継目

隅肉溶接 隅角部に溶着金属を盛って接合する溶接継目

部分溶込み溶接 母材が完全に溶け込んでいない突合せ溶接部

スカラップ（切欠） 溶接の継ぎ目同士が交差することを避けるために設ける円孤状の切り込み

併用継手 溶接と高力ボルトを併用する継手。高力ボルトを先に施工する場合は両方の耐力を加算してよい

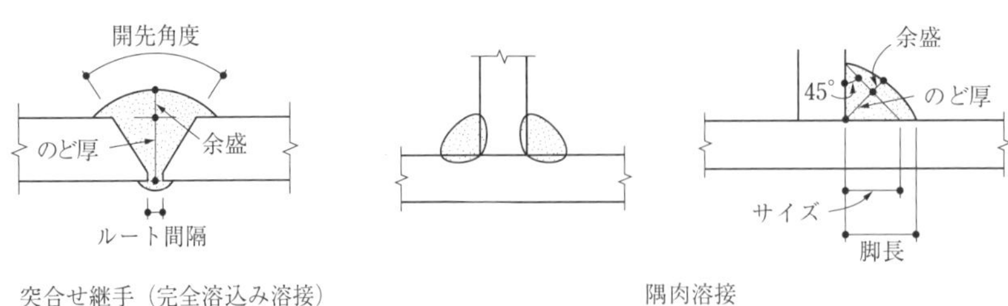

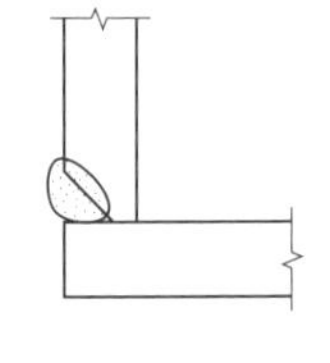

図1・27 溶接継目

(5) そ の 他

引張材では，ボルト孔などの断面欠損を考慮した有効断面積で設計する。

軽量形鋼は，普通の形鋼に比べて，ねじれや局部座屈が生じやすい。

鉄骨梁と鉄筋コンクリート床版が一体となって働くように，スタッドボルトを設ける。

普通ボルト接合を用いる場合は，建築物の延べ床面積，軒の高さ，張間につ

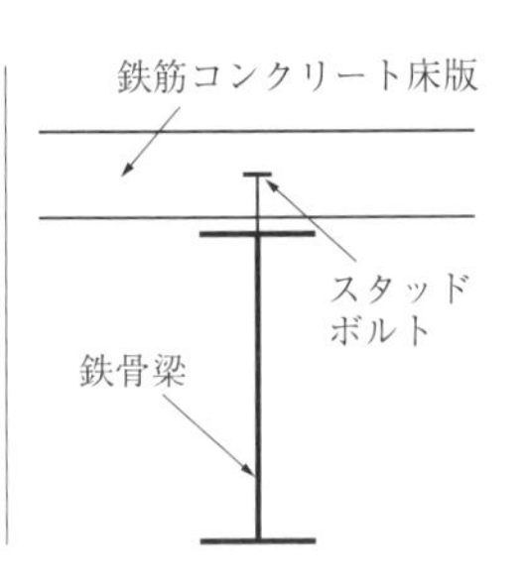

いての制限がある。

柱脚には，露出柱脚，根巻き柱脚，埋込み柱脚があり，根巻き柱脚，埋込み柱脚は，露出柱脚よりも高い回転拘束力を持つ。

1・2・5 荷　重

(1) 固定荷重

構造物自体の質量による荷重をいう。

(2) 積載荷重

人間，家具，物品などによる荷重で，室の用途によって規定されている。ある部屋の床の積載荷重は，構造計算をする対象（①床，②大梁・柱など，③地震力）により異なる。その大小関係は，**床＞大梁・柱など＞地震力**である。

◀よく出る

(3) 積雪荷重

積雪の単位荷重に屋根の水平投影面積とその地方における垂直積雪量を乗じて計算される。積雪の単位荷重は，多雪区域の指定のない区域においては，積雪量 1 cm ごとに 20 N/m^2 以上とする。多雪区域では，国土交通大臣が定める基準に基づいて定める。屋根の積雪荷重は，屋根に雪止めがある場合を除き，その勾配が 60 度以下の場合は，その勾配に応じて低減し，60 度を超える場合においては，零とすることができる。

屋根面における積雪量が不均等となるおそれのある場合，その影響を考慮する。

雪おろしを行う習慣のある地方では，低減することができる。

(4) 風圧力

風圧力は，**速度圧**（q）に**風力係数**（C_f）を乗じて求める。

$$\text{風圧力} = q \cdot C_f$$

$q = 0.6\,EV_0^2$　　E：周辺の建築物などの状況に応じて算出した数値

　　　　　　　　V_0：風速

風力係数は，建築物の形状や風向きによる係数である。**外圧係数**と**内圧係数**から算出される。金網や金網状の構造物の風力係数も定められている。

◀よく出る

(5) 地震力

ある階（i 階）の設計用地震力（Q_i）

$$Q_i = C_i \cdot W_i$$

C_i：ある階（i 階）の地震層せん断力係数

地震層せん断力係数は，上階になるほど大きくなる。

$$C_i = Z \cdot R_t \cdot A_i \cdot C_0$$

Z：**地震地域係数**　各地域ごとに予想される地震動の強さに基づいて定められている。Z の値は 1.0，0.9，0.8，0.7 の 4 種類である。

R_t：**振動特性係数**　建築物の設計用一次固有周期および地盤の種別に応じて算出する。建築物の設計用一次固有周期が長いほど小さくなる。軟弱な地盤ほど大きくなる。

A_i：**地震力の高さ方向の分布を表す係数**　最下階で1で上層ほど大きくなる。

C_0：**標準せん断力係数**　一次設計（許容応力度設計）用の標準せん断力

係数は，一般に，0.2 以上とする。必要保有水平耐力を計算する場合（二次設計）は，1.0 以上とする。

W_i：最上階からある階までの建物重量（固定荷重と積載荷重の和。多雪区域では積雪荷重を加える)。

建築物の地下部分に作用する地震力は，一般に，当該部分の固定荷重と積載荷重の和に，水平震度 k を乗じて計算する。水平震度 k は，深い部分ほど小さくなる。

$$k \geqq 0.1\left(1-\frac{H}{40}\right)Z$$

H：建築物の地下部分の地盤面からの深さ〔m〕

Z：地震地域係数

(6) 荷重の組合せ

建築物の作用する荷重は，その作用する期間により，長期と短期に区分し，一般に下表に示すような組合せを考える。

風圧力と地震力は，同時に発生しないものとできる。

表 1・9 荷重の組合せ

荷重の状態		一般の場合	多雪区域	備考
長期	常時	$G+P$	$G+P$	
	積雪時		$G+P+0.7S$	
短期	積雪時	$G+P+S$	$G+P+S$	
	暴風時	$G+P+W$	$G+P+W$ $G+P+0.35S+W$ （両方を計算し，どちらか大きいほうを適用する。）	建築物の転倒，柱の引き抜きなどを検討する場合には，P については建築物の実況に応じて積載荷重を減らした数値によるものとする。
	地震時	$G+P+K$	$G+P+0.35S+K$	

G：固定荷重によって生ずる力　P：積載荷重によって生ずる力　S：積雪荷重によって生ずる力
W：風圧力によって生ずる力　K：地震力によって生ずる力

1・3 構造力学

学習のポイント

「第1章　建築学」からの出題は，14問で，9問を選択して解答することになっている。14問のうち「1・3　構造力学」に関する出題は，3問程度である。難易度が高い上に，出題範囲が広いため，力学が得意な方以外は，学習時間に対する効果が出にくい箇所である。

1・3・1 力のつり合い

(1) 力のモーメント

力のモーメントとは，物を回転させようとする力である。基準点Oに働く力のモーメントは，図1・28に示すように力 P と基準点と力の作用線までの距離 l との積である。

力のモーメント
$M=P\cdot l$

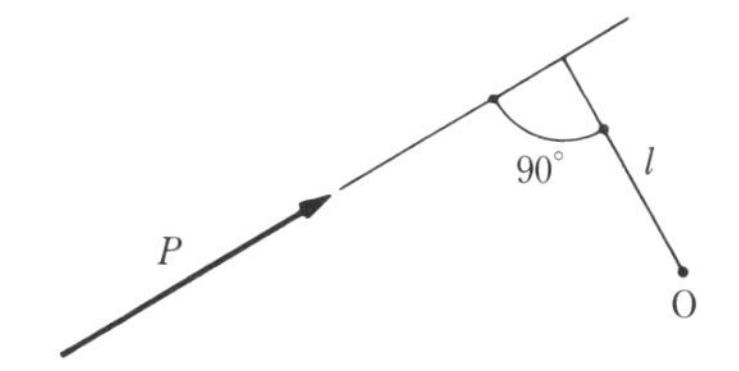

図1・28　力のモーメント

(2) 力の合成・分解

複数の力があるときに，それらと同一の効果をもつ一つの力で表すことを力の合成といい，逆に一つの力を複数の力に分けて表すことを力の分解という。

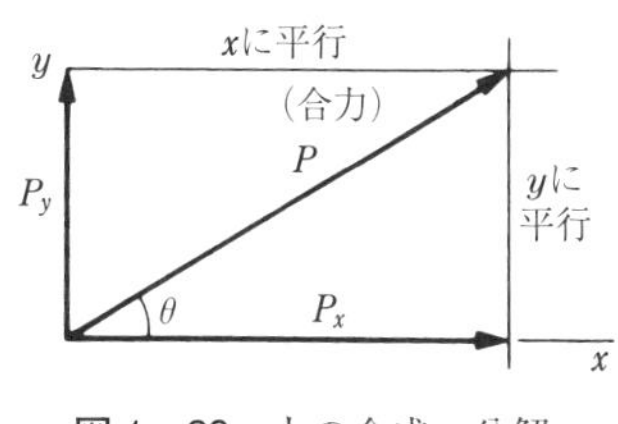

図1・29　力の合成・分解

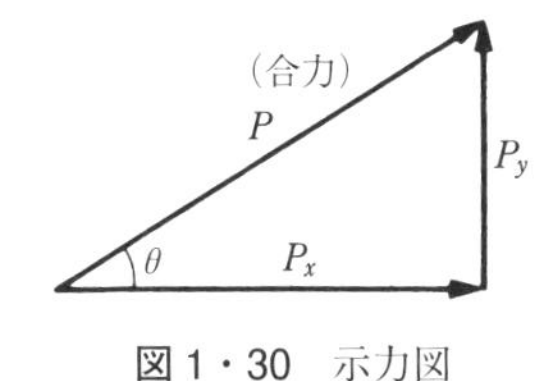

図1・30　示力図

(3) 力のつり合い

物体に2つ以上の力が作用しても動かない（移動も回転もしない）とき，それらの力はつり合っているという。

力がつり合うためには，以下の条件を満たさなければならない。

$\Sigma X=0$　　水平方向の力の総和が零

$\Sigma Y=0$　　鉛直方向の力の総和が零

$\Sigma M=0$　　ある点回りのモーメントの総和が零

力のつり合い条件式
$\Sigma X=0$
$\Sigma Y=0$
$\Sigma M=0$

例題 1・1

図1・31に記す剛体に作用する平行な3力 P_1, P_2 および P_3 とこれらの力につり合うための平行な上向きの力 P_A, P_B の大きさを求める。

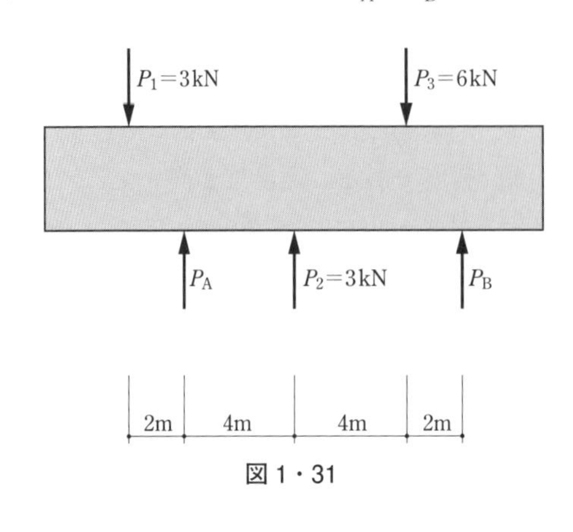

図1・31

[解説]

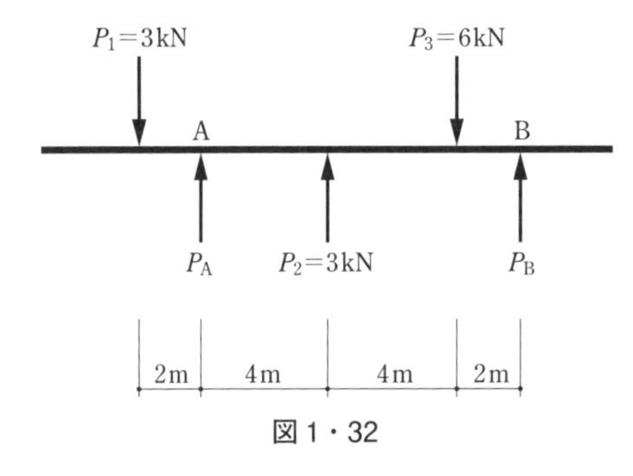

図1・32

図1・32のように P_A, P_B が作用している点をA, Bとすると，A, B点それぞれ回りのモーメントの総和は零になる。

まず，A点のモーメントを考えると

$$\Sigma M_A = -P_1\times 2〔\mathrm{m}〕-P_2\times 4〔\mathrm{m}〕+P_3\times 8〔\mathrm{m}〕-P_B\times 10〔\mathrm{m}〕=0$$

$$P_B=\frac{-3\times 2-3\times 4+6\times 8}{10}=3\ \mathrm{kN}$$

となり，次にB点のモーメントを考えると

$$\Sigma M_B = -P_1\times 12〔\mathrm{m}〕+P_A\times 10〔\mathrm{m}〕+P_2\times 6〔\mathrm{m}〕-P_3\times 2〔\mathrm{m}〕=0$$

$$P_A=\frac{3\times 12-3\times 6+6\times 2}{10}=3\ \mathrm{kN}$$

となる。

P_B が求まった後に，$\Sigma Y=0$ から，$P_A=3\ \mathrm{kN}$ を求めることもできる。

建築学

1·3·2 反力の算定

(1) 支点と節点

支点 構造物を支えている点

節点 構造物を構成する部材と部材の接合点

表1・10に示すように，**支点**には，移動端（ローラー）・回転端（ピン・ヒンジ）・固定端（フィクス）があり，**節点**には，滑節点（ピン・ヒンジ）・剛節点（フィクス）がある。

表1・10 支点と節点

移動端 （ローラー）	回転端 （ピン·ヒンジ）	固定端 （フィクス）	滑節点 （ピン·ヒンジ）	剛節点 （フィクス）
反力数1 90°	反力数2 H V	反力数3 H R_M V	伝達力数2	伝達力数3
支持台に垂直方向の移動のみ拘束	すべての方向の移動を拘束（回転自由）	すべての移動と回転を拘束	部材相互の移動を伝達	部材相互の移動および回転を伝達

(2) 反　　力

反力 各支点に生じる構造物に作用する力につり合う力

反力は以下のように求める。

① 各支点に支点の種類に応じた反力を仮定する。

② 仮定した反力と作用している荷重に対して，つり合い条件式（連立方程式）をたて，未知数である反力を求める。

$$\Sigma X=0,\ \Sigma Y=0,\ \Sigma M=0$$

③ 求められた反力の符号（＋－）により，仮定した反力の向きを確認する。－（マイナス）のときは，仮定した向きが反対である。

例題1・2

◀よく出る

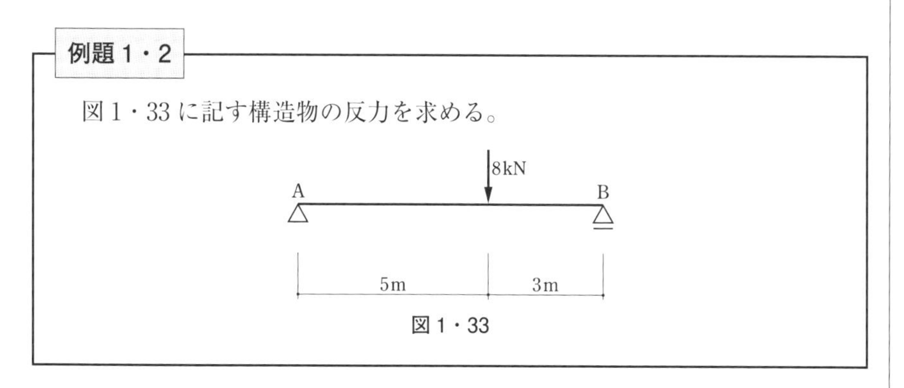
図1・33に記す構造物の反力を求める。

図1・33

[解説]

① 支点A，Bの反力 H_A，V_A，V_B を図1・34のように仮定する。

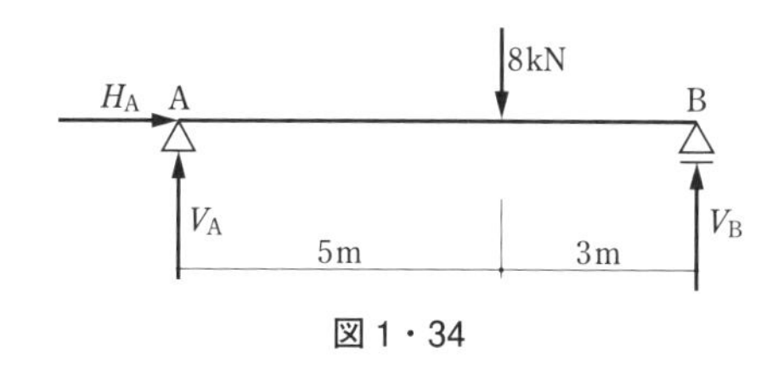

図1・34

② つり合い条件式により，H_A，V_A，V_B を求める。

$\Sigma X=0$ より　$H_A=0$

$\Sigma Y=0$ より　$V_A+V_B-8=0$

$\Sigma M_B=0$ より　$V_A\times 8-8\times 3=0$

$\therefore V_A=3\text{ kN}$（↑）　$V_B=5\text{ kN}$（↑）

$\Sigma M_A=0$ を用いても，求めることができる。

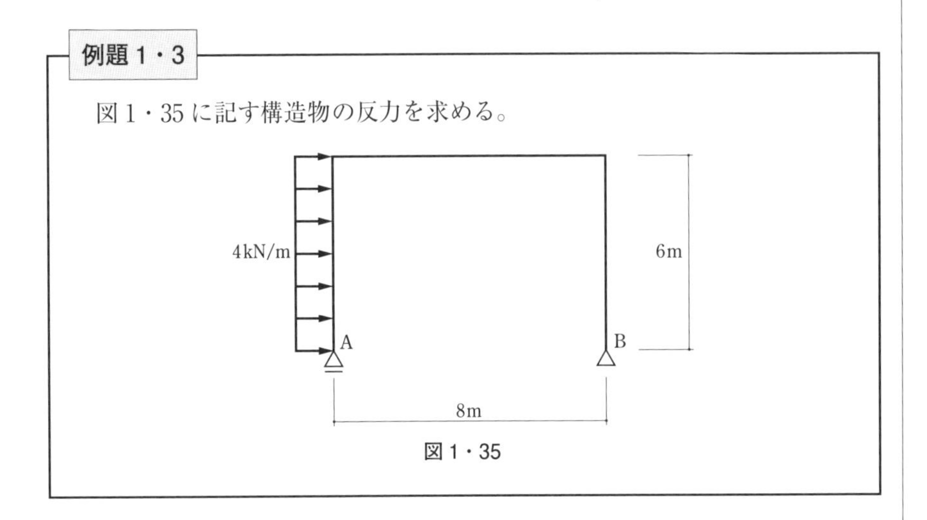

例題 1・3

図 1・35 に記す構造物の反力を求める。

図 1・35

［解説］

① 等分布荷重を合力（4 kN/m×6 m＝24 kN）に置き換える。

② 支点 A，B の反力 V_A，H_B，V_B を図 1・36 のように仮定する。

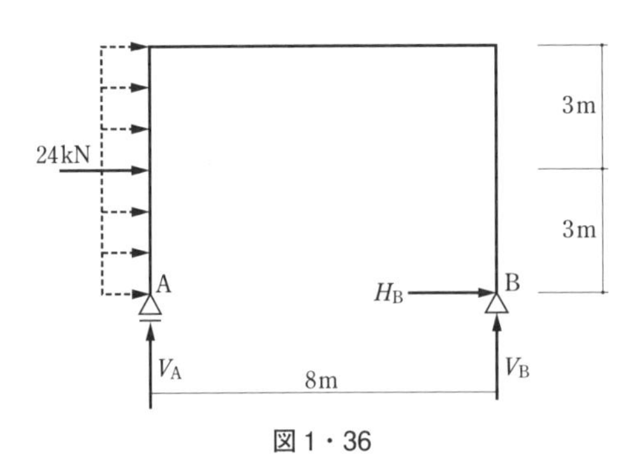

図 1・36

③ つり合い条件式により，V_A，H_B，V_B を求める。

$\Sigma X=0$ より　$24+H_B=0$

$\therefore H_B=-24\text{ kN}$（←）

$\Sigma Y=0$ より　$V_A+V_B=0$

$\Sigma M_B=0$ より　$V_A\times 8+24\times 3=0$

$\therefore V_A=-9\text{ kN}$（↓）　$V_B=9\text{ kN}$（↑）

V_A，H_B の符号が－（マイナス）であることは，仮定した向きと反対であることを示す。

1・3・3 応力の算定

(1) 応力の種類

荷重および反力によって部材には，伸び・縮み・ずれ・曲げ等の変化を起こそうとする働きが生じる。大きさが等しく向きが反対の一対の力・モーメントによるもので，これらを**応力**という。応力には，**軸方向力**（N）・**せん断力**（Q）・**曲げモーメント**（M）がある。

軸方向力（N）　軸方向に部材を引き伸ばそうとする力（引張力）または部材を圧縮しようとする力（圧縮力）

せん断力（Q）　部材の軸に直角に働き，部材にずれ変形を生じさせようとする力

曲げモーメント（M）　部材を曲げようとする力

(2) 応力の求め方

① 応力を求めたい位置で構造物を切断する。

② 切断面で応力（軸方向力・せん断力・曲げモーメント）を仮定する。

③ 切断された片側で，荷重・反力ならびに仮定した応力に対して，つり合い条件式（連立方程式）をたて，未知数である反力を求める。

◀よく出る

例題 1・4

図 1・37 に記す構造物の応力を求める。

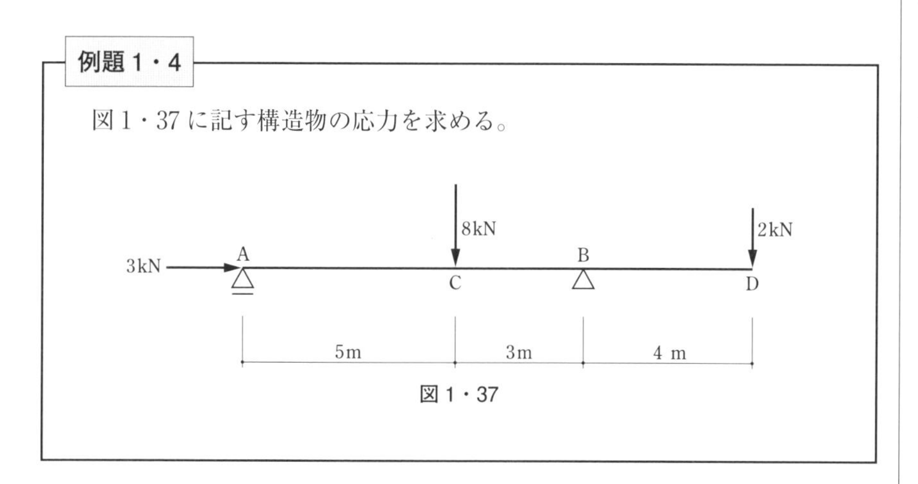

図 1・37

[解説]

① 支点 A，B の反力 V_A，H_B，V_B を求める。

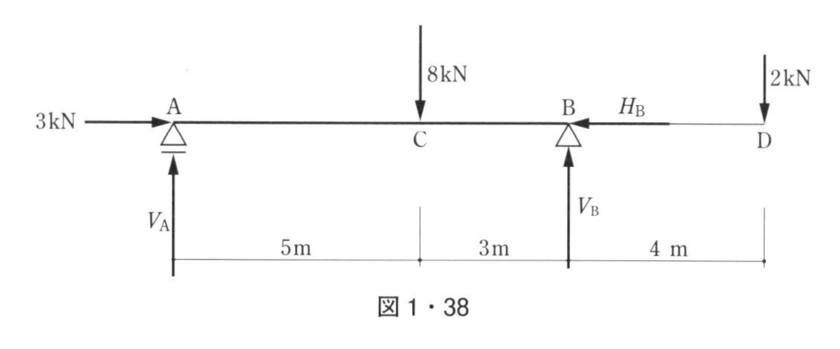

図 1・38

$\Sigma X=0$ より　$3-H_B=0$　$\therefore H_B=3\,\text{kN}$（←）

$\Sigma Y=0$ より　$V_A+V_B-8-2=0$

$\Sigma M_B=0$ より　$V_A\times8-8\times3+2\times4=0$

$\therefore V_A=2\,\text{kN}$（↑）　$V_B=8\,\text{kN}$（↑）

②A－C 間の応力

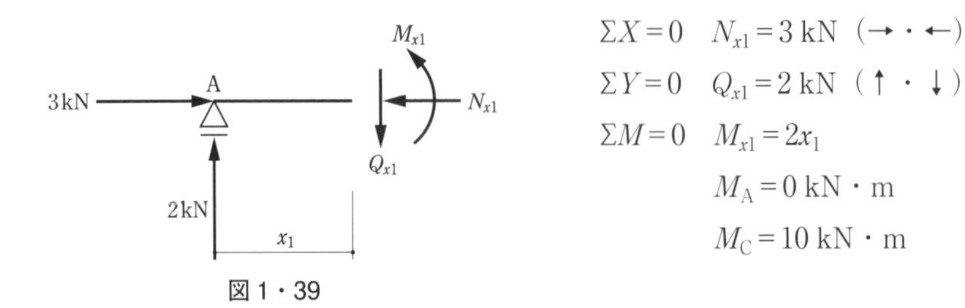

図 1・39

$\Sigma X=0 \quad N_{x1}=3\,\mathrm{kN}$ （→・←）

$\Sigma Y=0 \quad Q_{x1}=2\,\mathrm{kN}$ （↑・↓）

$\Sigma M=0 \quad M_{x1}=2x_1$

$M_A=0\,\mathrm{kN \cdot m}$

$M_C=10\,\mathrm{kN \cdot m}$

③C－B 間の応力

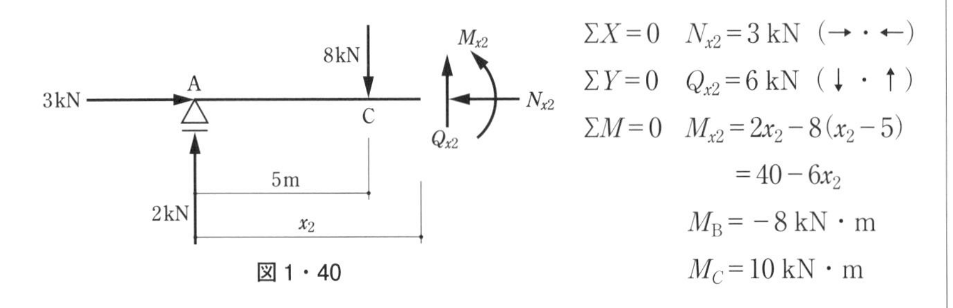

図 1・40

$\Sigma X=0 \quad N_{x2}=3\,\mathrm{kN}$ （→・←）

$\Sigma Y=0 \quad Q_{x2}=6\,\mathrm{kN}$ （↓・↑）

$\Sigma M=0 \quad M_{x2}=2x_2-8(x_2-5)$

$=40-6x_2$

$M_B=-8\,\mathrm{kN \cdot m}$

$M_C=10\,\mathrm{kN \cdot m}$

④B－D 間の応力

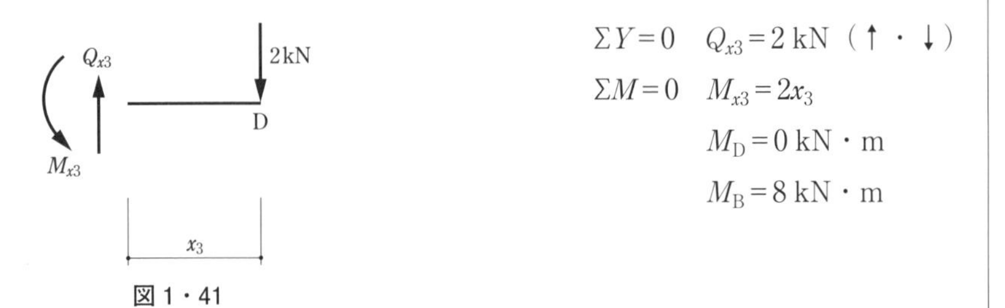

図 1・41

$\Sigma Y=0 \quad Q_{x3}=2\,\mathrm{kN}$ （↑・↓）

$\Sigma M=0 \quad M_{x3}=2x_3$

$M_D=0\,\mathrm{kN \cdot m}$

$M_B=8\,\mathrm{kN \cdot m}$

⑤　応力図

N，Q は，各区間とも x に関係なく区間内で一定値。M は，各区間とも x に関する一次式。ゆえに，A，C，B，D 点での M の値を直線で結べばよい。

N 図・Q 図は，梁の場合，＋を上側に描く。N は，一般に，引張力が＋，Q は，↑・↓の組合せが＋となる。M 図は，凸になる側に描く。

N，Q および M の＋－については，出典によって異なることもある。

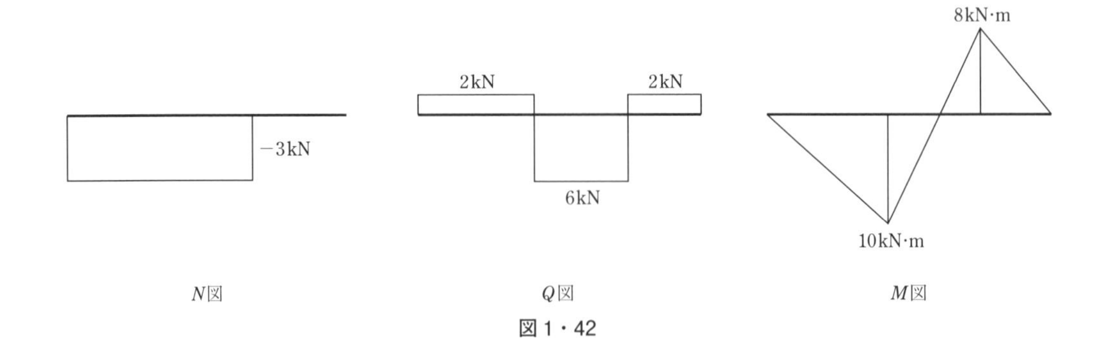

図 1・42

1・3・4 ト ラ ス

(1) トラスとは

トラスの各部材は，軸方向力で荷重・反力とつり合い，曲げモーメントとせん断力は生じない。

トラス 木材・鋼材などの単材をピン接合で三角形に構成し，その三角形をつなぎ合わせ，組み立てた骨組のこと。比較的大きな空間をつくることができる。

(2) 応力の求め方

応力は，次のいずれかの方法で求めることができる。

① 節点でのつり合いを考える（節点法）。

② 「1・3・3 応力の算定」と同様に，応力を求めたい位置で構造物を切断して求める（切断法）。

例題 1・5

図 1・43 に記す構造物の軸方向力を求める。

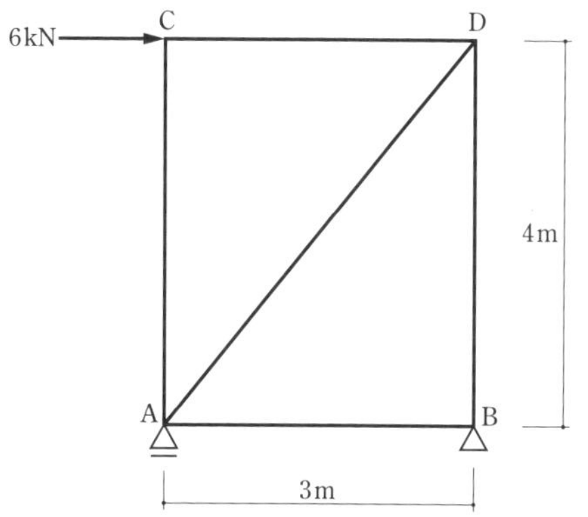

図 1・43

［解説］

① C 節点について，CD 材，CA 材の応力（引張となるように）を仮定する。

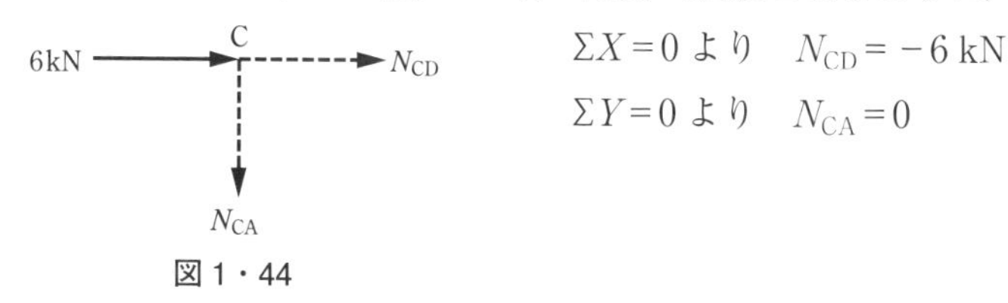

図 1・44

$\Sigma X=0$ より　$N_{CD}=-6\text{ kN}$

$\Sigma Y=0$ より　$N_{CA}=0$

N_{CD} の－（マイナス）は，仮定（引張）と逆向き（圧縮）である。

② D 節点において，①で求められた CD 材の応力（－6 kN）と DB 材，DA 材との応力のつり合いを考える。

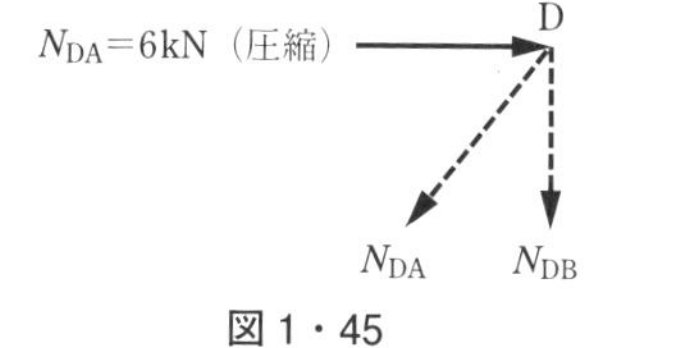

図 1・45

$\Sigma X=0$ より　$6-N_{DA}\times 3/5=0$

$\therefore N_{DA}=10\text{ kN}$（引張）

$\Sigma Y=0$ より　$-N_{DA}\times 4/5-N_{DB}=0$

$\therefore N_{DB}=-8\text{ kN}$（圧縮）

N_{DB} の－（マイナス）は仮定（引張）と逆向き（圧縮）である。

③　A節点においても，同様に②で求められたAD材の応力（10 kN）とAB材，反力 V_A とのつり合いを考える。

$\Sigma X=0$ より　$10\times3/5+N_{AB}=0$

$\therefore N_{AB}=-6\text{ kN}$（圧縮）

$\Sigma Y=0$ より　$10\times4/5+V_A=0$

$\therefore V_A=-8\text{ kN}$（↓）

ちなみに，ここまでの過程からB節点の反力は，

$V_B=8\text{ kN}$（↑）　$H_B=6\text{ kN}$（←）　となる。

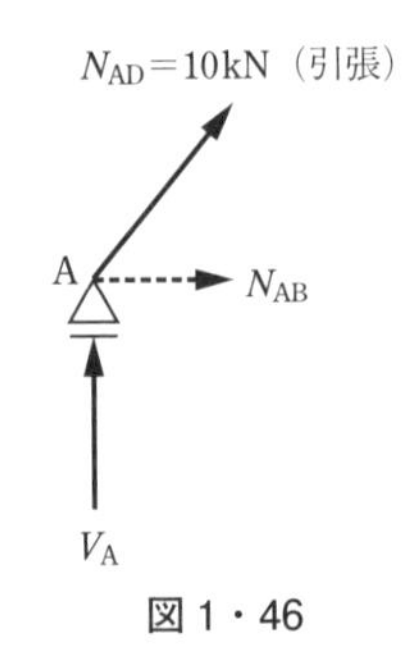

図1・46

N_{AB} の－（マイナス）は仮定（引張）と逆向き（圧縮）である。

例題1・6

図1・47に記す構造物の部材Aに生じる軸方向力を求める。

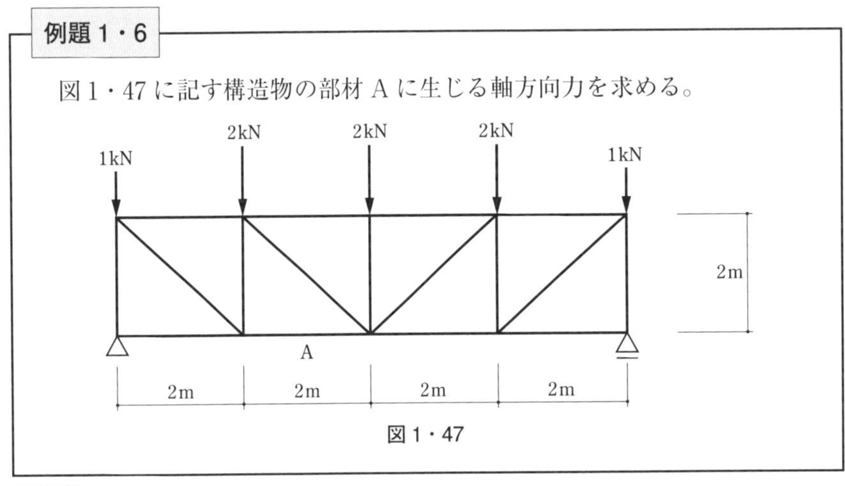

図1・47

［解説］

①　反力は，左右対称の構造物であるため，両支点とも上向きに4 kNとなる。

②　部材Aを含む切断面を考え，切り口に図1・48のように，引張となるように応力を仮定する。

③　求めたい応力以外の2つの力が交わる節点Bでのモーメントのつり合い式を考える。

$\Sigma M_B=0$　より　$4\times2-1\times2-N_A\times2=0$　　$\therefore N_A=3\text{ kN}$（引張）

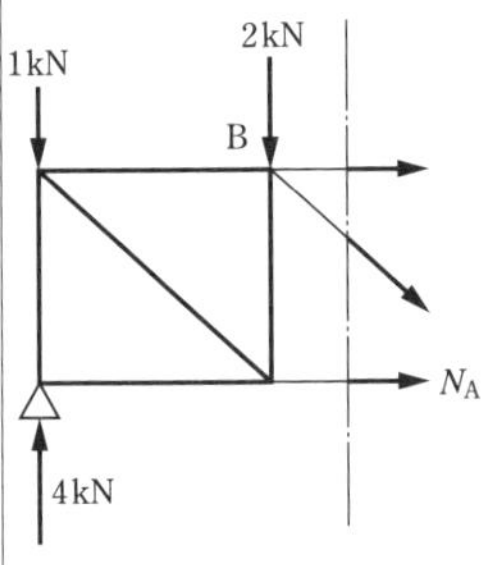

図1・48

斜材の軸力は，$\Sigma X=0$ または，$\Sigma Y=0$ を用いて求めることができる。

1・3・5　断面の性質と応力度

(1)　断面二次モーメント

長方形断面の図心を通る軸に対する**断面二次モーメント**は，次式で表せる。

$$I_X=\frac{BD^3}{12}\qquad I_Y=\frac{B^3D}{12}$$

同一の軸に関する断面二次モーメントは，「足し算」や「引き算」ができる。図1・49に示すようなI形断面の $X-X$ 軸に対する断面二次モーメントは，$4a\times6a$ の長方形断面の断面二次モーメントからハッチ部分の断面二次モーメントを差し引けばよい。

断面二次モーメント

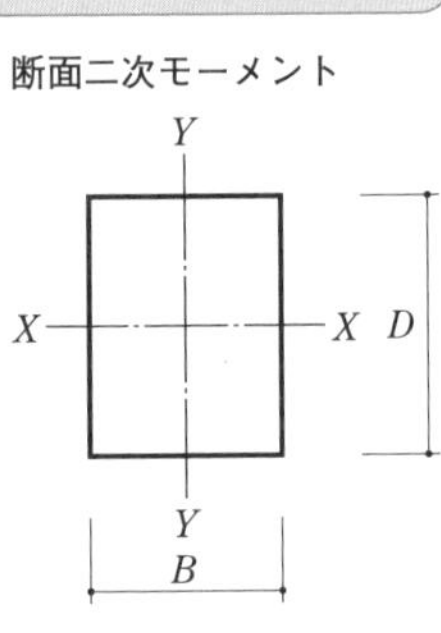

$I_X=\frac{BD^3}{12}$，　$I_Y=\frac{B^3D}{12}$

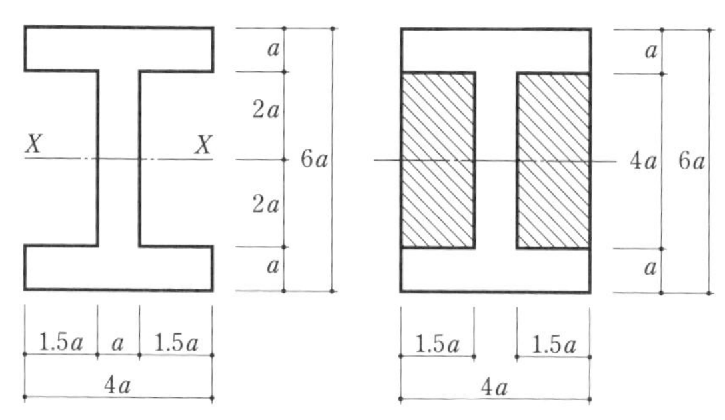

図1・49

$$I_X=\frac{4a\times(6a)^3}{12}-\frac{1.5a\times(4a)^3}{12}\times2=\frac{a^4}{12}(864-192)=56a^4$$

断面係数

$$Z_X=\frac{BD^2}{6}$$

$$Z_Y=\frac{B^2D}{6}$$

(2) 応 力 度

① 軸方向力による応力度

均質な直線部材が軸方向力 N を受けると，材軸に直角な断面には，一様な**垂直応力度**を生じる。

② 曲げモーメントによる応力度

曲げを受ける部材の断面では，図1・50のように伸びと縮みの変形が生じる。このとき，材軸に直角な断面には，図1・50に示すような垂直応力度を生じる。

応力度が一番大きくなるのは，断面の縁であり，ここでの応力度（**縁応力度**）は，長方形断面の場合，右欄のようになる。

垂直応力度σ

$$\sigma=\frac{N}{A}$$

A：断面積

$$\sigma=\frac{M}{I}y$$

I：断面二次モーメント
y：中立軸からの距離

縁応力度

$$\sigma=\frac{M}{Z}$$

Z：断面係数

せん断応力度

$$\tau=\frac{QS}{BI}$$

S：断面一次モーメント
Q：せん断力

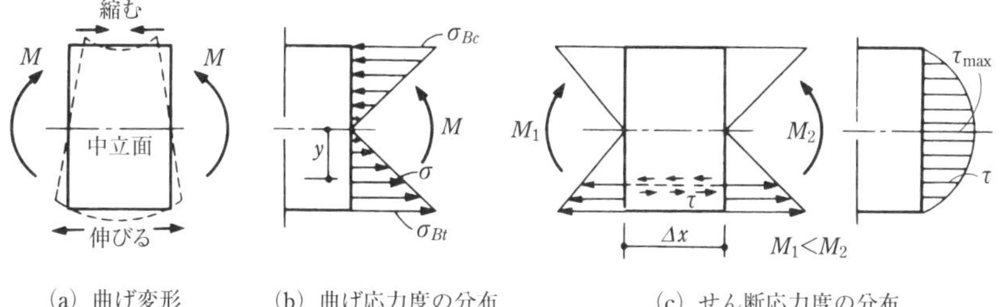

(a) 曲げ変形　(b) 曲げ応力度の分布　(c) せん断応力度の分布

図1・50 応力度

(3) ひ ず み

部材に荷重が作用すると，部材は伸び・縮みの変形を起こす。長さの変化分（Δl）を元の長さ（l）で割った値を**ひずみ**（ε）という。

$$\varepsilon=\frac{\Delta l}{l}$$　Δl：長さの変化分　l：元の長さ

(4) 弾 性 係 数

物体に力を加えるとひずみが生じ，力を取り去ると，元の形に戻る性質を弾性という。また，力を除いても形が戻らない性質を塑性という。弾性体では，応力度とひずみは比例する。この比例定数を**弾性係数**といい，垂直応力度（σ）とひずみとの比例定数を**ヤング係数**（E）という。

$$E=\frac{\sigma}{\varepsilon}$$

ポアソン比

物体の一軸方向に外力が作用するとき，伸びのひずみと，それに対し直角方向に収縮するひずみとの比。

1・4 建 築 材 料

学習のポイント

「第1章　建築学」からの出題は，14問で，9問を選択して解答することになっている。14問のうち「1・4　建築材料」に関する出題は，4問程度である。「セメント・コンクリート」「金属材料」からの出題頻度は高く，これらについては選択し，正答したい。その他の材料は，出題範囲が広いが，本テキストの範囲を十分に学習しておけば，正答できる可能性は高い。

1・4・1 木　　材

(1) 強　　度

・一般に，含水率が繊維飽和点（含水率30%程度）以下の場合，含水率が小さいほど，木材の強度は大きくなる。つまり，含水率30%のときに比べて，15%のときの方が強度は大きい。

・一般に，同じ含水率の場合，比重の大きいものほど，強度は大きい。

・節のある場合は，節のない場合よりも強度が小さくなる。

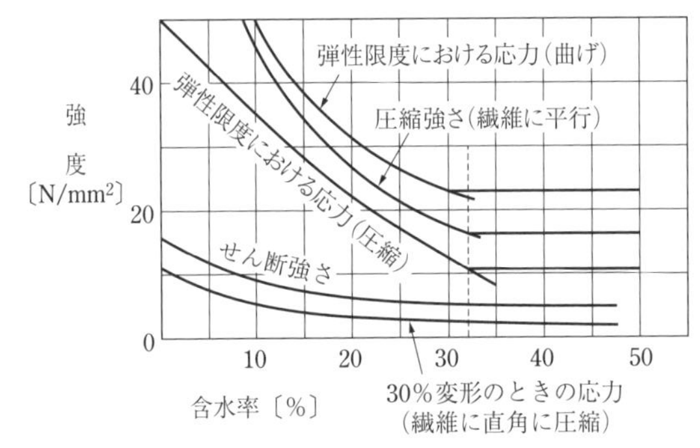

図1・51　含水率と強度

◀よく出る

繊維方向の許容応力度の大小関係

曲げ＞圧縮＞引張＞せん断

繊維方向＞直交する方向

木材の熱伝導率は，含水率が低いほど小さくなる。

樹種の圧縮強度の大小関係

ケヤキ＞ヒノキ＞スギ

(2) 膨張および収縮

・木材の互いに直交する三方向（繊維方向，年輪の半径方向，年輪の円周方向）の収縮率の大小関係は，年輪の円周方向＞年輪の半径方向＞繊維方向である。

・膨張量，収縮量は，繊維方向より繊維に直角方向のほうが大きい。

・膨張収縮率は，含水率が20%以下では，含水率にほぼ比例する。

・密度の高い木材ほど，含水率の変化による膨張・収縮が大きい。

◀よく出る

気乾状態　自然乾燥によって水分を減じ，大気中の湿度と平衡を保つようになる状態。含水率約15%以下

(3) 燃焼ほか

・木材に口火を近づけることで，持続する炎が生じる着火温度は260～290℃であり，260℃を木材の火災危険温度としている。

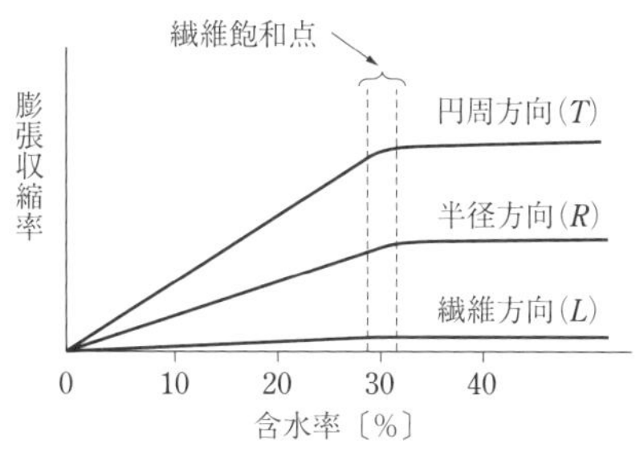

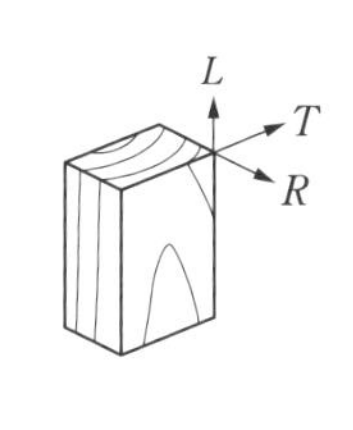

図1・52 含水率と膨張収縮率との関係

また，**発火点**は，390〜480℃ である。

・大きな断面の木材が燃えて炭化する速度は，通常，1分間に0.6 mm 程度であるが，燃焼によってできる炭化層は，内部を燃焼しにくくする。

・木材の熱伝導率は，比重の小さいものほど小さく，また，含水率の低いものほど小さい。

◀よく出る

・樹幹の断面には，**心材**と**辺材**がある。辺材には樹液が多く，細胞に活力があるが，心材よりも乾燥にともなう収縮が大きく，耐朽性が低く，虫害にもかかりやすい。

心材 樹心に近い部分
辺材 樹皮に近く心材の外周にあたる部分

(4) 合　　板

合板とは，繊維方向が直交するように，奇数枚の単板（ベニヤ）を交互に圧着したものである。構造用合板は，規定される強度試験の種類によって，1級と2級の等級がある。さらに，接着剤の耐水性を考慮した接着性能によって，特類と1類に区分される。

パーティクルボード 木材などの小片を，接着剤を用いて成型熱圧したものである。

直交集成材（CLT） ひき板または小角材をその繊維方向を互いにほぼ直角にして積層接着したもの。

(5) 集 成 材

集成材は，ひき板や小さい角材などを繊維方向が平行になるように集成接着したものである。

(6) 木質系材料

(a) 木質系セメント板

木毛・木片などを主原料として，セメントと混合し，板状に圧縮成形したもので，壁・床・天井・屋根下地などに用いられる。木毛セメント板，木片セメント板などがある。

(b) フローリング

1枚の板を基材とした単層フローリングをフローリングボード，板を2枚以上並べて正方形または長方形に接合したものを基材とした単層フローリングをフローリングブロックという。

単板積層材（LVL） 単板を繊維方向をそろえて積層接着したもの。

(c) 繊 維 板

木材などの植物繊維を主原料として繊維化し，接着剤と耐水材を加えて板状に成型したもの。硬質繊維板（ハードボード），中密度繊維板（MDF），軟質繊維板（インシュレーションボード）がある。

1・4・2 セメント・コンクリート

(1) セメントの種類と特徴

(a) 普通ポルトランドセメント

コンクリート工事用として最も多く使用され，わが国の使用セメント量の85％をしめる。

(b) 早強ポルトランドセメント

粉末が普通ポルトランドセメントより細かく，水和熱が大きいが，早期に強度が発現するので，工期の短縮，寒冷期も使用に適する。

(c) 中庸熱ポルトランドセメント

普通ポルトランドセメントに比べて，水和熱が小さく，収縮率が小さく，ひび割れが少ない。ダム，道路，夏期の使用に適する。早期の強度は普通ポルトランドセメントより低いが，長期強度はほとんど差がない。

(d) 高炉セメント

高炉セメントは，ポルトランドセメントに製鉄所から出る高炉スラグの微粉末を混合したセメントで高炉スラグの分量により，A種，B種，C種の3種類がある。耐海水性や化学抵抗性が大きく，アルカリ骨材反応の抑制に効果がある。早期強度はやや小さいが，長期強度は，普通ポルトランドセメントと同等以上になる。

(e) フライアッシュセメント

ポルトランドセメントクリンカーにフライアッシュと適量のせっこうを加え，混合，粉砕したもので，ワーカビリティを増し，水和熱も比較的小さい。高炉セメントと同様に，混合材の分量により，A種，B種，C種の3種類がある。

フライアッシュセメントを用いたコンクリートは，ポルトランドセメントの水和反応により，生成する水酸化カルシウムとフライアッシュが反応する「ポゾラン反応」により，長期にわたり強度が増進する。

(2) セメントの性質

・セメントの貯蔵期間が長いと，セメントが空気中の水分を吸収して軽微な水和反応を生じる。これをセメントの風化といい，風化したセメント粒子の表面は，水和物の被膜に覆われ，水和反応を阻害する。

・比表面積（ブレーン値）は，値が大きいほど細かく，早期強度が得られるが，水和熱によるひび割れなどの弊害を伴うことがある。

比表面積（ブレーン値） 1gあたりの粒子表面積をいい，セメント粒子の細かさを示す値

細骨材 砂

粗骨材 砂利

モルタル セメントと水と砂を練り混ぜたもの

(3) コンクリートの種類

コンクリートは，セメントペースト（セメント＋水）のこう着力で骨材（砂＋砂利）を結合したものである。セメントと水と砂を練り混ぜたものをモルタルという。

コンクリートは，使用骨材によって，普通コンクリート・軽量コンクリートなどに分類されるほか，施工条件により，寒中コンクリート・暑中コンクリートなどに分けられることもある。

(4) コンクリートの性質

- 単位水量が大きくなると，乾燥収縮やブリーディングが大きくなる。そのため，**単位水量の上限が 185 kg/m³ と定められている。**ブリーディングとは，混合水が骨材・セメント粒子の沈降によって上方に集まることをいう。 ◀よく出る
- 単位セメント量が過小になると，型枠内へのコンクリートの充てん性が低下する。そのため，コンクリート強度を確保するための条件とは別に，**単位セメント量の最小値は 270 kg/m³ と定められている。** ◀よく出る
- **細骨材率**が小さすぎると，スランプの大きいコンクリートでは分離しやすくなる。
- **水セメント比を大きくすると，コンクリートの強度は小さくなり，中性化速度は速くなる。** ◀よく出る
- **AE 減水剤**は，所要のコンシステンシーを得るために必要な単位水量を減少させることができるので，コンクリートは緻密化し，コンクリートの水密性を高めることができる。
- **コンクリートのヤング係数は，コンクリートの強度が大きいほど大きくなる。**
- 骨材の形状は，球形に近い物がよく，扁平・細長いもの，角ばっている骨材は，コンクリートの流動性が悪くなり，単位セメント量・単位水量を多くする必要が生じる。
- コンクリート中の**塩化物含有量**は，原則として 0.30 kg/m³ 以下に定められている。
- コンクリートの引張強度は，圧縮強度の 1/10 程度である。
- **コンクリートの熱膨張率は，鉄筋とほぼ同じである。**
- 普通コンクリートの単位容積質量は，約 2.3 t/m³ である。
- 単位セメント量や単位水量が過大になると，ひび割れが生じやすくなる。
- **コンクリートは不燃性であるが，長時間火熱すると表面から漸次溶融し，強度が低下する。** ◀よく出る

細骨材率　細骨材の骨材全体に占める容積百分率であり，細骨材の単位容積を V_s，粗骨材の単位容積を V_g とすると，

$$\frac{V_s}{V_s+V_g}\times 100\ 〔\%〕$$

水セメント比　セメントと水との質量百分率であり，単位水量を W，単位セメント量を C とすると

$$\frac{W}{C}\times 100\ 〔\%〕$$

1・4・3 鋼　　材

・一般に**降伏比の高い鋼材は，降伏点を超えるとすぐ破断強度になり，変形能力は小さい。**高張力鋼の方が降伏比は大きくなる傾向がある。

・**耐力**とは，引張試験において規定された永久伸びを生じるときの荷重を平行部の原断面積で除した値をいい，特に規定のない場合は，永久伸びの0.2%としており，0.2% 耐力という。

・図1・53に示すように，**炭素量の増大とともに，引張強さは増大するが，伸びは減少する。**

・靭性は，**シャルピー衝撃値**で示される。シャルピー衝撃値は，種々の切欠きを有する試験片を振り子型のハンマーの衝撃力で破断し，吸収エネルギーの大きさにより判定する。

・鋼材は温度の上昇によって，図1・54に示すようにその強さや伸びが変化する。**引張強さは，250～300℃で最大となり，**それ以上になると急激に低下する。

・マンガンやケイ素を添加すると，溶接性が改善される。

・銅やクロム，ニッケル，リン等を添加すると，耐候性が向上する。

・**熱処理によって，強度などの機械的性質を変化させることができる。**

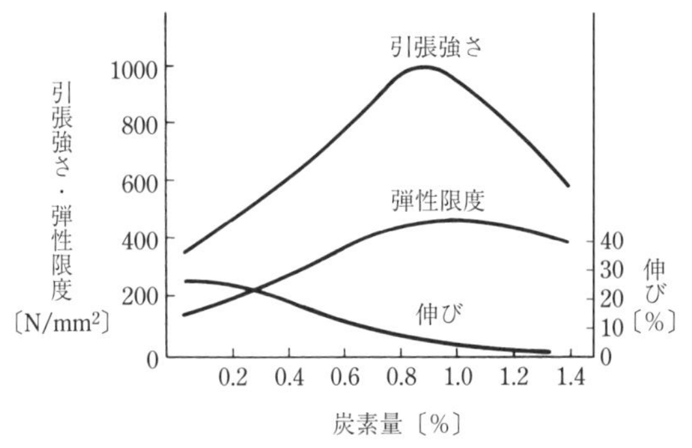

図1・53　炭素量による性質

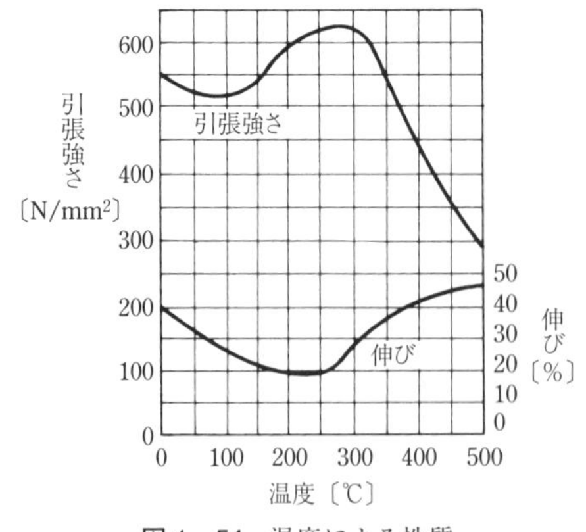

図1・54　温度による性質

◀よく出る

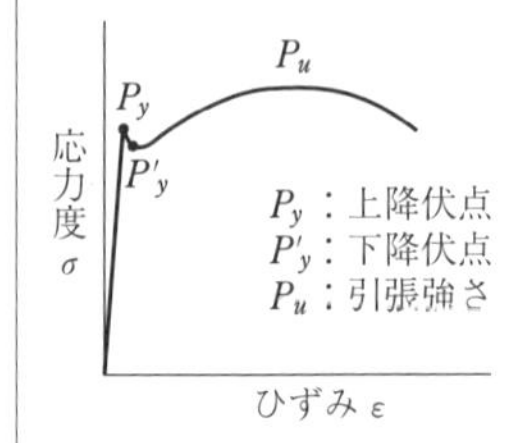

降伏比　引張強さに対する降伏強度の比

◀よく出る

日本産業規格（JIS）による構造用鋼材の記号と規格名称

SN：建築構造用圧延鋼材
SS：一般構造用圧延鋼材
SM：溶接構造用圧延鋼材
STK：一般構造用炭素鋼鋼管
STKR：一般構造用角形鋼管
SSC：一般構造用軽量形鋼

鋼材の性質

密度　約 7850 kg/m^3
融点　約 1500℃
線膨張係数　約 1.2×10^{-5}（1/℃）
ヤング係数　約 2.05×10^5 N/mm^2

【ヒント】
SN400 の数値 400 は，引張強さの下限値を示す。

1・4・4 アスファルト・石材・タイル

(1) アスファルト

アスファルトは黒色か黒褐色をした瀝青物質で加熱すれば軟化・液化し，防水・防腐に優れ，付着力もある。

アスファルトの軟度は，針入試験で計る。25℃ の状態で，針を一定時間押し込み，その深さ 0.1 mm の針入度を 1 とする。アスファルトは，石油精製の残留重質物からの処理によって，次の二つに分けられる。

(a) **ストレートアスファルト**

粘着性・伸び・浸透性に富むが，温度変化に伴う強度・伸び・軟らかさの変化が大きい。

(b) **ブローンアスファルト**

粘着性・浸透性は小さいが，温度による変化が少なく，耐候性が大である。防水工事に用いられる。

アスファルト 天然アスファルトと石油アスファルトがあるが，主として石油アスファルトが用いられている

ストレートアスファルト アスファルト分をできるだけ分解・変化させずに取り出したものである

絶縁用テープ 下地のムーブメントの影響を避けるために下地と防水層の間に使用するテープ

(2) アスファルト製品

アスファルト製品には，下記のものがある。

(a) **アスファルトフェルト**

軟質の原紙にストレートアスファルトを浸し込ませたものである。モルタル塗り壁の防湿用下張りに用いる。

(b) **アスファルトルーフィング**

有機天然繊維を主原料とした原紙に，アスファルトを浸透，被覆し，両面に鉱物質を付着させたものである。

(c) **ストレッチルーフィング**

合成繊維を主とした不織布で多孔質なフェルト状の原反を用いたもの。寸法安定性がよく，耐久性にも優れ，柔軟性を保ち伸び率が大きいので破断しにくい。下地とのなじみがよく施工性もよい。

(d) **砂付ストレッチルーフィング**

ストレッチルーフィングの表面に砂を被覆させ，裏面に鉱物質粉末を付着させたもの。非歩行用屋根の露出防水におけるアスファルト防水層の最上層に用いられる。

(e) **網状アスファルトルーフィング**

天然または有機合成繊維で作られた粗布に，アスファルトを浸透，付着させたもので，柔軟でなじみやすく，施工性が良い。

(f) **砂付あなあきアスファルトルーフィング**

防水下地の挙動による防水層の破断防止と防水層のふくれ防止を目的とした絶縁工法用のルーフィング。

(g) **アスファルトプライマー**

通常，軟質のブローンアスファルトを溶剤に溶かしたもので，下地に塗布し，溶融アスファルトの密着を助ける下地処理剤。

(3) 石　　材

石材の種類と特性は，表1・11の通りである。

表1・11 石材の種類

区分	岩　種	石 材 名	特　性	用　途
火成岩	花こう岩	稲田石・北木みかげ・万成岩・あじ石・本みかげ	圧縮強さ・耐久性大，吸水性小，耐火性小，質かたく，大材が得やすい，磨くと光沢が出る	構造用，装飾用
	石英せん緑岩	折壁みかげ（黒みかげ）	大材は得にくい	装飾用
	はんれい岩		色調不鮮明，質きわめてかたい	黒大理石の代用
	安山岩	鉄平石・小松石	耐久性・耐火性大，吸水性小，色調不鮮明，光沢は得られない	間知石・割り石
	石英粗面岩	抗火石・天城軽石	硬質，加工性小	防熱・防音材・軽量コンクリート
水成岩	凝灰岩	大谷石・竜山石	軟質軽量，加工性・耐火性・吸水性大，風化しやすい	木造基礎・石垣・倉庫建築・室内装飾
	砂　岩	日の出石・多胡石・立棒石	耐火性・吸水性・摩耗性大，光沢なし	基礎・石垣
	粘板岩	雄勝スレート	へき解性，吸水性小，質緻密，色調黒	スレート屋根材
	石灰岩		不純物の量により純白から灰色まである	コンクリート骨材・セメント原料・石灰原料
変成岩	大理石	寒水石・あられ大理石・オニックス・トラバーチン・さらさ・ビアンコ カラーラ	質緻密，吸水性小，耐火性小，光沢あり，酸・雨水に弱い	室内装飾
	蛇紋岩	蛇紋石・鳩糞石・凍石	大材は得にくい	化粧用

(4) タ イ ル

・吸水率の質により，Ⅰ類（従来の磁器質），Ⅱ類（従来のせっ器質），Ⅲ類（従来の陶器質）に区分される。

表1・12 タイルの呼び名

きじの質	呼　び　名
磁器質	内装タイル・外装タイル・床タイル・モザイクタイル
せっ器質	内装タイル・外装タイル・床タイル
陶器質	内装タイル

・素地（きじ）は，タイルの主体をなす部分をいい，施ゆうタイルの場合，表面に施したうわぐすりを除く部分。

・裏あしとは，セメントモルタルなどとの接着をよくするため，タイルの裏面に付けたリブまたは凹凸のことをいう。外壁などに使用する場合，裏あしは，あり状としなければならない。

・裏連結ユニットタイルの裏連結材は，施工時にそのまま埋込む。

あり状　裏あしの形状で先端の部分の幅が付根部分または高さの中央部分より広いこと。

1・4・5 ガラス・その他の材料

(1) ガ ラ ス

建築に用いられる普通ガラスは，珪酸・水酸化ナトリウム・石灰の原料を，1400～1500℃ で溶融して，結晶しないように徐々に冷却して，800～1000℃ で成形したものである。

以下に主なガラスの種類を示す。

(a) **フロート板ガラス**

比重は，約 2.5 で，引張強度より圧縮強度の方が大きい。反射率は，ガラスの屈折率が高いほど大きく，表面は，フッ酸（フッ化水素酸）により侵食される。

(b) **型板ガラス**

2 本の水冷ローラーの間に直接溶解したガラスを通して製板するロールアウト法により生産されるガラスで，下部のローラーに彫刻された型模様をガラス面に熱間転写して製造された，片面に型模様のある板ガラスである。

(c) **合わせガラス**

2 枚以上のガラスの間に接着力の強い特殊樹脂フィルム（中間膜）を挟み，高温高圧で接着し，生産されるガラスである。

(d) **複層ガラス**

2～3 枚の板ガラスをスペーサーで一定間隔に保ち，その周囲を封着剤で密閉し，内部に乾燥空気を満たしたガラスで，断熱・遮音効果が大きい。

(e) **強化ガラス**

通常の板ガラスの約 3～5 倍の静的破壊強度をもった強化ガラスで，万一破損した場合にも，ガラスの破片は細粒状になり，安全性の高いガラスである。

(f) **倍強度ガラス**

特殊な熱処理加工を施したガラスで，同厚の普通板ガラスと比較して約 2 倍の耐風圧強度，熱割れ強度をもっている。破損した場合，破片はサッシに留まって脱落しにくく高所での使用に適している。

(g) **熱線吸収板ガラス**

板ガラス組成中に微量の鉄・ニッケル・コバルトなどの金属成分を加えて着色したもので，太陽放射熱を多く吸収し，冷房負荷を軽減することができる。

(h) **熱線反射ガラス**

ガラス表面に金属酸化膜をコーティングしており，用途は熱線吸収ガラスに類似しているが，視覚的にハーフミラー状であって，表現力に富んでいる。

◀よく出る

成分としてナトリウムを含むものをソーダガラス，珪酸を含むものを石英ガラス，カリ分を含むものをカリガラス，鉛を含むものをフリントガラスという。

(2) 合成樹脂塗り床材

塗り床仕上げ面は，塗り材の種類，工法などにより機械的強度（耐荷重性・耐摩耗性・耐衝撃性），化学的特性（耐水性・耐薬品性・耐熱性・耐候性）および居住性（歩行感・美観性・防音性）などを付与され，それぞれの使用目的に応じて使い分ける。表1・13に代表的な合成樹脂塗り床材とその性能および主な用途を示す。

表1・13 合成樹脂塗り床材の種類と性能

種　　類	性　　能	主 な 用 途
ウレタン樹脂系	弾力性・耐衝撃性・耐磨耗性	廊下・学校・体育館
ポリエステル樹脂系	速硬化性・耐酸性	化学工場・食品工場
エポキシ樹脂系	耐候性・耐薬品性	研究実験室
アクリル樹脂系	速乾性・耐候性	レジャー施設

(3) ドアセット

JIS A 4702に，スイングおよびスライディングのドアセットの性能について規定されている。

性能は表1・14の性能項目からドアセットの用途に応じて，必要な項目を選択して適用する。ただし，ねじり強さ，鉛直荷重強さ，開閉力，開閉繰返しおよび耐衝撃性は必須の性能項目とする。また，耐風圧性，気密性，水密性，遮音性，断熱性および面内変形追随性については，ドアセットの用途に応じて必要な等級を適用する。

表1・14 ドアセットの性能

性能項目	等級
ねじり強さ*	−
鉛直荷重強さ*	−
開閉力	−
開閉繰返し	−
耐衝撃性*	−
耐風圧性	S-1 ～ S-7
気密性	A-1 ～ A-4
水密性	W-1 ～ W-5
遮音性	T-1 ～ T-4
断熱性	H-1 ～ H-6
面内変形追随性*	D-1 ～ D-3

*スライディングには，適用しない

(4) ボード類

◀よく出る

(a) 強化せっこうボード

心材にガラス繊維を混入して火災時のひび割れや破損に対応させたもの。

(b) シージングせっこうボード

両面の紙と心材のせっこうに防水処理したもの。

(c) けい酸カルシウム板

石灰質原料，けい酸質原料，補強繊維を原料とし，成形後に高温高圧蒸気養生を施したもので，軽量で耐火性，断熱性がよい。

(d) フレキシブル板

セメント，無機質繊維を主原料とし，成形後に高圧プレスをかけたもので，強度が高く，可とう性がある。

(e) インシュレーションボード

木材などを繊維状にしたものを主原料とし，板状に成形したもの。断熱性・吸音性に優れている。

(f) ロックウール化粧吸音板

ロックウールを主原料に結合材，混和材を加えて板状に成形したもの。不燃性・吸音性・断熱性に優れている。

(g) 木毛セメント板

木材を 10～30 cm の長さの紐状に削った木毛とセメントを混合・加圧成形した板のこと。断熱性，吸音性，防火性に優れている。

(h) パーティクルボード

木材小片に合成樹脂接着剤を塗布し，板状に成形した建材。遮音性，断熱性に優れている。

(5) シーリング材

◀よく出る

- ポリサルファイド系シーリング材は，表面の仕上げ塗材や塗料を変色させることがある。
- シリコーン系シーリング材は，表面への塗料の付着性が悪い。
- 変成シリコーン系シーリング材は，全般的には良好な性能であるが，ガラス越しの耐光接着性には劣る。
- ポリウレタン系シーリング材は，施工時の気温や湿度が高いと発泡のおそれがある。紫外線によって黄変することがある。
- エマルションタイプアクリル系シーリング材は，0℃以下での施工は避ける。
- アクリルウレタン系シーリング材は，耐久性・耐候性に優れている。ガラスまわりには適さない。
- 1成分形シーリング材は，あらかじめ施工に供する状態に調製したシーリング材である。
- 2成分形シーリング材は，施工直前に基剤，硬化剤の2成分を着色剤などとともに練り混ぜて使用するように調製したシーリング材である。

・モジュラスとは，一定のひずみを与えたときの応力のこと。モジュラスが大きいと接着力も大きくなる傾向になる。

・プライマーは，被着面とシーリング材との接着性を良好にするために，あらかじめ被着面に塗布する材料である。

(6) 建具

主な建具の性能試験における性能項目とその意味を以下に示す。

強さ	外力に耐える程度
耐風圧性	風圧力に耐える程度
耐衝撃性	衝撃力に耐える程度
気密性	空気のもれを防ぐ程度
水密性	風雨による建具室内側への水の浸入を防ぐ程度
遮音性	音を遮る程度
断熱性	熱の移動を抑える程度
遮熱性	日射熱を遮る程度
結露防止性	建具表面の結露の発生を防ぐ程度
防火性	火災時の延焼防止の程度
面内変形追随性	地震によって生じる面内変形に追随し得る程度
耐候性	構造，強度，表面状態などがある期間にわたり使用に耐え得る品質を保持している程度
形状安定性	環境の変化に対して形状寸法が変化しない程度
開閉力	開閉操作に必要な力の程度
開閉繰返し	開閉繰返しに耐え得る程度

結露防止性試験では，温度低下率，結露状況を測定する。

第2章　共　　　　　通

令和５年度　共通の出題傾向

出題数は３問（解答数３問）

前・後期ともに構内舗装工事，測量，建築設備からまんべんなく出題され，正答肢が頻出肢であり，比較的易しかった。

2・1 外 構 工 事

学習のポイント

「第2章　共通」からの出題は，3問で，3問とも解答することになっている。3問のうち「2・1　外構工事」に関する出題は，1問程度である。「植栽工事」「舗装工事」ともに，本テキストの範囲を十分に学習しておけば，正答できる可能性は高い。

2・1・1 植 栽 工 事

(1) 材　　料

寸法は原則として，枝葉が剪除（せんじょ）され活着可能な状態で採寸する。樹木の採寸方法は次による。

① 高木

・樹高：地際より樹冠（じゅかん）の頂端までとしcmで示す。主幹の明瞭なものは主幹軸先端の芽までの高さとする。徒長枝は算入しない。ただし，シュロ・ヤシ類・ドラセナ・ユッカ等の単子葉類は茎高に頂芽の半分を加えた長さを樹高とする

・幹回り：地際から120 cmの部位の幹の周囲長をcmで示す。その位置の最小直径に円周率を乗じた値で代用してもよい。120 cm点で分枝ある場合はその上部を採寸する。(樹高2.5 m以上に適用する。)

・根元周囲：植付け点の位置の幹周囲長をcmで示す。最小直径に円周率を乗じた値で代用しても良い。(樹高2.5 m以上に適用する。)

・枝張り：樹幹の水平二方向の平均値をcmで示す。方向が指定された場合は，その方向ごとの樹冠の水平幅とする。徒長枝は含まない。

・枝下高：地際から最初の健全な太枝の着生点で枝の下側での高さをcmで示す。

② 中木・低木

・樹高：地際より樹冠の頂端までとしcmで示す。徒長枝は含まない。主幹の明瞭なものは主幹軸先端の芽までとする。リュウゼツラン・ハラン等の茎を形成しないものは上向き葉の葉先までの長さとする。

・葉張り：樹冠の水平二方向の平均値をcmで示す。徒長枝は含まない。

(2) 植 栽 工 事

① 高木植付け

・各樹木の鉢径に応じて植穴を掘る。このとき樹木の生育に害のあるきょう雑物を取り除いて底部を柔らかく耕し，中高に敷き均す。客土で行う場合も底部を中高に敷き均す。

支柱材料　支柱材料は，杉・桧丸太で末口径6 cmとし，割れがなく通直完満で節の高くないものとする。クレオソート加圧注入またはクレオソート等防腐処理の施してあるもので，取付け後新しい切口が出れば同様の防腐剤処理を行うものとする。

客土用土　客土は，植物の生育に適した土壌で，小石・ごみ・雑草などを含まない良質土を使用する。

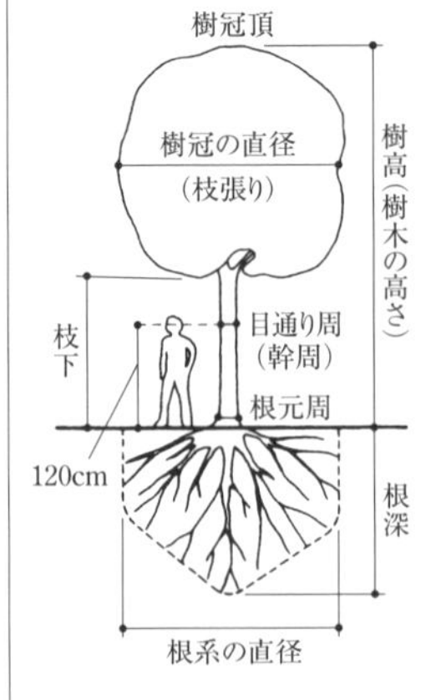

樹木の規格呼称

・原則として水極めとする。
・深植え，浅植えとならないよう移植前の地際部を確認する。
・埋戻し用の土は，全面客土または土壌良好の場合は原土をそのまま使用する。それ以外の場合は客土を用いる。
・根の水分吸収が不能にならないように埋戻し土を棒で十分突き，鉢と土を密着させる。
・埋戻し完了後，鉢の外周に沿って土を盛り上げ，水鉢をつくり，灌水を行う。

②　低木植付け

・埋込みは原則として土極めとする。
・突込み植え・鳥足植えにならないよう丁寧に根付ける。

(3)　移植工事

・根回しの時期は，植物の生長にあわせて春期萌芽前に行うのが最もよく，遅くとも秋に入る前までに行うことが望ましい。
・根回しの際，掘り取る鉢径は，樹木の根本（接地部）直径の3～5倍程度の鉢径を定め，幹を中心に円形に掘りまわす。
・掘りとり時期は，細根が根回しした切口部の周辺から必要量伸び出していることが確認されるときで，通常の植栽適期となる。
・移植の作業は植付けまで連結して迅速に行うことが必要で，運搬路と運搬方法を事前に検討して作業に支障をきたさないようにしておかなければならない。
・掘り取りに先立ち，樹種に応じて密生枝，古枝等の不用の枝を切り取る。また，下枝のある樹木は，下枝が折れないように注意して幹に向けて縄締めにより引き締め，掘り取り作業に支障がないように準備して仮支柱またはロープを張り，倒れないように養生する。

張芝の植付け

・植付け方法として100%指定の場合は平張りとし，70%指定の場合は目地張りとする。目地幅はコウライシバで4cm以下，ノシバで6cm以下とする。
・植付け前に表面の凹凸をならし表面排水がとれるよう勾配（2%以上）をつける。
・植付け後，ローラー（250kg内外）転圧または土羽板で叩いて培土と密着させる。
・目土にはフルイを通した細土を用い，芝の葉が半分かくれる程度土をかける。
・傾斜地では目串を2本打ち込んで固定する。芝片の長手方向を水平にし，ちどりに張付け，横目地を通して張付け，縦目地を通してはならない。

2・1・2 舗装工事

(1) 路　　床

路床が軟弱な場合には，路床の上に良質土の盛土，路床土と良質土の置換，路床土の安定処理がある。安定処理の場合，添加剤として，砂質土に対してはセメントが，シルト質土・粘性土に対しては石灰が適している。

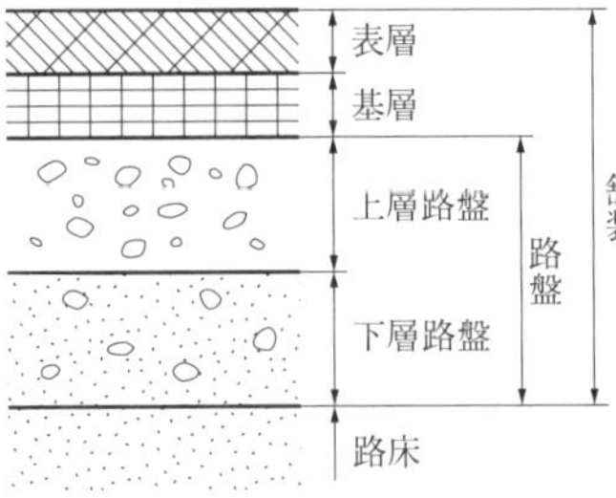

表層
基層
上層路盤
下層路盤
路床
路盤
舗装

図2・1 アスファルト舗装の断面構成

(a) 遮断層

軟弱な路床土が路盤中に侵入してくる現象（パンピング）を防止するために設けるもので，シルト分の少ない川砂・切込み砂利等を用いる。

(b) CBR

直径5 cmの貫入ピストンを供試体表面から貫入させたとき，ある貫入量における試験荷重強さと，同じ貫入量に対する標準荷重強さの比で，百分率で表わす。通常貫入量2.5 mmにおける値をいう。米国カルフォルニア産の標準的な上層路盤材料強度を基準にした強度比。

(c) 修正CBR

締固め度は通常3層92回突固めたときの乾燥密度の95%とする。舗装施工便覧では下層路盤材の修正CBRは道路用砕石の場合，道路用鉄鋼スラグ30%以上，上層路盤材では80%以上と規定している。

(d) 設計CBR

路床材のCBRは現地の状況に応じ乱さない試料または乱した試料を用い，締固めたときの含水比や密度などをできるだけ実際の状態に近づけて求めるように規定されている。

(2) 下層路盤

路床直上に舗設される路盤の下層部分。下層路盤は上層の層に比べ作用する応力が小さいので，経済性を考慮して粒状材や安定処理した現地産の材料を用いる。

(3) 上層路盤

路盤を2種類以上の層で構成するときの上部の層。

路床の上に設けた，アスファルト混合物やセメントコンクリート版からの荷重を分散させて路床に伝える役割を果たす。

粒度調整工法，**瀝青安定処理工法**，**セメント安定処理工法**などにより築造する。

(4) アスファルトの舗設

(a) 排水性舗装，保水性舗装

高空隙率の加熱アスファルト混合物を表層あるいは表層・基層に設け雨水

CBR 路床・路盤の支持力を表す指数のことをいう

修正CBR 路盤材料や盛土材料の品質基準を表わす指標のことをいう。現場締固め条件に合せて求めた砕石，砂利，スラグなどの粒状路盤材の強さを表す。

設計CBR 舗装の厚さを決めるときに用いる路床材のCBR。路床材がほぼ一様な区間内で道路延長方向と路床の深さ方向について求めたいくつかのCBRの測定値から，それらを代表するように決めたものである。

粒度調整工法 良好な粒度となるように数種の骨材を混合し，敷きならして締固め，強度や耐久性を向上させる工法である。材料には砕石，スラグ，砂などが用いられる。

瀝青安定処理工法 現地材料またはこれに補足材料を加えたものに瀝青材料を添加し，混合して敷きならし締固める工法をいう。舗装の路盤や基層に用いられる。

セメント安定処理工法 クラッシャランまたは地域産材料に，必要に応じて補足材料を加え，数%のセメントを添加混合し，最適含水比付近で締め固めて安定処理する工法。セメント量は一軸圧縮試験によって決めるが，一般にアスファルト舗装の上層路盤で一軸圧縮強さ2.9 MPaの場合，3～5%の程度である。

を路肩，路側に排水する舗装。騒音低減にも効果がある。

(b) 透水性舗装

路面の水を路盤以下に浸透させる舗装。集中豪雨の洪水緩和，地下水涵養，ヒートアイランド現象の緩和，水留まり防止を目的に都市部で適用される。騒音低減にも効果がある。

(c) コンポジット舗装

表層または表層・基層にアスファルト混合物を用い，その真下の層に普通コンクリート，連続鉄筋コンクリート，転圧コンクリート等の剛性の高い版を用い，その下の層が路盤で形成された舗装。コンクリート舗装のもつ耐久性とアスファルト舗装がもつ走行性と維持修繕の容易させ併せもつ舗装。

(d) マーシャル安定度試験

アスファルト混合物の配合設計に用いる安定度試験の1つで，試験方法は円筒形混合物供試体（直径100 mm，厚さ約63 mm）の側面を円弧形2枚の載荷板ではさみ規定の温度（60℃），規定の載荷速度（50 mm/min）により直径方向に荷重を加え，供試体が破壊するまでに示す最大荷重（安定度）とそれに対応する変形量（フロー値）を測定するものである。

(5) コートの種類と特徴

コートには，路盤の上に散布するプライムコート，基層と表層の間に散布されるタックコート，舗装面に散布されるシールコートがある。

クラッシャラン 道路の敷砕石，路盤，アスファルト舗装の表層，基層などに使用する道路用砕石

フィラー アスファルトと一体となって骨材の間隙を充てんするもの

プライムコート 路盤の上に散布されるもので，路盤の仕上がり面を保護し，その上に施工するアスファルト混合物のなじみを良くするために用いられる。

タックコート 基盤あるいは路盤とその上に置く混合物との間の付着を良くするためのものである。

シールコート 既設の舗装面にアスファルト乳剤を散布して，骨材で覆う表面処理工法である。

共通

2・1・3 屋外排水設備

(1) 地中埋設排水管

・地中埋設排水管の勾配は，原則として，1/100 以上とする。

・地中埋設排水管を設ける場合，埋設管の長さが，その内径または内法幅の120倍を超えない範囲内でますまたはマンホールを設ける。 ◀よく出る

・排水管の敷設は，下流から上流に向かって行う。

・排水管を給水管に平行して埋設する場合の両管のあきは，原則として500mm 以上とする。

・管きょに用いる遠心鉄筋コンクリート管は，外圧管を用いる。

・遠心力鉄筋コンクリート管のソケット管の継手は，ゴム接合とする。

・遠心力鉄筋コンクリート管のソケット管は，受口を上流に向けて敷設する。

(2) ま　す

・汚水ますの形状は円形とし，接続する排水管に応じたインバートを設ける。

・雨水ますの形状は角形を原則とし，底部には，深さ 15 cm 以上の泥だめを設ける。 ◀よく出る

・硬質ポリ塩化ビニル管をコンクリート桝に接合する部分には，砂付きの桝取付け短管を用いる。

2・2 建築設備

学習のポイント

「第2章　共通」からの出題は，3問で，3問とも解答することになっている。3問のうち「2・2　建築設備」に関する出題は，1～2問程度である。「機械設備」「電気設備」からの出題頻度は高い。本テキストの範囲を十分に学習しておけば，正答できる可能性は高い。

2・2・1 機械設備

(1) 空気調和設備

空調方式には，表2・1に示すような形式がある。

表2・1 空調方式の種類と適用

方式	説明	適用
CAV方式（定風量単一ダクト方式）	ダクト内の圧力が変動しても，吹き出し風量を一定に保つ方式。	小規模ビル・容積の大きい室・工場・百貨店
VAV方式（変風量単一ダクト方式）	各室または各ゾーンの負荷の変動に応じて送風量を調節することによって，室内環境を維持する方式。	個室制御の必要なビル・大規模ビルの内部ゾーン・会議室
二重ダクト方式	冷風と温風を別々のダクトで各階に供給し，各室の吹き出し口の手前に冷風と温風とを混合するミキシングユニットを設けて混合空気を送風する方式。	ゾーン数の多い大規模ビル・高層ビルの内部ゾーン
ファンコイルユニット方式	エアフィルタ・冷温水コイル・送風機を内蔵したファンコイルユニットを各室の天井あるいは窓際の床上などに設置して，室内空気を循環させる方式。	一般ビルのペリメータゾーン・ホテルの客室・病室・住宅・一般ビルの個室
パッケージ方式	冷凍機を内蔵したパッケージ形空気調和機を室内に設置して冷房を行う方式。大型のものは水冷式，小型のものは空冷式である。	小規模な一般ビル・電算機室・大規模ビルの内の負荷や運転時間の異なる室

ペリメータゾーン　外周負荷を処理する窓際ユニットの受け持つ区域

インテリアゾーン　内部負荷を処理する空調機の受け持つ区域

冷温水配管の配管方式には2管式，3管式，4管式があるが，3管式においては混合損失が生じる。

パッケージ方式で，暖房を行うには，温水コイルあるいは電気ヒータを内蔵させるか，ヒートポンプパッケージを使用する。最近では，圧縮機を屋外に設置して，これと室内部を冷媒管で連絡するスプリット形のヒートポンプパッケージが多く使用されている。

2管式　冷水と温水を切り替える

3管式　往き管は冷水と温水とし，還り管は冷温水共用とする

4管式　往き管と還り管とも冷水と温水を別にする

(2)　給水設備

給水方式には，①水道直結直圧方式，②水道直結増圧方式，③高置タンク方式，④圧力タンク方式，⑤ポンプ直送方式，の５つの方式がある。

ウォーターハンマー（水激作用）は，配管の破損・漏水の原因となる。ウォーターハンマーの防止には，流速を減ずるよう配管の管径を太くすることが基本である。超高層建築における給水系統は，下層階では給水圧力が大きくなり，ウォーターハンマーによる種々の問題が起こりやすくなるため，中間水槽や減圧弁を用いてゾーニングを行う。

上水の給水・給湯系統は，クロスコネクションをしてはならない。

高置タンク方式　高置水槽があるため，給水圧力の変動がほとんどなく，停電時や断水時もタンク内に残存する量を利用することが可能である。

圧力タンク方式　受水槽から給水ポンプで圧力タンクに給水し，タンクの空気を圧縮・加圧させ，その圧力で必要な箇所に給水する方式である。水圧の変動が大きく，停電時の給水が期待できない。

ウォーターハンマー　水栓，弁などにより管内の流体の流れを瞬時に閉じると，上流側の圧力が急激に上昇し，そのとき生じる圧力波が配管系内を一定の速度で伝わり，配管・機器類を振動させたり，騒音を生じさせたりする現象。

クロスコネクション　上水の給水・給湯系統とその他の系統が配管や装置により直接接続すること

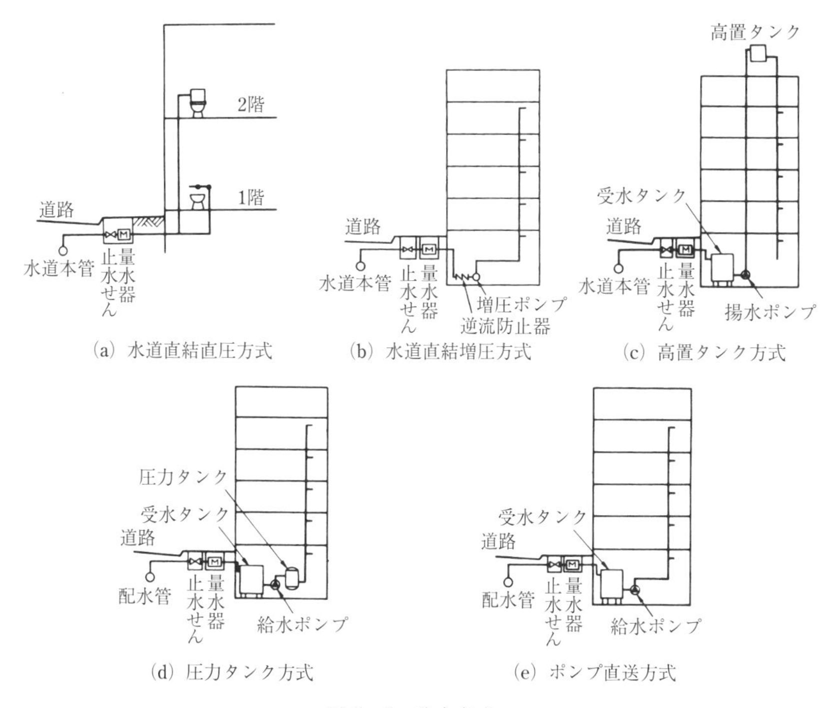

図２・２　給水方式

(3)　排水設備

排水系統に設ける通気管の最も重要な役割は，配管内の空気の流れを円滑にし，同時にトラップ封水がサイホン作用および背圧によって破壊されるのを防ぐため，ならびに排水系統内の換気を図るためのものである。

通気管は，排水トラップの封水部に加わる配水管内の圧力と大気圧との差によって排水トラップが破封しないように有効に設け，直接外気に開放する。通気管の大気へ開放する位置は，建築物屋上で，人が屋上を使用する場合は屋上床仕上げから２m 以上，使用しない場合には 200 mm 以上高い位置とする。また，大気への開放部は，窓・給排気口から 600 mm 以上高い位置か，これらから３m 以上離れた位置とする。

雑排水　家庭から出る排水のうち，トイレから出る汚水と雨水を除いたものをいう。

排水トラップ　排水設備の配管の途中に設けられた，下水道の悪臭や硫化水素などのガスを屋内へ侵入するのを防ぐ器具や装置。

2・2・2 消 火 設 備

消防法でいう「消防の用に供する設備」は，次の第1種から第5種まであり，それぞれ下記のようなものがある。

水系の消火設備　屋内消火栓設備，屋外消火栓設備，泡消火設備，スプリンクラー設備，水噴霧消火設備

表2・2　消火設備の種類

消火設備の区分	消火設備の種類
第1種	屋内消火栓設備または屋外消火栓設備等
第2種	スプリンクラー設備等
第3種	水蒸気消火設備または水噴霧消火設備，泡消火設備，不活性ガス消火設備，ハロゲン化物消火設備，粉末消火設備等
第4種	ハロゲン化物を放射する大型消火器，棒状の水を放射する大型消火器等
第5種	小型消火器，乾燥砂，水バケツまたは水槽，膨張ひる石または膨張真珠岩等

(a)　屋内消火栓設備

人が操作することによって火災を消火する設備であり，水源，加圧送水装置（消火ポンプ），起動装置，屋内消火栓（開閉弁，ホース，ノズル等），配管・弁類および非常電源等から構成されている。

(b)　屋外消火栓設備

屋内消火栓設備と同様に人が操作して使用するもので，水源，加圧送水装置（消火ポンプ），起動装置，屋外消火栓，ホース格納箱，配管・弁類および非常電源等から構成されている。

(c)　スプリンクラー設備

防火対象物の天井または屋根下部分に配置されたスプリンクラーヘッドにより，火災感知から放水までを自動的に行う消火設備で，水源，加圧送水装置（消火ポンプ），自動警報装置（流水検知装置，表示装置，警報装置等），スプリンクラーヘッド，送水口，配管・弁類および非常電源等から構成されている。

(d)　水噴霧消火設備

スプリンクラー設備と同様に水を散水して火災を消火する設備。スプリンクラー設備との違いは，散水される水の粒が細かく，火災時の熱によって急激に蒸発するときに熱を奪うことによる冷却効果と，燃焼面を蒸気で覆うことによって酸素を遮断する窒息効果によって消火することである。

(e)　泡消火設備

駐車場やヘリポートなどの水による消火方法では効果が少ないかまたはかえって火災を拡大するおそれのある場所に設置される設備。水源，加圧送水装置（消火ポンプ），泡消火薬剤貯蔵槽，混合器，自動警報装置（流水検知装置，表示装置，警報装置等），泡放出口（フォームヘッド），感知ヘッド

(閉鎖型スプリンクラーヘッド)，配管・弁類および非常電源等から構成されている。

(f) 不活性ガス消火設備

電気室や美術館，精密機械，電気通信機室等に設置されるもので，消火剤による汚損が少なく，復旧を早急にすることが必要な施設に設置される。消火剤貯蔵容器，起動用ガス容器，選択弁，配管，噴射ヘッド，操作箱，感知器，制御盤，音響警報装置および蓄電池設備等から構成されている。

(g) ハロゲン化物消火設備

設置対象物および構成等は，不活性ガス消火設備と同様であるが，消火原理は，燃焼の連鎖反応を抑制する負触媒効果によるものである。

(h) 粉末消火設備

粉末消火剤貯蔵タンク，加圧用ガス容器，起動用ガス容器，選択弁，配管，噴射ヘッド，手動起動装置，感知器，制御盤，音響警報装置および蓄電池設備等から構成されている。

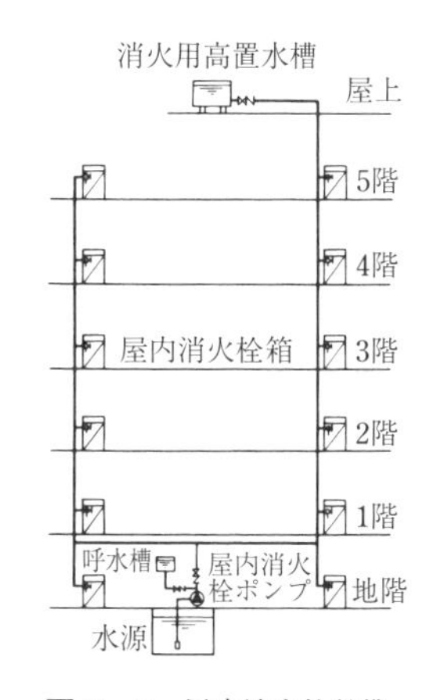

図2・3 屋内消火栓設備

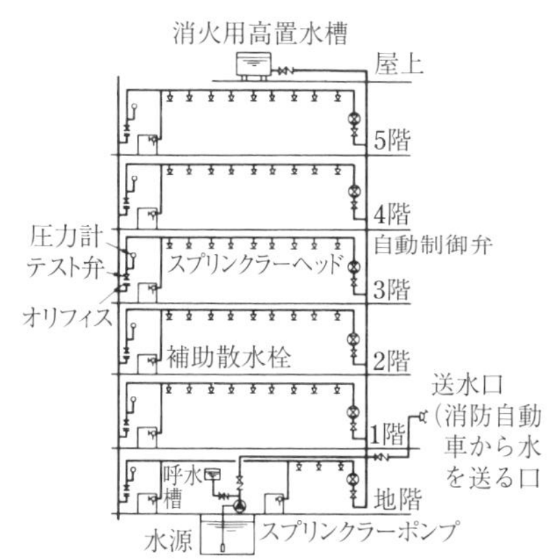

図2・4 スプリンクラー設備

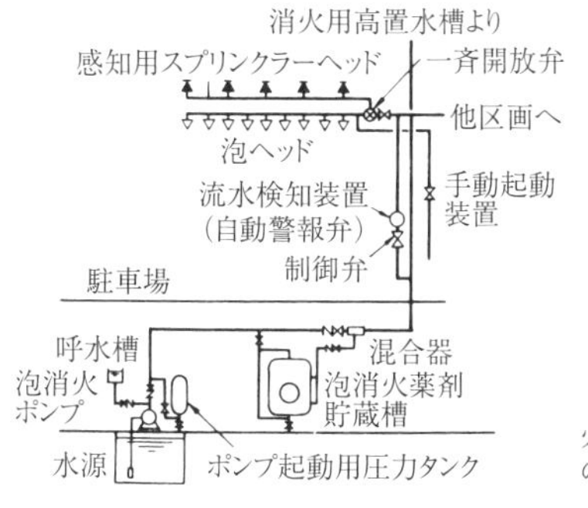

図2・5 泡消火設備

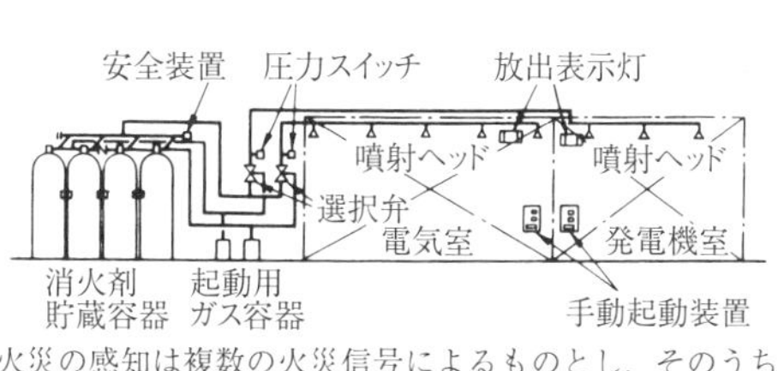

火災の感知は複数の火災信号によるものとし，そのうちの一つは消火設備専用の感知回路によるものとする。

図2・6 不活性ガス消火設備

消防法でいう「消防活動上必要な施設」は，連結送水管と連結散水設備である。

連結送水管 送水口，放水口，放水用器具格納箱等から構成されており，火災の際には消防ポンプ自動車から送水口を通じて送水し，消防隊が放水口にホースを接続すれば消火活動ができるようにした設備。中高層建物あるいは大規模な地下街などに設置する。

連結散水設備 散水ヘッド，配管・弁類及び送水口等から構成されており，火災の際には消防ポンプ自動車から送水口を通じて送水し，散水ヘッドから放水することによって消火活動を支援できるようにした設備。地階のみに設置する。

2・2・3 電気設備

(1) 電　圧

電圧の区分は，表2・3に示すように，低圧・高圧・特別高圧に区分されている。

表2・3 電圧の区分（技術基準第2条第1項）

電圧の区分	電　圧
低圧	直流：750 V 以下 交流：600 V 以下
高圧	直流：750 V を超えて 7000 V 以下 交流：600 V を超えて 7000 V 以下
特別高圧	7000 V を超えるもの

◀よく出る

キュービクル型受変電設備
鋼板製の箱体に受変電設備をコンパクトに収納したものをいい，屋内型，屋外型がある。開放型と比較して省スペースであり，安全性に優れている。

(2) 配電方式

建物内における一般的な配電方式を表2・4に示す。

表2・4 配電方式

電 気 方 式	対地電圧および用途
単相2線式 100 V	対地電圧：100 V 白熱灯・蛍光灯・家庭用電気機械器具の回路
単相2線式 200 V	対地電圧：100 V 単相電動機・大型電熱器・蛍光灯の回路
単相3線式 100/200 V	対地電圧：100 V 住宅・商店・ビルなどの電力使用量の大きい電灯，コンセントの幹線回路。100 V の電源と 200 V の電源と同じ回路から取ることができる。
三相3線式 200 V	対地電圧：200 V 0.4～37 kW 程度の一般低圧電動機・大型電熱器などの回路
三相4線式 240/415 V (265/460 V)	対地電圧：240 V（265 V） 特別高圧スポットネットワーク受電などの大規模ビルで負荷の大きい幹線回路・電灯・電動機の両方に電力を供給できる。 （　）内は 60 Hz 地区の電圧

幹線
受電設備などの配電盤から分電盤や制御盤までの配線

(3) 配線工事

表2・5に代表的な屋内配線用図示記号を指す。

低圧屋内配線工事に使用する金属管の厚さは，コンクリートに埋め込むものは 1.2 mm 以上，コンクリート以外のものは 1.0 mm 以上とする。ただし，継手のない長さ 4 m 以下のものを乾燥した，展開した場所に施設する場合は，0.5 mm までに減ずることができる。

低圧屋内配線における電線の接続は，キャビネット，アウトレットボックスまたはジョイントボックスなどの内部で行うか，適当な接続箱を使用して行い，接続部分を露出してはならない。

電線管が外壁を貫通する場合には，室内から室外に向けて 1/10 以上の水勾配を配管に設け，外壁貫通部にはシーリング材によって止水処理を行う。

表2・5　代表的な屋内配線用図示記号

記号	名称	記号	名称
3	3 路点滅器（スイッチ）		蛍光灯
	コンセント		OA 盤
	換気扇		配電盤
	情報用アウトレット（LAN ケーブル端子）		分電盤

(4)　接 地 工 事

感電防止や高電圧電線と低圧電線との混触防止のために，電路または電路以外の金属部分を大地に接続することを接地という。接地工事の種類は，必要とされる接地抵抗値より A 種，B 種，C 種および D 種に区分されている。

表2・6　接地工事の種類

接地工事の種類	電圧の種別による機器
A 種（第 1 種）接地工事	高圧用または特別高圧用の機械器具の鉄台および金属製外箱
B 種（第 2 種）接地工事	高圧または特別高圧の電路と低圧電路とを結合する変圧器の低圧側の中性点 （中性点がない場合は低圧側の 1 端子）
D 種（第 3 種）接地工事	低圧用機械器具の鉄台および金属製外箱 （300 V 以下のもの。ただし，直流電路および 150 V 以下の交流電路に設けるもので，乾燥した場所に設けるものを除く。）
C 種（特別第 3 種）接地工事	低圧用機械器具の鉄台および金属製外箱 （300 V を超えるもの。）

バスダクト　大容量の幹線に使用され，鋼板またはアルミニウムの外箱内に絶縁物を介して銅帯またはアルミニウム帯を収めたものである。

フロアダクト　使用電圧が 300 V 以下で，乾燥した場所のコンクリートまたはシンダーコンクリートの床内に埋め込んで施設される。電線に接続点を設けないことが原則である。ただし，電線を分岐する場合において，その接続点が容易に点検できるようにすれば電線の接続ができる。

ケーブルラック　ケーブル配線用のはしご状をした金物のことで，この部分にケーブルを流して固定する。

分電盤　幹線と分岐回路を接続するためのもので漏電遮断器と配線用遮断器を内蔵している。

漏電遮断器　漏電したときに電気を切る装置で，回路の種類とその対地電圧によって取付けが義務付けられている。

PBX　構内電話交換機

LAN　構内通信網

2・2・4 防 災 設 備

(1) 誘 導 灯

誘導灯は，火災などの際に避難を容易にするための避難口や避難方向を指示する照明設備で，設置場所に応じて**避難口誘導灯・通路誘導灯**および**客席誘導灯**がある。

(a) 避難口誘導灯

緑地に白文字で「非常口」などと書かれた灯火で，避難口の下面からの高さが 1.5 m 以上の箇所に設置する。

(b) 通路誘導灯

白地に緑色の矢印で避難方向を示したもので，煙によって見えなくならないように，床面から 1 m 以下の高さに設置する。階段に設ける通路誘導灯は，非常用の照明装置と兼用できる。

(c) 客席誘導灯

劇場の客席の通路部分を照明するための誘導灯で，客席通路の壁面および座席の側面に設置する。

(2) 自動火災報知設備

建物内の火災を初期の段階で熱または煙を感知して自動的に発見し，ベルやサイレンなどの音響装置によって建物内の関係者に知らせる設備で，感知器・手動発信機・受信機・音響装置などで構成されている。感知器には，**熱感知器・煙感知器**および熱煙複合感知器がある。

熱感知器の作動方式には，**差動式**（温度上昇率が一定の値を超えたときに作動する）・**定温式**（一定の温度になったときに作動する）および補償式（差動式と定温式とを兼ねた機能をもち，周囲温度の変化により作動する）に分類される。さらに熱感知器の形式には，一局所の熱効果により作動するスポット型，広範囲の熱効果の蓄積によって作動する分布型および電線状の感知線型がある。

煙感知器の作動方式には，**イオン化式**（煙の粒子によりイオン電流の変化することを利用して感知する）と**光電式**（煙の粒子により光電素子の入射光量が変化することを利用して感知する）に分類される。光電式には，**スポット型**と**分離型**とがある。

2・3 測 量 など

学習のポイント

「第2章　共通」からの出題は，3問で，3問とも解答することになっている。3問のうち「2・3　測量など」に関する出題は，1問程度である。出題傾向は，例年ほぼ同様であり，本テキストの範囲を十分に学習しておけば，正答できる可能性は高い。

2・3・1 測　　量

(1) 距離の測定

距離の測定には，巻尺や光波測距儀を用いて測定する。

(a) 巻尺

巻尺には，布巻尺，ガラス繊維巻尺，鋼巻尺がある。

(b) 光波測距儀

強度に変調した光波を測定器から発射し，目標点の反射鏡で反射させ，測定器に再び戻る反射波数と位相から距離を求めるもので，一般に斜距離を求める。温度，気圧，湿度などの補正後，水平距離を求める。

光波測距儀

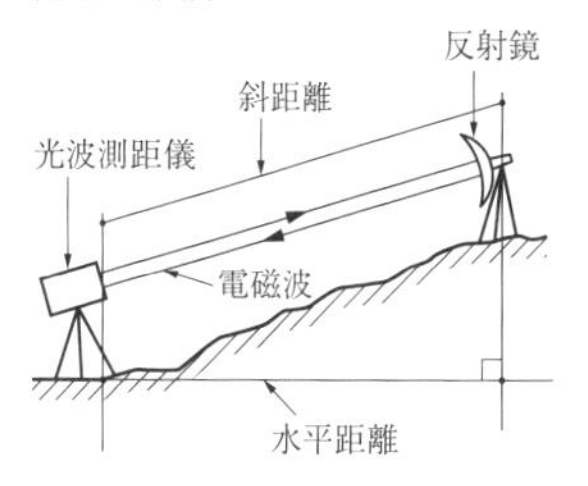

(c) GPS 測量

GPS を用いて，2つのアンテナで2点間の相互位置を求めて，距離を測定する。

GPS（グローバルポジショニングシステム）　人工衛星（GPS 衛星）から発射された電波を地上のアンテナで受けて，解析機でアンテナの位置を三次元的に瞬時に決定するもので，カーナビなどと同じシステム

(2) 角 の 測 定

角度には，水平角と鉛直角があり，基準点からの高・低により仰角・俯角がある。また，真北を基準とする方位角や座標軸の北を基準とする方位角などがある。方位角・方向角はともに水平角である。角の測定には，トランシット（セオドライト）が用いられる。

トランシット（セオドライト）

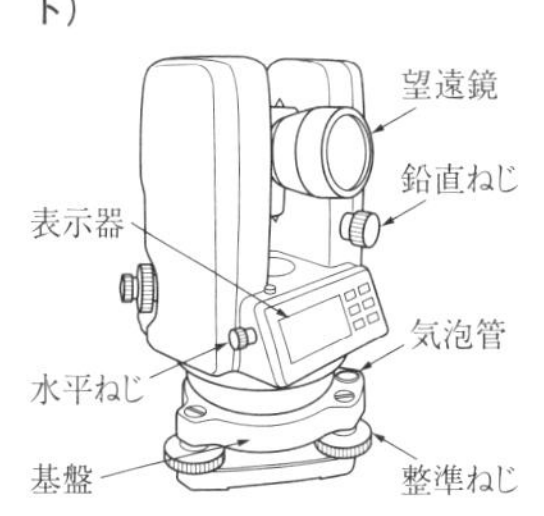

(3) スタジア測量

スタジア測量は，2点間の距離を光学的に測る測量法で，スタジア線間の標尺の読取り値と高度角から距離を計算するもので，巻尺に比べて精度は良くないが作業が早い。

(4) 多角測量（トラバース測量）

位置，高さを求める測量で，トラバース測量とも呼ばれる。基準点から測点A，測点Aから測点B，測点Bから測点Cという具合に測点を結んで測量区域を多角形で示し，多角形の各辺の長さ・角度で位置関係を求める。

描く多角形には，閉合トラバース，開放トラバース，結合トラバースがある。最も精度が高いのが結合トラバースだが，これには，基準点にほとんど誤差がないことが前提となる。閉合トラバースは精度が高いので一般的によく使わ

閉合トラバース　多角形の辺が最終的に基準点に戻ってきて閉じた状態になるもの

れるが，計測した距離に定誤差がある場合，その誤差を検知，解消できない。開放トラバースは計測した測点の誤差を検知，解消出来ない事から精度が低く，あまり使われない。

既知の角度との差としての測角の誤差を求め，それが許容範囲にあるなら，誤差を各角に均等に分配する。各測定間の距離と調整された角度をもとに座標を計算し，**閉合比**を求める。閉合比が所定の制限内なら閉合差を分配する。

開放トラバース　多角形の辺が最終的に基準点に戻ってこず開放された状態になるもの

結合トラバース　三角点などの高い精度を持つ2つの基準点を結ぶもの

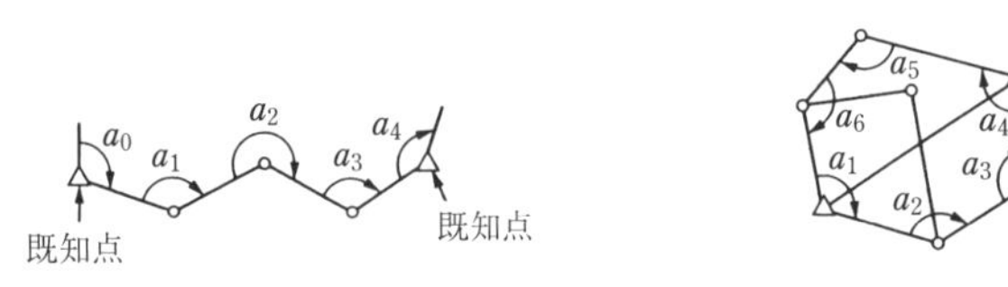

図2・7　単路線方式

図2・8　結合多角方式

(5) 水準測量

各測点の標高や高低差を求める測量である。水準測量の測点を**水準点**といい，水準点の連続する路線を**水準路線**という。水準測量には，**箱尺**を用いる。

箱尺　水平視線の高さを測定する標尺。箱状の尺が二段または三段入れ子状になっている。

(6) 平板測量

現地で直接，図紙上に作図する測量方法である。高度の精度は期待できないが，現地で行うため，手落ちや大きな誤りは少なく，細部測量には最適である。

三脚に取り付けた平板と**アリダード**と巻尺などを用いる。

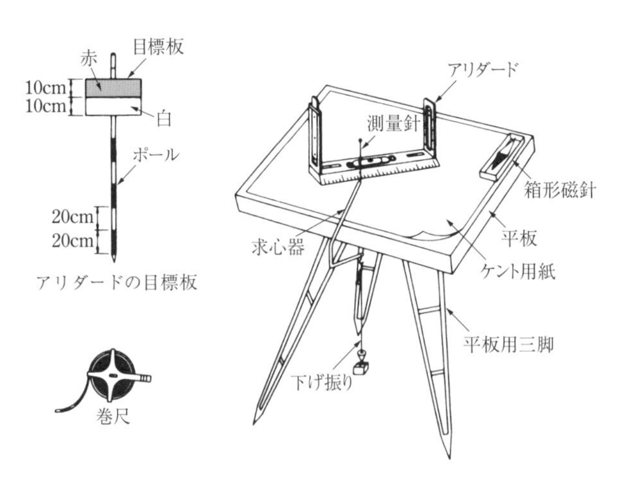

図2・9　平板測量一式

アリダード

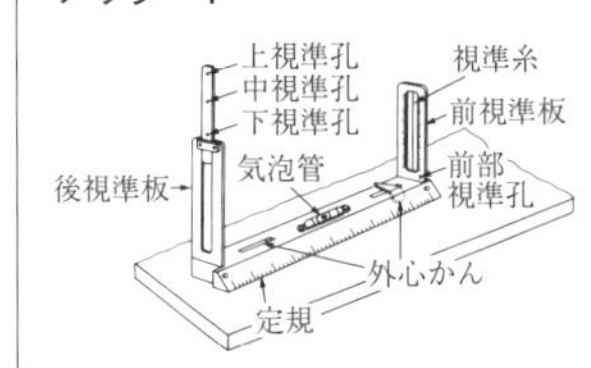

(7) 三角測量

3つの測点で描く三角形各辺の距離を求めて測量する方法で，トランシットを用いて行う。

2・3・2　公共建築数量積算基準

工事費を積算するための建築数量の計測・計算の方法を示す基準として，国土交通省が制定した「**公共建築数量積算基準**」がある。

(1)　総　　則

本基準において，**設計数量・計画数量・所要数量**がある。

(2)　仮　　設

仮設の計測・計算については，共通仮設・直接仮設・専用仮設に区別して定める。

(3)　土工・地業

根切り面積とは，基礎または地下構築物の底面積に，**余幅**を加えて計測・計算した面積である。作業上のゆとり幅は，0.5 m を標準とする。山留め壁と躯体間の余幅は 1.0 m を標準とする。

場所打ちコンクリート杭に用いる鉄筋の所要数量を求める場合は，設計数量に対し，3% 増を標準とする。

(4)　躯　　体

(a)　コンクリート

・鉄筋および小口径管類によるコンクリートの欠除はないものとする。

・鉄骨によるコンクリートの欠除は，鉄骨の設計数量について 7.85 t を 1.0 m^3 として換算した体積とする。

(b)　鉄筋

・フープ，スタラップの長さは，それぞれ柱，基礎梁，梁，壁梁のコンクリート断面の設計寸法による周長を鉄筋の長さとし，フックはないものとする。

(c)　鉄骨

・溶接は，種類に区分し，溶接断面形状ごとに長さを求め，隅肉溶接脚長 6 mm に換算した延べ長さを数量とする。

・鉄骨材料について，所要数量を求めるときは，設計数量に次の割増をすることを標準とする。

形鋼，鋼管，平鋼　5%
広幅平鋼，鋼板　3%
ボルト類　4%
デッキプレート　5%

(5)　仕　　上

・主仕上の各部分の凹凸が 0.05 m 以下のものは，原則として凹凸のない仕上とする。

設計数量　設計図書に示されている数量。

計画数量　仮設や土工などの設計図書に示されていない数量。

所要数量　施工上やむをえない損耗を含んだ数量をいい，鉄骨・鉄筋・木材等がこれに該当する。

余幅　作業上のゆとり幅に，土質と根切り深さとに応じる係数を乗じた法幅の 1/2 を加えた幅をいう。

2・3・3 公共工事標準請負契約約款

工事の請負契約関係を規定したり，発注者と受注者の基本的な関係を明確にしたものが**公共工事標準請負契約約款**（公共工事）および工事請負契約約款（民間工事）である。ここでは，公共工事標準請負契約約款の基本事項について説明する。

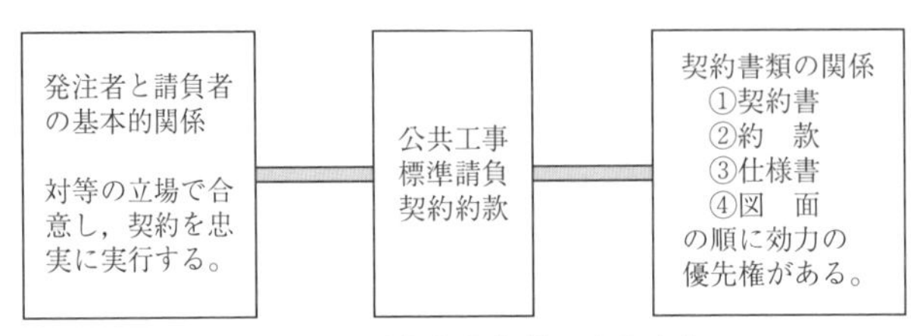

図2・10 請負契約約款の主な内容

(1) 総 則

・受注者は，**設計図書**に特別の定めがある場合を除き，仮設，施工方法その他工事目的物を完成するために必要な一切の手段を自ら定める。

・請求，通知，報告，申出，承諾および解除は，書面によって行うことになっているが，法令に違反しない限り，電子情報処理組織を使用する方法を用いて行うことができる。

(2) 一括委任または一括下請負の禁止

受注者は，工事の全部もしくはその主たる部分または他の部分から独立してその機能を発揮する工作物の工事を一括して第三者に委任し，または請け負わせてはならない。

(3) 特許権等の使用

受注者は，特許権，その他第三者の権利の対象になっている工事材料，施工方法等を使用するときは，その使用に関する一切の責任を負わなければならない。

(4) 監 督 員

発注者は，監督員を置いたときは，その氏名を受注者に通知しなければならない。

(5) 現場代理人および主任技術者等

受注者は，**現場代理人**，**主任技術者**，**監理技術者**および**専門技術者**を定めて，工事現場に設置し，発注者に通知しなければならない。

(6) 工事材料の品質および検査等

工事材料の品質については，設計図書にその品質が明示されていない場合，中等の品質を有するものとする。

受注者は，設計図書において監督員の検査を受けて使用すべきものと指定された工事材料については，当該検査に合格したものを使用しなければならない。また，検査に要した費用は，受注者が負担する。

設計図書

①設計図（工事目的物の図面）
②設計書（工事数量書）
③標準仕様書（一般的な技術条件や規格を示したもの）
④特記仕様書（標準仕様書より優先すべき規格や技術条件を示したもの）
⑤現場説明書（現場の条件が示された説明書）
⑥質疑応答書（入札前の現場説明に説明をして得られた，工事条件の回答書）

監督員の業務

・契約の履行についての請負者または請負者の現場代理人に対する指示，承諾または協議
・設計図書に基づく工事の施工のための詳細図などの作成および交付
・受注者の作成した詳細図等の承諾
・設計図書に基づく工程の管理，立会い，工事の施工状況の検査または工事材料の試験もしくは検査

第3章　建　築　施　工

令和５年度　建築施工の出題傾向

令和５年度試験では例年どおり基本的な語句の意味や数値を問われていた。令和５年度試験の基礎的な能力問題は，前・後期ともに各工種からまんべんなく出題されており，基本的な施工方法および実務的な要点から管理寸法を問われるものまで，より実務的になった。

3・1 地盤調査

学習のポイント

試験では，基本的な地盤調査方法である標準貫入試験，各種載荷試験などについて，概要とともに何のための調査かということが問われる。

(1) ボーリング

ボーリングとは，地盤の各種試験や調査（標準貫入試験，ボーリング孔内水平載荷試験，地下水の調査），原位置での試料採取（サンプリング）などのために地盤の削孔等をすることをいう。一般的に多く用いられている方法は，ロータリー式ボーリングで，軟らかい地盤から硬い岩盤まで削孔できる。ボーリング孔内は，ビットの損耗や孔壁の崩れを防ぐために泥水を使用する。

(2) サウンディング

(a) **標準貫入試験**（JIS A 1219）

① ボーリングによって，所定の深さ位置まで削孔する。

② 孔底のスライムを取り除き，標準貫入試験用試料採取工具（サンプラー）をボーリングロッドに取り付ける。

③ 63.5±0.5 kg のドライブハンマーを 76 cm±1 cm の高さから自由落下させロッドを打撃し，N 値を求める。

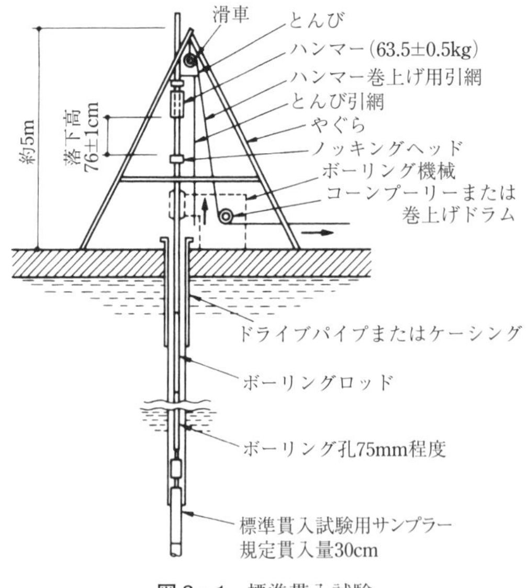

図3・1 標準貫入試験

また，試験と同時に試料の採取（サンプリング）が可能だが，乱さない試料の採取はできない。

スライム 孔底部の沈殿物

N 値 地層を 30 cm 貫入（15 cm の予備打後）させるのに必要な打撃回数 N が，標準貫入試験の N 値であり，土の硬軟の程度（0≦N≦50，N 値が大きいほうが硬い）を推定することができる。30 cm に達しない場合，打撃回数に対する貫入量を記録する。

N 値から推定される項目

［砂質土］
・相対密度
・せん断抵抗角

［粘性土］
・一軸圧縮強度

(b) スウェーデン式サウンディング試験

この調査方法は，簡易に行うことができ，住宅などの小規模な建築物の支持力把握のために実施される。

① ロッド（鉄棒）の先端に円錐形のスクリューポイントを取り付けて，地面に突き立てる。

② ロッドに段階的におもりをつけ，ロッドの貫入状態を測定する。

③ おもりによる貫入が止まったら，ハンドルを回転させて貫入状況を測定する。

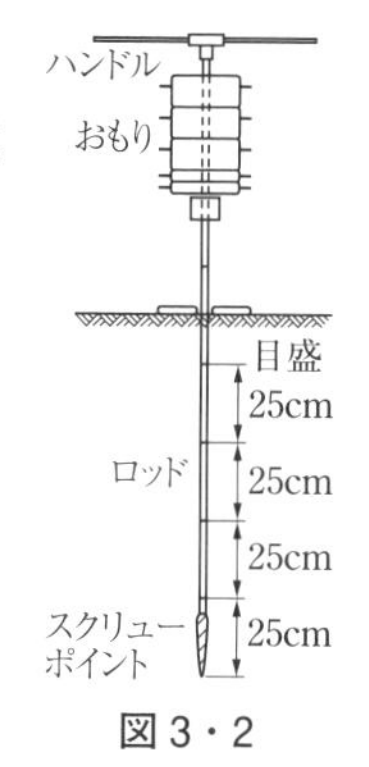

図3・2

(3) サンプリング（土質試料の採取）

主にボーリング孔から粘性土等の乱さない試料を採取することであり，土の軟らかさにより，使用するサンプラーが異なる。軟弱粘性土（N値0〜4）では，固定ピストン式シンウォールサンプラーを使用し，やや硬い粘性土（N値4〜20）では，ロータリー式二重管サンプラーを使用する。

乱さない試料
沈下量の算定に係わる試験（圧縮試験など）に用いる。

一軸圧縮試験
粘性土を拘束圧を作用させない状態で圧縮して求めた一軸圧縮強さから非排水せん断強度を求めることができる。

(4) 平板載荷試験

平板載荷試験は，地盤の変形や強さなどの特性を調べるために行うものであり，この試験では，荷重と沈下量によって，載荷面から載荷幅の1.5〜2倍の深さまでの支持力が求められる。表層の土の状態に影響を受けるため，比較的均質な地層の調査に適する。

① 試験の位置は，地盤の支持特性を代表するような場所とし，基礎が載る地盤まで掘削する。

② 試験地盤面は，載荷板の外端から1m以上の範囲を水平に整地する。

③ その位置で直径30cm以上の円形または正方形の，厚さ25mm以上の鋼板の載荷板を置く。

④ 載荷板の上に油圧ジャッキをおき，上部の荷重を押し上げる。

⑤ 沈下測定用のダイヤルゲージで沈下量を読み，「荷重―沈下曲線」を求める。

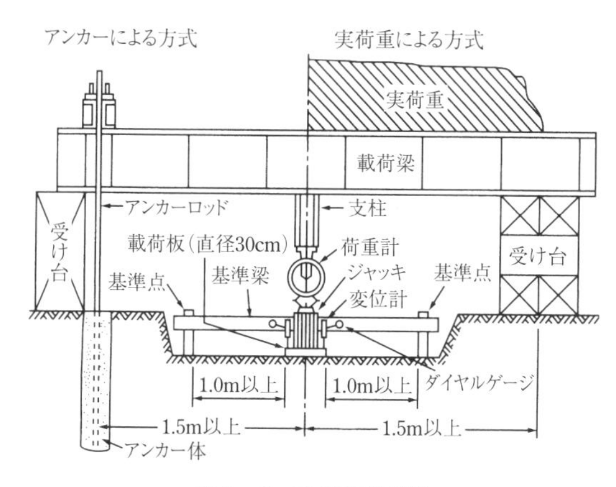

図3・3 平板載荷試験

3・2 仮設工事

学習のポイント

試験では，建築物の位置などの確認に関する事項が問われる。

(1) 縄張り

工事の着工に先立ち建築物の位置を決定するために，建築物の形のとおりに縄を張ること，あるいは消石灰粉などで線を引くことを**縄張り**という。

(2) ベンチマーク（建築物などの高低および位置の基準点）

ベンチマークは建築物等の高低のおよび位置の基準で，既存の工作物や新設した杭などに基準をしるしたものである。ベンチマークは正確に設置し，移動のないようにその周囲を養生する必要がある。また，通常2箇所以上設けて，相互に確認できるようにする。

(3) 水盛り遣り方

水盛り遣り方は，縄張りの外周1m程度の位置に設置するもので，外周に沿って1.8m程度の間隔で水杭を打設（平遣り方）し，この内側上部にかんな掛けを施した**水ぬき**を水平に取り付けて**高さ位置の基準**とするものである。

遣り方の検査は，相互確認のために，墨出しの順序を変えるなどして，請負者が行った方法とは異なった方法でチェックする。

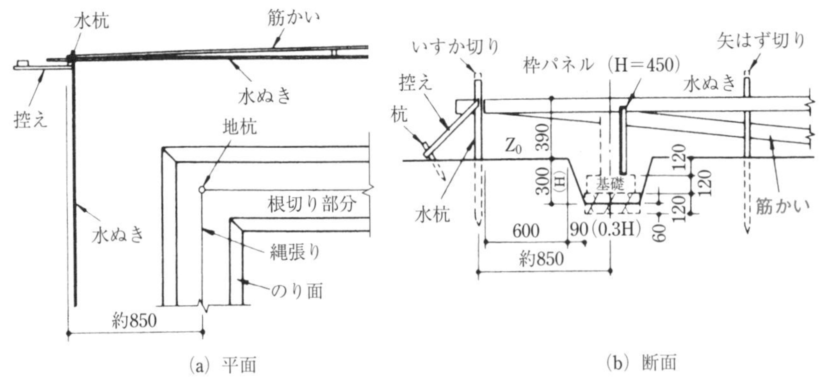

(a) 平面　(b) 断面

図3・4　水盛り遣り方の例

水ぬきによる高さ位置

水ぬきの通り心墨に水糸を張って平面位置を現し，水糸からの下がり寸法で基礎の高さをつくる。

①水杭は根切りや基礎工事に支障がない位置に設ける。

②水ぬきに通り心墨（壁心）を墨打ちして建築物の水平位置の基準をつくる。

③水杭や水ぬきが動かないように適宜，筋かいを設ける。

④建物の隅部は，3本の水杭をL状に打設（隅遣り方）し，水平に水ぬきを設置する。

⑤水杭の頭部は，いすか切りとし，物が接触した時にそれによる変形によって，移動が分かるようにする。

隅遣り方と平遣り方

遣り方は，その位置によって隅角部に設けるものを隅遣り方，それ以外を平遣り方という。

(4) 墨 出 し

墨出しとは，設計図書のとおりの建築物を施工するために，建築物各部の位置・高さの基準を工事の進捗にあわせて所定の位置に表示する作業をいう。

建物の着工から仕上げの最後に至る全工期を通じて一貫した基準墨により，建物の内外および敷地周囲に境界線，基準高，通り心（親墨），仕上げの逃げ墨などを出す。

親墨には，平面上の位置を示すために床面に付ける地墨と，高さを示すために壁面に付ける陸墨がある。逃げ墨をもとにして型枠などの位置に付ける墨を小墨という。

なお，通り心，高低のベンチマーク等の基準墨については，図面化し，墨出し基準図を作成しておくことが良い。

墨出しの注意事項は以下のとおりである。

① 墨出しの実施計画，作業要領，検査の方法，専任者を決めておく。

② 親墨，逃げ心などは重要なので，隠れるものは延ばすか，他へ転記しておく。

③ 親墨出しに使用するスチールテープはテープ合せを行ったものを用い，計測に当たっては温度，張力，たるみなどによる誤差を考慮して作業する。

④ 検査用スチールテープは，その工事現場専用の基準巻尺を使用する。

⑤ 各階ごとの基準高さは，1階基準高さからのチェックも行う。

※その他の注意事項については，p84（3）型枠の組立て①墨出しを参照のこと。

3・3　地業工事

学習のポイント

試験では，既製コンクリート杭の施工法を中心として基本的な留意点について問われる。

3・3・1　既製コンクリート杭

一般に，遠心力を利用してつくられる中空円筒形の鉄筋コンクリート杭が最もよく用いられる。施工法には，杭を支持層まで打撃して設置する方法（打込み工法）とアースオーガーで掘削した孔に設置する方法（プレボーリング工法，中掘り工法）があるが，前者は騒音・振動が大きく，市街地での採用には適さない。

(1)　プレボーリング工法

一般に用いられる杭径は300 mm～600 mm，施工深度は30 m程度である。

(a)　掘削

① アースオーガーにより杭径＋100 mm程度の孔を掘削する。ただし，プレボーリング併用打撃工法は，オーガーの掘削径は杭径より小さくする。

② 掘削は，地質に適した速度（密な砂や砂れきほど遅く）で掘り進める。

③ 掘削中オーガーに逆回転を加えるとオーガーに付着した土砂が孔中に落下するので逆回転を行わない。また，引き上げ時も正回転とする。

④ 掘削中は孔の崩壊を防止するためオーガーの先端から安定液（ベントナイト）を噴出する。

安定液

一般にセメントと水とベントナイトからなる液体

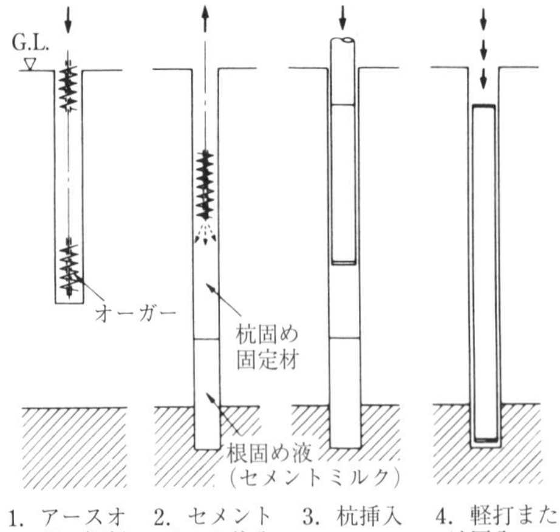

図3・5　プレボーリング工法（セメントミルク工法）

⑤ 所定の深度に達した後は，噴出を**根固め液**（**セメントミルク**）に切り替え，所定量を注入する。

⑥ 杭周固定液（セメントミルク）を噴出しながら，オーガーをゆっくりと引き上げる。

(b) 杭の建て込み

① 掘削終了後，杭を掘削孔内に建て込むが，杭先端で掘削孔を削らないように鉛直に建て込む。

② 建て込み速度が速すぎると勢いにより，孔壁が崩壊するので静かに挿入する。

③ 支持層が深い場合には，杭を継ぎ足して長尺の杭とするが，以下の方法がある。

・半自動または，自動によるアーク溶接

・接続金具を用いたネジ式継手

・接続金具を用いた機械式継手

④ 杭の継手部は，上下の杭軸が一直線になるように溶接を行い，下杭が傾斜しても上杭で鉛直に修正してはならない。

⑤ 杭が所定の支持地盤に達したら，杭先端を根固め液中に貫入させるためドロップハンマーで軽打する。支持層の掘削深さは，1.5 m 程度とし，杭は 1.0 m 以上根入れする。

(2) 中掘り工法

一般に用いられる杭径は 450 mm 以上，500 mm～600 mm が多く，最大径 1000 mm 程度である。

(3) 回転圧入工法（回転根固め工法）

杭先端の金物をオーガーとし，杭全体を回転させながら圧入する工法。

根固め液

一般にセメントと水からなる液体。支持層の砂や砂れきと混合する。

中掘り工法

先端が開放されている杭の中空部にオーガーを挿入し，先端部の土を掘削しながら埋設する工法。杭中空部にオーガーを挿入するため，杭径の大きなものの施工に適している。

回転圧入工法

圧入を容易にするために，先端から高圧水を噴出する場合もある。支持力は根固めによる方法が一般的である。

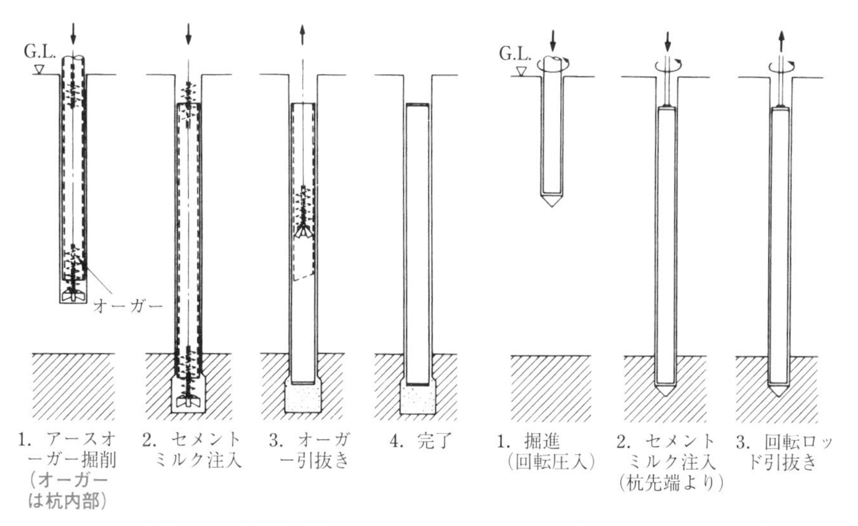

図3・6 中掘り工法

図3・7 回転圧入工法

建築施工

(4) 打込み工法

① 一群の杭の打込みは，群の中心から外側に向かって打ち進める。

② 油圧ハンマーを使用する場合，初期段階はラムの落下高さを小さくして杭の鉛直性を保つ。

③ 杭頭キャップのクッション材が損耗すると杭頭が破壊するので注意する。

④ やっとこは，杭頭を地面下に打込むときに使用する。

⑤ 打止りは，ハンマーの落下高さ，最終貫入量，リバウンド量に基づく。

やっとこ

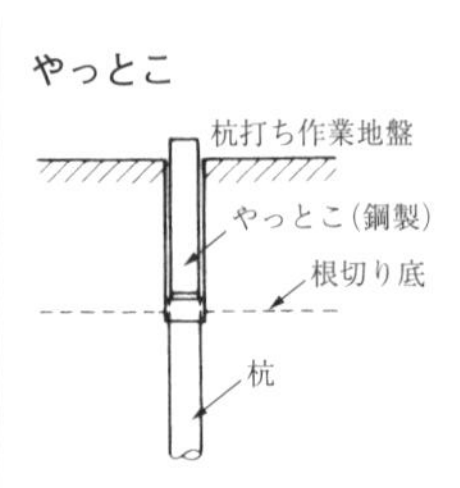

3・3・2 場所打ちコンクリート杭

(1) オールケーシング工法

孔壁保護のためのケーシングを揺動により圧入しながら，ケーシング内部の土砂をハンマグラブバケットにより掘削，排出する。所定の深さまで掘進したのち，スライム（孔底部の沈殿物）を処理し，鉄筋を挿入し，コンクリートを打設しながら，ケーシングを引き抜く工法である。

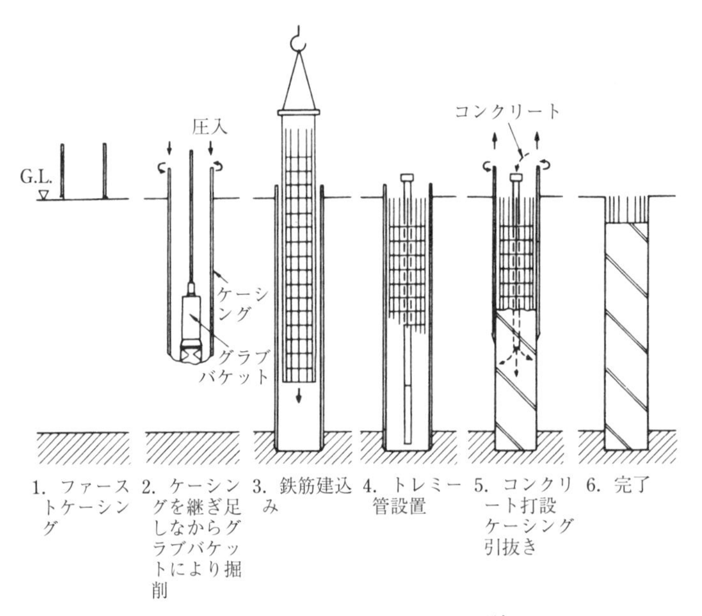

図3・8 オールケーシング工法

(2) アースドリル工法

孔壁の崩壊を安定液（ベントナイト等）により防ぎながら，伸縮式のロッドを持つ回転バケットにより掘削および土砂の排出を行う。スライム（孔底部の沈殿物）を処理したのち，鉄筋かごを設置する。**ケーシングは表層部のみに使用される。**

施工上の留意点は次の通りである。

・孔中に水がある場合，コンクリートの余盛りを，水がない場合に比べて大きくする。
・コンクリートを打設した杭に近接する杭の掘削は，当該杭の打設直後を避ける。
・鉄筋かごのスペーサー取り付けは，3～5 m ピッチとする。
・掘削深さの確認は，検測器具を用いて孔底の2箇所以上で行う。

スペーサー
ケーシングチューブを用いる場合は，D13 以上の鉄筋を使用，用いない場合は鋼板を使用する。

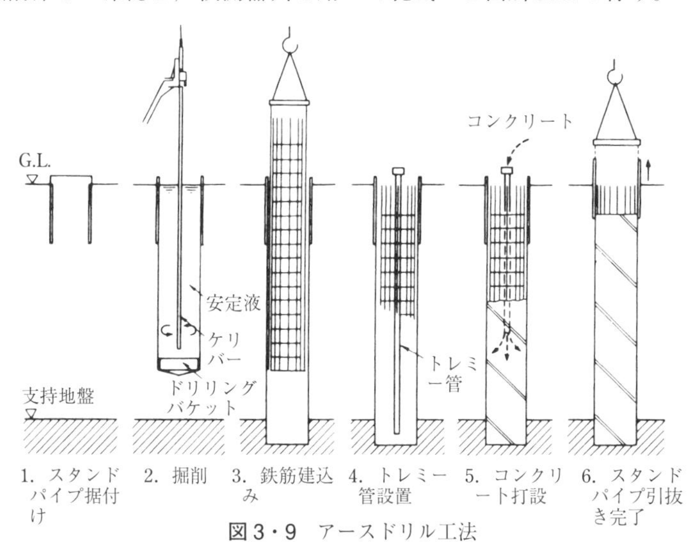

図3・9 アースドリル工法

(3) リバースサーキュレーション工法

水の静水圧により孔壁を保護しながら，地盤上に設置したロータリーテーブルで回転ビットを緩やかに回転させて掘削を行う。表層地盤の孔壁の崩壊防止のため，スタンドパイプを設置する。掘削土は水とともに回転ビット軸内部を通じて地上に排出され（逆循環），沈殿槽にためられる。吸い上げた土砂は，沈殿槽で分離し，水はポンプで再び，繰り返して使用する。

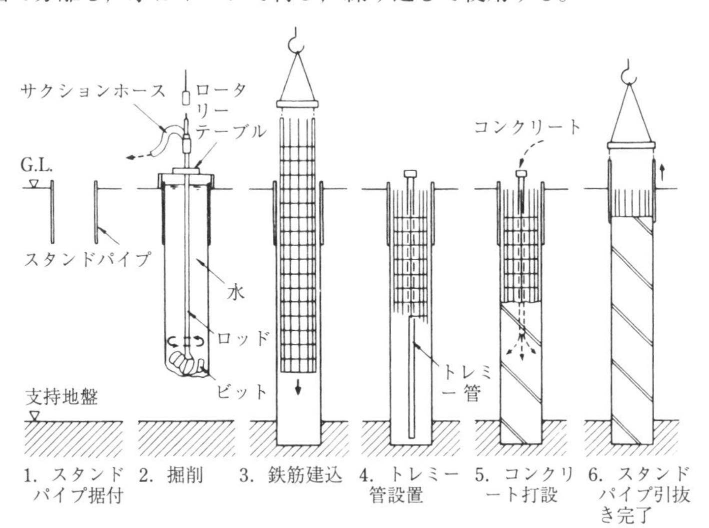

図3・10 リバースサーキュレーション工法

3・4 土 工 事

学習のポイント

試験では，地下構造物を建設するための施工方法である根切り工事や山留め工事の概要を理解するとともに地下工事に伴う現象と対策を覚えることが必要。

3・4・1 根切り工事

(1) 根切り

(a) 法付けオープンカット工法

土が崩れない安定した斜面（法）を作りながら，掘削する工法で，法面保護は次の方法がある。

・法肩と法尻に側溝を設ける。

・法面にモルタルを吹き付ける。

敷地の水位が高い場合は，図3・11に示すようにウェルポイントによって強制的に水位を下げることもある。

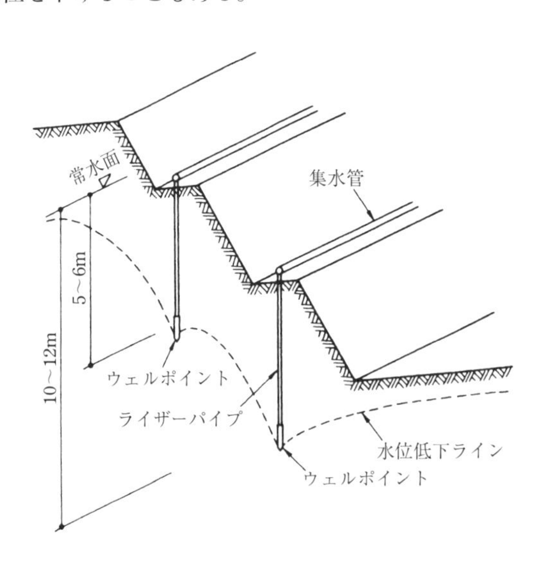

図3・11　ウェルポイントの設定

根切り
基礎や地下構造物を建設するために地盤を掘削すること

ウェルポイント
地中に敷設した管内を真空状態にして揚水するもので，透水性の低い地盤に適している。

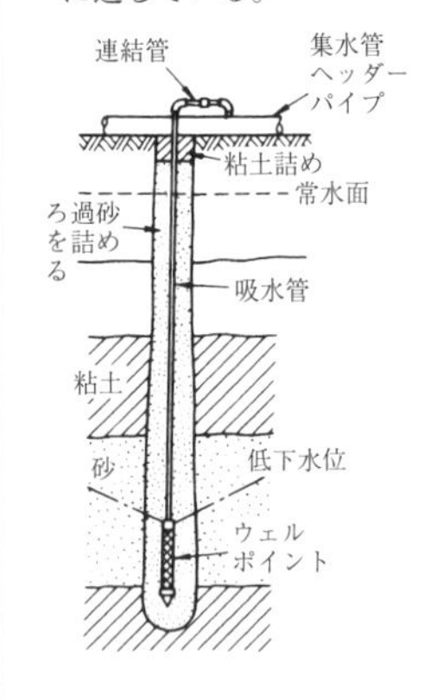

(b) アイランド工法

根切り面を全体に浅く掘削してから，その周囲に矢板を打込み，根切りは中央部を水平に床付けして矢板に沿った外周地盤は法付けで残しておく。次に地下室の基礎を構築した後，外周部の根切りを行いながら腹起しを取り付け，斜め切梁を架設する。この工法は，根切り底が浅く，面積が広い場合に適しており，躯体を利用するので切梁の長さが短くなる。

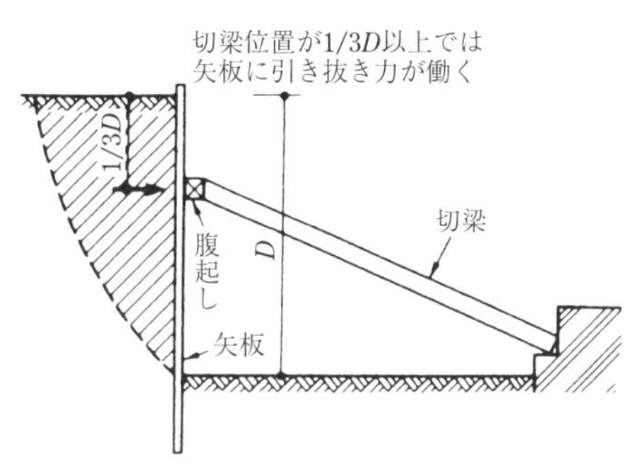

山留め張り方

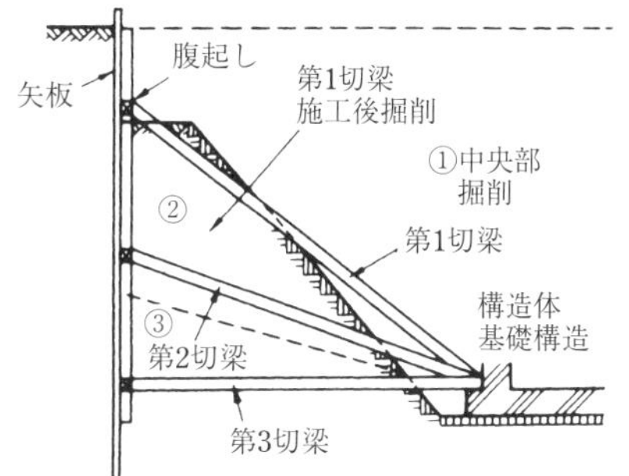

第2切梁施工後，③の部分を掘削し，第3切梁施工をして周辺部の根切りを完成する。

図3・12 アイランド工法

トレンチカット工法
建築本体の周辺部躯体のみを先行して構築し，その躯体を山留め壁として内側を掘削して，地下躯体を完成させる工法であり，根切り部分が広い場合に有効となる。

(2) 排 水

地下水位の高い位置での作業は，山留め，支保工に大きな水圧がかかるので，事前に必要な範囲をできるだけ排水して水位を下げ，乾燥状態にして作業効率を上げるようにする。釜場（かまば）のほか，ウェルポイント，ディープウェル，暗渠などの工法がある。

ディープウェル
鋼管などケーシング等を地中に埋め込み，揚水管の先に水中ポンプを接続したもので揚水するもので，周辺地盤の水位を低下させる。

暗渠
地中に砂利を充てんした排水路を設けることにより，地下水を集めて排水する。

釜場

根切り底の1ヶ所に集水ピット（釜場）を井戸状に掘り下げてつくり，これに排水溝を接続して集水し，この水をポンプで揚水する。水中ポンプは揚水量・揚程・効率から選定する。

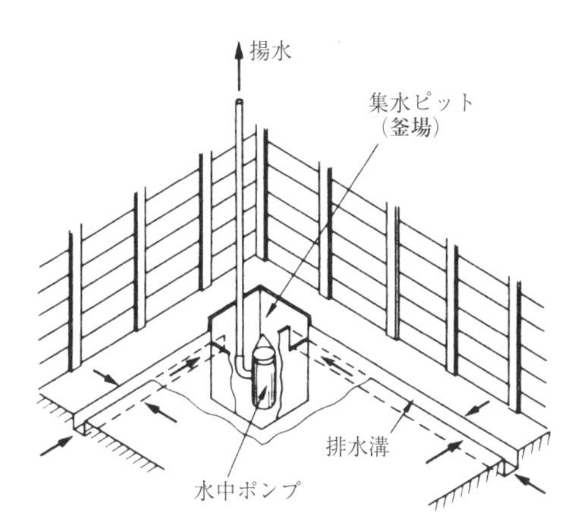

図3・13 釜場（かまば）

(3) 床 付 け

① 機械式掘削では，ショベルの刃を平状のものに換えて，床付け面までの掘削を行う。

② 床付け地盤が凍結した場合は，良質土と置き換える必要がある。

③ 床付け面を乱した場合は，礫・砂質土であれば，転圧で締め固める。

④ 床付け面を乱した場合は，粘性土であれば，置き換えるか，セメントや石灰などを撒くなど地盤改良を行う。

捨てコンクリート
基礎や地中梁の施工に先立ち掘削面の水平化や安定化を目的として打設する厚さ5cm程度のコンクリート。鉄筋のかぶり厚さ確保などの目的もある。

⑤ 杭間ざらいは，杭体に損傷を与えないように，小型の掘削機械を使う。

(4) 埋め戻し

① 埋め戻し土は良質な砂質土とし，最適含水比に近い状態で締め固める。
② 埋め戻しに用いる砂は，粒径が均一（均等係数が大）でないほうが，大きい締め固め密度が得られる。
③ 埋め戻しには粘性土を用いない。
④ 透水性の良い山砂で埋め戻すときは，水締めによる締め固めを行う。
⑤ 土間スラブ下の浅い位置に埋設する配管などは，埋め戻し後に施工する。
⑥ 埋め戻しは，土圧の影響を考え，地下躯体コンクリートの強度発現状況を考慮して行う。
⑦ 土間コンクリートに設ける防湿層のポリエチレンフィルムは，土間コンクリート（断熱材がある場合は断熱材）の直下に敷く。

(5) 砂利地業

① 使用する砂利は，粒径のそろっていないものを用いる。
② 砂利の敷均し厚さは，締固めによる沈下量を見込む。
③ 層厚が厚い場合の締固めは，2層以上に分けて行う。
④ 締固めは，床付地盤を破壊しないよう注意して行う。
⑤ 締固めにより，くぼみが生じた場合，砂利を補充して表面を平らに均す。
⑥ 再生砕石は，品質のばらつきが多い。

土の粒径
粒径は以下の順となる
粘土＜シルト＜砂＜礫

埋戻しで使用する機械
タンパー
小型なので土間スラブ下などで，基礎梁や柱周辺，隅角部で使用する
ローラー，ランマー
一般的な層ごとの埋戻しの際に使用する

静的な締固め方法
・ロードローラー
・タイヤローラー

動的な締固め方法
・振動ローラー
・タンパー
・ランマー

再生クラッシュラン
路盤発生材，再生骨材，あるいはこれらを混合して，必要に応じて補足材を加えた再生資材

流動化処理土
建設発生土に水を加えて泥状化したものに固化材を配合したもの

3・4・2 山留め工事

(1) 山留め壁の工法

(a) 親杭横矢板工法

H型鋼，I型鋼などの親杭を1m前後の間隔で地中に設置し，根切りを行いながら親杭の間に矢板を挿入していく工法である。比較的硬い地盤や砂礫層でも施工可能である。経済的であるが，止水性がない。根入れ部に連続性がないため，ヒービング対策にはならない。

施工上の留意点として，横矢板のはずれ防止のために桟木等を横矢板両側に釘止めしたり，周辺地盤沈下の防止のために裏込め材の充てんを確実に行う。

(b) 鋼矢板（シートパイル）工法

鋼板の矢板のジョイント部をかみ合わせながら，地中に設置する工法である。止水性が高く，軟弱地盤などに適するが，礫が混じった地盤には適さない。打込みは傾斜や継手の外れを防ぐため，びょうぶ打ちとし，両端の矢板をガイドにして打つことが一般的である。

ヒービング
地面，特に根切り底面がふくれ上がる現象

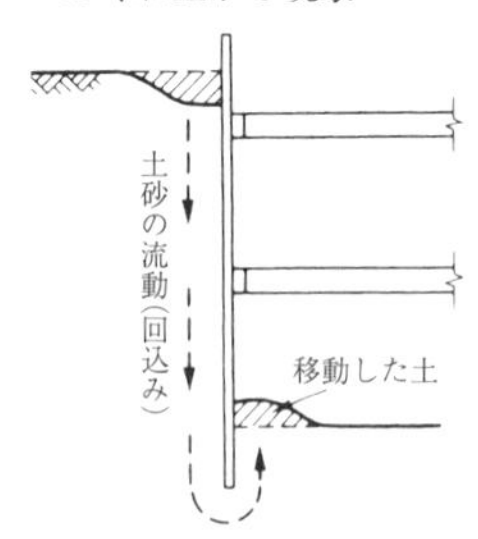

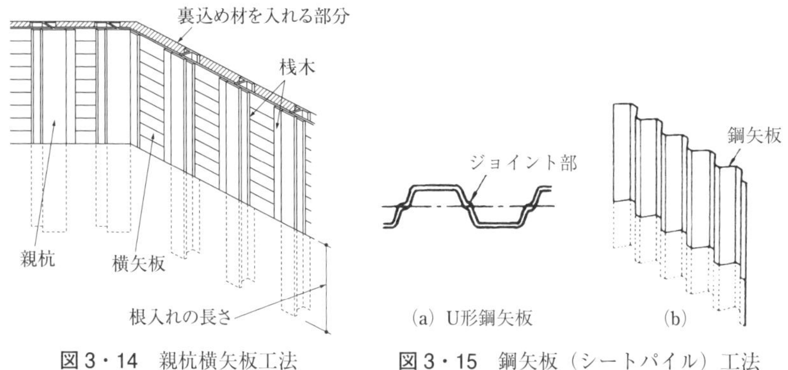

(a) U形鋼矢板　(b)

図3・14 親杭横矢板工法　図3・15 鋼矢板（シートパイル）工法

(c) ソイルセメント柱列壁工法

アースオーガーでソイルパイルをつくり，その中にH鋼などを挿入し，柱列状の山留め壁を築造する工法であり比較的剛性が高い。振動・騒音が少なく，補強材の打込みや引き抜きがないため，周辺地盤の沈下が少ない。山留め壁がソイルセメントになっているため止水性があり，山留め壁の構造材の一部として使用される場合がある。地中掘削の方式によっては，硬質な岩や地中障害がある場合やN値50以上の地盤にも採用される。

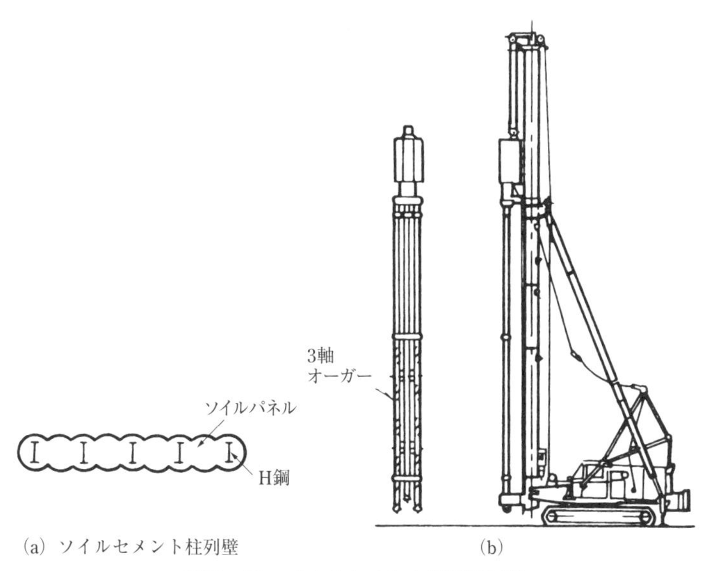

(a) ソイルセメント柱列壁　(b)

図3・16 ソイルセメント柱列壁工法

(d) 地中連続壁工法（場所打ち鉄筋コンクリート地中壁工法）

ベントナイトなどの安定液で孔壁を安定させながら，地中に壁状の孔を掘り，鉄筋かごを挿入し，コンクリートを打設してつくる山留め壁を地中連続壁という。工費・工期ともに不利であるが，低騒音・低振動で施工ができ，止水性・剛性ともに最も高く周辺地盤の沈下が少ない。

(e) 逆打ち工法

地下の構造体を山留め支保工として利用する工法である。

(2)　山留め支保工

(a)　水平切梁工法

切梁は一般的に均等に配置するが，根切りおよび躯体の施工効率向上のために2本以上組合せ，切梁間隔を広くする集中切梁方式もある。

山留め架構全体の変形を防止するために，山留め壁と腹起し間の隙間や火打梁接続部の馴染みなど山留め設置時のゆるみを除去する方法として，プレロード工法がある。

①　ジャッキで加圧するのは設計切梁軸力の50～80% 程度。

②　切梁交差部のボルトを緩めた状態で加圧し，切梁が蛇行しないようずれ止めを設ける。

③　油圧式荷重計は，火打梁との交点に近い位置に設置する。

④　支柱の設計には切梁の自重及び積載荷重のほか，切梁軸力の垂直分力なども考慮する。

⑤　切梁の継手は支柱近くに，腹起しの継手は切梁と火打梁との間または火打梁に近い位置に設けるのが望ましい。

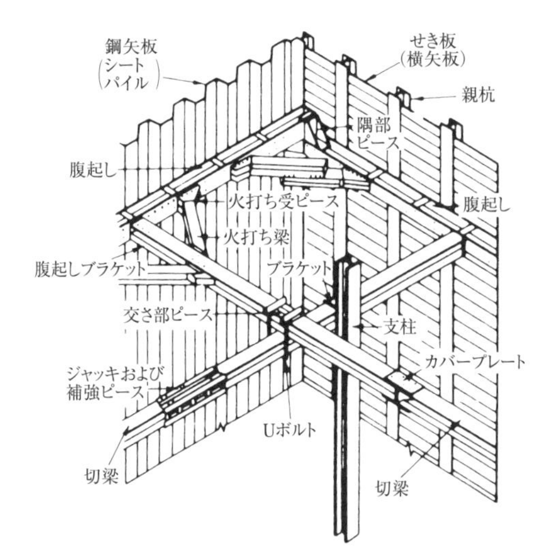

図3・17　水平切梁工法

山留め支保工
掘削時に山留め壁に作用する土圧・水圧を支え，山留め壁の変形をできるだけ小さくして背面地盤に影響を及ぼさないために設置する。

プレロード工法　切梁途中に油圧ジャッキを設置し，圧力をかけ山留め壁を外側へ押さえつけ，周囲の地盤沈下を防止する工法である。

建築施工

(b) 地盤アンカー工法

地盤アンカー工法は，複雑な平面形状や偏土圧などが作用する高低差のある敷地で水平切梁工法が採用できない場合などに採用される。切梁の代わりに地盤アンカーによって山留め壁にかかる側圧を支えながら掘削する。設計時には山留め壁背面の円弧すべりについても検討を行う。

山留め壁頭部の変形を抑制する場合も有効である。

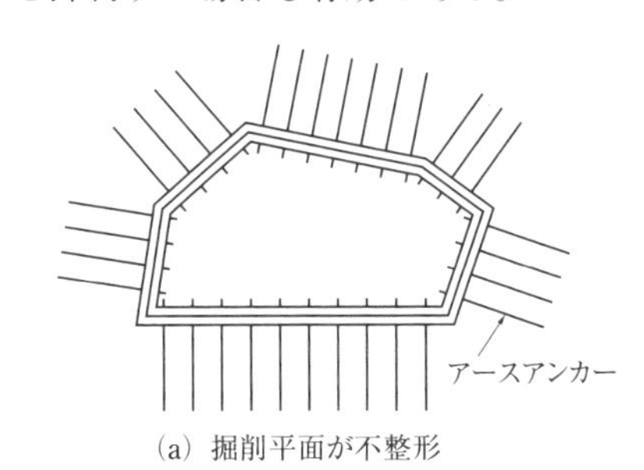

(a) 掘削平面が不整形

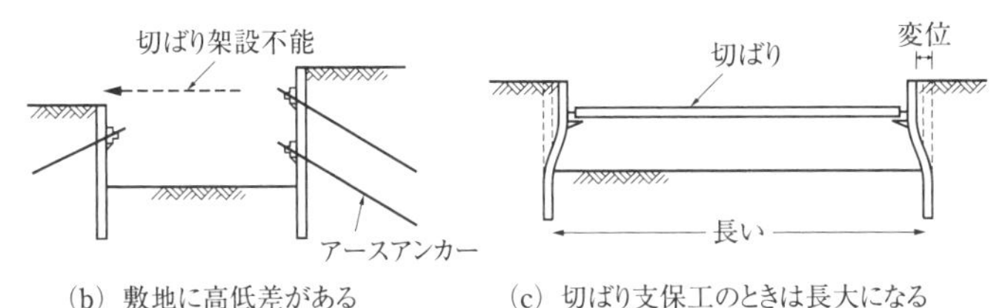

(b) 敷地に高低差がある　(c) 切ばり支保工のときは長大になる

図3・18 地盤（アース）アンカー工法を採用するケース

(3) 山留め工事で考慮する現象とその対応

(a) ヒービング

① 剛性の高い山留め壁を使用
② 根入れ長さを十分にとる
③ 山留め外部の地盤をすきとり土圧を軽減
④ 根切り底より下部の軟弱地盤を改良
⑤ 部分的に根切りを進め，終了したところからコンクリートを打設する

(b) ボイリング

砂質地盤を排水しながら掘削すると矢板の前後面の水位差によって水流が起こり，矢板の支持力がなくなるため，矢板の根入れを深くとること，矢板背面の水位を下げることが必要である。

(c) 盤ぶくれ

根切り底以下の土の重量と被圧水圧のバランスを検討する必要があり，根切り底面下の地下水位をディープウェル等で低下させる方法などがある。

ボイリング
砂中を上向きに流れる水流の圧力のために，砂粒が攪拌され，湧き上がる現象をいう。

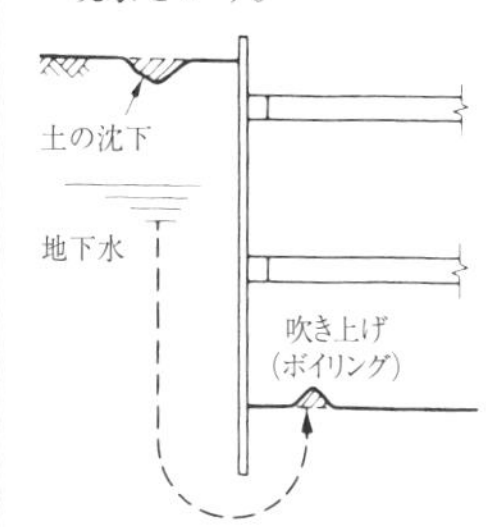

盤ぶくれ
粘性土などの不透水層（水を通さない層）より下の被圧地下水の水圧によって，根切り底面が持ち上がる現象。

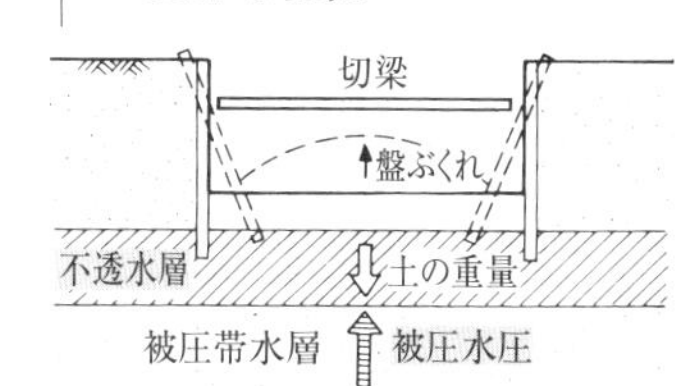

3・5 鉄筋コンクリート工事

学習のポイント

試験では，鉄筋，コンクリート，型枠の工事について，施工上の基本的な留意点（遵守すべき寸法や数値等）が問われている傾向にあるので，反復学習により覚えておきたい。

3・5・1 鉄筋工事「令和5年度の能力問題として出題された」

(1) 加　工

① 折曲げ加工は，冷間加工で行う。

② 切断は，シャーカッターなどで行う。

③ 以下の鉄筋の末端部には，表3・1のようにフックを付ける。

・丸鋼

・あばら筋，帯筋

・柱および梁（基礎梁を除く）の出隅部の鉄筋

・煙突の鉄筋

表3・1 鉄筋の折曲げ形状・寸法（JASS 5）

図	折曲げ角度	鉄筋の種類	鉄筋の径による区分	鉄筋の折曲げ内法直系（*D*）
180° *d* *D* 余長 4*d*以上 135° *d* *D* 余長 6*d*以上 90° *d* *D* 余長 8*d*以上	180° 135° 90°	SR 235 SR 295 SR 295 A SD 295 B SD 345	16 *ϕ* 以下 *D* 16 以下	3 *d* 以上
			19 *ϕ* *D* 19～*D* 41	4 *d* 以上
		SD 390	*D* 41 以下	5 *d* 以上
	90°	SD 490	*D* 25 以下	
			D 29～*D* 41	6 *d* 以上

注 (1) *d* は，丸鋼では径，異形鉄筋では呼び名に用いた数値とする。

(2) スパイラル筋の重ね継手部に 90° フックを用いる場合は，余長は 12 *d* 以上とする。

(3) 片持ちスラブ先端，壁筋の自由端側の先端で 90° フックまたは 180° フックを用いる場合は，余長は 4 *d* とする

(4) スラブ筋，壁筋には，溶接金網を除いて丸鋼を使用しない。

(5) 折曲げ内法直径を上表の数値よりも小さくする場合は，事前に鉄筋の曲げ試験を行い支障ないことを確認した上で，工事監理者の承認を得ること。

(6) SD 490 の鉄筋を 90° を超える曲げ角度で折曲げ加工する場合は，事前に鉄筋の曲げ試験を行い支障ないことを確認した上で，工事監理者の承認を得ること。

(2) 組 立 て

① 鉄筋の定着および重ね継手は，次のように組立て，その長さは表3・2による。

・継手位置は，応力の小さい位置に設ける。
・径の異なる鉄筋の継手は細い方の継手長さによる。
・D35 以上の異径鉄筋には，原則として重ね継手は用いない。
・梁主筋の重ね継手は，水平または上下のいずれの重ねでもよい。
・鉄筋の組立は結束線等を使用し，点付け溶接などをしてはならない。
・末端のフックは，定着長さには含まない。
・柱筋にスパイラル筋を用いる場合は，端部にフックをつける。
・柱筋にスパイラル筋を用いる場合，柱頭および柱脚端部の定着は，1.5 巻以上の添え巻きとする。
・定着長さの算出に用いる鉄筋径は，異形鉄筋の場合は呼び名に用いた数値とする。
・定着長さおよび継手長さは，コンクリート強度によって異なる。
・小梁の主筋の定着長さは，上端筋の方を下端筋より長くする。
・耐圧スラブが付く基礎梁主筋の継手位置は，上端筋はスパンの両端から 1/4，下端筋はスパンの中央部とする。

壁筋は，鉄筋相互の半数以上を結束する。

表 3・2　鉄筋の定着および重ね継手の長さ（JASS 5）

	鉄筋の種類	コンクリートの設計基準強度〔N/mm²〕（上段：直線，下段：フック付き）					
		18	21	24〜27	30〜36	39〜45	48〜60
定着	SD 295 A SD 295 B	40 *d*	35 *d*	30 *d*	30 *d*	25*d*	25 *d*
		30 *d*	25 *d*	20 *d*	20 *d*	15 *d*	15 *d*
	SD 345	40 *d*	35 *d*	35 *d*	30 *d*	30 *d*	25 *d*
		30 *d*	25 *d*	25 *d*	20 *d*	20 *d*	15 *d*
	SD 390	—	40 *d*	40 *d*	35 *d*	35 *d*	30 *d*
			30 *d*	30 *d*	25 *d*	25 *d*	20 *d*
	SD 490	—	—	45 *d*	40 *d*	40 *d*	35 *d*
				35 *d*	30 *d*	30 *d*	25 *d*
重ね継手の長さ	SD 295 A SD 295 B	45 *d*	40 *d*	35 *d*	35 *d*	30 *d*	30 *d*
		35 *d*	30 *d*	25 *d*	25 *d*	20 *d*	20 *d*
	SD 345	50 *d*	45 *d*	40 *d*	35 *d*	35 *d*	30 *d*
		35 *d*	30 *d*	30 *d*	25 *d*	25 *d*	20 *d*
	SD 390	—	50 *d*	45 *d*	40 *d*	40 *d*	35 *d*
			35 *d*	35 *d*	30 *d*	30 *d*	25 *d*
	SD 490	—	—	55 *d*	50 *d*	45 *d*	40 *d*
				40 *d*	35 *d*	35 *d*	30 *d*

注（1）重ね継手の長さは鉄筋の折曲げ起点間の距離とし，末端のフックは継手の長さに含まない。
（2）*d* は，異形鉄筋の呼び名に用いた数値とする。
（3）直径の異なる重ね継手の長さは，細い方の *d* による。
（4）フック付き重ね継手の長さは，フックの折曲げ角度と関係がない。

② 鉄筋の最小かぶり厚さは表3・3による。

かぶり厚は，火災時に鉄筋の強度低下を防止するなどの目的がある。

実際のかぶり厚さは，型枠・鉄筋の加工組立て誤差やコンクリート打設時の型枠・鉄筋の移動などを考慮し，標準で10 mm程度割増しておく。

・開口補強等の斜め筋は，壁がダブル配筋の場合，壁筋の内側にしてかぶり厚を確保する。なお，かぶり厚さを過大にすると効果が低くなる。

床の場合は，上下筋の内側に配筋する。

・スラブ筋がダブル配筋の場合，原則として短辺方向の鉄筋は長辺方向の鉄筋の外側に配置する。

かぶり厚さ 鉄筋に対するコンクリート被覆

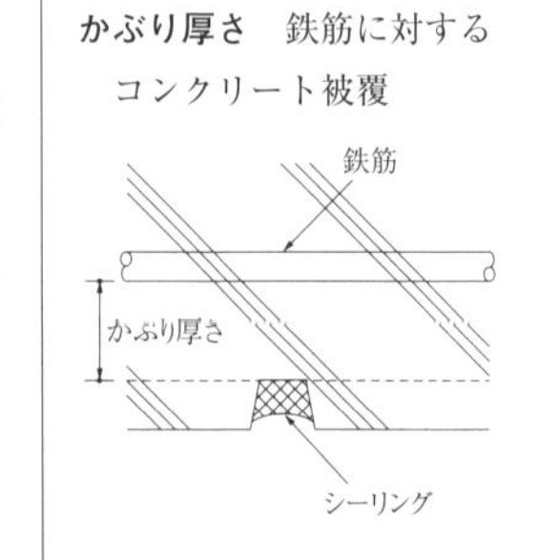

(単位：mm)

表3・3 鉄筋の最小かぶり厚さ（JASS 5）

部材の種類		短期	標準・長期		超長期	
		屋内・屋外	屋内	屋外(2)	屋内	屋外(2)
構造部材	柱・梁・耐力壁	30	30	40	30	40
	床スラブ・屋根スラブ	20	20	30	30	40
非構造部材	構造部材と同等の耐久性を要求する部材	20	20	30	30	40
	計画供用期間中に維持保全を行う部材(1)	20	20	30	(20)	(30)
直接土に接する柱・梁・壁・床および布基礎の立上り部		40				
基礎		60				

注 (1) 計画供用期間の級が超長期で計画供用期間中に維持保全を行う部材では，維持保全の周期に応じて定める。
(2) 計画供用期間の級が標準および長期で，耐久性上有効な仕上げを施す場合は，屋外側では，最小かぶり厚さを10 mm減じることができる。

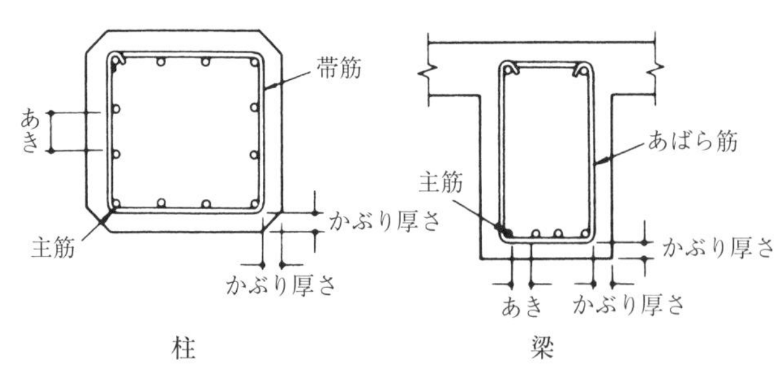

図3・19 鉄筋のかぶり厚さ・あき

設計かぶり厚さ
最小かぶり厚さに対して，施工精度に応じた割増し（通常10 mm）を加えた厚さ

③　鉄筋のあきは，表3・4による。

表3・4　鉄筋のあき

		あき	間隔
異形鉄筋	間隔 D　あき　D (最少寸法)	・呼び名の数値の1.5倍 ・粗骨材最大寸法の1.25倍 ・25 mm のうちの大きい数値	・呼び名の数値の1.5倍＋最外径 ・粗骨材最大寸法の1.25倍＋最外径 ・25 mm＋最外径 のうちの大きい数値
丸鋼	間隔 d　あき　d (最少寸法)	・鉄筋径の1.5倍 ・粗骨材最大寸法の1.25倍 ・25 mm のうちの大きい数値	・鉄筋径の2.5倍 ・粗骨材最大寸法の1.25倍＋鉄筋径 ・25 mm＋鉄筋径 のうちの大きい数値

注　D：鉄筋の最外径　　d：鉄筋径

(3)　ガス圧接

①　圧接工は，表3・5の通り，工事に相応したJISによる技量を有した者とする。

ガス圧接
油圧で鉄筋と鉄筋を圧密着させ，アセチレンガスと酸素を使って接合する方法

表3・5　技量資格種別作業可能範囲

技量資格種別	作業可能範囲	
	鉄筋の材質	鉄筋径
1　種	SR 235，SR 295， SD 295 A，SD 295 B， SD 345，SD 390	径25 mm以下 呼び名D 25以下
2　種		径32 mm以下 呼び名D 32以下
3　種※		径38 mm以下 呼び名D 38以下
4　種※		径50 mm以下 呼び名D 51以下

※　SD 490を圧接できるが，施工前試験を行わなければならない。

②　圧接部は以下のような形状とする。
・ふくらみの直径は，鉄筋径の1.4倍以上
・ふくらみの長さは，鉄筋径の1.1倍以上
・接合される鉄筋中心軸の偏心量は，鉄筋径の1/5以下
・ふくらみの頂部から圧接面のずれは，鉄筋径の1/4以下

③　付き合わせた圧接面のすき間は2mm以下（端面は直角，かつ，平滑にする）

④　ガス圧接による短縮（アップセット）は鉄筋径程度の縮みしろを見込んで切断する。

⑤　径または呼び名の差が7 mmを超える場合は，原則として圧接してはな

らない。

⑥ 圧接終了後の圧接器の取外しは，鉄筋加熱部分の火色消失後に行う。

⑦ 不良圧接部については，以下のような修正を行う。

・ふくらみの直径が足りない場合は，再加熱する。

・ふくらみに著しい曲がりを生じた場合は，再加熱する。

・軸心のずれが規定値を超えた場合は，圧接部を切り取り，再圧接を行う。

・圧接部の形状が著しく不良なもの，有害と思われる欠陥がある場合は，圧接部を切り取り，再圧接を行う。

⑧ 手動ガス圧接の場合，鉄筋径の2倍程度の範囲を揺動加熱する。

3・5・2 コンクリート工事

(1) コンクリートの種類と品質

① 使用骨材による種類は，普通コンクリート，軽量コンクリート1種および2種，重量コンクリートとする。

② スランプは，品質基準強度が33 N/mm^2 以上の場合は21 cm 以下，33 N/mm^2 未満の場合は18 cm 以下とする。

③ 使用するコンクリートの強度は，工事現場で採取し，標準養生した供試体の材齢28日の圧縮強度で表す。その値は，品質基準強度に予想平均気温によるコンクリート強度の補正値を加えた値以上でなければならない。

④ コンクリートに含まれる塩化物イオン量は0.30 kg/m^3 以下とする。また，塩化物イオン濃度は，同一試料からとった3個の分取試料について各1回測定し，その平均値とする。

(2) コンクリートの材料

① 骨材は，有害量のごみ・土・有機不純物・塩化物などを含まず，所要の耐火性および耐久性を有するものとする。

② 粗骨材の最大寸法は特記によるが，砕石を用いた場合，砂利を用いる場合に比べ，所要スランプに対する単位水量が大きくなる。

③ 球形に近い骨材を用いる方が，偏平なものを用いるよりもワーカビリティがよい。

④ アルカリシリカ反応性試験で無害でないものと判定された骨材を使わざるを得ない場合は，コンクリート中のアルカリ総量を3 kg/m^3 以下とする。

⑤ 細骨材率は，品質が得られる範囲内でできるだけ小さくする。細骨材率を大きくすると，所要スランプを得るのに必要な単位セメント量および単位水量が多く必要となり，乾燥収縮によるひび割れが増える要因となる。

(3) コンクリートの調合

① 水セメント比は小さいほど強度が大で，収縮も小さく，水密性・耐久性が高い。

スランプ
コンクリートの荷卸し時のワーカビリティを示す

日本産業規格（JIS）に定められているレディーミクストコンクリートの呼び方
（例）
普通　21　18　20　N
イ　ロ　ハ　ニ　ホ
イ：普通コンクリート
ロ：呼び強度
ハ：スランプ
ニ：粗骨材最大径
ホ：セメントの種類

日本産業規格（JIS）に規定されている骨材
人工軽量骨材，砕石，砕砂，高炉スラグ骨材，再生骨材，砂利，砂等

ワーカビリティ
フレッシュコンクリートの作業性

水セメント比
セメントに対する水の重量比で，水：セメント＝W/C（%）で表す。

② 単位水量は，185 kg/m³以下とする。大きくすると耐久性上好ましくない。

③ 単位セメント量の最小値は，270 kg/m³とする。少ない方が良いが，過小であるとワーカビリティが悪くなるので，コンクリートの種類で変える。

④ 空気量は，普通コンクリートでは4.5%，軽量コンクリートでは5%を標準とする。

空気量が多くなると ⟹ 硬化後の圧縮強度の低下・乾燥収縮率の増加

空気量が少なくなると ⟹ 凍結融解作用に対する抵抗性が低下

単位水量
打設直後のコンクリート1 m³中に含まれる水量

(4) コンクリートの打設

① コンクリートの練り混ぜから打込み終了までの時間を，外気温が25度未満の場合は120分，25度以上の場合は90分以内とする。

② コンクリートポンプによる圧送では，輸送管を支持台や緩衝材により設置し，鉄筋や型枠に有害な影響を与えないように注意する。

③ 輸送管の径ならびに配管は，粗骨材の最大寸法によって決める。

打込み速度
スランプ18 cmのコンクリートをポンプ工法で打ち込む場合，打込み速度は25 m³/hが一般的である。

表3・6 粗骨材の最大寸法に対する輸送管の呼び寸法

(JASS 5)

粗骨材の最大寸法〔mm〕	輸送管の呼び寸法〔mm〕
20	100 A以上
25	
40	125 A以上

④ コンクリートの圧送に先立ち，富調合のモルタルを圧送し，配管内面の潤滑性を高める。

⑤ 打設は鉛直に打込み，落下高さを小さくする。壁部分は1〜2 mの間隔で打設し，横流しをしてはならない。

⑥ 梁部分は，壁や柱部分のコンクリートの沈みが落ち着いてから打設する。

⑦ 振動機による加振時間は，1ケ所5〜15秒が一般的であり，挿入間隔を60 cm以下とする。

⑧ 床スラブに打込んだコンクリートは，凝結が終了する前にタンピングを行う。

⑨ コールドジョイントを発生させないように，連続してコンクリートを打込む。

コールドジョイント
打込みに時間間隔があったため，先に打ったコンクリートと後から打ったコンクリートが一体とならない状態

(5) コンクリートの打継ぎ

① 梁およびスラブの鉛直打継ぎ部は，せん断応力の小さいスパン中央部に設けることが基本である。

② 打継ぎ部は，レイタンスおよび脆弱なコンクリートを取り除き，コンクリート打設前に十分な湿潤を行う。ただし，後に残った水は高圧空気などで取り除く。

レイタンス
コンクリートが硬化する際，その表面に浮き上がってくる泥質の薄膜。

(6) コンクリートの養生

① 打設後は，散水などで湿潤養生し，コンクリート温度を2℃以上に保つ。透水性の少ない小さいせき板や水密シートによる被覆なども湿潤養生なる。

コンクリートの中性化
初期の湿潤養生の期間が短いほど，コンクリートの中性化が早く進行する。

建築施工

② 湿潤養生は5日以上とするが，早強ポルトランドセメントを用いる場合は3日以上とする。

③ 寒冷期においてはコンクリートを寒気から保護し，打設後5日以上はコンクリート温度を2℃ 以上に保つ。早強ポルトランドセメントを用いる場合は3日以上とする。

④ 打設中および打設終了後，5日間は，乾燥・振動によってコンクリートの凝結や硬化が妨げられないようにする必要がある。

⑤ 大断面の柱や基礎梁など，部材断面の中心部の温度が外気温より25℃以上高くなるおそれがある場合は，保温養生により，温度ひび割れの発生を防止する。

⑥ 打込み後の養生温度が高いほど，長期材齢における強度増進性が小さくなる。

(7) コンクリートの試験と検査

① 荷卸し地点におけるコンクリートの試験回数は，普通コンクリートの場合，種類が異なるごとに1日1回以上，150 m^3 ごとまたはその端数につき1回以上とする。

② トラックアジテータから試料を採取する場合，直前に30秒間の高速撹拌を行う。

③ 軽量コンクリートの強度管理用供試体の採取は，輸送管の筒先で行う。

④ スランプコーンにコンクリートを詰め始めてからスランプコーンの引上げが終わるまでの時間は3分以内とする。また，スランプの許容差は表3・7の通りとする。

⑤ スランプの許容差を表3・7，空気量の許容差を表3・8に示す。

表3・7 スランプの許容差

スランプ〔cm〕	スランプの許容差〔cm〕
2.5	±1
5および6.5	±1.5
8以上18以下	±2.5
21	±1.5*

* 呼び強度27以上で，高性能AE減水剤を使用する場合は±2とする。

(JIS A 5308より)

表3・8 空気量の許容差

コンクリートの種類	空気量	空気量の許容差〔%〕
普通コンクリート	4.5	±1.5
軽量コンクリート	5.0	
高強度コンクリート	4.5	

(JIS A 5308より)

AE減水剤
所要のコンシステンシーを得るために必要な単位水量を減少させることができる。

(8) 寒中コンクリート

・骨材は，氷雪の混入及び凍結していないものを使用する。

・加熱した材料を練り混ぜる場合，セメント投入直前のミキサ内の骨材及び水の温度は40℃ 以下とする。

・加熱養生中は，コンクリートが乾燥しないように散水などの保湿を行う。

(9) **暑中コンクリート**

・散水による骨材の冷却効果は，粗骨材より細骨材の方が小さい。
・荷卸し時のコンクリート温度は，原則として，35℃ 以下とする。

3・5・3 型枠工事「令和5年度の能力問題として出題された」

(1) **型枠の主な材料と組立て方法**

(a) せき板

・合板は，日本農林規格「コンクリート型枠用合板」に定めるものを用いる。
・合板は，コンクリートの表面硬化不良の原因とならないように，できるだけ直射日光にさらされないようシートなどを用いて保護する。
・合板は，方向性（長さ方向，幅方向）による曲げヤング係数の低下を考慮する。
・梁の側型枠の寸法は梁下端とし，底型枠で受けるようにする。
・柱型枠には，清掃できるよう掃除口を設ける。

(b) 型枠支保工

・支保工は，サポートの沈下を防止するためにコンクリートを打設した上や敷板の上に設置する。
・支保工に用いる，鋼材と鋼材との交差部は，クランプ等の金具を用いて緊結する。
・パイプサポートは3本以上継いで用いない。
・パイプサポートを2本継ぐときは，4以上のボルトあるいは専用の金物で固定する。
・パイプサポート以外の鋼管を支柱として使用するときは，高さ 2.0 m 以内ごとに水平つなぎを2方向に設ける。
・スラブ型枠の支保工に鋼製仮設梁を用いる場合は，トラス加弦材をパイプサポートで支持してはならない。
・パイプサポートの水平荷重は，鉛直荷重の 5% を見込む。
・上下階の支柱は，できるだけ平面上の同一位置となるようにする。
・斜めスラブ部分の支柱は，脚部にチャンバーを用いて，スラブに対して直角に建て込む。

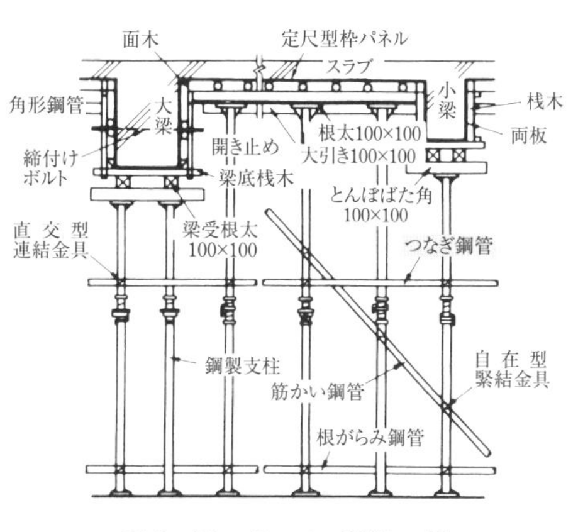

図3・20 梁スラブ型枠の例

ラス型枠
合板や鋼板の代わりに特殊金網を使用しており，解体の必要がなく，捨型枠として利用できる。

曲げヤング係数
材料にかかる曲げの力と，その時の材料の歪みやたわみの関係を表す数値。

セパレーター
組立てた型枠を一定の間隔とする締付金物で壁・柱・梁などの側面に直角に使用する。
打放し仕上げとなる外壁面にはコーンを取り付けた金物を用いて，金物断面の金属部が外壁に出ないようにする。
防水下地となる部分の型枠にはB型のセパレーター（コーン付）を用いる。

コラムクランプ
独立柱の型枠を四方から締め付ける金物。セパレーターとは併用しない。

建築施工

(2)　型枠の設計

①　スラブ型枠に加わる荷重

スラブ型枠に加わる荷重は，固定荷重＋積載荷重

・固定荷重：24.0 kN/m²(普通コンクリートの単位体積重量)×スラブ厚 m＋0.4 kN/m²(型枠の重量)

・積載荷重（作業荷重＋衝撃荷重）：1.5 kN/m²(労働安全衛生規則による)

②　合板のせき板のたわみは，各支点間を単純梁として計算する。

③　大引きのたわみは，単純支持と両端固定の支持条件で算出した値の平均とする。

④　型枠に及ぼすコンクリートの側圧

設計型枠用のコンクリート側圧は表3・9による。

フレッシュコンクリート
固まる前のコンクリート

表3・9　型枠設計用コンクリートの側圧〔kN/m²〕

打込み速さ〔m/h〕	10以下の場合		10を超え20以下の場合		20を超える場合
H〔m〕／部位	1.5以下	1.5を超え4.0以下	2.0以下	2.0を超え4.0以下	4.0以下
柱	W_0H	$1.5W_0+0.6W_0\times(H-1.5)$	W_0H	$2.0W_0+0.8W_0\times(H-2.0)$	W_0H
壁		$1.5W_0+0.2W_0\times(H-1.5)$		$2.0W_0+0.4W_0\times(H-2.0)$	

注　H：フレッシュコンクリートのヘッド〔m〕(側圧を求める位置から上のコンクリートの打込み高さ)
　　W_0：フレッシュコンクリートの単位容積質量〔t/m³〕に重力加速度を乗じたもの〔kN/m³〕

【例】
高さ1.5 mの型枠の側圧は，フレッシュコンクリートの単位容積質量に重力加速度とフレッシュコンクリートのヘッドを乗じた値となる。

(3)　型枠の組立て

①　墨出し

・平面位置基準のBMから，通り心からの**逃げ墨**（通り心から1 mまたは50 cm内側に移した墨）を床の上に印し，これを基準にして通り心，壁墨，柱型墨を印す。

・建物四隅の基準墨の交点を上階に移す場合，4点を下げ振りで移す。

・RC造では，各階ごとの基準高さは，1階からの基準高さからのチェックも行う。

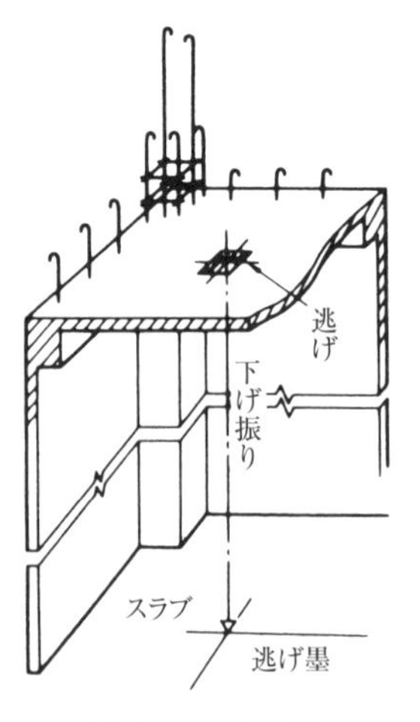

図3・21　逃げ墨

墨出し
型枠工事や仕上工事に必要な線・位置などを墨で床や壁などに表示する作業。

BM
ベンチマーク（基準点）

地墨
平面の位置を示すために床面に付けた墨

陸墨
建物の壁面などに付けた水平の墨

親墨
基準となる墨

(4)　型枠の存置期間

型枠の最小存置期間は，表3・10により，コンクリートの材齢またはコンクリートの圧縮強度による。基礎，梁，柱，壁などの部位ごとには異ならない。

表3・10　せき板の最小存置期間

施工箇所 / セメントの種類 / 存置期間中の平均気温		基礎，梁側，柱，壁		
		早強ポルトランドセメント	普通ポルトランドセメント，高炉セメントA種	高炉セメントB種
コンクリート材齢による場合〔日〕	20℃ 以上	2	4	5
	20℃ 未満 10℃ 以上	3	6	8
コンクリートの圧縮強度による場合	――	圧縮強度が5 N/mm^{2}以上となるまで。		

(5)　スラブ下および梁下

・スラブ下および梁下のせき板は，設計基準強度の50% で取外し可能であるが，支柱の盛替えを前提としている。

・スラブ下および梁下の支保工は，設計基準強度の100% 以上で取り外す。また，最小存置期間をコンクリートの材齢により定める場合，28日以上とする。

3・6 特殊コンクリート工事

学習のポイント

これまでの試験では，コンクリートブロック工事，ALCパネル工事とも出題頻度が低いが，基本的な施工方法に関する設問が多い。

3・6・1 補強コンクリートブロック工事

(1) モルタルの調合

モルタルの調合および目地幅は表3・11による。表3・11によらない場合の目地および電気設備配管部の充てんに使用するモルタルは，4週間圧縮強度は18 N/mm^2 以上とする。

(2) 施工上の留意点

① 壁縦筋はブロック中心部に配筋し，上下端は，がりょう，基礎等に定着する。

② 壁鉄筋の重ね継手長さは45 d とし，定着長さは40 d とする。その他，表3・12による。

表3・11 モルタルの調合（容積比）および目地幅

用途	セメント	砂	目的幅〔mm〕
目地用	1	2.5	10
充てん用	1	2.5	——
化粧目地用	1	1	10

表3・12 重ね継手長さ・定着長さ

適用箇所	重ね継手の長さ	定着の長さ
一般部分の配筋	25 d	25 d
開口部周囲の配筋 隅角部の横筋 耐力壁の配筋	40 d	40 d
ブロック塀	40 d	40 d

d：鉄筋径

③ 丸鋼の末端部には，フックをつける。また，耐力壁の端部および交差部の縦補強筋，ならびに開口縁の縦補強筋に結合する横筋などで所定の定着長さが確保できない場合は，180° フックをつけて縦補強筋にかぎ掛けする。

④ ブロックを積む前に，目地やモルタル，またはコンクリートに接する面のブロックに水をかけて湿潤にする。

⑤ ブロックはフェイスシェルの厚いほうを上にして積み上げる。

⑥ 1日の積み上げ高さは1.6 m 以下とする。

⑦ 目地モルタルは，ブロック相互が接合する全面に塗り付けて積み，目地幅は1 cm とする。

⑧ 縦目地空洞部へのコンクリートまたはモルタルの充てんは，ブロックの

2段以下ごとに入念に行う。

⑨　コンクリートまたはモルタルの打継ぎは，ブロックの上端から5cm下がった位置とする。

⑩　まぐさを支えるブロックは，すべての空洞部をモルタルで充てんする。

⑪　構造躯体となるブロック壁には，水道管やガス配管を埋め込んではならない。

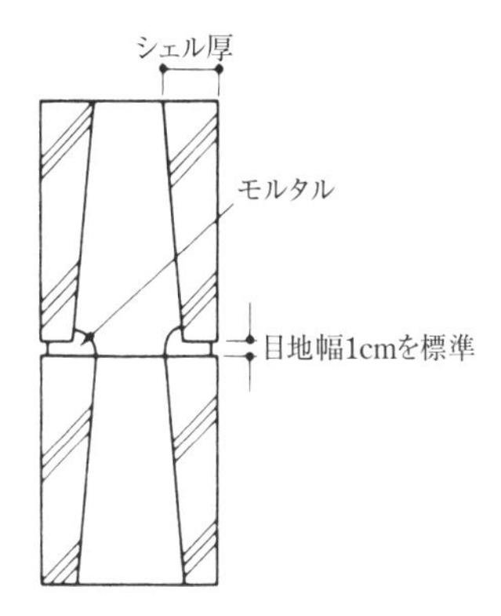

図3・22　ブロック積み

3・6・2　ALCパネル工事

(1)　取扱いと保管

①　取扱いに際しては，使用上有害なひび割れ，破損，汚れを生じないように留意する。

②　保管のための積み上げは2m以下とし，パネルにねじれ，反り，ひび割れなどが生じないようにする。

(2)　パネルの孔あけ

①　外壁，屋根および床パネルは，溝掘りおよび孔あけを，原則として行ってはならない。

②　間仕切り壁パネルの短辺方向には，溝掘りを原則として行ってはならない。

(3)　パネルの施工

①　床および屋根パネル

・長辺を突き付け，短辺は20mm程度の目地をとる。

・かかり寸法は主要支点間距離の1/75以上かつ40mm以上とする。

・長辺方向接合部の目地鉄筋は，支持材に溶接固定した取り付け金物の穴に通し，パネルの溝部に500mm挿入する。

・屋根パネルの長さ方向へのはねだしは，パネル厚さの3倍以下であるが，床パネルははねだしてはならない。

②　外壁横形パネル

・長辺を突き付け，短辺小口相互の接合部などの目地を10mm以上とる。

・かかり寸法については，標準として30mm以上とする。

・横目地調整用受け金物は，パネル積上げ段数5段以下ごとに設ける。

③　外壁縦形パネル

・パネルごとに仮止めし，縦目地空洞部に500mmの挿入筋を通し，モルタルを充てんする。

・挿入筋構法は，躯体の変形に対する追従性能が低い。

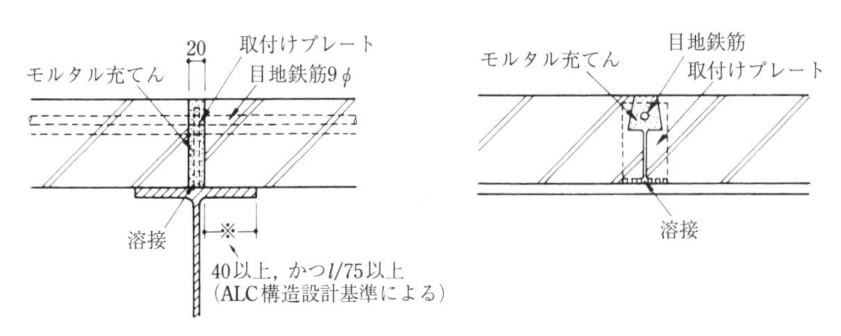

(a) 短辺接合部　(b) 長辺接合部

図3・23　屋根・床パネル取付け例（単位：mm）

- ・外壁の出隅および入隅部のパネル接合部は，耐火目地材を挟み込み，伸縮目地を設ける。
- ・縦目地に目地用モルタルを充てんする場合は，空洞部の頂部よりモルタルを流し込む。
- ・縦壁ロッキング工法におけるパネル間の縦目地は，2面接着のシーリングとして伸縮できるようにする。

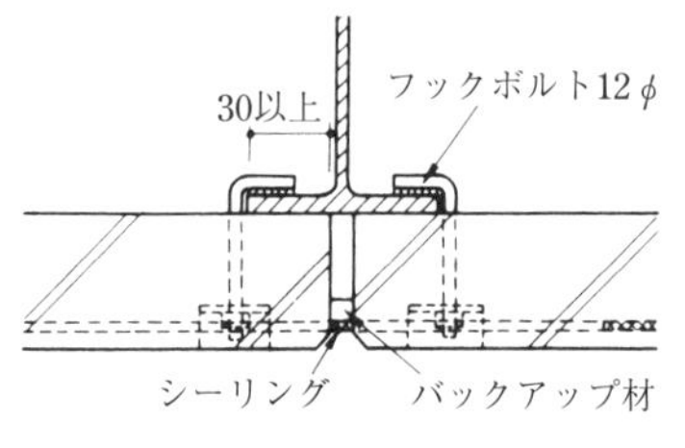

ボルト止め工法

図3・24　外壁横形パネル取付け例（単位：mm）

④　その他の留意点

- ・外壁パネルに設ける設備配管用貫通孔の径は，パネル幅の1/6以下とする。
- ・外壁パネルと間仕切パネルの取合部は，パネル同士に目地を設ける。

3・6・3　押出成形セメント板張り

①　横張り工法は，パネル積上げ枚数2～3枚ごとに自重受け金物を取り付ける。

②　縦張り工法では，取付け金物（Zクリップ）は，回転防止のため，下地鋼材に溶接し，かつ，パネルがロッキングできるように取り付ける。

③　取付け金物（Zクリップ）は，取付けボルトがルーズホールの中心とし，下地鋼材にかかりしろを30 mm以上確保して取り付ける。

④　幅600 mmのパネルに設ける欠込み幅は，300 mm以下とする。

⑤　パネル間の横目地は，縦張りで15 mm，横張りで10 mmとする。

⑥　パネルへの取付けボルトの孔あけは，専用の穿孔ドリルを使用する。

⑦　取付け金物（Zクリップ）は，パネルの小口より80 mm以上離して取付ける。

⑧　取付け金物（Zクリップ）は，下地鋼材に溶接長さを15 mm確保して取付ける。

3・7 鉄 骨 工 事

学習のポイント

試験では，鉄骨の加工・組立のうち，溶接や高力ボルトによる接合方法や工事現場における建方・組立に関する知識が問われる。

3・7・1 溶 接 接 合

(1) アーク溶接

鉄骨工事に一般的に用いられる溶接は，アーク溶接法であり，溶接棒と母材を２つの電極としてその間に発生させるアーク熱により金属を融解して接合する方法である。

表３・13 組立て溶接の最小ビード長さ

板厚*（mm）	組立て溶接の最小ビード長さ（mm）
$t \leqq 6$	30
$t > 6$	40

注 ＊：被組立て溶接部材の厚いほうの板厚

アーク溶接法には「手溶接」,「半自動溶接」,「自動溶接」の三種類があるが,「手溶接」,「半自動溶接」に従事できる溶接技能者については，作業姿勢・板厚などに応じた検定試験を合格する必要がある。

(2) 溶 接 継 目

(a) **突合せ溶接**

母材の接合部を加工（開先加工）して溶接を行うもので，全長にわたって溶接を行う。

また，溶接の始端や終端に欠陥を生じたり，ルート部（接合される両母材の最も接近している部分）は，アークを強くすると溶け落ちやすく，溶け込みが不十分になりやすい。この場合，**エンドタブ**や**裏当て金**を用いたり，裏はつりを行ってから裏面の溶接を行う。

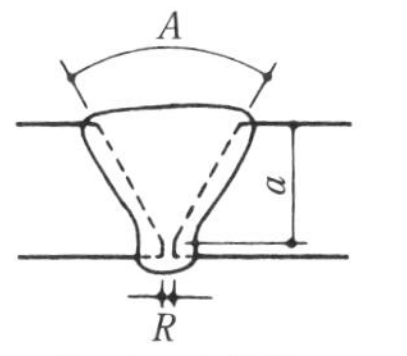

R：ルート間隔，
A：開先角度，
a：開先深さ

図３・25 突合せ溶接

柱梁接合部にエンドタブを取り付ける場合は，直接柱梁に溶接を行わず，裏当て金に取り付ける。

板厚の差が薄いほうの板厚の 1/4 を超える場合，あるいは 10 mm を超える場合は，T 継手に準じた高さの余盛（突き合わせる材の厚さの 1/4，材の厚さが 40 mm を超える場合は 10 mm）を設ける。

応力度の大きい部分の溶接
（完全溶込み溶接）
・柱フランジと梁フランジ
・柱フランジと補強プレート

応力度の小さい部分の溶接
（隅肉溶接）
・柱フランジと梁ウェブ
・柱ウェブと補強プレート

エンドタブと裏当て金

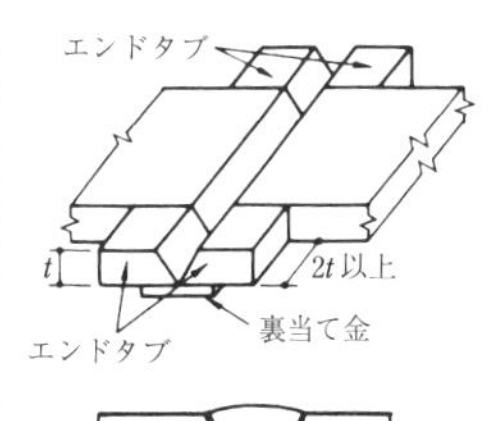

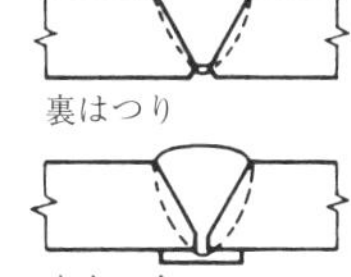

裏はつり

裏当て金

スカラップ
溶接部の交差を避けるための扇形の切欠き

スラグ
溶接部に生じる非金属物質

オーバーラップ
溶接部において溶着金属が母材に溶融しないで重なった部分

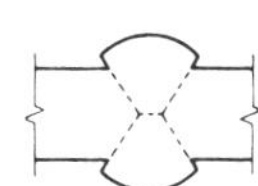

パス
溶接継手に沿って行う１回の溶接操作

(b)　隅肉溶接

母材を垂直に重ねて接合する際，開先加工を行わない溶接である。隅肉溶接の大きさは図3・26のように S で示される。**のど厚 a** を確保するために余盛（Δa）が必要であるが，0.6 S 以下かつ 6 mm 以下とする。

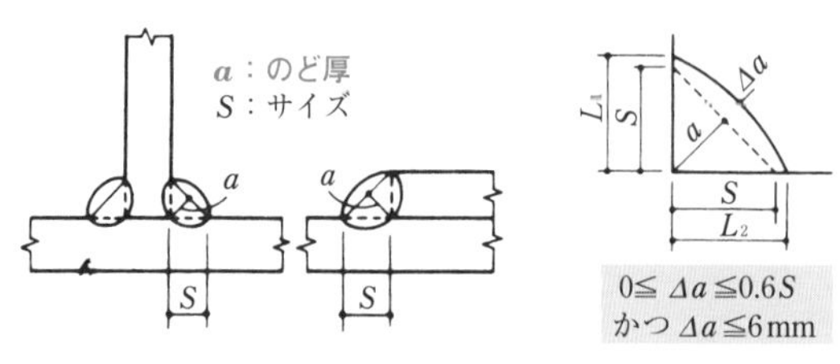

図3・26　隅肉溶接

(c)　部分溶込み溶接

接合部の一部に不溶着部分を残す溶接で適切なエンドタブを取り付けることが必要である。

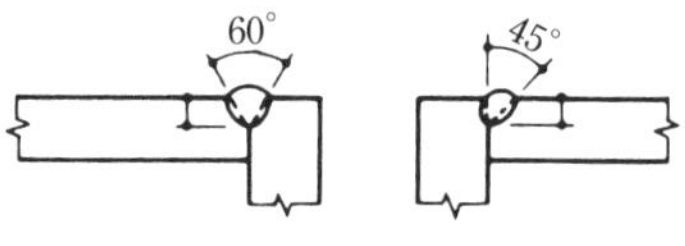

図3・27　部分溶込み溶接

(3)　溶接作業

① 溶接に先立ち，開先が適切か否かを確認する。

② 溶接割れ防止のため，溶接棒は低水素系のものを選定する。

③ 溶接割れ防止のため，鋼材は炭素当量（炭素，マンガン，ニッケル，クロムなどの配合比率）の少ないものを選定する。

④ 母材の溶接面は，**スラグ**，水分，ごみ，さび，油，塗料，その他溶接に支障となるものは除去する。溶接部から 100 mm 程度まで，錆止め塗装を溶接後に行う。

⑤ 気温が−5℃ 以下の場合は，溶接を行ってはならない。ただし，−5℃ から 5℃ においては，母材の溶接部より 100 mm の範囲を適切に加熱すれば，溶接を行ってよい。

⑥ ガスシールドアーク溶接は，風速 2 m/s 以上の場合，風を遮るなどの措置をとり，溶接を行う。

⑦ 雨天または湿度の高い場合は，屋内であっても母材の表面などに水分が残っていないことを確かめて溶接を行う。

⑧ 溶接部は目視や超音波探傷試験などにより，右欄に示す「**割れ**」，「**溶込み不良**」，「**融合不良**」，「**スラグ巻き込み**」，「**ブローホール**」，「**アンダーカット**」などの有害な欠陥がないことを確認する。

⑨ 「割れ」が発見された場合，割れの入った溶着金属を全長にわたって完全に除去し，再溶接を行う。

⑩ 「溶込み不良」，「融合不良」，「スラグ巻き込み」，「ブローホール」が発見された場合，欠陥部分を除去し，再溶接を行う。

⑪ 「アンダーカット」は溶接速度が速い場合などに母材が掘られ，溝状になった部分であるが，補正用溶接棒で補正溶接を行う。

割れ

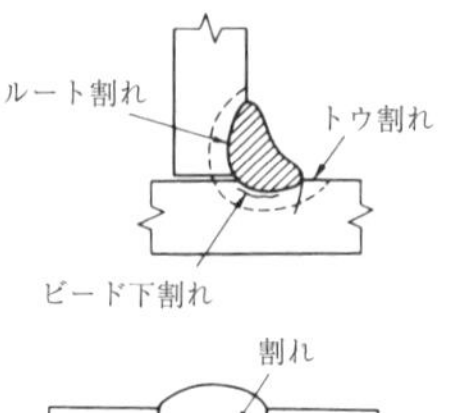

溶込み不良

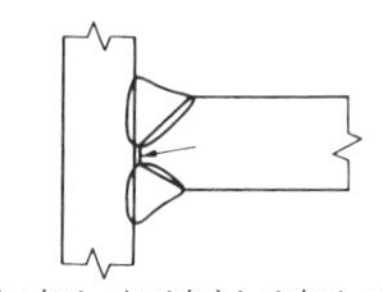

(i) 裏はつり不良または裏はつりを行わなかった場合

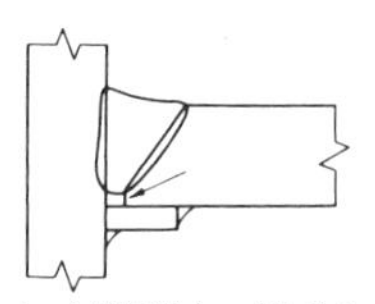

(ii) ルート間隔過大，またはルートフェース過大のとき

融合不良

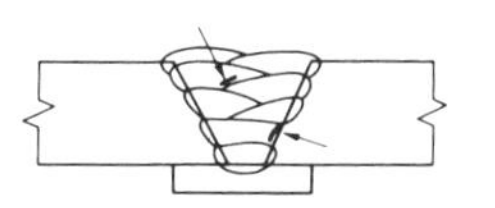

（超音波探傷試験）

スラグ巻き込み

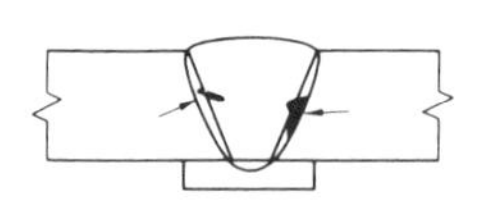

（放射線透過試験）

ブローホール

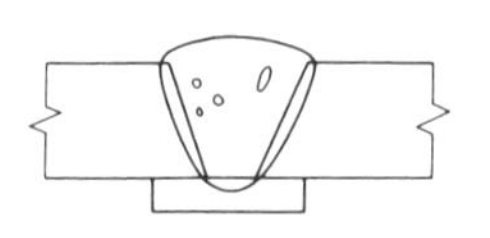

（放射線透過試験）

アンダーカット

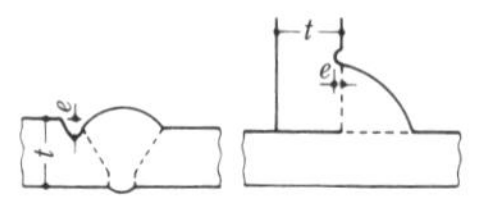

完全溶込み溶接：e≦0.5 mm
前面隅肉溶接：e≦0.5 mm
側面隅肉溶接：e≦0.8 mm

3・7・2　高力ボルト接合

高力ボルト接合には，高力ボルトの強力な締付けによって，接合部材間に生じる摩擦力を利用して応力を伝える摩擦接合と，材間圧縮力を利用して，高力ボルトの軸方向の応力を伝える引張接合がある。

高力ボルト
JIS の高力ボルトとトルシア形高力ボルトのいずれかが使用される。

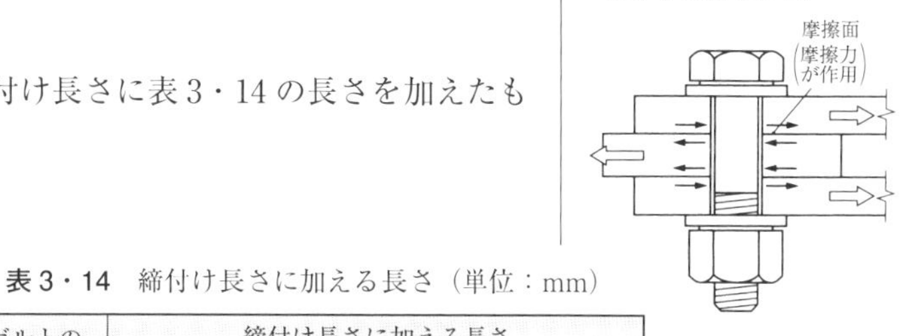

(1)　高力ボルトの寸法

高力ボルトの長さは首下寸法とし，締付け長さに表 3・14 の長さを加えたものとする。

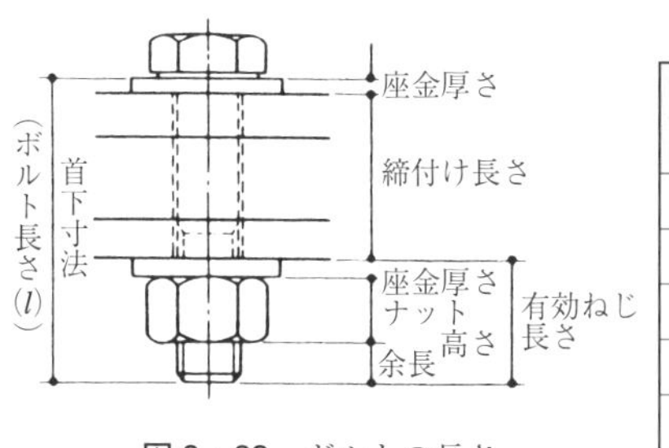

図 3・28　ボルトの長さ

表 3・14　締付け長さに加える長さ（単位：mm）

ボルトの呼び径	締付け長さに加える長さ	
	JIS 形高力ボルト	トルシア形高力ボルト
M 12	25	―
M 16	30	25
M 20	35	30
M 22	40	35
M 24	45	40
M27	50	45
M30	55	50

(2)　組　立　て

①　高力ボルトは，包装が未開封状態のまま工事場所へ搬入し，搬入時に荷姿外観・等級・径・長さ・ロット番号などについて確認する。

②　部材接合面は，浮き錆，油，塗料，塵あいなど摩擦力を低減させるものが発生または付着しないように保護し，付着した場合は組立て前に取り除く。部材を屋外に自然放置して発生させた赤錆状態が必要となる。

サンドブラスト
砂を高速で噴射して鉄骨表面を粗くして摩擦面とする方法。すべり係数が低いことがあるため，高力ボルト摩擦接合には認められていない。

③　接合部に生じるはだすきが 1 mm を超えるものは，フィラーを入れて補う。

④　ボルト頭部またはナットと部材の接合面が，1/20 以上傾斜している場合は，勾配座金を使用する。

⑤　ボルト孔に食い違いが生じた場合，その食い違い量が 2 mm 以下の場合は，リーマ掛をして修正できる。

⑥　ボルト孔の径は，高力ボルトの呼び径に 2 mm（普通ボルトは 0.5 mm）を加える。通常の高力ボルトでも溶融亜鉛めっき高力ボルトでも，孔径は同じである。

⑦　トルシア形高カボルトの座金は，座金の内側面取り部がナットに接するように取り付ける。

(3)　締　付　け

①　高力ボルトの締付けは，二度締めとし，一次締め，マーキング，本締めの順に行う。

②　本接合の前に，仮ボルトで締付けを行い，接合部材の密着を図る。

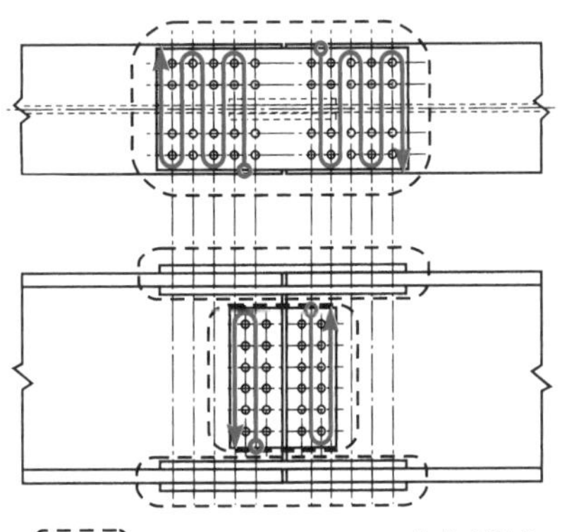

ボルト1群
締付け順序
ボルト1群ごとに，継手の中央部より板端部に向かって締め付ける。

図3・29　ボルトの締付け順序

表3・15　一次締付けトルク値（N･m）

ボルトの呼び径	一次締付けトルク値
M 12	約 50
M 16	約 100
M 20，M 22	約 150
M 24	約 200
M27	約 300
M30	約 400

③　一群となっているボルトの締付けは，継手部分である群の中央から周辺に向かう順序で行う。

④　一次締めは，表3・15に示すトルク値で行う。

⑤　一次締め後，図3・30に示すように部材，座金，ナット，ボルトにマーキングを行い，次に本締めを行う。

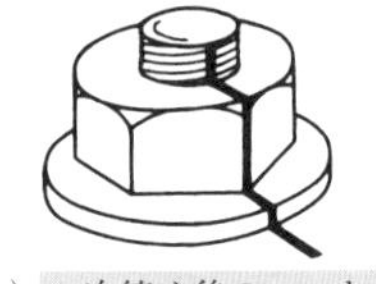

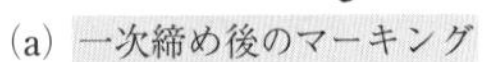

(a) 一次締め後のマーキング
(b) 本締め後の適切な状態
(c) ナットとボルトが共まわりした状態
(d) ナットと座金が軸まわりした状態

図3・30　マーキング

(4)　締付けの確認

①　JISの高力ボルトは締付け完了後に，マーキングのずれによって完了を確認する。

②　トルシア形高力ボルトはピンテールの破断によって完了を確認する。

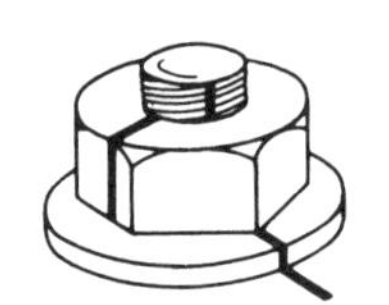

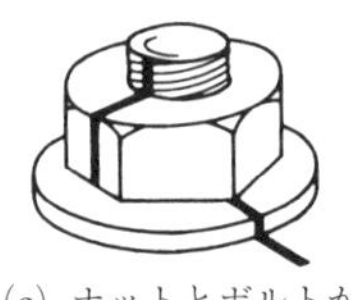

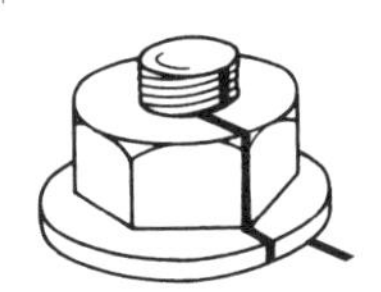

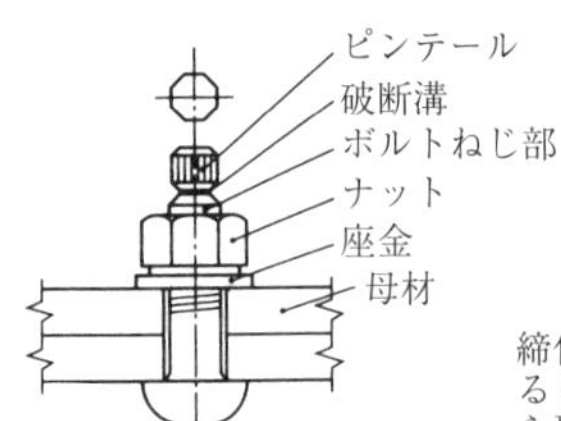

ピンテール
破断溝
ボルトねじ部
ナット
座金
母材
締付けが所定トルクに達するとピンテールが破断溝から取れる。

図3・31　トルシア形高力ボルトによる締付け

【ヒント】
高力ボルト締付けの検査についてはP172を参照。

3・7・3 工作・建方「令和5年度の能力問題として出題された」

(1) 工　　作

① 鋼製巻尺はJISの1級品を使用し，鉄骨製作用と工事現場用の基準巻尺のテープ合わせは巻尺相互を並べて一端を固定し，他端に50 N程度の張力を与え，目盛りのずれが，10 mに0.5 mm以内であることが望ましい。

② 切断は，鋼材の形状，寸法に合わせて最適な方法で行う。ガス切断は原則として，自動ガス切断機を用いる。せん断による切断は，厚さ13 mm以下の鋼材とする。

③ 開先加工は，自動ガス切断機や開先加工専用機を用いて行い，加工後は，ゲージを用いて開先角度の検査を行う。

④ 孔あけ加工は，ドリルあけを原則とする。ただし，普通ボルト，アンカーボルト，鉄筋貫通孔で板厚が13 mm以下の場合は，せん断孔あけとすることができる。高力ボルト用の孔あけは，ドリルあけのみである。

⑤ 摩擦面処理は，摩擦面のすべり係数が0.45以上確保できるよう，赤さびの自然発生やブラスト処理などを行う。

⑥ さび止め塗装は指定の塗り回数で行うが，次の部分は塗装しない。

・現場溶接を行う箇所およびそれに隣接する両側それぞれ100 mm以内，かつ，超音波探傷に支障を及ぼす範囲
・高力ボルト摩擦接合部の摩擦面
・コンクリートに密着する部分，および埋め込まれる部分
・密着または回転のための削り仕上げを行った部分
・密閉される閉鎖型断面の内部

⑦ 板材の熱間曲げ加工は，通常800℃～900℃に加熱して行う。

けがき
鋼材に基準線や基準点などを定規や型板で書き移す作業

(2) アンカーボルトとベースプレートの設置

① アンカーボルトの心出しは，形板を用いて基準墨に正しく合わせ，適切な機器等で正確に行う。

② アンカーボルトは，二重ナットおよび座金を用い，その先端はねじがナットの外に3山以上出るようにする。ただし，コンクリートに埋め込まれる場合は，二重ナットをしなくてよい。

③ アンカーボルトは，据付けから鉄骨建方までの期間に，さび，曲がり，ねじ部の打こんなどの有害な損傷が生じないようにビニールテープ，塩ビパイプなどにより養生を行う。

④ アンカーボルトの定着長さには，フック部分の長さを含まない。

⑤ 構造用アンカーボルトは，台直しをしてはならない。

⑥ ベースプレートの支持方法は，特記によるが，特記なき場合は，ベースモルタルの後詰め中心塗り工法とする。ベースプレート下面のコンクリー

トに接する部分は塗装しない。

⑦ 後詰め工法に使用するモルタルは，レベルが変わらないよう無収縮モルタルとする。

⑧ モルタルの塗り厚さは30 mm以上50 mm以内とし，中心塗りモルタルの大きさは，200 mm角あるいは200 mm ϕ 以上とする。

⑨ モルタルに接するコンクリート面は，レイタンスを除去し，十分に目荒らしを行ってモルタルとコンクリートが一体となるようにする。ベースモルタルは鉄骨建方までに3日以上の養生期間をとらなければならない。

(3) 建　方

① 建方は，組立て順序，建方中の構造体の補強の要否等について，十分検討した計画に従って行い，本接合が完了するまで強風，自重，その他の荷重に対して安全な方法とする。

② 仮ボルトは，中ボルトなどを用い，ボルト一群に対して，高力ボルト接合では1/3程度，かつ2本以上とする。

③ 柱および梁を現場溶接接合とする場合，仮接合用ボルトは，全数を締め付ける。

④ 本接合に先立ち，ひずみを修正し，建入れ直しを行う。ターンバックル付筋かいを有する構造物においては，その筋かいを用いて建入れ直しを行ってはならない。

⑤ 建入れ直しは，各節の建方が終了するごとに行う。面積が広くスパンの数が多い場合は，有効なブロックに分けて修正することが望ましい。

⑥ 架構の倒壊防止用ワイヤーロープを使用する場合，このワイヤーロープは，各節，各ブロックの現場接合が終わるまで緊張させたままとする。

なお，このワイヤーロープは建て入れ直しに兼用してもよい。

⑦ 鉄骨に材料，機械などの重量物を積載する場合や，特殊な大荷物を負担させる場合は，監理者などの承認を受けて，適切な補強を行う。

⑧ 吊り上げの際に曲がりやすい部材は，適切な補強を行う。

⑨ 建方が完了した時点で，形状・寸法精度について確認し，検査を受ける。

⑩ 高力ボルト接合と溶接接合を併用する場合は，高力ボルト接合を締め付けた後に溶接を行うのが原則である。梁せいやフランジ厚が大きい場合は，溶接部に割れなどの欠陥を生ずる場合があるので，高力ボルトの一次締め段階で溶接をするなどの方法を検討する。

⑪ 高力ボルト接合では，建方時に用いた仮ボルトを，本締めに用いるボルトとして使用してはならない。

⑫ 玉掛け用ワイヤーロープでキンクしたものは，使用してはならない。

中ボルト
先端から特定の長さだけねじが切られたもの

表3・16 鉄骨建方標準（日本建築学会）

名称	図	許容差
(1) 建物の倒れ (e)		$e \leqq \frac{H}{4000} + 7\text{mm}$ かつ $e \leqq 30\text{mm}$
(2) 建物のわん曲 (e)		$e \leqq \frac{L}{4000}$ かつ $e \leqq 20\text{mm}$
(3) 階高 (ΔH)		$-5\text{mm} \leqq \Delta H \leqq +5\text{mm}$
(4) 柱の倒れ (e)		$e \leqq \frac{H}{1000}$ かつ $e \leqq 10\text{mm}$
(5) 梁の水平度 (e)		$e \leqq \frac{L}{1000} + 3\text{mm}$ かつ $e \leqq 10\text{mm}$
(6) 梁の曲がり (e)		$e \leqq \frac{L}{1000}$ かつ $e \leqq 10\text{mm}$

3・8　木　工　事

学習のポイント

木工事は，木材による骨組をつくる（木構造：主に在来軸組構法）際の主要な部材，その加工と取り付け方法（継手・仕口・金物）や施工手順などが問われている。また，木材の性質による加工方法や使用方法に関する理解も必要となっている。

(1)　在来軸組構法の部材構成

基本的には土台の上に柱を立てて，桁と梁をかける構造となっている。床は梁の上に大引や根太から構成され，屋根は小屋組という構造で作られる。

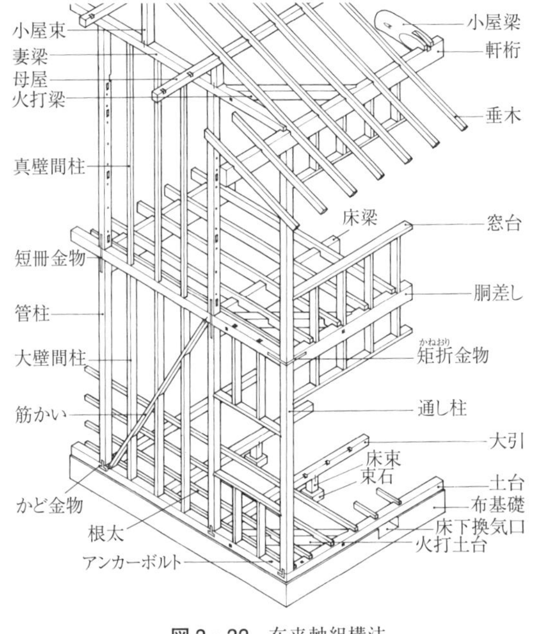

図3・32　在来軸組構法

図3・33　小屋組

(2)　継手・仕口・金物

① 継手

搬入や重量の関係等から，桁・胴差などを長さ方向に継ぎ足す部分や継ぎ足し方法を総称して継手という。

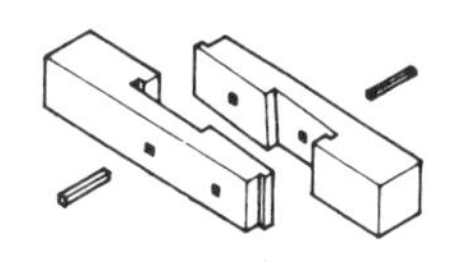

追掛大栓継ぎ
(a) 軒桁・胴差など

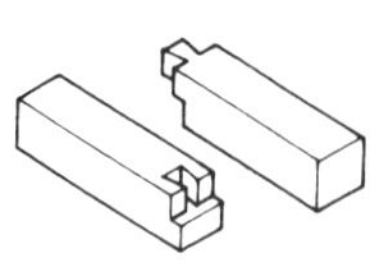

腰掛あり継ぎ

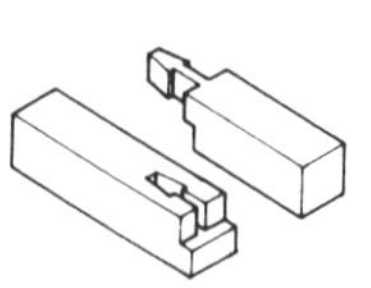

腰掛鎌継ぎ
(b) 土台・大引・軒桁など

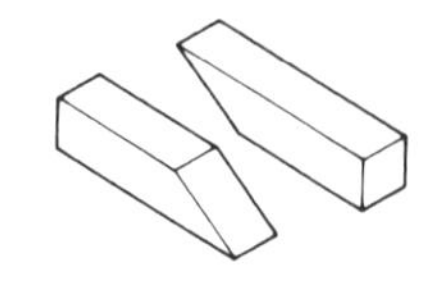

そぎ継ぎ（スカーフ継ぎ）
(c) 垂木など

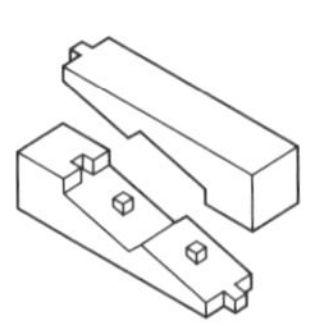

台持ち継ぎ
(d) 横架材など

図3・34　継手の種類

- 継手の位置は，柱や束心から 150 mm 内外持ち出す部材（大引・胴差・床梁・母屋・軒桁・棟木等）と受材の心となるもの（根太・垂木等）がある。
- 隣り合う根太は，その継手位置をずらして割り付ける。
- 根太は大引の心で突付け継ぎとして，釘打ちとすることもある。
- たる木の継手は母家の上でそぎ継ぎとし，釘で取り付ける。
- 腰掛けあり継ぎを土台とする時は，継手付近の上木をアンカーボルトで締め付ける。
- アンカーボルトは，土台の両端部や継手の位置，耐力壁の両端の柱に近接した位置に設置する。
- 火打梁は，床組みや小屋組みが水平方向に変形することを防止するために用いる。梁と桁との隅角部に斜めに入れる。

② 仕口

二つ以上の木材がある角度で交わる接合部を仕口という。

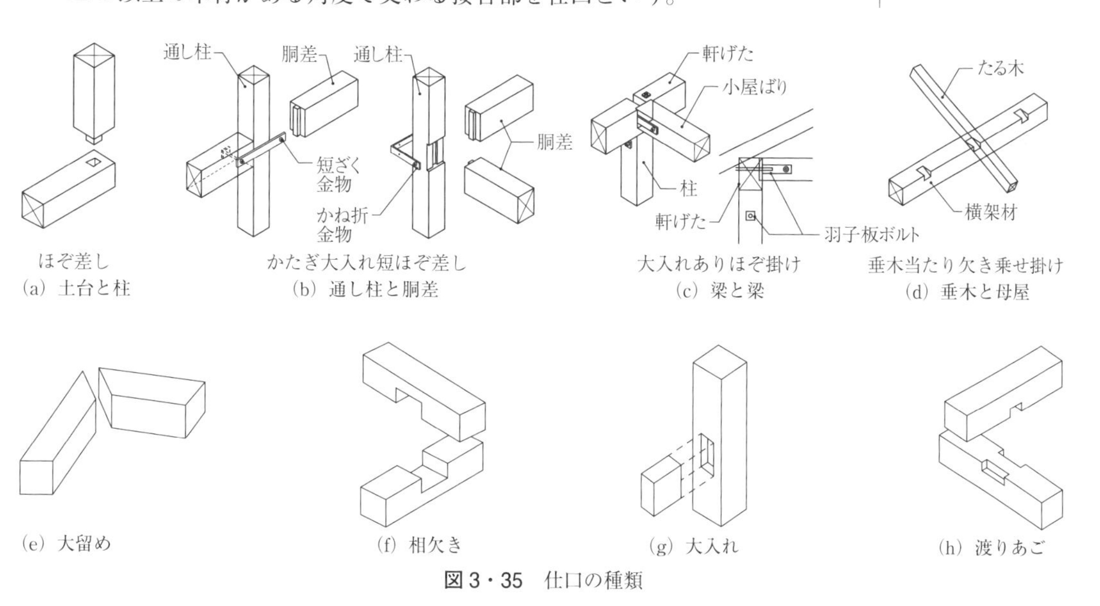

図 3・35 仕口の種類

- 木材の断面欠損を少なくするため，また部材の引抜けを防止するために金物類も有効に利用する。

③ 金物

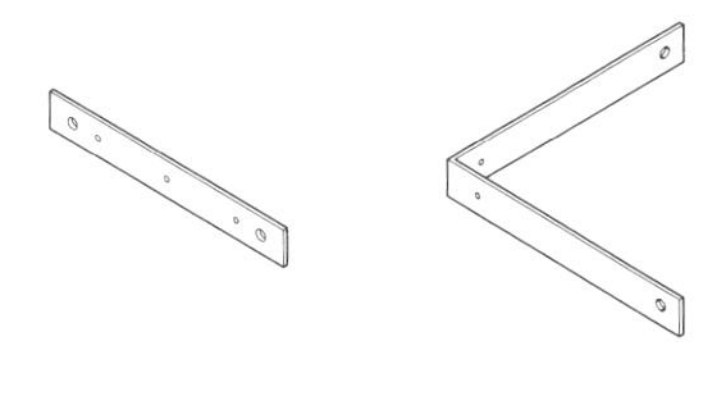
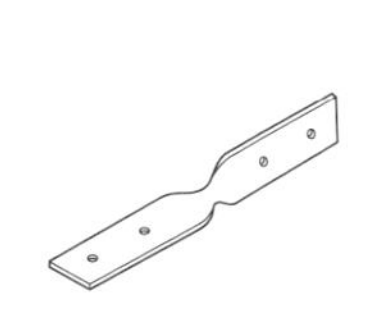
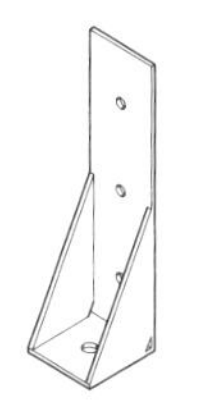

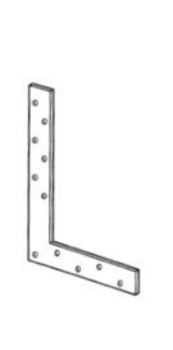

短ざく金物 (a) 管柱相互，胴差相互　かね折金物 (b) 通し柱と胴差　ひねり金物 (c) 垂木と桁・母屋　ホールダウン金物　羽子板ボルト　かど金物 (d) 柱と土台・桁・梁

図 3・36 金物の種類

(3) 木材の加工方法と使用方法

木材は木の中心部付近から切り取った材を心材といい，これを外した周辺の材を辺材という。また木の外側を木表，中心側を木裏といい，乾燥収縮によって木裏が凸状に反る性質がある。

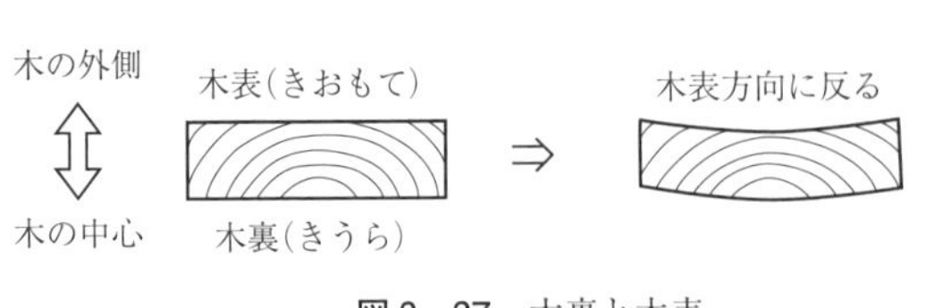

図3・37 木裏と木表

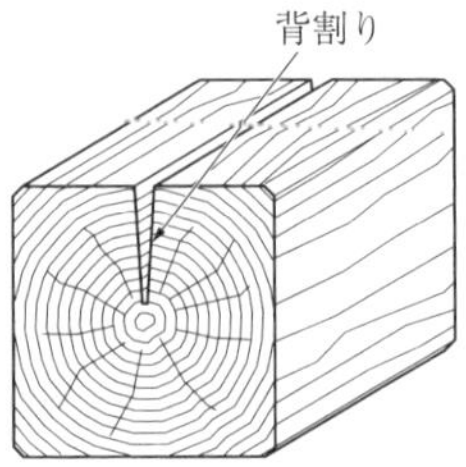

図3・38 背割り

・敷居，鴨居の溝じゃくりは木表側に行う。
・柱に使用する心持ち材には，干割れ防止のため，見え隠れ部分へ背割りを入れる。

(4) 施工上の留意点

・化粧材となる柱は，紙張り，板あてなど完成まで傷や汚れが付かぬよう養生を行う。
・建入れ直しは，架構全体が固まっていない方づえや筋かいなどの取付け前に行う。
・内装下地や造作部材は，雨濡れとならないように屋根葺き工事の後に行う。
・筋かいと間柱が交差する部分では，引張力や圧縮力がかかる筋かいは欠き取らない。
・柱や土台など，地面から1m以内の部分には有効な防腐処理，防虫措置を行う。
・洋式小屋組における真束と棟木の取合いにおいて，棟木が真束より小さい場合は，短ほぞ差し割くさび締めとする。

(5) 木造建築物分別解体の留意点

1. 解体作業は，建築設備を取り外した後，建具や畳等を撤去する。
2. 壁及び天井のクロスは，せっこうボードを撤去する前にはがす。
3. 断熱材として使用されているグラスウールは，手作業で可能な限り原形を崩さないように取り外す。
4. 屋根葺き材は，内装材を撤去した後，手作業で取り外す。
5. 蛍光ランプには，水銀が含まれているため，破砕せずに産業廃棄物として処分する。
6. せっこうボードは再資源化するため，水に濡れないように扱う。

3・9 防水工事

学習のポイント

防水工事では，アスファルト防水およびシート防水のルーフィング張りに関する設問が頻出している。シーリング工事の各種材料の働きについても理解をしておきたい。

3・9・1 アスファルト防水

アスファルトプライマーを塗った上に溶融アスファルトとアスファルトルーフィング類を交互に重ねて防水層としたものである。温暖地においてはJIS規格3種，寒冷地においてはJIS規格4種（一般は3種）のアスファルトを使用する。

アスファルトプライマー
接着性能を良くするために，あらかじめ下地に塗布する材料

アスファルトルーフィング
合成繊維にアスファルトを含侵させた布状のもの

(1) 密着工法と絶縁工法

下地面に防水層を密着させる密着工法と，一般部は防水層を下地に密着させず部分接着とし，立上りおよび周囲を密着させる絶縁工法がある。絶縁工法は，下地のひび割れや継目の挙動による防水層の破断を防ぐことができる。防水層の最下層に穴あきルーフィングを用いる工法が多い。

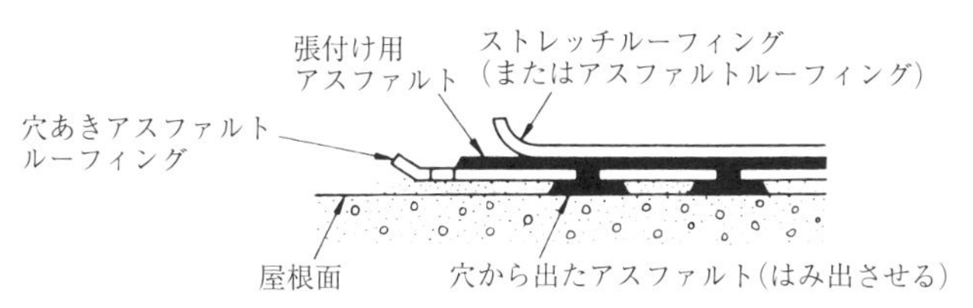

図3・39　絶縁工法

(2) 施工上の留意点

① 防水層のなじみをよくするために，下地面の出隅では面取り，入隅部はモルタル等で三角形（45° の面取り）またはRなどを成形する。

② アスファルトルーフィング類の張付けは，アスファルトプライマーが乾燥した後に行うが，出隅，入隅，下地目地部等は，一般部分に先立ち，増し張りを行う。

・スラブの打継ぎ箇所およびひび割れ部には，幅50 mm程度の絶縁用テープを貼り付け，その上に幅300 mm以上のストレッチルーフィングを増張りする。

・出隅，入隅および立上りの出隅，入隅には，幅300 mm以上のストレッチルーフィングを最下層に増張りする。

・ただし，上記のうち絶縁工法における出隅，入隅には，幅700 mm以上

ウレタンゴム系塗膜防水
・下地コンクリートの入隅は直角，出隅は面取りを行う。
・補強布は50 mm程度の重ね張りを行う。
・通気緩衝シートは，平場のみ張る。

のストレッチルーフィングを用いて500 mm以上張り掛けて増張りする。さらに100 mm程度の重ね長さをとって平場の砂付穴あきルーフィングに張り付ける。

・アスファルトルーフィング類の継目は，縦横とも100 mm以上重ね合わせ，水下側のアスファルトルーフィングが下側になるように張り重ねる。

・立ち上りと平場のルーフィングの重ね幅は，平場に150 mm以上とする。

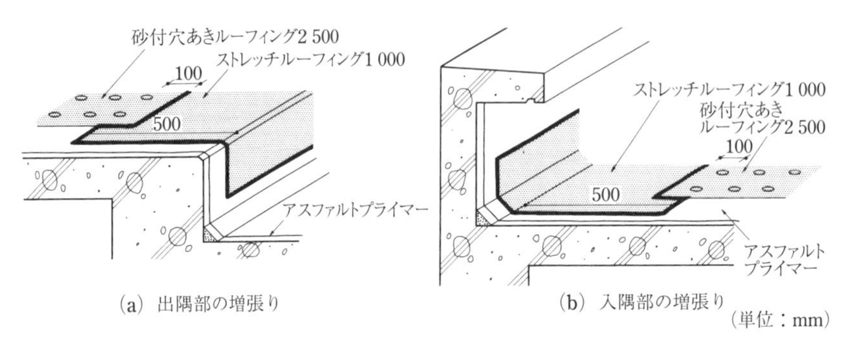

図3・40　絶縁工法における出隅・入隅部の増張り（JASS 8より）

・ただし，上記のうち絶縁工法の場合の砂付穴あきルーフィングは砂付面が下向きになるようにして，通気性を妨げないようにして突付けに張る。

・保護コンクリートに用いる成形伸縮目地材の目地幅は25 mm，本体は目地幅の80% 以上とする。また，目地はパラペットなどの立上りから600 mm程度離したところから割り付ける。

・ルーフドレン回りは最下層に幅300 mm程度のストレッチルーフィングを増張りし，平場のルーフィング類を張り重ねる。

保護コンクリート

屋上アスファルト防水の保護を目的として防水層の上にコンクリートを打設するものである。

・伸縮目地は壁際60 cm程度，それ以外は3 m程度

・伸縮目地は，保護コンクリートの下端までの深さとする。

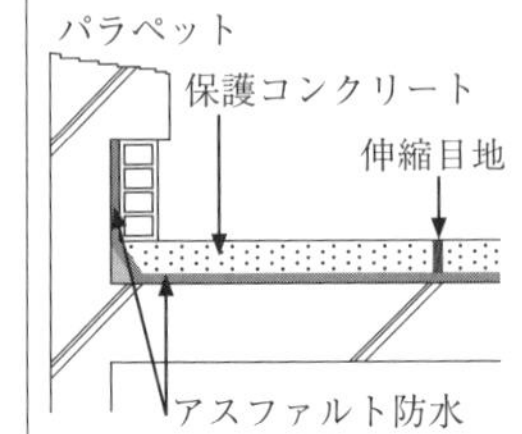

保護コンクリート（伸縮目地位置と深さが分かることが必要）

ルーフドレン

ビルの屋上など陸屋根に設置される排水口

3・9・2　シート防水「令和5年度の能力問題として出題された」

厚さ1.2～2.0 mmの薄い合成高分子ルーフィングを接着剤を用いて，ルーフィング相互および下地と一体化させて防水層を形成させるものである。

(1)　施工上の留意点

(a)　目地処理

ALCパネルの接合部は短辺方向のみ幅50 mm程度の絶縁用テープを張り付け，さらに幅150～200 mmの増張り用ルーフィングを張り付ける。

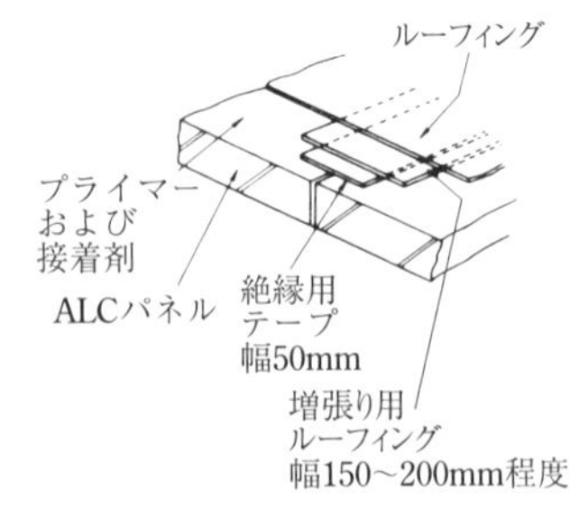

図3・41　目地処理（JASS 8より）

(b)　ルーフィングの接合幅

・プライマーを塗布する範囲は，その日にシートを張り付ける範囲とする。

・コンクリートスラブの出隅，入隅は，立上り面でルーフィング150 mm程度を重ね合わせて接合する。出隅では，それぞれ150 mm程度ずつ振り分

接着剤

例えば加硫ゴムシート防水では，アクリル樹脂系，ウレタン樹脂系，クロロプレンゴム系，ブチルゴム系などがある。シート材質にあったものを使用する。

また，塗布後に所定のオープンタイムを置く。

けて重ね合わせ接合する。

(c) シートの固定方法（機械式固定工法）

・出隅，入隅の処理はシートの張付けた後，成形役物を張り付ける。

・平場のシートの固定方法には，固定金具の取付けをシート敷設後に行う後付けとシート敷設前に行う先付けの２つの方法がある。

(d) 末端部の処理

・防水層の末端部は，テープ上のシーリング材と押え金物を用いて止め付け，さらに不定形シーリング材で処理する。

表３・17 ルーフィングの接合幅

種類	長手方向	幅方向	立上り部	接合方法
加硫ゴム系	100 mm 以上	100 mm 以上	150 mm 以上	接着剤による接合（テープ状シール材併用）
非加硫ゴム系	70 mm 以上	70 mm 以上	150 mm 以上	接着剤による接合
塩化ビニル樹脂系	40 mm 以上	40 mm 以上	40 mm 以上	溶剤溶着または熱融着（液状またはひも状シール材併用）

◀よく出る

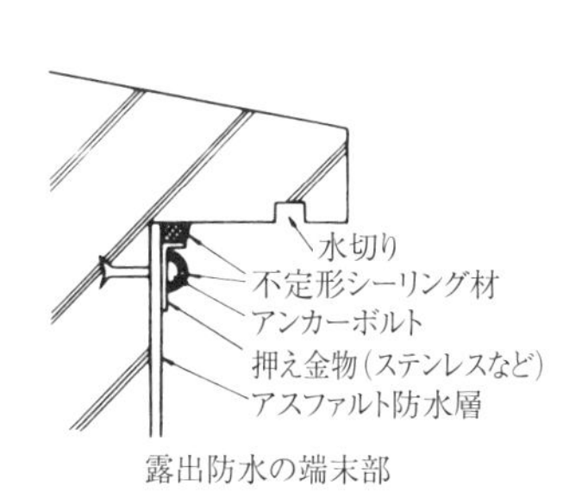

図３・42 パラペットの末端部

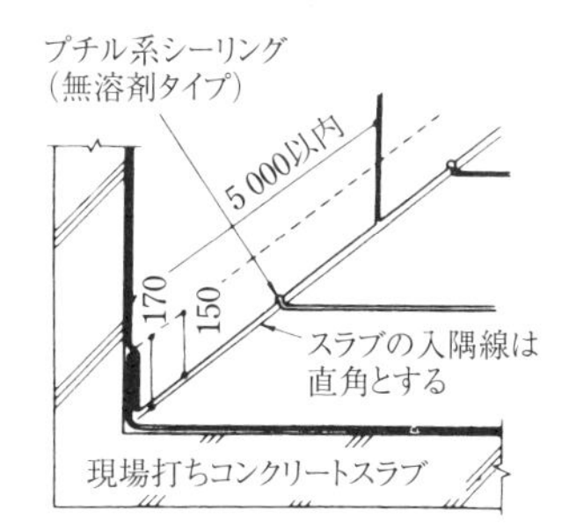

図３・43 スラブの入隅線
（JASS8 より）

3・9・3 シーリング工事

(1) 材料

(a) プライマー

・プライマーは，目地に充てんされたシーリング材と被着体とを強固に接着して，シーリング材の機能を長期間維持するものである。

・場合により被着体表面を安定させ，下地の水分やアルカリの影響を防止するシーラーの役割も果たす。

(b) バックアップ材

・バックアップ材は，シーリング材の３面接着の回避，充てん深さの調整，目地底の形成を目的として用いられる。

・バックアップ材は，シーリング材と接着せず，弾力性を持ち適用箇所に適した形状とする。

・バックアップ材は，シーリング材と被着体の接着面積が確保でき，2面接着が得られるように装てんする。

バックアップ材の幅
［裏面に接着剤が付いているタイプ］
目地幅より1mm程小さく
［裏面に接着剤が付いていないタイプ］
目地幅より2mm程大きく

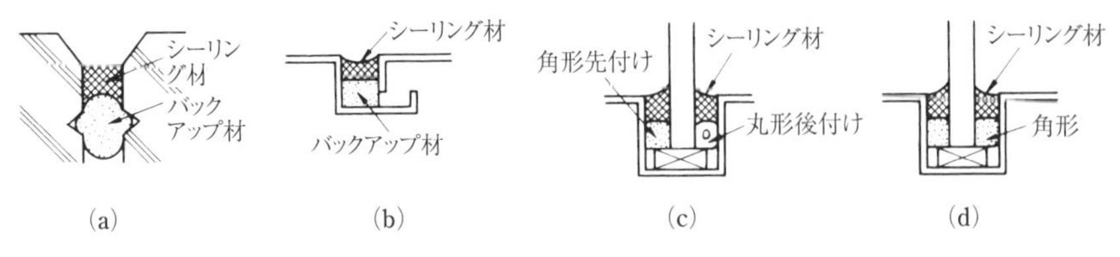

図3・44 バックアップ材の用い方

(c) ボンドブレーカー

・ボンドブレーカーは，目地が浅い場合に3面接着を回避する目的で目地底に設けるテープ状の材料である

・ボンドブレーカーは，紙，布およびシリコーン等からなる粘着テープで，プライマーを塗布してもシーリング材が接着しないものとする。

(d) マスキングテープ

・マスキングテープは，プライマー塗布およびシーリング材充てん部以外の汚染防止と，目地縁の線を通り良く仕上げるために用いる粘着テープである。

(2) 一般的な施工手順と留意点

① シーリング材の施工性，硬化速度などは温度や湿度に影響される。

② 一般的には，気温15～25℃，湿度80％未満で，晴天，無風状態であることが望ましく，プライマーの所定乾燥時間が経過した後に施工する。

③ 被着体が5℃を下回ったり，50℃以上になるおそれがある場合，湿度が85％を超える場合は，施工を中止する。

④ 降雨時または降雨が予想される時は施工を中止し，目地部や周辺の水漏れを防ぐ処理を行う。

⑤ バックアップ材の取り付けは，所定の目地深さになるように装てんし，降雨などがあった場合は，再装てんする。

⑥ マスキングテープは，シーリング材の接着面にかからない位置に通り良く張り付ける。

⑦ 2成分形プライマーを用いる場合は，可使時間内に使い切る量を正しく混合する。

⑧ プライマーの塗布後，塵埃などの付着などがあった場合は，再清掃し，再塗布を行う。

⑨ シーリング材の充てんは図3・45に示すように交差部あるいは角部から行う。

⑩ シーリング材の打継ぎは，図3・46に示すように目地の交差部および角

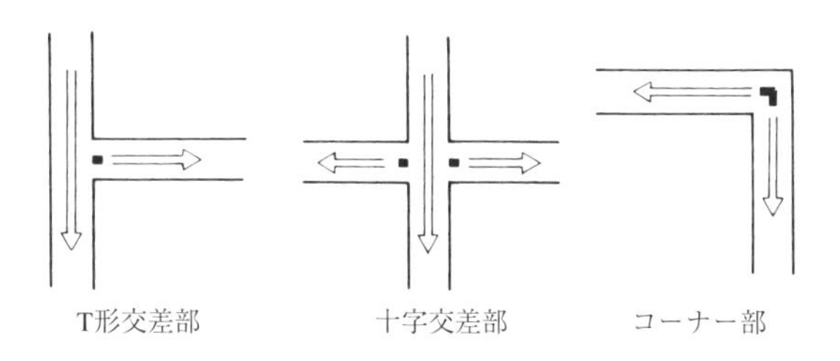

図3・45 シーリング材充てんの順序

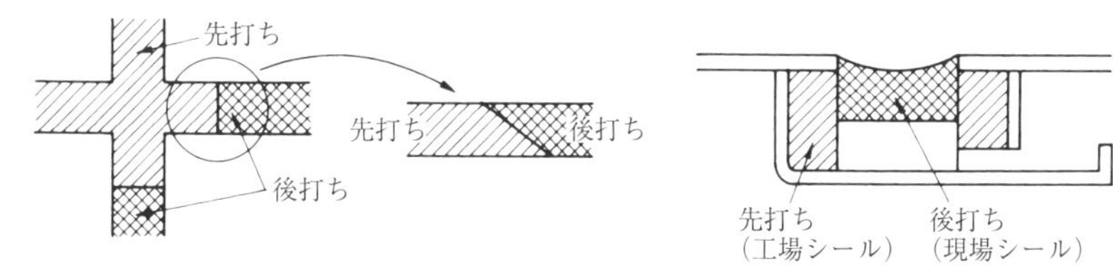

図3・46 シーリング材の打継ぎ（一般の打継ぎ）

部を避け，そぎ継ぎとする。

⑪ マスキングテープの除去は，シーリング材表面仕上げ後，直ぐに行う。シーリング材の可使時間が過ぎてからでは，目地縁がきれいに仕上がらず，除去しにくくなる。

⑫ 充てん箇所以外の部分に付着したシーリング材は，直ちに取り除く。ただし，シリコーン系は，汚れが広がる恐れがあるために硬化後に実施する。

(3) その他の留意点

① 目地の変位が極めて少ない場合，ノンワーキングジョイントとして3面接着の目地とする。
（例：外壁の石張り等では，ムーブメント追従性の少ないポリサルファイド系が用いられる）

ノンワーキングジョイント
動きがほとんど生じない目地

② ALCパネルなど被着体の表面強度が低い場合の目地には引張応力の小さい（低モジュラス）シーリング材（例：ポリウレタン系）を使用する。

③ PCパネル間の目地には2成分形変成シリコーン系シーリング材が使用できる。

PCパネル
（プレキャストコンクリートパネル） 工場で製造されたコンクリート版

④ ガラス回りの目地には，シリコーン系，ポリサルファイド系2成分形が用いられる。

⑤ 異種シーリングの打継ぎについて

・やむを得ず打継ぐ場合は，先打ち材が十分に硬化してから後打材を施工する。

・ポリウレタン系にはポリサルファイド系が後打ちできる。

・基本的にシリコーン系の先打ちには，変成シリコーン系や他の材の後打ちはできない。

3・10 石工事

学習のポイント

張り石工事のうち外壁の湿式工法と乾式工法の違いと留意点を理解することが必要となる。

(1) 外壁湿式工法

石材を引き金物と取付けモルタルで固定した後，**裏込めモルタル**で石裏全面を空隙なく充てんする工法であり，高さ10m以下の外壁に用いられる。

裏込めモルタル
張り石と躯体の間に充てんするセメントモルタル

だぼ
石材の合場に小穴をあけて差し込む棒状の金物

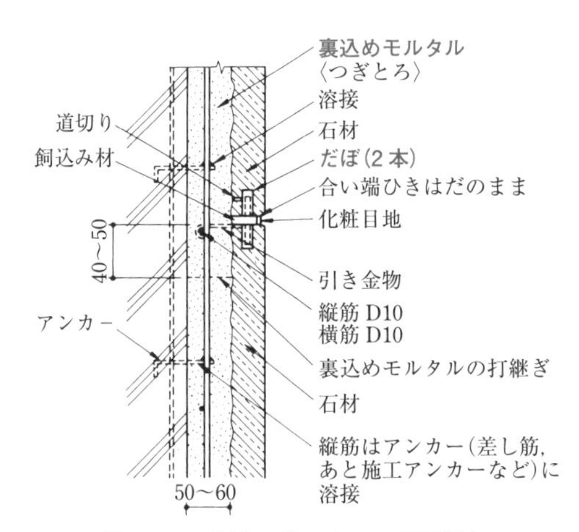

図3・47 湿式工法による一般壁張り

① 石材の厚さは，25mm以上とする。

② 引金物用の穴は，石材の上端の横目地合端に2箇所，両端部より100mm程度の位置に設ける。

③ だぼ用の穴は，石材の上端の横目地合端に2箇所，両端部より150mm程度の位置に設ける。

④ 下地は，埋込みアンカーを縦横400mm程度（屋内は600mm程度）の間隔であらかじめ躯体に打込み，これに縦流し筋を溶接し，石材の横目地位置に合わせて横流し筋を溶接する。

⑤ 溶接箇所には錆止め塗料を塗布する。

⑥ 石材の取付けは，最下部の石材を水平，垂直および通りを正確に据付け，下端を取付け用モルタルで固定する。上端は，引金物で下地に緊結したのち，引金物回りを取付け用モルタルで被覆する。

⑦ 躯体コンクリートの水平打継ぎ位置では，縦流し筋を切断し，横流し筋は下側の縦流し筋の上端に取付ける。

⑧ 裏込めモルタルの充てんに先立ち，目地からモルタルが流出しないように発泡プラスチック材等で目止めを行う。

⑨ 裏込めモルタルの充てんは，石材1段積み上げるごとに行い，上端から40～50 mm下がった位置まで充てんし，打ち継ぐ。

⑩ 裏込めモルタルは，容積比でセメント1に対し，砂3の貧配合とし，流動性を持たせる。

⑪ 充てんにあたっては，モルタルを2～3回に分けて，空隙ができないよう留意する。

⑫ 一般目地幅は6 mm以上とし，伸縮調整用目地の位置は1スパンおよび間隔6 m程度で配置する。伸縮目地は発泡プラスチック材などを下地コンクリート面まで挿入し，シーリング材で仕上げる。

【湿式工法での留意点】

・白色系大理石の裏込めモルタルには，白色セメントを使用する。

・最下段の石材では，石材が水を吸って，色ムラ，変色，白華などが生じるのを防ぐため石裏や小口にアクリル系やエポキシ系の樹脂を塗るなどの処理を行う。

・石材の引金物にあわせて，下地となるコンクリート躯体にあと施工アンカーを打込み，引金物緊結下地とするあと施工アンカー工法もある。

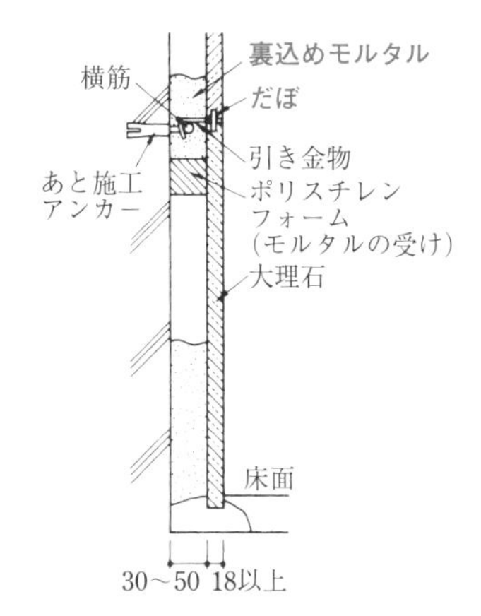

図3・48 あと施工アンカーの場合

(2) 内壁空積工法

① 石材の厚さは20 mm以上とする。

② 取付け代は40 mmを標準とする。

③ 石材の加工，取付けは外壁湿式工法に準じる。

④ 引金物と下地の緊結部分は，石裏と下地面との間に50×100 mm程度にわたって取付け用モルタルを充てんする。

⑤ 一般目地幅は6 mm以上とし，伸縮調整用目地の位置は間隔6 m程度で配置する。

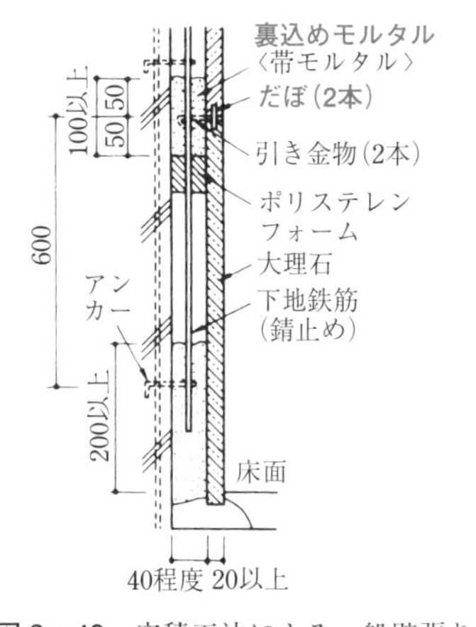

図3・49 空積工法による一般壁張り

(3) 外壁乾式工法（地震時の躯体の挙動に追従しやすい。）

① 石材の厚さは30 mm以上とする。

② ダブルファスナーの取付けしろは70 mmを標準とする。

③ だぼ穴の位置は，石材の上端横目地合端に2箇所，両端部より石材の幅1/4程度の位置に設ける。だぼ穴は板厚方向の中央とする。

取付金物

引き金物，受け金物，吊り金物，だぼ等の総称，材質はステンレス（SUS304）とする。

なお，引き金物を取付けるだぼ穴，道切りは，工事現場で加工する。

建築施工

④ スライド方式で石材を取付ける場合，だぼの周囲に盛り上がるだぼ穴充てん材は，硬化前に除去する。

⑤ 石材が衝撃を受けた際の飛散や脱落を防止するため，繊維補強タイプの裏打ち処理などを行う場合もある。

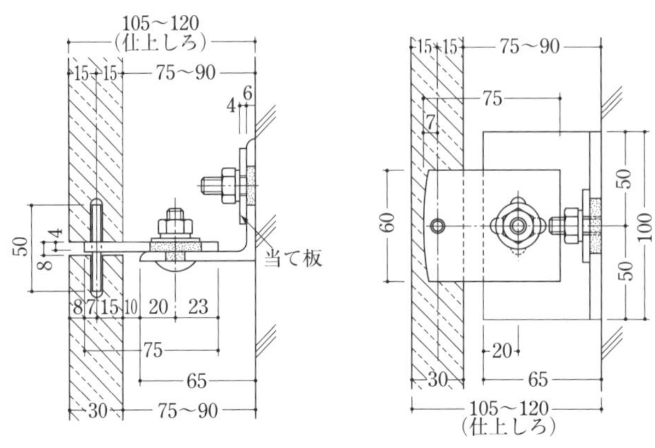

図3・50 乾式工法（ダブルファスナー）の例

⑥ 乾式工法による外壁の石材の最大寸法は，安全性や施工性から幅 1200 mm，高さ 800 mm，面積で 1 m^2 以下とする。

⑦ 一般目地幅は，石材相互の変位およびシーリング材の変形性能を考慮して 8～10 mm とする。

⑧ 幅木は，衝撃対策のため張り石と躯体のすき間に裏込めモルタル等を充填する。

(4) その他の留意点

① 敷石の据付には，硬練りセメントモルタルを敷き，その上に石を仮据えし，張り付け用ペーストを用いて据え付ける。

② 開口部の上げ裏は，化粧ボルトを使用して堅固に取り付ける。

③ 笠木は，合端だぼ入りとして引金物などを使用して取り付ける。

④ 大理石は雨掛りの箇所への使用を避けるほか，酸洗いなども行わない。

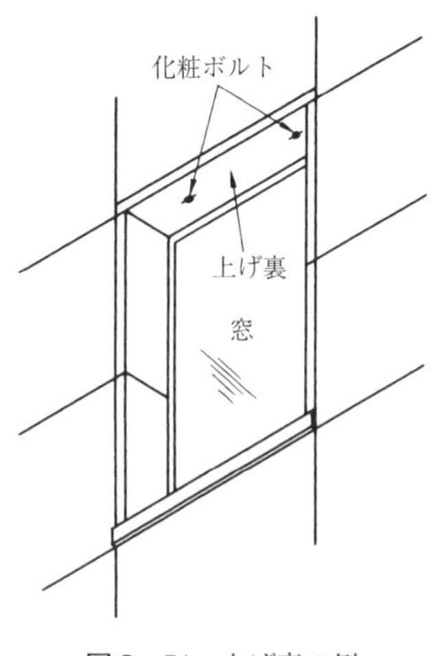

図3・51 上げ裏の例

花崗石の表面仕上

・びしゃん仕上
石材の表面を多数の格子状突起をもつハンマーでたたく

・小たたき仕上
びしゃんでたたいた後，先端がくさび状のハンマーで平行線状に平坦な粗面を作る。

・ジェットバーナー仕上
石材の表面を 1800℃～2000℃ くらいのバーナーで熱して凹凸を作る。

3・11 タイル工事

学習のポイント

各種工法の張付けの特徴を理解するとともにタイルの性質も把握することが必要となる。

(1) 壁タイル張り

(a) 密着張り（ヴィブラート工法）

・下地コンクリートへモルタル中塗りまで木ゴテで仕上げた上に，張付けモルタルを2回塗って下地とし，張付けタイル用振動機で密着させる工法である。

・モルタルの塗り付け面積は，2 m^2 程度で30分以内にタイルを張り終える面積とし，塗置き時間は20分程度が望ましい。

・タイルは，上部より下部へと張るが，一段置きに張ったのち，その間を埋めるように張る。

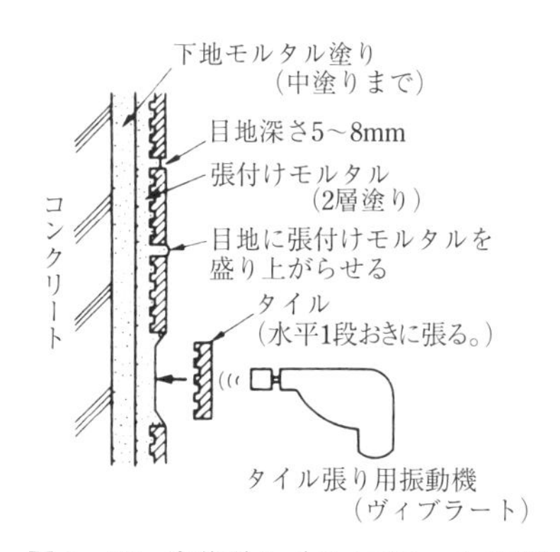

図3・52 密着張り（ヴィブラート工法）

(b) 改良積上げ張り

・下地コンクリートへモルタル中塗りまで木ゴテで仕上げた上に，張付けタイルの裏面にモルタルを平らに塗付けたものを押し付け，木づち類で叩き締めて張る工法である。

・練り混ぜたモルタルで30分を経過したものは使用せず，塗り付けたモルタルの塗り置き時間は5分以内とする。

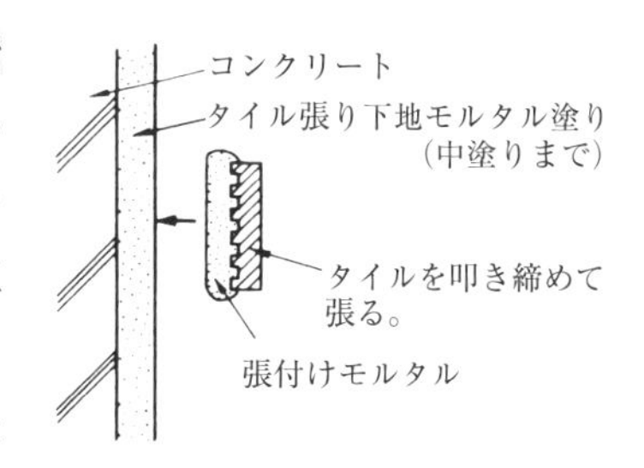

図3・53 改良積上げ張り

・タイルは下から上へと張っていき，1日の積み上げ高さの限度は1.5 m程度とする。

(c) **改良圧着張り**

・張付けモルタルを塗り付けた壁面に，タイル裏面にモルタルを塗り付けたタイルを圧着する工法である。

・モルタルの塗り付け面積は，$2\,\mathrm{m}^2$ 程度で，60分以内に張り終える面積とする。

・練り置き時間は30分未満とする。

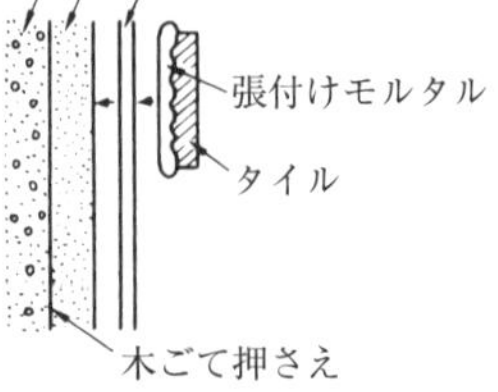

下地コンクリート
タイル張り
下地モルタル塗り(中塗りまで)
塗付けモルタル
張付けモルタル
タイル
木ごて押さえ

図3・54 改良圧着張り

(d) **モザイクタイル張り**（25 mm 角以下のタイル）

・接着面にばらつきがあり，はく離の原因となりやすいので，屋内の小面積壁面以外に用いないことが望ましい。

・張付けモルタルの1回の塗付け面積の限度 $3\,\mathrm{m}^2$ 以下とし，20分以内に張り終える面積とする。

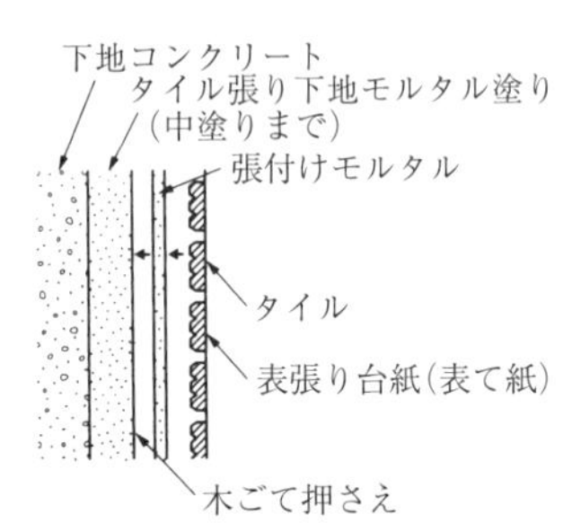

図3・55 モザイクタイル張り

たたき押え
紙張りの目地部分が，モルタルの水分で濡れてくるまで行う。

(e) **マスク張り**

・25 mm 角を超え小口未満のタイルの張り付けに用いられる。タイルに見合ったユニットタイルマスクを用い，タイルの裏面全面に張付けモルタルをコテで圧着して均一に塗り付け，たたき板で目地部分にモルタルがはみ出すまで押さえをしながら張り付ける工法である。

・張付けモルタルには，メチルセルロース等の混和剤を用いる。

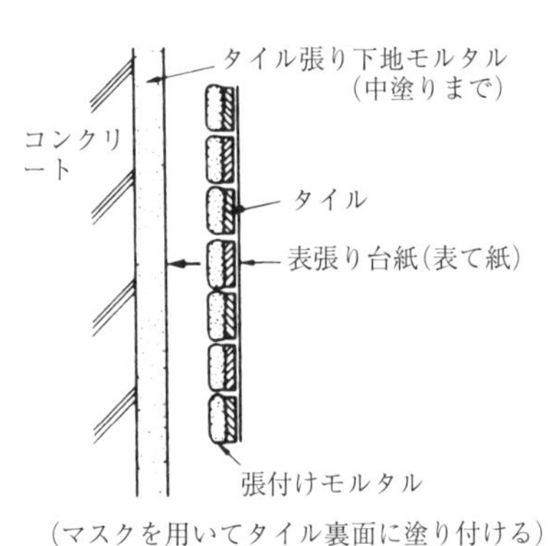

図3・56 マスク張り

・表張り紙の紙はがしは，張付け後，時期を見計らって水湿しをして紙をはがし，タイルの配列を直す。

(f) **接着剤張り**

・使用環境，使用下地，使用タイルに応じた接着剤を金ごて等で下地に塗布（厚さ3 mm 程度）し，くし目ごてでくし目を立て，タイルを張り付ける。

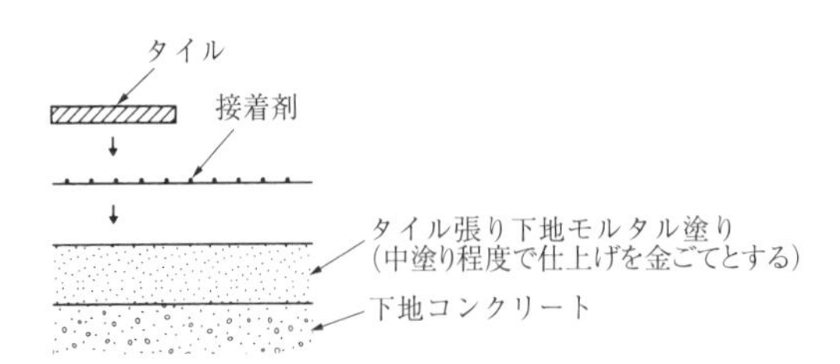

図3・57 接着剤張り（モルタル下地）

・壁面に張る場合は，くし目ごての角度を壁面に対して60°を保つようにくし目を立てる。
・接着剤の1回の塗付け面積は3 m^2 程度とし，30分以内に張り終える面積とする。
・常時水がかかるような場所では用いない。

【施工上の留意点】
・伸縮調整目地は，水平・垂直ともに3～4 mごとに設け，伸縮調整目地で囲まれた面積は10 m^2 以内を標準とする。
・伸縮調整目地の位置は躯体のひび割れ誘発目地位置には必ず設け，その他の水平方向では各階の水平打継ぎ，垂直方向では柱際，開口部際，建物のコーナー，隅切部などに設ける。
・化粧目地はタイル張り後，24時間程度経過し，張付けモルタルが適度に硬化してから行う。
・接着力試験は，目地部分を下地のコンクリート面まで切断して周囲と絶縁したものとする。
・試験体の個数は100 m^2 およびその端数につき1個以上，かつ全体で3個以上とする。
・接着力は引張接着強度が0.4 N/mm^2 以上の場合を合格とする。
・タイルの清掃に酸類を用いる場合は，清掃後に酸が残らないようにする。
・床面のタイル張りに使用する敷モルタルは貧調合とする。
・床面のタイル張りの張付けモルタルは，2層に分けて塗るものとし，1回の塗付け面積は2 m^2 以下とする。
・床タイルは，木づちなどで目地部分に張付けモルタルが盛り上がるまでたたき押さえる。

3・12　屋根工事

学習のポイント

出題の頻度は少なく，施工上の留意点も比較的少ないため，図を中心に工法の概要を覚えることに注力したい。

3・12・1　長尺金属板葺

(1)　下　　葺

下葺材料として用いられるアスファルトルーフィングは，通常アスファルトルーフィング940のものを使用する。葺き方は，シートの長手方向200 mm以上，幅方向100 mm以上重ね合わせ，重ね合わせ部分および要所をタッカーによるステープル留めとする。

(2)　材　　料

長尺金属板は，塗装溶融亜鉛めっき鋼板および鋼板の屋根コイルとし，厚さは0.4 mmとする。留め付け用釘は亜鉛めっき，またはステンレス製とする。

(3)　工　　法

工法には，心木なし瓦棒葺，立てはぜ葺，平葺（一文字葺）がある。

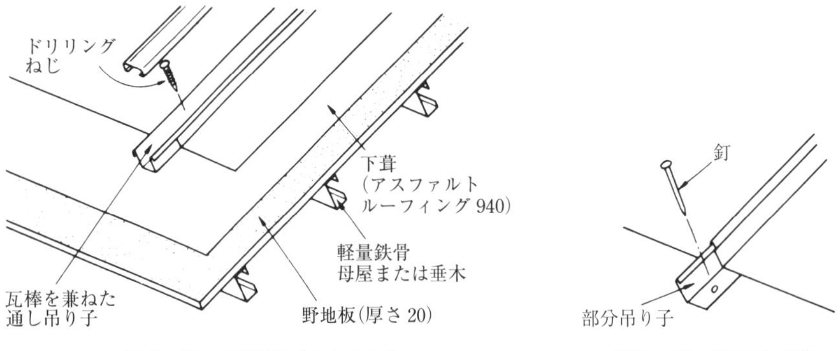

図3・58　瓦棒葺（心木なし）　　図3・59　立てはぜ葺

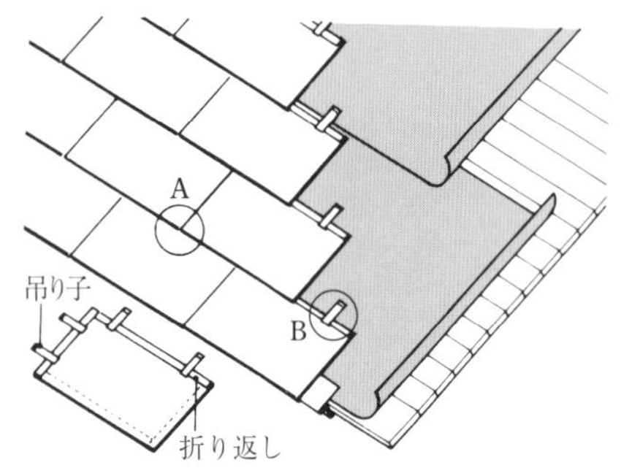

図3・60　平葺（一文字葺）

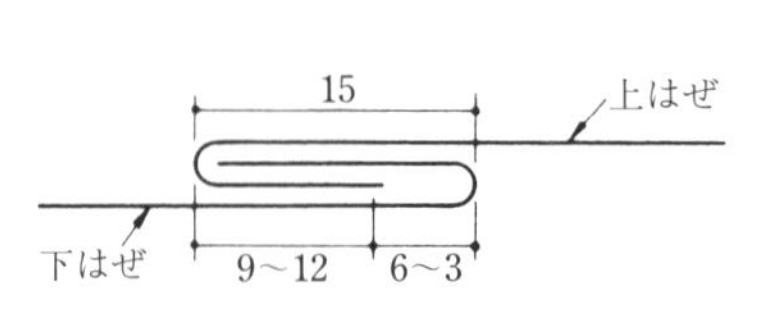

図3・61　こはぜの折返し幅の寸法〔mm〕

平葺

4方向に曲げられたはぜで金属板を組み合わせる。

(a) 心木なし瓦棒葺の留意点

・金属板を取り付けるために通し吊り子が用いられる。

・通し吊り子の留め付け用の釘間隔は，一般地域で 250 mm，強風地域で 200 mm とする。

(b) その他の留意点

・長尺亜鉛めっき鋼板の折曲げは，めっきおよび地はだに亀裂を生じないように行い，切り目を入れずに折り曲げる。箱形の隅などには，特に注意して，形に合わせて加工する。

・はぎ合わせなどは，小はぜ掛け（引掛けまたはつかみ合わせ）とし，小はぜ掛けのはぜかかり，折り返し幅は 15 mm 程度とする。

3・12・2 折　板　葺

(1) 材　料

折板は金属性折板屋板構成材による鋼板製とする。

(2) 工　法

折板葺は，鋼板をＶ字に近い形に折り曲げて屋根材としたもので，垂木，野地板を省略し，直接下地に取り付けたタイトフレームの上にかぶせる工法である。

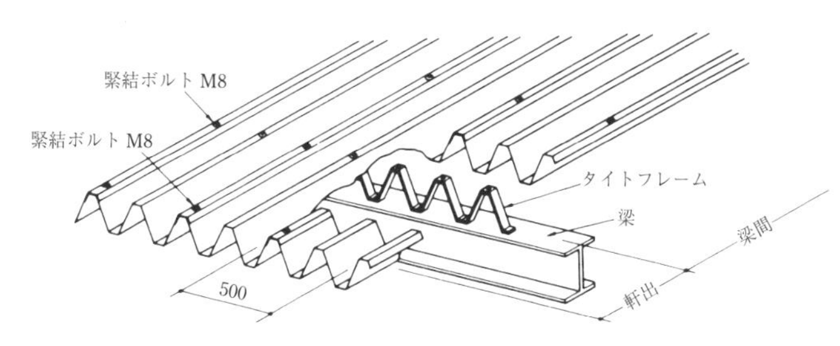

図 3・62 折板葺屋根

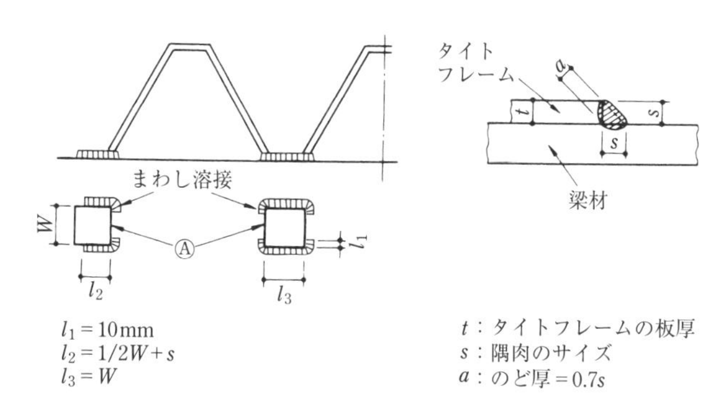

図 3・63 タイトフレームの溶接

① 折板の流れ方向には，原則として継手を設けてはならない。

② タイトフレームともや（母屋）などの下地との接合は隅肉溶接とし，側

面の隅肉溶接の効果を高めるためにまわし溶接を行う。

③　まわし溶接の際，タイトフレームにアンダーカットが生じやすいので慎重に溶接する。アンダーカットによりタイトフレームの断面が10%以上欠損した場合は取り替える。

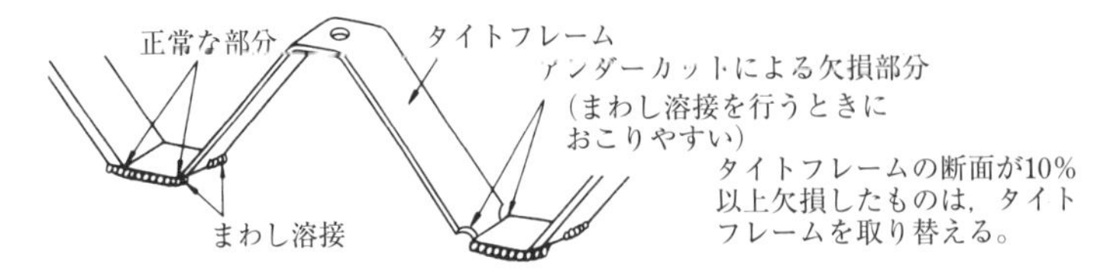

図3・64　アンダーカットの例

④　溶接後はスラグを除去し，錆止め塗装を行う。

⑤　折板は，各山ごとにタイトフレームに固定し，緊結時のボルト間隔は600 mm以下とする。

⑥　けらば納めは，最端部の折板の上底で留める方法を原則とし，けらば先端部には，1200 mm以下の間隔で，折板の山間隔の3倍以上の長さの変形防止材を取り付ける。

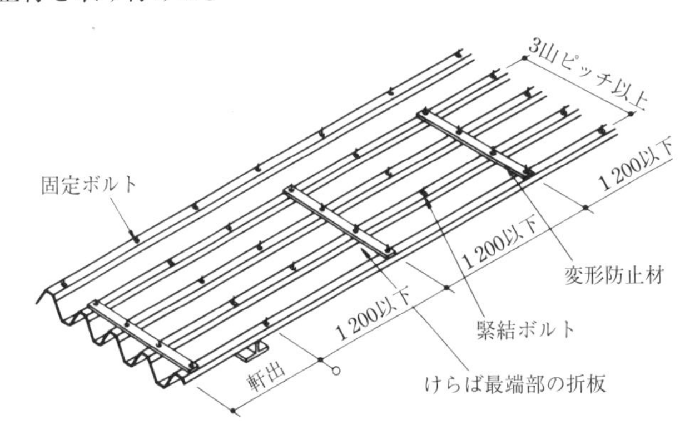

図3・65　変形防止材によるけらば納め

⑦　けらば包みの継手位置は，端部用タイトフレームの近くとする。

⑧　棟包みの水下側には，エプロン面戸を取付ける。

⑨　重ね形折版のボルト孔は，呼び出しポンチ等で開孔する。

3・12・3　とい

硬質塩化ビニル雨どいの施工に関する留意点は以下の通りである。

①　たてどいの受け金物は，1,200 mm以内，軒どいの受け金物は1,000 mm以内の間隔で取り付ける。

②　たてどいの継手は，製造所指定の接着剤を使用する。

③　軒どいの両端は，接着剤等で固定すると温度変化によるといの伸縮に追従できないため，可動できる方法をとる。

3・13 金属工事

学習のポイント

主に軽量鉄骨による天井下地や壁下地に関する設問で構成されている。部材の構成を理解し，取り付け方法や固定箇所の間隔などを覚えておく。

(1) 軽量鉄骨天井下地

(a) 材料

野縁などの種類は，表3・18および図3・66により一般的には屋内は19形，屋外は25形を使用する。

表3・18 野縁などの種類〔mm〕

部材＼種類	19形	25形
シングル野縁	25×19×0.5	25×25×0.5
ダブル野縁	50×19×0.5	50×25×0.5
野縁受け	38×12×1.2	38×12×1.6

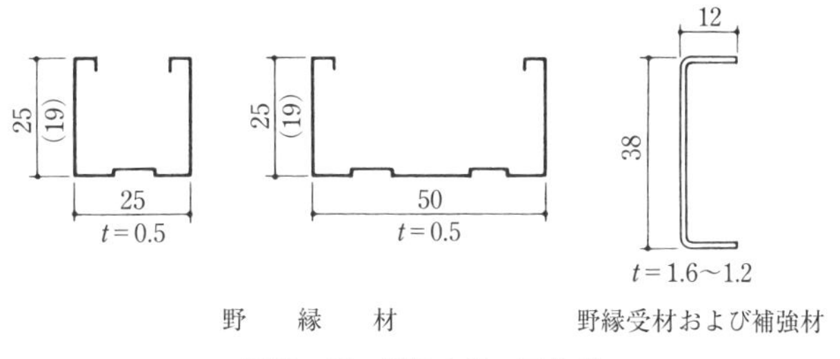

図3・66 野縁などの下地材

(b) 工法

・野縁受け，吊りボルトおよびインサートの間隔は900 mm程度とし，周辺部は端から150 mm以内とする。

・野縁は，クリップを仲介にして野縁受けに固定する。クリップの向きは交互にし，野縁受け材の溝に十分に折り曲げる。

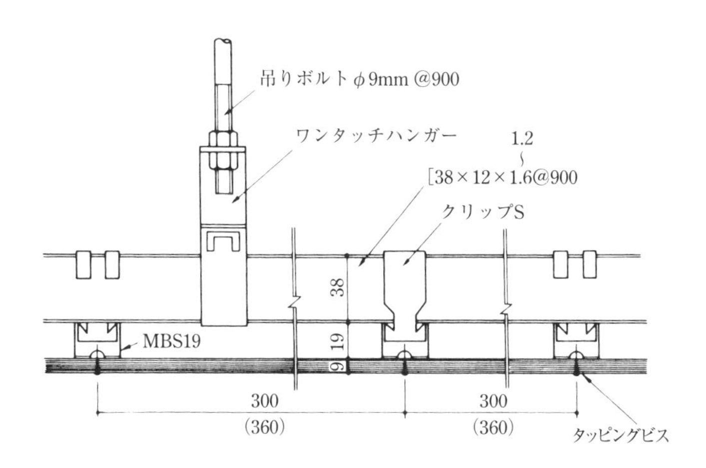

図3・67 部材の間隔

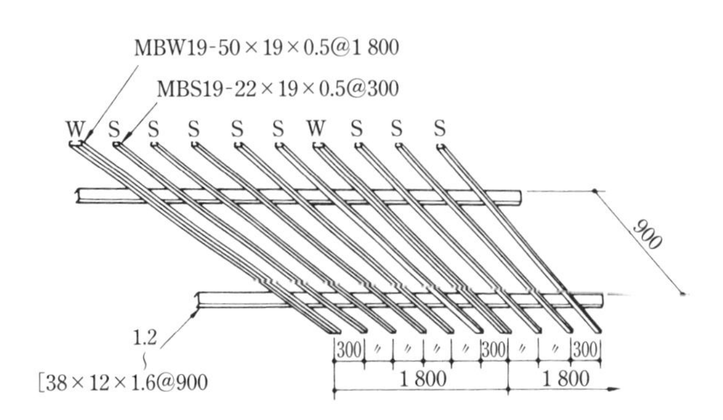

図3・68 野縁の間隔例

・屋内の野縁の間隔は，

i）下地のある場合，金属成形板張：360 mm 程度

ii）仕上げ材直張り，塗装下地の類：300 mm 程度

（ただし，iiの場合でボードの1辺が455 mm 以下の場合は，225 mm 程度以下とする。）

・屋外の野縁の間隔は，300 mm 程度とする。

・開口部で野縁が切断された場合は，補強野縁受けをその端部を引き通されている野縁に固定する。

・野縁は野縁受けから150 mm 以上はね出してはならない。

・溶接した箇所は，錆止めの塗料を塗布する。

・天井のふところが，屋内で1.5 m 以上，屋外で1.0 m 以上の場合は，1800 mm 間隔で振れ止めの補強を行う。

(2) 軽量鉄骨壁下地

(a) 材料

・スタッド，ランナーの種類は，表3・19，図3・69による。スタッドには65形，90形，100形などがあるが，スタッドの高さによって使い分ける。

(b) 工法

・ランナーは，端部から50 mm 程度の位置で押え，900 mm 間隔程度に打

表3・19 スタッド，ランナーなどの種類〔mm〕

部材など／種類	スタッド	ランナー	振止め	出入口およびこれに準じる開口部の補強材	補強材取付用金物	スタッドの高さによる摘要
65形	65×45×0.8	67×40×0.8	25×10×1.2	[-60×30×10×2.3	L-30×30×3	高さ4.0 m 以下
90形	90×45×0.8	92×40×0.8		[-75×45×15×2.3	L-50×50×4	高さ4.0 m を超え4.5 m 以下
100形	100×45×0.8	102×40×0.8		2[-75×45×15×2.3		高さ4.5 m を超え5 m 以下

注 1. ダクト類の小規模な開口部の補強材は，それぞれ使用した種類のスタッド，またはランナーとする。
2. スタッドの高さに高低がある場合は，高いほうを適用する。

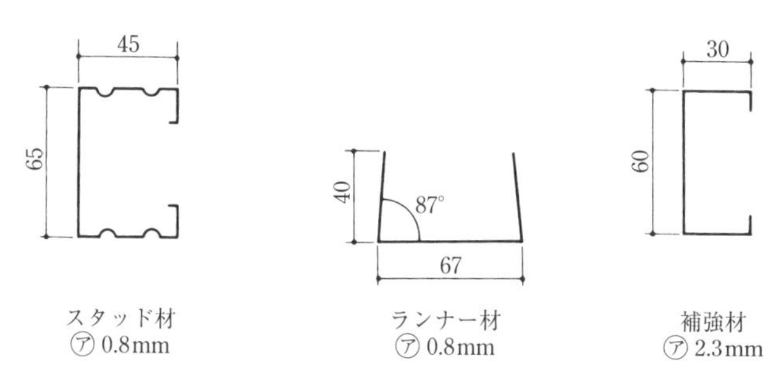

図 3・69 65 形間仕切り材の例

込みピンなどで床，梁下，スラブ下等に固定する。

・鉄骨や軽量鉄骨天井下地に取り付ける場合は，900 mm 間隔程度でタッピングビスまたは溶接により固定するが，溶接した箇所は錆止め塗料を塗布する。

・スタッドの間隔は，

ⅰ） 下地のある場合：450 mm 程度（ボードの 2 枚張りなど）

ⅱ） 仕上げ材直張り：300 mm 程度

・振れ止めは，フランジ側を上に向け，スタッドを引通して床面から 1.2 m 程度に設ける。

・スペーサーはスタッドの端部を押さえ，スタッド建込みの前に 600 mm 間隔程度に留め付ける。

・スタッドには，ねじれを防止するため，スペーサーを取り付ける。

・スタッドは，上部ランナーの上端とスタッド天端のすき間が 10 mm 以下となるように取り付ける。

・出入口枠のアンカーは，スタッドではなく，補強材に溶接して取り付ける。

・出入口およびダクト類の開口部は，それぞれの大きさに応じた補強材と取付け方法を選定し，溶接，ボルト類，小ねじ類等で取り付ける。

(3) 金属材料の表面仕上げ

(a) ステンレスの表面の仕上げ

・エンボス仕上げ，鏡面仕上げ，ヘアライン仕上げ，エッチング仕上げ

(b) 銅の表面仕上げ

・硫化いぶし仕上げ，緑青仕上げ，化学着色仕上げ，鏡面仕上げ，ヘアライン仕上げ

(c) アルミニウム合金の表面仕上げ

・着色塗装，陽極酸化塗装複合皮膜，陽極酸化皮膜

※アルミニウム製品は，腐食防止のため，異種金属と接触しないようにする。

(4) アルミニウム製笠木

・直線部材はコーナー部材の後に取り付ける。

・天端の水勾配は，内側が低くなるように取り付ける。

コンクリートスラブへの取付け

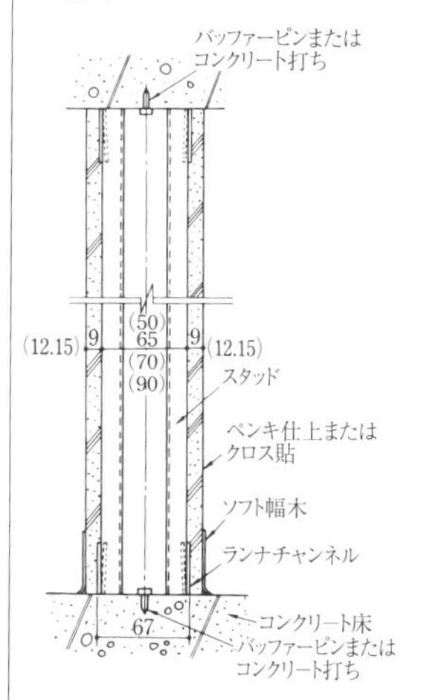

No.2B
鏡面に近いロールで軽く冷間圧延したもの

エンボス仕上げ
機械的な凹凸の浮出し模様

鏡面仕上げ
反射率の高い鏡面状

ヘアライン仕上げ
砥粒研磨ベルトで長い研磨目をつけたもの

エッチング仕上げ
化学処理による模様

陽極酸化皮膜
アルミニウムの防錆を目的としたもので着色仕上とする。

建築施工

3・14 左官工事

「令和5年度の能力問題として出題された」

学習のポイント

主な工事は，モルタル塗りであり，配合および各塗層の注意点を覚える必要がある。また，せっこう系セルフレベリング床材等の基礎的な知識も確認しておくことが必要である。

(1) モルタル塗り

(a) 調合および塗り厚

・モルタルの調合および塗り厚は，表3・20による。

・モルタル塗りの各層の調合は，下塗りほど富配合（セメント量が多）とし，強度を大きくするのが原則である。

・各層の塗り厚は，なるべく薄いほうが良いが，通常は床を除き1回の塗り厚は7mmを標準とする。

・全塗り厚は，床を除き25mm以下とする。なお，塗り厚は下地の表面からの厚さで，ラス付けの厚さを含まない。

・防水下地の床および立ち上がりの塗り厚は，15mm以上とする。

・作業性向上，ひび割れ，はく離防止のために混和材料を使用する。

総塗厚が25mmを超える場合
下地にステンレス製アンカーピンを打ち，ステンレス製ラスを張り付ける

表3・20 調合（容積比）および塗り厚の標準値（建築工事共通仕様書より）

下地	施工箇所		下塗り ラス付け		むら直し 中塗り		上塗り			塗り厚の標準値〔mm〕
			セメント	砂	セメント	砂	セメント	砂	混和材	
コンクリート，コンクリートブロック，れんが	床	仕上げ	—	—	—	—	1	2.5	—	30
		張り物下地	—	—	—	—	1	3	—	
	内壁		1 (注)1	2.5	1	3	1	3	適量	20
	外壁その他（天井の類を除く）		1	2.5	1	3	1	3	—	25以下
ラスシート，ワイヤラス，メタルラス	内壁		1 (注)1	2.5	1	3	1	3	適量	15
	外壁		1	2.5	1	3	1	3	—	20

注 1. 内壁下塗り用軽量モルタルは，細骨材を砂に代えてセメント混和用軽量発泡骨材とし，塗り厚は5mm以内とする。
2. ラス付けの場合は，必要に応じて，すさを混入することができる。
3. ラス付けは，ラスの厚さより1mm程度厚くする。
4. ビニル床シート，ビニル床タイル等の場合は，床モルタルの塗り厚さには，張り物材の厚さを含む。

(b) 下地処理

・コンクリート，コンクリートブロック等の壁，床等で，ひずみ，不陸などの著しい箇所は，目荒らし，水洗い等のうえモルタルで補修し，夏期は7日以上，冬期は14日以上放置する。

・コンクリート床面ではコンクリート硬化後，なるべく早い時期に塗付けを行う。コンクリート打込み後，長時間放置した場合は，水洗いを行う。
・合板せき板を用いたコンクリート下地に，セメントペーストを塗る場合は，乾かないうちに下塗りを行う。
・つけ送りを要する下地は，下塗り用と同配合のモルタルで不陸を調整する。
・ALC パネル面の仕上塗材仕上げでは，下地調整のために合成樹脂エマルションシーラーを塗布する。

(c)　壁塗り

・下地処理の後，乾燥具合をみて，吸水調整材を全面に薄く塗る。ただし，下塗りに内装下塗り用軽量モルタルまたはポリマーセメントモルタルを塗る場合以外には，ポリマーセメントペーストを1～2 mm 塗ることができる。
・下塗り面は，内壁下塗り用軽量モルタルの場合を除き，金ぐし類で荒らし目をつける。下塗り後はモルタル表面のドライアウトを防止するため，水湿しを行う。
・下塗りとラス付けは，14 日以上放置し，ひび割れ等を十分発生させる。
・下塗りの砂の粒度は，一般にふるいの呼び寸法 5 mm を最大，0.15 mm を最小としている。
・下塗りは，吸水調整材塗布後，1 時間以上とする。
・下塗り後，上塗りの塗厚を均一にするため，むら直しを行う。
・中塗りに先立ち，隅や角，ちり回りの定規塗りを行う。
・上塗りは，中塗りの水引き状態をみて追い掛け塗りを行い，コテむらなく平滑に仕上げる。
・シーリング面への仕上塗材仕上げの吹付けは，シーリング材の硬化後に行う。

(d)　床塗り

・下地処理の後，デッキブラシ等でセメントペーストを十分に塗り付けた後，直ちにモルタルの塗付けをする。
・塗付けは，水の引き具合をみて，定規通しよく，金ゴテで平滑に仕上げる。
・目地工法の特記がない場合は，押し目地とし，室内は縦横 1.8 m 程度，廊下は 3.6 m 程度の割付け間隔とする。

(e)　床コンクリートの直均し仕上

・床仕上げレベルを確認できるガイドレールは，床コンクリート打設前に設置する。
・コンクリート面を指で押しても少ししか入らない程度になった時，木ごてで中むら取りを行う。
・最終こて押えの後，12 時間程度経てから散水養生を行う。

ドライアウト
コンクリート下地が乾燥しているとコンクリートに水分をとられて水和反応が阻害され，硬化不良や接着不良を起こしやすくなること

(2) セルフレベリング材塗り

セルフレベリング工法とは，材料のもつ流動性を利用して重力により自然流動させ，床面に平滑な床面を形成する工法であり，次の特徴がある。

・熟練した左官技術を要さず，省力化と工期短縮が可能。
・下地に吸水調整材をブラシ等ですり込み，乾かしてから施工する。
・材料の収縮性がないのでひび割れや浮きを発生することが少ない。
・普通の塗厚さは，一回塗で10～15 mmである。
・せっこう系は耐水性がないため屋外，浴室など湿潤となる床には施工できない。

3・15 建　具　工　事

学習のポイント

金属製建具は，建具の構成や各種金物の使用箇所や特徴を，シャッター工事では，防煙や防火機能に関することと閉鎖時の安全性，ガラス工事ではガラスとサッシの納まりなどが問われている。

3・15・1 金属製建具工事「令和5年度の能力問題として出題された」

(1) アルミニウム製建具

(a) 形状・仕上げ

・アルミニウム板を加工して，枠，かまち，水切り，ぜん板，額縁等に使用する場合の厚さは，1.5 mm 以上とする。

・建具の枠の見込み寸法は，特記がなければ 70 mm 以上とする。

・周囲に充てんするモルタルや鋼材との接触腐食を避けるため，絶縁処理する必要がある。表面は陽極酸化塗装複合皮膜とすることが望ましい。

(b) 加工・組立て

・枠，くつずり，水切り板等の取付け用の躯体アンカーは，開口の隅より 150 mm 内外を端とし，中間は 500 mm 以下とする。

・雨水浸入のおそれのある接合部には，その箇所にシーリング材を用いて漏水を防ぐ。

・同面サッシ（面付け納まりサッシ）は，壁面を流れ落ちる雨水等が直接サッシにかかり，漏水の恐れがあるため枠の形状等に配慮が必要である。

・水切り板と下枠との取合いには，建具枠周囲と同一のシーリング材を用いる。

・補強材，力骨，アンカー等は鋼製またはアルミニウム合金製とし，鋼製のものは亜鉛めっき等の接触腐食防止処置を行う。

・アルミニウムに接する小ねじ等の材質は，ステンレスとする。

(c) 取付け

・現場内での建具の仮置きは，立て置きとする。

・くさび等により仮止めの後，アンカーをコンクリートに固定されたサッシアンカー類に溶接してとめ付ける。なお，溶接箇所は，錆止め塗料を塗布する。

・躯体と下部サッシ枠とは，75 mm 程度の隙間をとり，水切り板およびサッシ下枠部と躯体間を二度に分けてモルタル詰めを行う。

・結露防止のため，アルミニウム製ぜん板および額縁の裏側に，現場発泡断熱材を充てんする。

くつずり
　出入口の下枠

・モルタルが長時間アルミニウム材に付着すると，変色することがあるため，早期に除去し，清掃を行う必要がある。
・建具枠の周囲に充てんするモルタルは，容積比でセメント1：砂3の調合とする。
・外部建具周囲の充てんモルタルに使用する防水剤は，塩化カルシウム系などの金属腐食を進行させるようなものは使用しない。

キーシステム
［同一キーシステム］
一種類の鍵で，複数の同一錠の施解錠ができる。
［マスターキーシステム］
一種類の鍵で，複数の異なる錠の施解錠ができる。

(2) 鋼製建具

(a) 材料

・鋼板は，溶融亜鉛めっき鋼板および鋼帯による表面処理亜鉛めっき鋼板とする。
・くつずりの材料は，ステンレス鋼板（SUS 304）とする。
・摺動部（上吊建具の下枠取合い等）の材料は，ステンレス鋼板とする。
・防錆塗装2回塗りの場合は，1回目は工場で2回目は工事現場で行う。
・取付けにおける建具枠の取付精度は，対角寸法差3mmとする。
・フラッシュ戸の表面板と中骨の固定は，溶接または構造用接合テープを用いる。

(b) 加工・組立て・取付け

・組立ては，表3・21および表3・22を標準とし，雨仕舞いや開閉具合に注意する。
・取付けは，アルミニウム製建具に準じる。

表3・21 鋼製建具の枠類の組立て

名称	工法
枠	隅は胴づきまたは留め，下部は胴づきとし，外部（水掛かりを含む）に面するものは溶接とする。ただし，屋内において加工，組立てが必要な場合は，溶接にかえて小ねじどめ（裏板厚さ2.3mm以上）によることができる。
くつずり	外部（水掛かりを含む）に面するものは，両端を縦枠より延ばし，屋内は，縦枠内に納め裏面で溶接する。
水切り板	両端は，水返し付き，枠にねじどめまたは溶接する。
中鴨居，無目	両端は胴づき溶接，雨掛かり箇所は，原則として見掛かりを避け胴づき部をすべて溶接する。
方立	両端は，胴づき溶接とする。
額縁，ぜん板	隅は留めとして溶接または縦延ばし胴づき溶接とし，表面を平らに仕上げる。ぜん板は，胴づきとすることができる。
枠類のつなぎ補強板	枠，くつずり，水切り板等には，見隠れ部につなぎ補強板を，両端を押さえ間隔600mm以下に取り付ける。
金物取合い補強板	枠に丁番，ドアクローザ，ピボットヒンジ等の取り付く箇所は，裏面に補強板を取り付ける。
アンカー	間隔は，枠類のつなぎ補強板に合わせ，原則としてつなぎ補強板と一体のものとする。

引違い戸の部位の名称

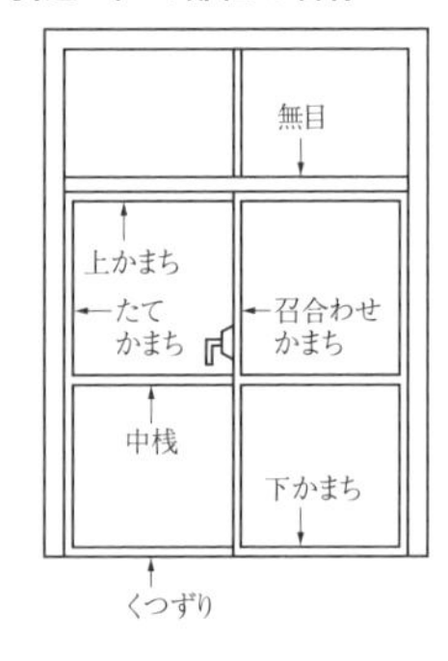

表3・22 鋼製建具の戸の組立て

名称	工法
かまち	(1) 縦がまちと上がまちの取合いは，留めまたは胴づきとし，溶接または小ねじどめとする。小ねじどめの場合は，裏面に補強板を当てる。その他は，胴づき溶接とする。
	(2) 1枚板を中抜きする場合は，四隅を溶接する。
	(3) 下がまちは，下部を包まず冂形の力骨を通してはめ込み，溶接または小ねじどめとする。
鋼板	表面板は，力骨および中骨にかぶせ，溶接または小ねじどめ，あるいは中骨に表面からの溶接にかえて構造用接合テープを用いる。押縁は，小ねじどめ，外部に面する両面フラッシュ戸は，下部を除き，三方の見込み部を表面板で包む。
力骨および中骨	力骨は戸の四周に設け，中骨の間隔は300 mm以下とする。
金物取合い補強板	錠，丁番，ドアクローザ，ピボットヒンジ等の取り付く箇所は，裏面に補強板を取り付ける。

(3) 建具各部の名称と金具

金物の各部の名称を図3・70に示す。

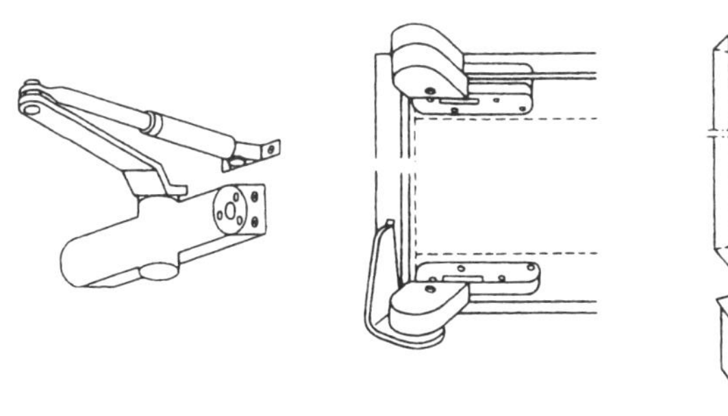

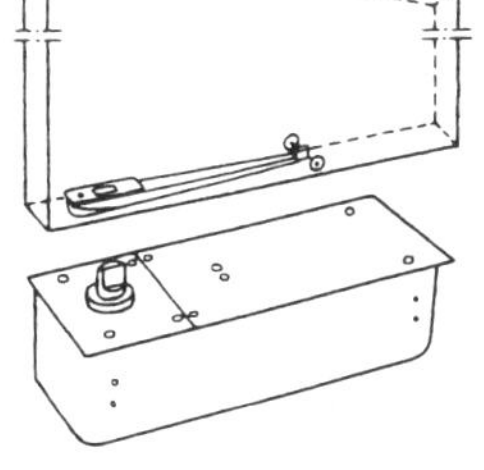

(a) ドアクローザー　(b) ピボットヒンジ　(c) フロアーヒンジ

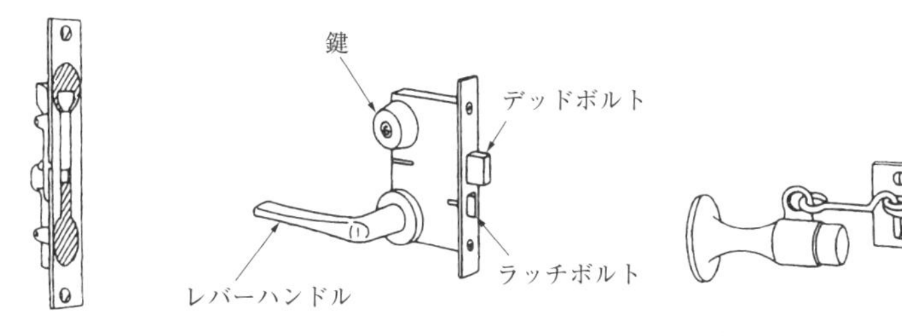

(d) フランス落し　(e) 箱錠　(f) 戸当り(幅木付き)

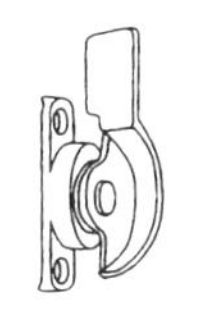

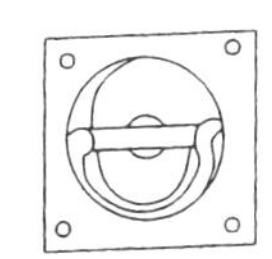

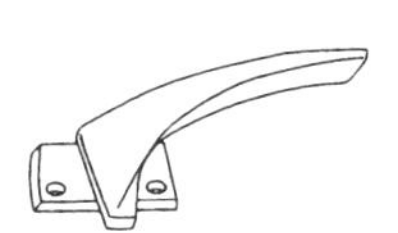

(g) クレセント　(h) ケースハンドル　(i) カムラッチハンドル

図3・70 建具金物

無目 段窓の間や欄間付建具の仕切り横材

框（かまち） 可動する戸の四周などの構成部材

ドアクローザー
開き戸用自閉金物

ピボットヒンジ
回転円滑金物，枠取付け形は防水層と取り合う所に適する

フロアヒンジ
重量が大きなものや框のない建具に用いられる。床に埋め込まれる

フランス落し
両開き戸の片側を固定する

本締錠
デッドボルトだけ備えた錠で，鍵またはサムターンで施解錠する。

箱錠
錠前，鍵，取手が組み合わされた箱形のもの外部用の出入口に利用

戸当り
戸を開けたときに壁に直接当たらないようにするもの

クレセント
引き違い窓の錠に使う，三日月型の締り金物

ケースハンドル
ケースに入っており，戸の表面から出ない取手，防火戸で使用

カムラッチハンドル
開き戸，突き出しなどで使う，締り金物

防火ダンパー
防火戸に設けるガラリに付ける

3・15・2　重量シャッター工事

重量シャッターには，表3・23に示すように**一般重量シャッター**，**外壁用防火シャッター**，**屋内用防火シャッター**，**防煙シャッター**などがあり，開閉機能による種類には表3・24による。

防火シャッター　特定防火設備のスラット等の鋼板厚さは1.5 mm以上

表3・23　重量シャッターの種類

種　　類	区　　分	用　　途	付帯条件
一般重量シャッター	構造による区分	外壁開口部	―
外壁用防火シャッター	構造による区分		
屋内用防火シャッター	構造による区分	防火区画	煙または熱によって自動閉鎖できる。 随時手動によって閉鎖できる。
防煙シャッター(1)	構造による区分		煙によって自動閉鎖できる。 随時手動によって閉鎖できる。

注　(1)　防煙シャッターは，屋内用防火シャッターのうち，遮煙性能をもつもの。
内のり幅は，5.0 m以下とする。

表3・24　開閉機能による重量シャッターの種類

種　　類	巻取りシャフトの駆動方法	操　　作	手動時の操作
上部電動式 (手動併用)	ローラーチェーンまたは歯車による。	押しボタンによる巻上げ，降下および停止	鎖による巻上げ（クラッチ付き）またはハンドルによる巻上げ 降下用ひもまたはフックによる自重降下
上部手動式	ローラーチェーンによる。	鎖，ハンドルまたはフックによる巻上げ 降下用ひもまたはフックによる自重降下	―

(1)　保護装置

・電動式の場合は，リミットスイッチのほかに保護スイッチ等を設ける。

・出入口および開口面積が15 m^{2}以上の電動シャッターは，不測の落下に備え，二重チェーン，ガバナー装置，落下防止装置などを設ける。

ガバナー装置　急降下を停止する装置

・操作する人が安全を確認できない場合には，障害物感知装置を設ける。

・障害物感知装置は，人がシャッターに挟まれた場合，重大な障害を受けないようにするもので，障害物を感知してシャッターを停止，または一旦停止後直ちに反転上昇させる装置がある。

・煙または熱感知器連動機構により閉鎖する防火または防煙シャッターには次の方式による危害防止機構を設ける。

ⅰ）　障害物感知方式（自動閉鎖型）：シャッター最下部の座板に感知板を設置し，シャッターが煙または熱感知器の作動により降下している場合には，感知板が人に接触すると同時に作動を停止し，人がいなくなると，再び降下を開始し，完全に閉鎖する。

ii）　シャッターの二段降下方式：煙感知器からの信号によって閉鎖作動したシャッターを，あらかじめ設定した高さ（床面より 300 mm～500 mm 程度）のところで停止し，次に，熱感知器からの信号により再下降させて完全に閉鎖する。

(2)　スラットの形式

スラットの形式は，原則としてインターロッキング形とする。

ただし，防煙シャッターの場合は，遮煙性能試験に合格したオーバーラッピング形にしてもよい。また，スラット相互のずれ止めは，端部の折り曲げ加工や端部に金物を取り付ける。

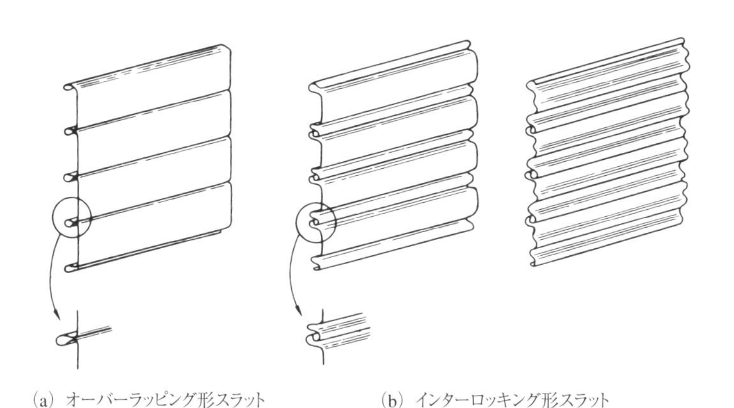

(a) オーバーラッピング形スラット　　(b) インターロッキング形スラット

図3・71　スラットの形

まぐさ部の遮煙装置の例

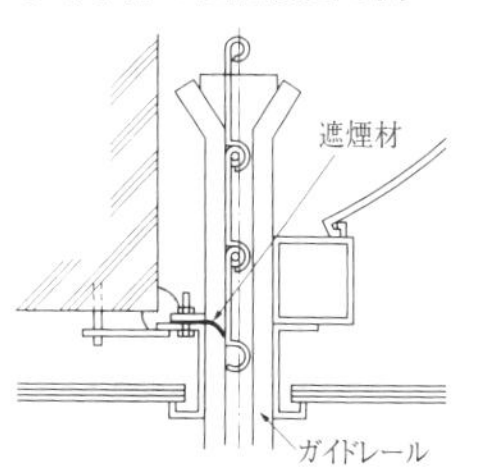

(3) 防煙シャッターの遮煙装置

防煙シャッターのまぐさには，一般にシャッターが閉じた時，漏煙を抑制する遮煙装置をつける。防煙シャッターは，吹抜け部の防火区画などに採用する。

(4)　耐風圧への対応

外部に面し，耐風圧性が必要となる場合には，スラットにはずれ止め機構を取り付ける。

(5)　防火シャッターの各部材の取付手順

巻取りシャフト → スラットの吊込み → ガイドレール → ケース

3・15・3　ガラス工事

(1)　留 意 事 項

・板ガラスの保管は，立置きを原則とし，できるだけ乾燥した場所に置く。

・網入板ガラスを用いる場合には，ガラス切り口に対する水密施工を行い，網入板ガラスの下部小口の網材，線材が錆びないようにする。

・複層ガラス，合せガラスおよび網入板ガラスを用いるサッシは，ガラス端部に接する水を排除できる構造とする。

・サッシは，必要に応じて結露水を処理できる構造とする。

・カーテンウォールの全面に熱線反射ガラスを使用する場合，映像調整を行う。なお，反射膜コーティングは室内側とする。

・ガラスブロック積み工法において，ガラスブロック壁面の幅が6mを超える場合，伸縮調整目地を設ける。

・厚さ6mmの板ガラスのセッティングブロックには，クロロプレンゴムを使用する。

・不定形シーリング材構法におけるセッティングブロックの設置位置は，ガラス両端部より1/4のところとする。

・グレイジングチャンネル構法によるグレイジングチャンネル（U字型のはめ込み用資材）の突合せ継ぎ部は，水密性・気密性の観点によりガラスの上辺の中央部とする。

・板ガラスをはめ込むガラス溝の大きさの標準は，表3・25の通りである。

表3・25　ガラス溝の大きさ〔mm〕

ガラス留め材	ガラス（t）	面クリアランス（a）	エッジクリアランス（b）			掛かりしろ（c）	備考
				固定部	可動部		
シーリング材	単板ガラス 6.8以下	3.5程度	4程度			6.5以上	単板ガラスの場合（a t a，バックアップ材，c，b，セッティングブロック）
	単板ガラス 8および10	5程度	上	6程度	3程度	ガラス厚さ以上	
			縦	5程度	3程度		
			下	7以上			
	複層ガラス 8未満	5以上	上	6程度	3程度	15以上	
			縦	5程度	3程度		
			下	7以上			
	複層ガラス 8および10	5以上	上	6程度	3程度	t+9以上	複層ガラスの場合（a t a，シーリング材，c，b，バックアップ材，セッティングブロック）
			縦	5程度	3程度		
			下	7以上			
グレイジングチャネル・ガスケット	単板ガラス 6.8以下	3程度	4程度			6.5以上	
	複層ガラス 8未満	5以上	上	6程度	3程度	15以上	
			縦	5程度	3程度		
			下	7以上			

注　複層ガラスのガラス厚tは，外側のガラス厚さとする。

(2)　グレイジングビートによる取付け

・押縁を外し，板ガラスを四周均等にはめ込み，押縁を取り付ける。

・下がまち，または枠の辺返りには，セッティングブロックを2個置き，その位置は左右両端より辺長の1/4とする。

3・16 塗装工事

「令和4年度の能力問題として出題された」

学習のポイント

塗装工事は，塗装の種類による性能・素地との適応のほか，素地ごしらえ，塗装の欠陥と対策など多岐にわたる知識が要求される傾向にある。

(1) 材　　料

① 上塗り用の塗料

・原則として製造所において指定された色およびつやに調合する。

・少量の場合は，同一製造所の塗料を用いて現場調色とすることができる。

② 塗料

・素地の種類，部位，性能等から適切なものを選択する。表3・26に「JASS 18塗装工事」に規定される塗装の種類による性能・適応表を示す。

下塗材・主材・上塗材は，同一製造所のものとする。

(2) 素地ごしらえ

① 木部（A種の場合，B種は※印を省略）

汚れ・付着物除去（油類は溶剤使用）──→やに処理──→研磨紙ずり──→節止め※（セラックニス等）──→穴埋め※（オイルパテ等）──→研磨紙ずり※

・クリアラッカー塗りの下塗りは，ウッドシーラーを塗布する。

② 鉄部（A種の場合，B種は※印を省略，C種は化成皮膜処理を省略）

汚れ・付着物除去※（スクレーパー，ワイヤーブラシ等）──→**油類除去**（溶剤，加熱弱アルカリ性湯洗い等）──→**錆落とし**（酸づけ，中和，湯洗い等，**ブラスト法**，ディスクサンダー等）──→化成皮膜処理※

スクレーパー
へら状をした道具
リムーバー
溶剤等のはくり剤

③ **モルタル**・プラスター部（A種の場合，B種は※印を省略）

乾燥──→汚れ・付着物除去──→**吸込止め**（合成樹脂エマルションクリヤー等）──→あな埋め，**パテかい**（合成樹脂エマルションパテ）──→研磨紙ずり──→パテしごき※──→研磨紙ずり※

合成樹脂エマルションパテ
外部や結露しやすい箇所には使用しない。

④ コンクリートおよび**ALCパネル部**（A種の場合，B種は※印を省略）

乾燥──→汚れ・付着物除去──→**吸込止め**──→下地調整塗り──→研磨紙ずり──→パテしごき※（合成樹脂エマルションパテ）──→研磨紙ずり※

⑤ せっこうボード部（A種の場合，B種は※印を省略）

乾燥──→汚れ・付着物除去──→あな埋め，**パテかい**（**合成樹脂エマルションパテ**）──→研磨紙ずり──→吸込止め──→パテしごき※（合成樹脂エマルションパテ）──→研磨紙ずり※

(3) 塗 り 方

(a) **はけ塗り**

上から下へ均一に塗る。

表3・26 JASS 18に規定される塗装の種類による性能・適応表

種類		上塗乾燥時間(半硬化時間)	性能										素地の種類						防火認定材料(基材同等)	備考
			付着性	耐衝撃性	耐摩耗性	耐水性	耐酸性	耐アルカリ性	耐候性(屋外暴露)	防食性	美装性	汎用性	金属 鉄面	金属 アルミニウム面	金属 亜鉛めっき面	コンクリートモルタル面	木部	プラスチック面		
調合ペイント塗り	油性調合ペイント塗り	20	○	○	△	○	△	×	○	○	△	○	◎	−	○	−	◎	−	−	JIS K 5511, 5512, 5515
	合成樹脂調合ペイント塗り	16	○	○	○	○	△	×	○	○	○	◎	◎	△	○	−	◎	−	○	JIS K 5516
アルミニウムペイント塗り		16	○	○	△	○	×	×	○	○	△	○	◎	−	◎	−	◎	−	○	JIS K 5492
フタル酸エナメル塗り		10	○	○	○	○	○	×	○	○	○	○	◎	△	○	−	◎	−	○	JIS K 5572
ワニス塗り	スパーワニス塗り	20	○	○	○	○	△	×	○	×	○	○	−	−	−	−	◎	−	−	主として内部用
	フタル酸樹脂ワニス塗り	16	○	○	○	○	○	×	△	×	○	○	−	−	−	−	◎	−	−	同 上
	アクリル樹脂ワニス塗り	3	○	○	○	○	○	○	△	×	○	○	−	△	−	○	◎	−	−	同 上
	アクリルラッカーつやなしクリヤ塗り	1	○	○	○	○	○	○	×	×	○	○	−	−	−	−	◎	−	−	同 上
	2液形ポリウレタンクリヤラッカー塗り	16	○	○	○	○	○	△	△	×	○	△	−	△	△	○	◎	−	−	同 上
	1液形ウレタンワニス塗り	16	○	○	○	○	○	△	○	×	○	○	−	−	−	−	◎	−	−	同 上
	2液形ウレタンワニス塗り	16	◎	◎	◎	◎	◎	◎	○	△	○	△	−	△	−	−	◎	△	−	同 上
ステイン塗り		24	○	○	○	○	○	△	△	×	○	○	−	−	−	−	◎	−	−	−
ラッカー塗り	ラッカークリヤー塗り	1	○	○	○	△	△	△	△	×	○	○	−	−	−	−	◎	−	−	JIS K 5531 主として内部用
	ラッカーエナメル塗り	1	○	○	○	○	○	△	○	△	○	△	◎	△	△	−	◎	−	−	JIS K 5532
ビニル系エナメル塗り	塩化ビニルエナメル塗り	2	○	○	○	◎	◎	◎	○	○	○	○	◎	△	◎	◎	◎	○	○	JIS K 5582
	アクリルエナメル塗り	2	○	○	◎	○	○	◎	◎	△	○	○	◎	△	◎	◎	◎	−	−	JIS K 5654
塩化ゴム系エナメル塗り		24	◎	○	○	◎	○	○	○	◎	△	○	◎	−	◎	△	−	−	−	JIS K 5639
合成樹脂エマルションペイント塗り		2	○	○	○	○	○	○	○	×	○	○	−	−	−	◎	○	−	○	JIS K 5663
つや有り合成樹脂エマルションペイント塗り		3	○	○	○	○	○	○	○	△	○	○	△	−	−	◎	○	−	−	JIS K 5600
合成樹脂エマルション模様塗料塗り		3	○	○	○	○	△	○	△	×	◎	○	△	−	△	◎	○	−	○	JIS K 5668
多彩模様塗料塗り（主として内部用）		24	○	△	△	△	○	○	△	×	◎	○	◎	○	○	◎	◎	−	○	JIS K 5667
薄付け仕上げ塗材塗り	内装	3	○	△	△	○	×	○	×	×	○	◎	−	−	−	◎	○	−	○	JIS K 6909
	外装	3	○	△	△	○	△	○	○	×	○	◎	−	−	−	◎	△	−	○	JIS K 6909
複層仕上塗材塗り		5	○	○	○	○	○	○	○	×	◎	◎	−	−	−	◎	△	−	−	JIS K 6910
防水形合成樹脂エマルション系複層仕上塗材塗り		6	○	○	○	◎	○	◎	○	△	○	○	−	−	−	◎	−	−	−	JIS K 6910
2液形ポリウレタンエナメル塗り		16	◎	◎	◎	◎	◎	◎	◎	◎	○	△	◎	◎	◎	◎	○	−	−	−
常温乾燥形ふっ素樹脂エナメル塗り		16	◎	◎	◎	◎	◎	◎	◎	◎	○	×	◎	◎	◎	◎	−	−	−	−
エポキシ系エナメル塗り	エポキシエステルエナメル塗り	16	○	○	○	◎	◎	×	○	○	△	○	◎	○	○	−	◎	−	−	−
	2液形エポキシエナメル塗り	16	◎	◎	◎	◎	◎	◎	○	◎	△	○	◎	◎	◎	◎	◎	−	−	−
	2液形タールエポキシエナメル塗り	24	◎	◎	◎	◎	◎	◎	△	◎	×	△	◎	○	◎	◎	○	−	−	主として内部用
	2液形厚膜エポキシ樹脂エナメル塗り	16	◎	◎	◎	◎	◎	◎	○	◎	△	△	◎	○	○	○	−	−	−	−
シリコーン樹脂耐熱塗料塗り		24	○	○	○	○	○	○	○	○	△	×	◎	◎	−	−	−	−	−	−

性能：◎優，○良，△可，×不可　　素地の種類：◎最高，○適，△素地調整必要，－不適

(b)　吹き付け塗り（塗装用ガンスプレー）

・塗料を圧縮空気により霧化させ，低粘度に希釈するため膜厚が薄い塗装に適する。

・ガンの運行は，塗り面に直角に向けて平行に行い，塗膜を均一にする。

・距離が近すぎるとムラになりやすく，遠すぎると塗り面がざらつき，空気圧が低すぎるとゆず肌状になりやすい。

・高粘度，高濃度の塗料による厚膜塗装は，エアレススプレーで行う。

(c)　ローラーブラシ塗り

隅，ちり回り等は，事前に小はけ，または専用のコーナーローラーを用いて均一に塗る。

(3)　施工上の注意点

①　中塗りおよび上塗りは，なるべく各層の色を変えて塗る。

②　気温が5℃以下，湿度が85%以上の場合は原則として塗装を行わない。

③　換気が適切でなく，結露により塗料の乾燥が不適当な場合は塗装を行わない。

④　シーリング面への仕上塗仕上げは，シーリングの硬化後に行う。

⑤　木部のクリアラッカー塗りにおける着色は，下塗りのウッドシーラー塗布後に研磨紙ずりを行い，清掃後に上塗り，仕上塗りを行う。

(4)　塗膜の欠陥

塗装の不良の原因は，塗料によるもの，塗装作業時に起こるものおよび塗装後塗膜に起こるものがある。

エアレススプレー

専用の装置を用いて塗料に高圧をかけ，スプレーガンの噴き出口を小さく絞ることで，塗料を霧状にする。

高粘度，高濃度の塗料に適している。

モヘアのローラーブラシ

強溶剤系塗料では使用しない。

3・17 内外装工事

学習のポイント

内外装工事は，床仕上げではビニル系材料の張付け，塗り床の塗布，フローリング，カーペット敷き，壁仕上げでは壁紙張りにおける留意点が出題されている。

3・17・1 床仕上げ工事「令和4年度の能力問題として出題された」

(1) ビニル床

(a) ビニル床タイル

・下地は突起がないようにし，凹部は必要に応じて補修する。

・張付け前は下地面を十分に清掃し，乾燥させ，材料，下地とも5℃ 以下では施工しない。

・接着剤は酢酸ビニル樹脂系のものを用い，下地およびタイル裏面に塗布し，所要のオープンタイムをとってから張付ける。

・はみ出した接着剤は早めに削り取り，中性洗剤を含ませた布でふき取る。

・張付け後，1〜2 週間は水拭きを避ける。

(b) ビニル床シート

・シート類は長手方向に縮み，幅方向に伸びる性質があるため，長めに切断して仮置きし，10 日程度放置して馴染ませる。

・床シート張付け後，接着剤が完全硬化してから，はぎ目および継手を電動溝切り機または溝切カッター等で溝切を行う。

・溝は，床シート厚の2/3 程度とし，V 字形またはU 字形に均一な幅とする。

・熱溶接機を用いて，溶接部を160℃〜200℃ の温度で，床シートと溶接棒を同時に溶融し溶接棒を余盛断面両端にビードができる程度に加圧しながら溶接する。

・シート張り付け後，12 時間以上放置してから溶接接合を行う。

・湿気のおそれのある下地へは，エポキシ樹脂系接着剤を使用する。

・溶接完了後，溶接部が完全に冷却したのち，余盛を削り取り平滑にする。

・水性ワックス仕上げでは，モップ等でムラなく薄く塗り，電動ポリッシャーを掛ける。

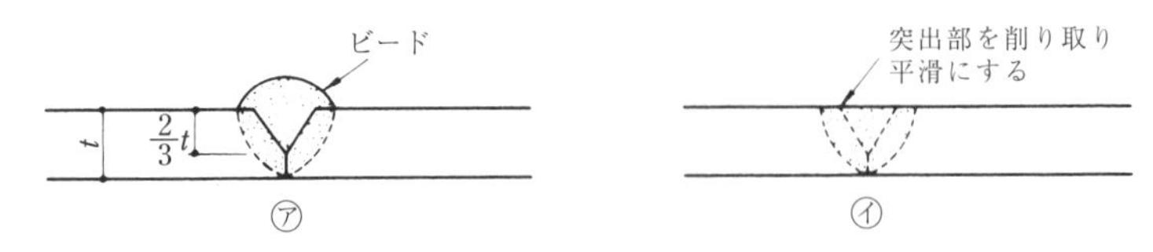

図3・72 ビニル床シートの熱溶接

・幅木部への巻上げは，シートをニトリルゴム系接着剤で張り付ける。

・施工時の室温が5℃ 以下になる場合は，採暖のうえで施工する。

(2)　カーペット床

カーペットの防炎ラベルは，各室ごとに張付ける。

(a)　グリッパー工法

・床の周囲に釘または接着剤で固定したグリッパーと呼ばれる取付具のピンに，引き延ばされたカーペットの基布をニーキッカーを用いて刺し込んで固着させる工法。

・クッション性のあるアンダーレイ（下敷き材）をすき間なく敷き，要所を接着剤または釘で留め付ける。

・グリッパーは，壁際からのすき間をとって取り付ける。

(b)　直張り工法

・ニードルパンチカーペットは裏面に樹脂加工を施してあり，接着工法で張付ける。

・タフテッドカーペットは，機械刺繍織物で，接着工法で張付ける。

・タイルカーペットは，タフテッドカーペット材を基材とし裏面にパッキング加工がされたタイル状のカーペットあり，OA フロアなどの仕上げ材として利用される。接着工法ではあるが，簡単にはく離し，再接着ができる接着剤（ピールアップボンド等）が床面に使用される。

・湿気や水掛りの影響を受けやすい箇所では，接着剤はエポキシ樹脂系を用いる。

(c)　はぎ合わせの方法

・ウィルトンカーペットは，置敷き工法，グリッパー工法が採用されるが，はぎ合わせには丈夫な綿糸，亜麻糸または合成繊維で手縫いとし，間ぜまにつづり縫いとする方法のほかに接着テープをアイロンで加熱しながら接着はぎ合わせするヒートボンド工法がある。

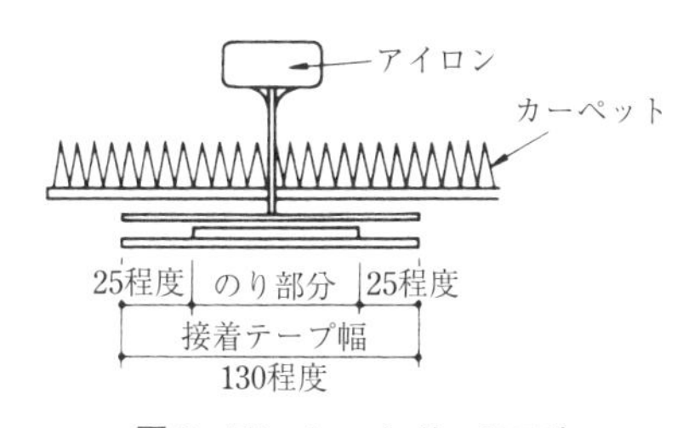

図3・73　ヒートボンド工法

(3)　合成樹脂塗り床

・コンクリート下地面の含水率を定期的に測定し，下地が十分乾燥したことを確認してから施工を行う。

・コンクリート下地面は，研磨機で表面の脆弱な層を除去する。下地調整はエポキシ樹脂などを用いる。

・平滑仕上げでは，下地調整後に樹脂を流し，金ゴテやローラーなどで平滑に仕上げる。

・塗継ぎ箇所には養生用テープで見切り線を付け，所定の時間内に塗り継ぐ。

・無溶剤形エポキシ樹脂塗り床の流しのべ工法において，主剤と硬化剤の1回の練混ぜ量は，30分程度で使い切れる量とする。
・ノンスリップ仕上げで骨材を散布する場合，塗布したペーストの表面が未硬化の状態で行う。
・塗り重ねは，先に塗った層が硬化しない間に行う。
・施工場所の気温が5℃以下の時には，施工を中止する。

(4)　フローリング

・フローリングの木口の継手位置は，乱になるように割り付ける。
・釘留め工法において，ボードは張り込み前に，数日間並べてから張り込む。
・フローリングボードは，根太に向け，雄ざねの付け根から隠し釘を斜めに打ち付ける。
・モルタル下地に接着張りをする場合は，クシ目コテ等でエポキシ樹脂系接着剤を使用する。
・ボードに生じた目違いは，養生期間を経過した後，サンディングして削り取る。
・釘留め工法では，幅木下には板の伸縮を考慮してすき間を設ける。
・体育館など強度や弾力性が必要となる床には他の材料との取り合いにエキスパンション用ゴムを取り付ける。
・施工後は，水がかからないようにポリエチレンフィルム等で養生する。
・フローリングボード張りの下張り板は，長手方向が根太と直交するように割り付け，受材心で突付継ぎとする。

3・17・2　壁・天井・外装仕上げ工事

(1)　壁・天井のボード張り工事

(a)　ボード類の留付け

・ボード類を下地材に直接張付ける場合の留付け用小ねじ，釘などの間隔は表3・27の通りである。

表3・27　ボード類の留付け間隔〔mm〕

下地	施工箇所	下地材に接する部分の留付け間隔		備考
		周辺部	中間部	
木材	天井	90程度	120程度	釘の場合
	壁	100程度	150程度	
軽量鉄骨下地	天井	150程度	200程度	小ねじの類の場合
	壁	200程度	300程度	

・上記の釘の長さは，ボード厚さの2.5～3倍程度を必要とする。
・ボード類を軽量鉄骨壁下地に張付ける場合は，ドリリングタッピングねじを用い，下地の裏側に10 mm以上余長が得られるようにする。

・ドリリングタッピングねじの頭は，ボードに沈むまで十分に締め込む。
・せっこう系接着剤による直張り工法での仕上がり面までの寸法は，ボード厚＋3 mm 以上とされるが，施工誤差を考慮し，次の通りとする。
厚さ 9 mm⟶20 mm，　厚さ 12 mm⟶25 mm
また，ALC パネル面には，プライマー処理等を行う。
・せっこう系接着剤を一度に練る量は，1 時間以内に使い切れる量とする。
・直張り工法では，ボードの下端と床面との間にスペーサーを置き，床面から浮かせることで水分を吸わせず，通気性を良くする。
・接着剤を一度に塗りつける面積は，ボードの 1 枚分とする。
・張付け用接着剤の盛上げ高さは，ボードの仕上がり面よりも高くし，塗布間隔は，ボードの中央部より周辺部を小さくする。
・直張り工法での，不陸調整は，定規でボードの表面をたたきながら行う。
・多湿や水掛りのある場所では，シージングせっこうボードを使用する。
・突きつけジョイント部の目地処理の幅は，テーパーボード（角がテーパーになっている）のテーパー部で 200〜250 mm 程度とする。

パテ処理（PB 下地）

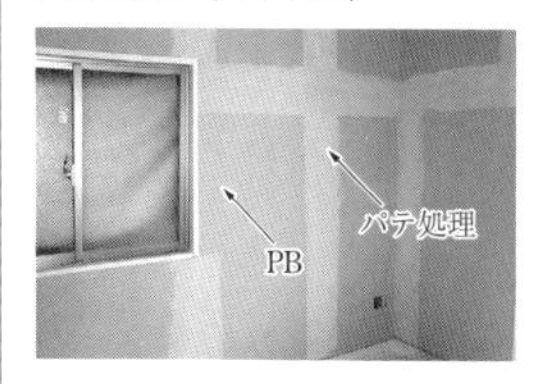

テーパーエッジ
端部が端 4〜8 cm で 6〜19 mm の傾斜になっているもの。

ベベルエッジ
突きつけ部が 2〜6 mm の面がとってあるもの。

(2)　壁紙張り工事

・防火材料に認定された壁紙の防火性能は，下地材の種類や施工方法などの認定条件により認定材料となる。
・防火材料の指定がある壁紙には，施工後，防炎性能表示ラベルを張付ける。
・せっこう系接着剤で直張りした下地にビニールクロスを張る場合は，下地を 20 日間以上放置し，接着剤を乾燥させる。
・壁紙の張付け完了後の室内は，急激な乾燥を避けるため直射日光，通風などを避ける。
・重ね張りとする壁紙は，強い光の入る側から張り出す。
・せっこうボード下地は，ボードを傷つけないように下敷きを用いて重ね切りにする。
・下地のあくなどが表面に浮き出る場合は，下地処理にシーラーを使用する。
・壁紙表面についた接着剤は，乾燥する前に水ぶきなどでふき取る。
・巻いた材料は，くせが付かないように立てて保管する。

(3)　断 熱 工 事

一般的な断熱材と断熱工法の組合せを表 3・28 に示す。

表 3・28　断熱材と断熱工法

断熱材の形状	工法
ばら状	吹込み工法
ボード状	張付け工法・打込み工法
フェルト状	はめ込み工法
現場発泡	吹付け工法

(a) **硬質ウレタンフォーム吹付工法**

・室温が低いと均一に吹けないため，20℃～30℃ を保つ。

・吹付け中はもちろん，硬化後も火気厳禁である。

・厚く付きすぎて支障となるところは，カッターナイフで表層を除去する。

・自己接着性が大きく，接着剤等を使用しなても強く接着する。

・吹付けた材料が発泡するため，施工者の技能による影響が大きい。そのため，吹付け厚さが均一で，所要厚さが確保されていることは，ピンの目視等で検査する。

(b) **押出法ポリスチレンフォーム**打込み工法

・ボード状の断熱材と型枠の継目は一致しないようにし，テープ張りなどを行う。

(4) その他の内装工事

(a) カーテン工事

・カーテンの取付け幅および高さの製作寸法は，現場実測とする。

・出入口に取付けるカーテンの下端は，床に触れない程度とする。

・遮光用（暗幕用）カーテンの下端は，窓枠下より 400～500 mm 程度長くする。引き分け式遮光用カーテンは，中央召合わせを 300 mm 程度とする。

・カーテンボックスの幅は窓幅に対して，片側それぞれ 100～150 mm 程度伸ばす。奥行き寸法は，ダブルレールの場合，150～200 mm 程度とする。

・防炎加工されたカーテンは，洗濯方法と防炎再処理の必要度の違いで数種類ある。

・レースカーテンの上端の縁加工は，カーテン心地を入れた2つ折縫いとする。

・ドレープカーテンや暗幕用の幅継ぎ加工は，袋縫いとする。

・カーテンの両脇及びすその縁加工は，伏縫いとする。

(b) 畳工事

・畳床は，畳割りに従って正しく切り合わせる。

・畳床には，誘電加熱法などで防虫処理を施す。

・畳床の品質は，日本工業規格（JIS）に規定されている。

・畳床は，一般に縦横の糸間隔の狭いほうが上級品である。

(c) フリーアクセスフロア

・仕上げレベルの調整を行う場合は，独立支柱タイプのものを使用する。

・取付け完了後に床パネルを取外した場合の再取付け時の作業を容易にするため，床パネルには方位のマーキングを行う。

・タイルカーペットと床パネルの目地は，同一の位置としてはならない。

・支柱分離型の独立支柱は，接着剤でスラブに固定する。

・床パネル取付け後の水平精度は，隣接する床パネルどうしの高さの差を 0.5 mm 以下とする。

ウレタンフォーム吹付け

ドレープカーテン
厚地織物カーテンの総称，遮光性，保温性，防音性に優れる。

ケースメントカーテン
厚手で目が粗い織物でレースに似ているが，遮光性，遮蔽性，保温性などはあまりない。

ランナー
カーテンを吊る，レールの中を走る金具

タッセルバンド
カーテンを開けたときに，まとめて房掛けできるもの

3・18　建設機械と改修・解体工事

学習のポイント

建設機械は，土工事における掘削機械の種類と特徴（機械より上部もしくは下部の掘削に適しているかどうか）や資機材の揚重作業におけるクレーンの種類と留意点について問われる。

3・18・1　建設機械

(1)　ショベル系掘削機

・ショベル系機械本体に各種のアタッチメントを取り付けて掘削を行う。各種アタッチメントの適性は表3・29の通りである。

・走行装置はタイヤ式とクローラー式があるが，後者の方が不整地や軟弱地盤での走行性能が優れている。

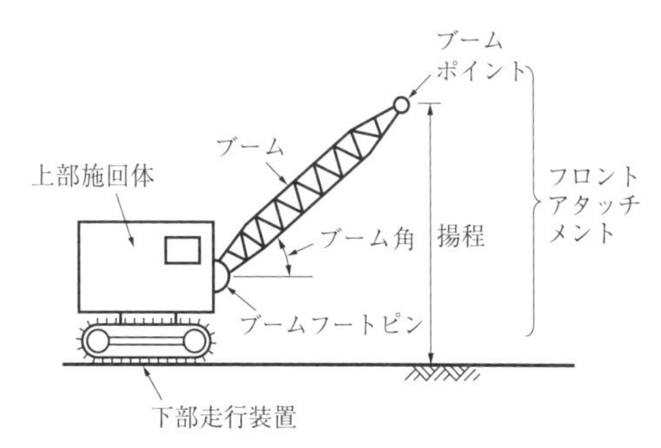

図3・74　ショベル系機械の本体

表3・29　各種アタッチメントの適性

	パワーショベル	バックホウ	ドラグライン	クラムシェル
掘削力	大	大	中	小
掘削土	硬土可	硬土可 水中掘削可	中程度の硬さ 水中掘削に適する	中程度の硬さ 水中掘削に適する
掘削場所	地面より高所（正確）	地面より低所（正確）	地面より低所（広範囲）	地面より低所（正確）

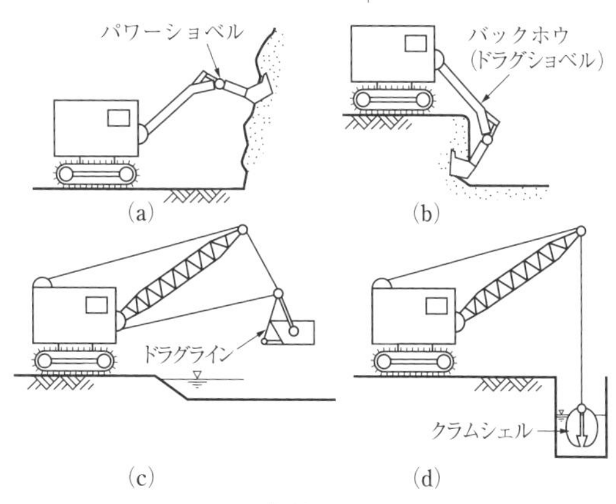

図3・75　各種アタッチメント

(2) クレーン

(a) トラッククレーン

・機動性に優れ，長距離の移動に適している。

(b) ホイールクレーン（ラフタークレーン）

・トラッククレーンより移動性は劣るが，運転席にクレーンの操作装置があるためコンパクトで狭い作業現場などで機動性に優れる。

(c) 機械式トラッククレーン

・ブームがラチス構造になっているものが機械式トラッククレーンと呼ばれている。

・中間のラチスは現場まで別に運ばれるため組立解体のスペースが必要となる。

(d) タワークレーン

・建築物の内部に設置されるものと外部に設置されるものがあり，建築物が高くなるに従ってクレーン本体も上昇していく。

・高層ビルなど，高揚程で比較的重量の大きい荷の吊り上げに用いられる。

・ブームの先端が60 m 以上の高さとなる場合は航空障害灯を設置する。

・作業終了時に強風が予想される場合は，旋回装置を固定する。

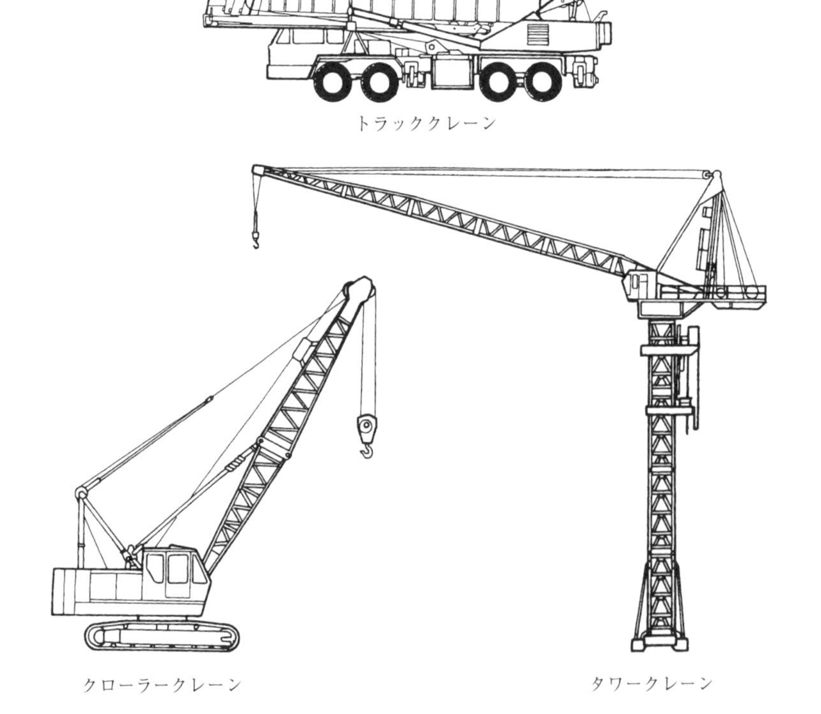

図3・76 各種クレーン

クレーンの走行装置

トラック台車にクレーンが搭載されており，トラック部（走行部）とクレーン部（旋回部）のそれぞれに運転席が設けられている。

タイヤ式（車輪）

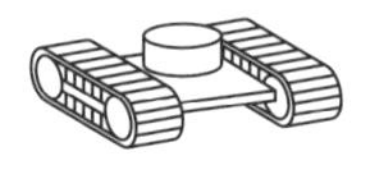

クローラー式（履帯）

建築施工

【クレーン作業での留意点】

・作業地盤の安定性を検討する場合は，アウトリガーの1点に作用する最大荷重として，定格総荷重に全装備重量を加えた値を用いる。

・アウトリガーの張出し長さによって，吊り上げ可能な荷重が変わる。

・ジブを有しないクレーンの**定格荷重**とは，**吊り上げ荷重**からフックやグラブバケットなどのつり具の重量に相当する荷重を除いた荷重をいう。

・瞬間風速が 30 m/s を超える風が吹いた後に作業を行う場合は，クレーン各部を点検する。

・10 分間の平均風速が 10 m/s 以上の場合は，作業を中止する。

・重量物を吊り上げる場合，地切り後に一旦停止して機械の安定や荷崩れの有無を確認する。

・トラッククレーンにおいて，最も荷重がかかるアウトリガーには，自重と荷物重量の合計の 75% がかかると考える。

(3)　工事用エレベーター

・工事用エレベーターには，駆動方式により，**ワイヤロープ式**と**ラックアンドピニオン式**があるが，建設工事ではラックアンドピニオン式エレベーターが利用されることが多い。

・**ロングスパンエレベーター**

人荷エレベーターに比べ能力制限がある。揚重速度が 10 m/min 以下，積載能力 10 kN（1.0 t）未満，一般的に搭乗人員 1〜3 名。

作業員・人と躯体資材から仕上げ材に至る汎用材・設備材の揚重，搬出。

・**人荷エレベーター**

揚重速度が 10 m/min を超える仮設エレベーター。

躯体資材から仕上げ材に至る汎用部品の揚重，搬出。

・**建設用リフト**

荷物のみを運搬することを目的とするエレベーター。

一般建築資材運搬用，コンクリート運搬用，土砂排出等に使用される。

(4)　その他の機械器具

・バーベンダーは，鉄筋を曲げ加工する際に用いる。

・ランマーは，比較的狭い場所での土などの締固めに用いる。

図 3・77　バーベンダー

図 3・78　ランマー

アウトリガー
資機材を吊るときに，クレーンの横方向にブームを伸ばして地面に設置させ，クレーンを安定させる装置

吊り上げ荷重
クレーンが吊り上げられる最大の荷重。吊り具の重さを含む。

定格荷重
吊り上げ荷重から，フック等の吊り具重さを引いた荷重

定格総荷重
クレーンの使用状態に応じて，負荷させることのできる最大の荷重のことであり，吊り上げ荷重同様，フック等の吊り具の重さを含む。

ワイヤロープ式 EV
動きがスムーズで，速度が速いが，レールの継ぎ足しが困難で，安全装置が大掛かりなため，保守に手間がかかる。

ラックアンドピニオン式 EV
起動時のスムーズさに欠けるが，ラック（マスト）の継ぎ足しが簡単で，安全性が高く簡便

3・18・2 改修・解体工事「令和5年度の能力問題として出題された」

(1) 改修工事

モルタル塗仕上外壁の改修における工法の留意点を下記に示す。

① アンカーピンニング部分エポキシ樹脂注入工法

・アンカーピンの本数は，一般部16本/m^2とする。

・アンカーピンの穿孔の深さは，躯体面から30 mmとする。

・穿孔後は，孔内をブラシで清掃し，エアー等で接着の妨げとなる切粉を除去する。

・エポキシ樹脂は，手動式注入器を用いて，孔の最深部から徐々に注入する。

(2) 解体工事

① 鉄筋コンクリート造建築物の解体工事には様々な工法がある。下記に各工法の留意点を示す。

・地上作業による解体は，地上から解体重機で行い，上階から下階へ床，梁，壁，柱の順に解体していく。

・階上作業による解体は，屋上に揚重した解体重機で最上階から解体し，解体で発生したコンクリート塊を利用してスロープをつくり，解体重機を下階に移動させながら行う。

・外周部の転倒解体工法は，高さ1層分以下，1回の転倒解体部分は，原則として，柱2本以上を含み，幅は1～2スパン程度とする。

・外周部の転倒解体工法では，外周部を転倒させる床に，事前にコンクリート塊や鉄筋ダンゴなどをクッション材として積んでおく。

・外周部の転倒解体工法では，壁及び梁端部の垂直方向，壁下部の水平方向の縁切りを行った後に柱脚部の柱主筋を切断し，外壁をゆっくりと転倒させる。

② 既存床仕上げ材の除去に関する留意点

・コンクリート下地の合成樹脂塗床材は，ブラスト機械を用いてコンクリート表面とともに削り取る。

・モルタル下地面に残ったビニル床タイルの接着剤は，ディスクサンダーを用いて除去する。

・モルタル下地の磁器質床タイルの張替え部は，ダイヤモンドカッター等で縁を切り，はつりのみを用いて手作業で除去する。

・根太張り工法の単層フローリングボードは，丸のこを用いて根太下地を損傷しないように除去する。

・壁および天井のクロスは，せっこうボードと分別解体する。

建築施工

第4章　施 工 管 理 法

令和５年度　施工管理法の出題傾向

出題分野（施工計画，工程管理，品質管理，安全管理）の出題比率は，各分野から万遍なく2〜3問出題されている。

出題内容としては，過去問の選択肢からの出題が多く，比較的易しかった。本テキストの赤字・赤アミで示した内容を中心に，**基本事項を的確に把握**することで，確実に得点できる問題を増やし，さらに第３章建築施工の内容も合わせて学習しておくことが得点につながる。

4・1 施工計画

学習のポイント

「第４章　施工管理法」は，試験で出題される全50題中10問を占め，全問解答しなければならない。本章の４節でそれぞれ2～3題ずつ出題される。単なる用語の暗記でなく，図表とからめた十分な理解が必要となる。

4・1・1　施工計画の立案

(1)　施工計画書

請負者が工事の着工に先立ち，工程・仮設・揚重，安全衛生計画などについて，施工方法を記載したものであり，工事をスムーズに進めることができるようにする計画書である。

◀よく出る

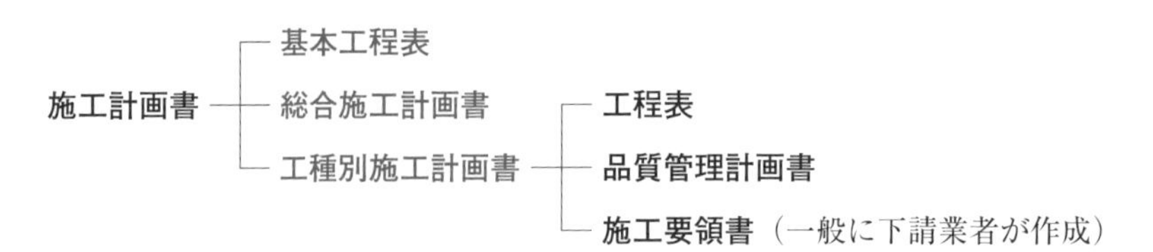

(a)　基本工程表

工事全体にわたって予定される進捗状況を表したもので，施工図，工事材料等の承認・検査・立会いの日程も含めて記載した工程表である。基本工程表→月間工程表→週間工程表の順に作成し，再度，全体を調整する。

①　工程計画作成の流れ

ｉ）　設計図書等から各部の工事量を把握

ii）　機械・設備，労働者１日当たりの作業量を予想

iii）　上記ｉ）の工事量を上記ii）の作業量で割ることで，所要日数を算出

iv）　各工事の始点・終点を決定し，工程表に記入

なお，上記の流れから算出された日数に，天候条件などを加味した余裕を見ておかなければならない。

【ヒント】
手順を理解しよう

所要日数
工事量を１日の作業量で除して求める

②　工程計画作成の注意点

・土・基礎・地業工事は，天候の変動や想定外の地下障害や湧水等，不測の条件の影響があり，工期が遅れやすいため，余裕を見込んでおく。

・躯体工事は，雨天・祝祭日，および，季節的な労働力の減少等に注意を払う。

・仕上げ工事は，工程段階が多いので，養生期間の確保や関連する工事との取り合いを調整する。

・全体的に，施工機械や労務の歩掛りや需要状況を調査し，考慮する。
・重複可能な作業は重複させる。
・鉄骨工事の工程計画では，建方時期に合わせた材料調達，工場製作期間を計画する。
・上下階で輻輳（ふくそう）する作業では，資材運搬，機器移動などの動線が錯綜（さくそう）しないようにする。

(b)　**総合施工計画書**

総合施工計画書は，工事を施工する際に必要な工事関係図書である。計画に当たっては，以下の事項を十分に調査・検討・把握し，施工性や経済性・安全性との関連を十分に考慮し，決定することが重要である。

①　工事の目的，内容，契約条件等の把握
②　現場条件（地形，気象，道路状況，近接状況，環境，制約条件等）
③　全体工程（基本工程）　　④　施工方法（施工順序，使用機械等）
⑤　仮設設備の選択及び配置

記載内容には，以下の事項が要求されている。

①工事概要，②実施工程表，③現場組織表，④施工体系図，
⑤主要工種，⑥品質計画，⑦養生計画，⑧緊急時の体制および対応，
⑨安全対策，⑩環境対策，⑪仮設計画，
⑫再生資源の利用の促進と建設副産物の適正処理方法，
⑬産業廃棄物処理フロー図，⑭その他

(c)　**工種別施工計画書**

工種別施工計画書は，工事ごとに①工程表，②品質管理計画書，③工事別施工要領書などを示した計画書である。

工種別施工計画書は，すべての工種で必要ではなく，当該工事の主要工事と考えられる工種のみを作成してもよい。ただし，その場合は，総合施工計画書の品質管理（工種別施工計画書作成要領）の項目にその旨を記載し，監督職員の承諾を受ける。

工種別施工計画に含まれる施工要領書は，専門工事業者が作成してもよいが，個別の施工条件に適合するように指導し作成させること，および，関連する工種との調整が重要である。

上記の基本工程表・総合施工計画書・工種別施工計画書を着工前に作成することにより，当該工事の全体が把握できることになる。

(2)　事 前 調 査

建築工事を順調に施工・完成するためには，計画の立案に際し，表4・1に示す各項目について入念な事前調査が必要である。

そのうち，特に注意すべき項目として以下があげられる。

【ヒント】
記載内容を理解しよう

施工管理に関する用語
OJT（オン ザ ジョブ トレーニング）
日常の業務に就きながら行われる職場内訓練

施工管理法

① 事前調査では，敷地内およびその周辺の地盤，埋設物，架線，建築物，道路，河川などの現場周辺状況を調査する。建物設計時の地盤調査が山留め工事の計画に不十分な場合は，追加でボーリング調査等を行う。

② 杭地業工事を計画する場合の事前調査では，敷地の形状，地中障害の有無，近隣建物の状況，敷地の高低差の有無，地下水の量や流れの方向，工事用水の供給施設の調査など，施工性に大きく影響する内容を検討する。

【ヒント】
項目を整理しよう。

表4・1　事前調査項目

項　目	内　容
地　形	工業用地・土捨場・民家・道路
地　質	土質・地層・地下水
水文・気象	降雨・雪・風・波・洪水・潮位
用地・権利	用地境界・未解決用地・水利権・漁業権
公　害	騒音防止・振動防止・作業時間制限・地盤沈下
輸　送	道路状況・トンネル・橋梁
電力・水	工事用電力引込地点・取水場所
建　物	事務所・宿舎・機械修理工場・病院
労働力	地元労働者・季節労働者・賃金
物　価	地元調達材料価格・取扱商店

③ 根切り山留め工事そのものが，周辺環境に対して影響を及ぼすことが多い。根切り工事の残土搬出の際の周辺道路の交通規制，隣接建物の基礎や埋設物，周辺道路の埋設物との関係，周辺地盤のレベルなどについて，十分な事前調査が必要である。また，地下水に影響を与えることが多いので，周辺への影響が大きいことが予測される場合には，事前に敷地内外の水質や周辺での地下水の利用状況等を調査する。

④ 地下埋設施設（ガス・水道管，ケーブル），境界線または境界石，基準点の位置確認など，重要なものは関係者（隣地所有者など）に立会って承認を得る。

⑤ 排水工事の事前調査として，排水管の勾配が公設桝まで確保できるか調査する。

⑥ 敷地周辺（特に病院・学校・精密機器工場など）への影響として，大気汚染，騒音・振動，地盤沈下や揚重機の設置による電波障害などがある。

建物が出来上がったとき，電波障害の発生が予測されている計画では，工事用のタワークレーンや飛散防止の養生金網等が電波障害の原因となることがあるので，事前の調査や検討を行う。

⑦ 鉄骨工事を計画する場合には，資機材の搬入が計画に大きく影響する。製作工場から作業場までの運搬経路に沿って，交通規制，埋設物，架空電線など，大型車両通行の支障の有無を調査する。また，クレーンの稼働による電波障害の発生等，周辺への影響を調査し，対策を検討する。

施工管理法

4・1・2 仮設計画

(1) 仮設工事

(a) 仮設工事の範囲

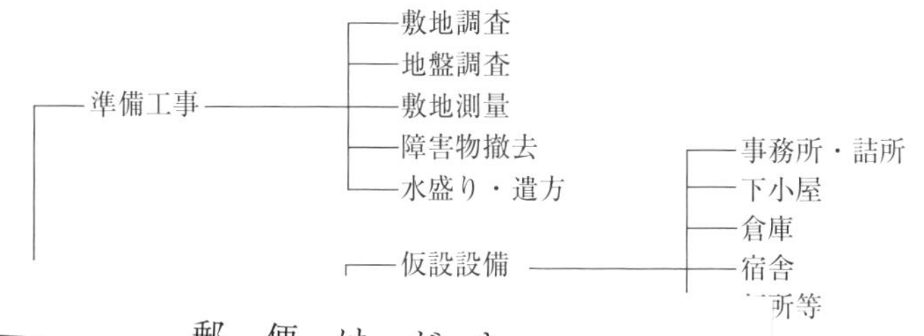

所等

囲い
場
橋・ステージ
下物防止
音設備
料置場等

握し，作業所内
，工事の品質，
計画は，なるべ
底する。

設計画に関して，
設備や作業動線

設備業者事務所，

⑤ 排水経路，仮設用電力 … 供給能力

⑥ 足場および桟橋の位置および構造

⑦ 揚重機（リフト，クレーン，エレベーター，ゴンドラなど）の種類および配置

仮設工事 本体工事を進めるための一時的な建物，工作物，設備などをつくる工事で，建物が竣工すれば撤去される。

◀よく出る

⑧　作業員の墜落防止および感電防止，並びに，落下物の危険防止の施設
⑨　近隣の安全に対する処置（近隣使用道路の配置計画図など）
⑩　コンクリート打設設備
⑪　鉄骨建て方設備
⑫　各工事工程と仮設の関連およびその撤去時期

(2)　準 備 工 事

(a)　敷地測量

敷地境界に関し，隣地所有者，敷地所有者（民―民，官―民）の立会いの下に測量作業および確認作業を行う。

◀形式を変えて出題される

(b)　縄張り，遣り方

建物の実施位置を示すために，工事監理者立会いの下に建物外周に木杭を打ち，これに縄を張って建物の外形を表示することを**縄張り**という。

遣り方は，縄張りによって定まった位置に設け，建物の各部位の通り心，基準となる高さを示す定規とするものである。

(c)　ベンチマーク（建築物などの高低および位置の基準点）

ベンチマークは，既存の工作物や新設した杭などに基準をしるしたものである。ベンチマークは正確に設置し，移動のないようにその周囲を養生する必要がある。また，通常2箇所以上設けて，相互に確認できるようにする。

(3)　仮　設　物

(a)　材料置場

搬入された材料は，施工するまでの間，現場内の所定の場所に仮置きし，施工場所まで移動するのが一般的である。仮置きの状態で，材料が変質・変形したり，破損または傷ついたりしないように管理することが，重要である。

【コンクリート関係】

① **セメント**は，保管する部屋の防湿に注意して開口は出入口のみとし，通風により湿気を与えてはならない。また，床面から30 cm以上高くし，積み重ねは10袋以下とする。古いものから使い，2ヶ月以上で風化して凝固が認められるものは使用してはならない。

◀よく出る

② **鉄筋**は，雨や雪にさらされないように，枕木等の上に地面から10 cm以上離し，種類・長さ・径を別にして並べ，シートで保護して，油や泥で汚れないようにする。

③ **骨材**は，種類別に分類し，不純物が混ざらないように土の上に直置きしない。また，コンクリート練混ぜ時にセメントペースト中の水分を吸水しないよう，保管中は均一に散水して一定の吸水状態を保つ。

④ **コンクリート型枠用合板**は，屋内保管が望ましいが，屋外で保管するときは直射日光を避け，濡らさないようにシートなどで覆う。

⑤ **コンクリートブロック**は，乾燥した場所に荷崩れ防止のため縦積みとし，積み上げ高さは1.6 m以下とする。床版上の1箇所に集中しないように置

く。なお，工事における積上げ高さも1日1.6m（8段）までとする。

⑥ **コンクリート杭**（RC杭，PC杭）は，所定の位置に枕木を設置しその上に置く。2段積もある。

【砂，砂利】

① 泥水，泥土が混入しないように，周囲地盤より高くし，床には水がたまらないよう，幾分，勾配をつける。

② 砂，砂利などを近くに並べて置く場合は，混ざらないように仕切り板などを設ける。

【鉄骨】

① 建て方に便利な場所とする。

② 鉄骨に泥がつかないよう，また，変形しないよう，受け材を置く。

③ **高力ボルト**は，乾燥した場所にねじの呼び別，長さ別等に整理して保管する。包装の完全なものを未開封状態で工事現場に搬入し（荷揚げ高さ3～5段），施工直前に必要な量だけ包装を解き，使い残さないようにする。最後に残ったボルトセットは箱に戻して元のように包装し直す。

◀よく出る

④ 低水素系の**被膜アーク溶接棒**は，吸湿するとブローホールが発生し銀点・割れなどの欠陥が生じるので，密封・乾燥状態で保管する。その日の使用分だけを取り出し，吸湿しているおそれがある場合は乾燥機で乾燥してから使う。溶接ワイヤーについては，梱包状態であれば，乾燥の必要はない。

⑤ 鉄骨の現場溶接部は，開先に錆の発生が予想されるときは，開先保護のため，工場で溶接に支障のない塗料を塗布しておく。

【塗料関係】

① **塗料**は，「化学物質等安全データシート（MSDS：Material Safety Date Sheet）」の記載内容に従い取り扱う。

② 火薬類や塗料などの危険物の貯蔵場所は，人の出入りする作業事務所や材料置場などから離れた場所に設置する。塗料置場については，不燃材料でつくった平屋で，周辺建物から1.5m以上離し，天井を設けず，屋根は軽量な不燃材料で葺く。

③ **フタル酸樹脂系塗料**が付着した布片は，自然発火のおそれがあるため，水の入った金属製の容器に入れるなどして他の塗装材料とは分別して保管する。

【板状のもの】

① **板ガラス**は，ガラス工事の箇所まで，車輪付き裸台で水平移動を行うため，縦置きで裸台に乗せたまま保管する。構造躯体に緊結するなどして，転倒しないように安全管理にも配慮する。また，他の工事の影響で角を破損したり，溶接の火花を浴びたりすることのない場所を選び，シートなどで養生しておく。

② **ALC 板**は，室内の水平な場所に枕木を2本置いて**平積み**とする。積上げ高さは，1段を1m以下とし2段まで（総高2m以下）とする。なお，剛性の高いPC板やALC板の場合は枕木の数は2本とするが，剛性の低い木毛セメント板やスレート板の場合は枕木を3本とする。

◀よく出る

③ **押出成形セメント板**は，含水率により，反り変形を生じやすいので雨水の影響を受けないように養生する。

④ 断熱用の押出法**ポリスチレンフォーム**は，反りぐせ防止のため，平坦な敷台の上に積み重ねて保管する。

⑤ **フローリング類**は，屋内の床にシートを敷き，角材を並べた上に積み重ねて保管する。

⑥ 張り石工事に用いる**石材**の運搬は，仕上面・稜角を養生して，取り付け順序を考慮して輸送用パレット積みとする。

⑦ せっこうボードは，反りやひずみなどが生じないように屋内に平置きで保管する。

⑧ ビニル床タイルは，乾燥している床に箱詰め梱包のまま保管し，積み重ねを10段までとする。

【シート類】

① **アスファルトルーフィング**は，吸湿すると施工時に泡立ち，耳浮きなどの接着不良になりやすいので，屋内の乾燥した平坦な場所に**縦積み**（耳をつぶさないように2段以内）とする。ただし，**砂付ストレッチルーフィング**は，ラップ部分（砂の付いていない張付け時の重ね部分）を上に向けて縦置きで保管する。

② **壁紙**などの巻いた材料は，横置きにすると重量でくせがつくので**縦置き**とする。直射日光を避け，湿気の多い場所やコンクリートの上に置かない。

③ **床シート類**は，屋内の乾燥した場所に直射日光を避けて**縦置き**にし，倒れないようにロープなどで固定する。横積み（俵積みや井桁積み）にすると自重で変形し，（特に井桁積みの場合は）床に馴染まなくなる。

④ **ロールカーペット**は，屋内で直射日光の当たらない乾燥した平坦な場所に保管する。足元が自重で曲がってしまうので，縦置きにせずに，2〜3段までの**俵積み**とする。

【その他】

① 吸水してはならない材料は，水がかからないようにするとともに，台の上に置くなどして，水が流れても濡れないようにする。

② ブロック，耐火れんがなどは，雨に濡れたり，泥で汚れたりしないようにする。また，ポリスチレンフォーム保温材など，軽量のものは，風に飛ばされないようにする。

③ エマルション乾燥硬化形シーリング材は，冬季の低温時に凍結のおそれがあるので凍結温度以下にならないように保管する。有効期間の確認，高

温多湿も避ける。

④ 防水用の袋入りアスファルトはアスファルト溶解釜の近くに保管する。袋を井桁状に重ねるなどして，崩れ落ちないように10段程度を限度として積み置き，雨養生のシートを掛けてロープあるいはネットなどを掛けて押さえておく。

⑤ アルミニウム製建具は立置きとし，必要に応じて養生を行い保管する。

⑥ 溶剤系のビニル床タイル用接着剤は，換気のよい場所に保管する。

(b) **危険物貯蔵所**

① 仮設事務所，隣地の建築物，材料置場などから離れた場所に設ける。

② 不燃材料を用いた囲いをし，周囲に空地を設ける。

③ 各扉には錠をかけ，「火気厳禁」の表示を行い，消火器を置く。

④ 塗装や溶剤等の保管場所は不燃構造とし，可燃性の蒸気が発生しにくい場所とする。

⑤ 関係法令には，消防法，危険物の規制，労働安全衛生規則等がある。

⑥ ボンベ類の貯蔵小屋は，ガスが滞留しないように，壁の1面を開口とし，他の3面は上部に開口を設ける。

(c) **工事用仮設事務所・作業員詰所・下小屋**

工事用の仮設事務所を計画する場合，工事の全期間を通じて支障がないように弾力的な計画とする。作業場が見渡せ，作業員や諸資材の搬出入を管理しやすい場所が望ましく，作業場の出入口（仮設ゲート）付近に計画するのが一般的である。敷地に余裕がなく止むを得ず工事用の事務所を工事現場から離れて設置する場合には，工事現場内に出先連絡所を設ける。施工者用事務所と監理者用事務所は，同一施設内に分けて設けてもよい。

作業員詰所は，工事用事務所の近くで，連絡や管理がしやすい位置に設ける。職種数や作業員の増減に対応できるよう，大部屋方式にした方がよい。

◀よく出る

下小屋は，材料置場の近くに設置し，電力及び水道等の設備を設ける。

(d) **仮設便所**

作業員用仮設便所の計画では，男子と女子とを区別すること。同時に就業する作業員の男子大便所の便房は60人以内ごとに1個，小便所は30人以内ごとに1個，女子20人以内ごとに1個の便房の数とする。

(e) **仮囲い**

木造以外の構造で，2階以上の建築物の工事を行う場合は，期間中，高さ1.8m以上の仮囲いを設けなければならない。ただし，工事現場の周辺，もしくは，工事の状況により，危害防止上支障がない場合は，仮囲いを設けなくてもよい。また，所定の高さを有し，かつ，危害を十分防止し得る既存の塀がある場合は，それを仮囲いに代用してもよい。

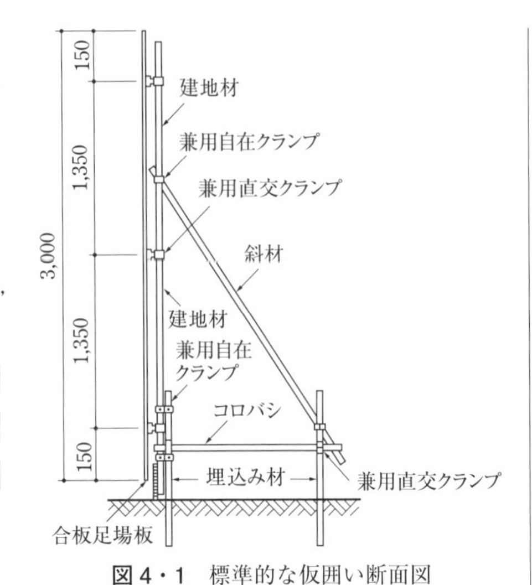

図4・1 標準的な仮囲い断面図

◀よく出る

① **仮囲いの機能と条件**

仮囲いの機能は，①工事現場と外部との隔離，②所定の場所以外からの入退場の防止，③盗難の防止，④災害の防止，⑤美観の維持などであるが，仮囲いは工事期間に見合った耐久性のあるものを設置する。場合によっては，工事の支障になることがあるため，部分的に取外しができるようにしておくとよい。

② **仮囲い設置の留意点**

・敷地境界線を越境しないのが大原則であるが，敷地内に納まらない場合は，近隣所有者と協議する。

・道路を借用して設置する場合は，申請用書類を用意し，道路管理者と所轄警察署の許可を得る。

・仮囲いは，風のあおりを受けて倒れないよう，建地および控えの根元をしっかりと固定し，十分，安全な構造とする。工事の都合で控えを盛り替えるときは，控えに代わる十分な補強をする。

・防護構台と仮囲いとの空隙は，仮囲いを高くするか，金網を張るなどをして塞ぐ。

・仮囲いの下端の空きは，幅木を取り付けたり，土台コンクリートを打つなどして塞ぐ。

・道路面が傾斜している場合は，仮囲いを道路面と直角に取り付けることはむずかしいので，土台コンクリートを階段状に打って，下端の空きをなくす等の工夫が必要である。

・出入口は引戸又は内開きとし，施錠できる扉とする。できるだけ人・車を区別して設置する。

③ **工事用車両出入口**

工事用の車両出入口を計画する場合，前面道路の幅員および交通量，交差点や横断歩道などの位置，電柱や街灯，消火栓など，道路に設置されたものの位置などを考慮して，搬出入車両が現場へスムーズに出入りできることを主眼に計画する。

工事用の出入口が数箇所ある場合，守衛所はメインの出入口に設置し，その他は警備員配置程度とする。

工事ゲートの有効高さは，通行する工事車両の高さを確認した上で決定する。生コン車（トラックアジテータ）の高さで決める場合は，空荷時の車高を基に決める。（有効高さ3.8 m以上）

◀よく出る

歩行者が多い場合は，車両の入退場を知らせるブザーや標示灯を設置する。

ハンガー式門扉は，重量と風圧を軽減するため，上部を網状などの構造とする。

また，扉を吊る梁が車両の積荷高さを制約する場合があるため，有効高さを検討する必要がある。

(4)　動力・用水設備

(a)　電気設備

契約電力が50 kW未満の場合は「低圧」，50 kW以上2,000 kW未満の場合は「高圧」，2,000 kW以上の場合は「特別高圧」の電圧で受電することになる。

工事用電気設備のケーブルを直接埋設する埋設方法には，右表のようなものがある。

表4・2　ケーブルの埋設方法

管路式	埋設方法	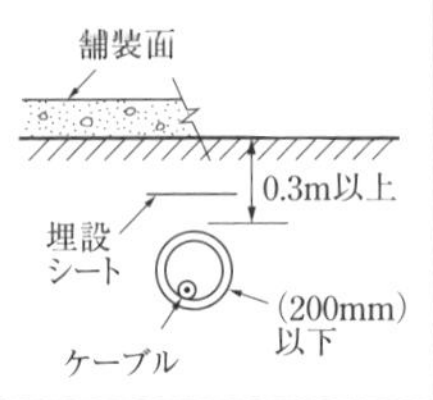 舗装面 0.3m以上 埋設シート (200mm)以下 ケーブル
直接埋設式	車両や重量物の圧力を受ける恐れのない場所	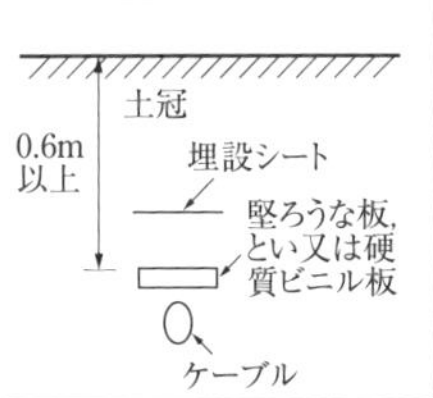 土冠 0.6m以上 埋設シート 堅ろうな板，とい又は硬質ビニル板 ケーブル
	車両や重量物の圧力を受ける恐れのある場所	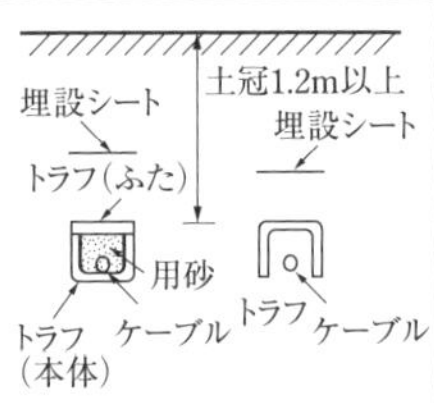 土冠1.2m以上 埋設シート トラフ(ふた) 埋設シート 用砂 トラフ(本体) ケーブル トラフ ケーブル

工事用電力使用量の算出において，各工事用機械についての同時使用係数（実負荷／計算負荷）は，使用機械の種類，工期の長短，作業員の能力・効率，天候などに大きく左右される。

一般的な工事用の動力負荷は，工程表に基づいた電力量山積みの60～70%を実負荷として最大使用電力量を計算する。

電力量の山積み検討の結果，一時期に電力が集中して，これを変圧器容量とすると明らかに無駄のある場合には，①工法の変更，②作業順序の入替え検討，③使用機械の変更，④発電機の供給によって山崩しを図る，などの工夫をする。

スタッド溶接工事のように，あるサイクルで短期間だけの工事に電力が必要な場合は，仮設の発電機設備の利用による供給対応で，山崩しを図る。

(b)　照明設備

事業者は，労働者を常時就業させる場所の作業面の照度を，次に掲げる基準に適合させなければならない。

精密な作業：300［lx］以上，普通の作業：150［lx］以上，粗な作業：75［lx］以上

(c)　用水設備

仮設の給水設備では，工事事務所の使用水量は，飲料水として30 ℓ / 人・日，雑用水として10～20 ℓ / 人・日，計40～60 ℓ / 人・日を見込む。一般的な工事用と生活用とを含めて，250 ℓ / 人・日程度であるが，工事工程に基づき，各月の施工に従事する稼働員の累計より，各月の必要生活用水量を予測する。

4・1・3 建築工事の届出

建築工事に係る各種届出を表4・3から表4・8にまとめる。

表4・3 建築基準法関係 ▼よく出る

申請・届出の名称	提出者	届出・申請先	提出時期
① 建築確認申請・工作物確認申請	建築主	建築主事 または 指定確認検査機関	着工前
② 建築工事届		都道府県知事	
③ 建築物除却届	施工者		
④ 中間検査申請	建築主	建築主事 または 指定確認検査機関	特定工程後，4日以内
⑤ 完了検査申請（工事完了届）			完了した日から4日以内

表4・4 労働安全衛生法関係 ▼よく出る

申請・届出の名称	提出者	届出・申請先	提出時期	備考
① 建築工事の計画届	事業者	厚生労働大臣	仕事開始の30日前まで	注1)
		労働基準監督署長	仕事開始の14日前まで	注2)
② 機械の設置届（移転・変更含む）			仕事開始の30日前まで	注3)
③ 機械の設置報告（移転・変更含む）				注4)
④ 特定元方事業者の事業開始報告	特定元方事業者または施工者		工事開始後，遅滞なく	注5)
⑤ 企業共同体代表者届	共同企業体代表者	労働基準監督署長を経て，同局長	仕事開始の14日前まで	注6)
⑥ 統括安全衛生責任者選任報告・元方安全衛生管理者報告	事業者	労働基準監督署長	選任後，遅滞なく	注7)
⑦ 総括安全衛生管理者選任報告				注8)
⑧ 安全管理者・衛生管理者・産業医 選任報告				注9)
⑨ 作業員寄宿舎の設置届	事業者	労働基準監督署長	仕事開始の14日前まで	注10)
⑩ エレベータ設置届	事業者	労働基準監督署長	仕事開始の30日前まで	

注 1) a. 高さ300m以上の塔
b. 堤高150m以上のダム
c. 最大支間500m以上の橋梁（吊り橋1000m以上）
d. 長さ3000m以上のずい道（1000m以上で，立て坑が50m以上も含む）
e. ゲージ圧0.3MPa以上の圧気工法

2) a. 高さ31mを超える建築物などの建設，改造，解体など
b. 最大支間50m以上の橋梁
c. 最大支間30m以上50m未満の橋梁の上部構造の建設工事
d. 掘削深さ，高さ10m以上の掘削
e. ずい道・圧気工事（石綿の除去，ダイオキシンに係る設備の解体）
f. 圧気工事
g. 石綿等吹付け建築物の石綿等の除去作業
h. 廃棄物焼却炉，集じん機等の設備の解体
i. 掘削筒さまたは深さ10m以上の土石の採取のための掘削工事
j. 坑内掘りによる土石採取の掘削

3) a. 吊り足場，張出し足場，高さ10m以上の足場（60日以上設置）
b. 架設通路の高さおよび長さが10m以上
c. 高さ3.5m以上の型枠支保工
d. 軌道装置

e. ガス集合溶接装置
f. 3t以上のクレーン（スタッカ式1t以上）
g. 2t以上のデリック
h. 1t以上のエレベータ
i. 積載荷重0.25t以上，高さ18m以上のリフト（ガイドレール）
j. ゴンドラ

4) a. 0.5tから3t未満のクレーン（スタッカ式1t未満）
b. 移動式クレーン
c. 0.5t以上2t未満のデリッククレーン
d. 0.5t以上1t未満のエレベータ
e. 高さ10mから18m未満の建設用リフト
f. 0.2MPa以上の第2種圧力容器

5) 下請負人を使用する場合で，労働者総計が10人以上の場合
6) 2以上の建設業の事業者が，一つの仕事を共同連帯で請負う場合，その代表1名を選定する。
7) 下請・元請が混在する事業所で，常時50人以上，トンネル，圧気工事は30人以上
8) 1事業所100人以上，事由が生じて後14日以内に選任
9) 1事業所50人以上，事由が生じて14日以内に選任
10) 常時10人以上の労働者を就業させる場合

表4・5　道路交通法関係　▼よく出る

申請・届出の名称	提出者	届出・申請先	提出時期
① **道路占用許可申請**	道路占有者	**道路管理者**	工事開始1ヶ月前
② **道路使用許可申請**	施工者	**警察署長**	着工前

表4・6　危険物・消火設備関係

申請・届出の名称	提出者	届出・申請先	提出時期
① 設置許可申請	設置者	**都道府県知事　または　市町村長**	着工前
② 設置完成検査申請			完成時
③ 消防用設備等着工届	甲種消防設備士	消防長　または　消防署長	着工10日前
④ 消防用設備等設置届	対象物の所有者または管理者		完成日から4日以内

表4・7　電気関係

申請・届出の名称	提出者	届出・申請先	提出時期
① 工事計画認可申請	設置者	**経済産業省**	着工前
② 工事計画届			着工30日前
③ 保安規定届			着工前

表4・8　環境関係

申請・届出の名称	提出者	届出・申請先	提出時期
① 特定建設作業実施届	元請事業者	**市町村長**	着工7日前
② 特定施設設置届	設置者		着工30日前
③ ばい煙発生施設設置届		**都道府県知事**	着工60日前
④ 特定建設資材を用いた対象建設工事	発注者または自主施工者		着工7日前

施工管理法

4·2 工　程　管　理

学習のポイント

各工程表の特徴を抑え，図表のイメージとからめて関連用語を理解することがポイントとなる。

4・2・1　工程計画の立案

(1)　工程計画

工程計画の立案には，大別して２種類ある。各工種に関して資機材の組合せ等を設定し算出される各工種の工程を積み上げて全体を求める積上方式（順行型）と，定められた工事期間の中に経験から割り出された各工種の所要期間を割付け，全体的にバランスのとれた工程を求める割付方式（逆行型）である。工期が制約されている場合は，割付方式を採用して最適工程を計画する。

工程計画は，品質，安全，コスト，工期に関してバランスのとれた施工計画にするためのものでなければならず，一連の施工計画作業の中で組み立てられた工程計画に基づいて労務各職，各種資材，各種荷捌き・揚重機械などの山積みを行い，必要投入量が集中している部分については効果的な労務・資機材の活用のために山崩し（山均し）による平準化を行うことで，より一層バランスのとれた工程計画にする。

山積み・山崩し　工事で必要な人員がいつどれだけ必要かを，ネットワーク工程表をもとに棒グラフ化したものを**山積み**といい，余裕日数を使って平滑化することを**山崩し**という。

工程管理においては，実施工程を分析検討し，その結果を計画工程の修正に合理的に反映させる。

工程計画は，一般的に次の手順で実施する。

【ヒント】

手順を学んでおく

①　施工条件の確認・整理および，工事内容（施工数量，難易度など）の把握

工程計画の準備として，施工場所・近隣の施工条件の確認，敷地における騒音及び振動に関する法的規制の確認，作業可能な時間帯，前面道路の幅員・交通規制，設計図書・工事内容の把握，材料の調達等の市場の情報，各種労働者および建設機械等の作業能率の把握，敷地周辺の電柱，架線，信号機，各種表示板等の公共設置物，また，上下水道，ガス等の公共埋設物の状況の確認等を行う。

②　施工法・順序などの基本方針の決定

③　工事ごとの施工計画を立てる。

④　作業ごとに適切な作業日数（歩掛り）および作業人員などを決める。各作業の所要時間は，作業の施工数量を投入数量と１日当たりの施工能力で除して求める。

⑤　工事ごとの作業日数を決める。

暦日　工事に必要な実働日数に作業休止日を考慮した日数

まず最初に主要工程を中心に概略の基本工程を組立て，工事の進捗に合わせて詳細工程を作成し，全体バランスに配慮しながら決定する。この時，建設地域の雨天日や強風日等を推定し，作業不能日を設定する。

⑥　全工事が，工期内に納まるように割り振って工程表を作成する。

作業における，工期の調整は，工法，作業方法の変更，作業員の増員，工事用機械の変更や台数の増加，作業手順の見直し等の検討を繰り返しながら実施する。

このように，工程計画を立てるにあたっては，設計図書から数量や仕様を確認して仕事の順序を明らかにして手順を決定した上で，その手順に沿って各作業の日程を決定して工期を計算するのが一般的である。

マイルストーンとは，各作業工程の節目（目標完了の計画日時など）という意味であり，工事の進捗を表す主要な日程上の区切りを示す指標となる。一般的に，マイルストーンは，山留め杭打ち，掘削，鉄骨建方作業の開始日，地下躯体コンクリート打設，屋上防水作業などの完了日に設定する。

◀よく出る

(2)　工程管理の手順

工程管理は4大管理（品質・工程・原価・安全）のひとつで，施工管理の中核をなす。工程管理は，発注者側からは主に工期を守るためのものとして利用され，請負者側からは最少の費用で最大の生産をあげるために用いられる。

工程管理は，手配管理・作業量管理・進度管理から成立し，このうち手配管理と作業量管理の良し悪しが工程の進み具合となって現れ，進度管理が工程管理の総合的な手段として重要な役割を果たす。

工程管理　手配管理・作業量管理・進度管理からなる。

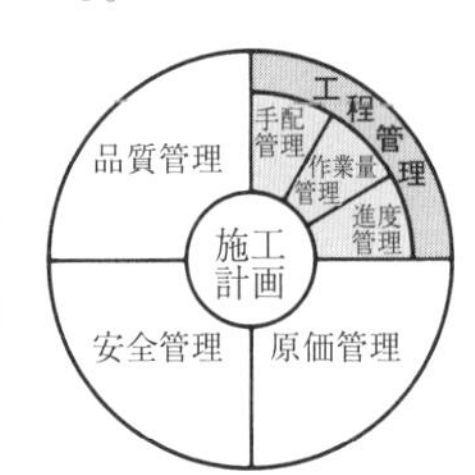

進度管理の手順は，現状把握，異常時の課題の顕在化，課題解決のための検討，対策立案および遅延対策実行，となる。

①「進捗の現状把握」→②「原因調査」→③「再検討」→④「遅延対策」

①「**進捗現状把握**」では，異常値に対してできるだけ定量化することで，対策目標を関係者間で共有できるようにする。

②「**原因調査**」においては，当初計画と何が違っているのかを明確にする。リソース，いわゆる「4M（1. 労力―Men，2. 材料―Materials，3. 施工方法―Methods，4. 機械―Machine）」の投入タイミングによる事象なのか，投入計画そのもののミスなのかを，明確にすることである。

4つの生産要素

1. 労力（Men）
2. 材料（Materials）
3. 施工方法（Methods）
4. 機械（Machine）

③「**再検討**」の際，当該工程の再検討はもとより，全体計画との調整が重要である。当初計画の余裕だけで吸収できない場合，全体での調整・検討が必要になる。

④「**遅延対策**」においては，変更事項・手順について，関係者全員が問題認識や対策目的を共有し，変更内容についての相互理解，協力体制について合意してもらい，次のステップに移行することが重要である。

4・2・2　工程表の種類と特徴

(1)　工程表の種類

工程表には，従来からいろいろな種類のものが使用されてきているが，それらは，工程表の目的によって，長所・短所をもっており，選定に際しては，十分に考慮する必要がある。

【ヒント】
工程表の特徴をよく理解しよう

◀よく出る

工程表　工事の着工から完成までの作業量と日程の相互関係を一目で判断できるように表示したもの

表4・9　工程表の種類

各作業管理		
名　称	バーチャート工程表	ネットワーク工程表
説　明	縦軸に作業名，横軸に作業に必要な予定日数と実施状況を合わせて示した図	○と線で表現され，先行作業とそれに続く後続作業の関係を明確に表した図
表現方法	作業／工期 →	
長　所	作成が容易。工期および所要日数が明確。	工期，重点管理作業，および作業相互関係が明確。
短　所	重点作業，作業の相互関係が不明。	全体出来高の把握が困難。

全作業量管理		
名　称	出来高累計曲線（Sチャート）	バナナ曲線
説　明	縦軸に出来高累計，横軸に時間をとり，施工量の時間的変化を表した図	縦軸に工事の出来高率，横軸に工期消化率をとり，複数の同種工事をプロットした図
表現方法	出来高％／工期	出来高％／工期
長　所	工程速度良否の判定が可能。	管理限界が明確。
短　所	出来高以外の管理項目が不明確。	出来高以外の管理項目が不明確。

(a)　バーチャート工程表

作業名を縦軸に，工期を横軸にとって，各作業の工事期間を横線で表したものであり，各作業の開始時期，終了時期及び所要期間を把握することができる。出来高の累計を重ねて表現したり，主要な工事の節目をマイルストーンとして工程表に付加すると，工程の進捗状況が把握しやすくなる。

◀よく出る

比較的作成しやすい工程表であるが，作業の前後の関係が明確にできないため，関連性や作業における問題点を把握しにくく修正が困難という欠点がある。縦軸に記載する作業を，職種や工種ごとにまとまるように配置すると，関連する作業を把握しやすくなる。クリティカルパスが不明確であることから，部分的変更が全体に与える影響を発見しにくい。重点管理に不向きな工程表である。

(b)　**ネットワーク工程表（Network）**

今日では工程計画に欠かすことのできない手法の一つであり，工事の規模が大きい場合や，工事の手順が複雑な場合に用いられる。工事関係者全員に各作業に対する先行作業，並行作業，後続作業の相互関係や余裕の有無，遅れの日数が容易に把握できる利点がある。数多い作業の経路のうち，主要な流れと主要な作業の管理など，工程の重点管理ができる。

◀よく出る

ネットワーク工程表　丸すなわち結合点（イベント）と矢印（アロー）から構成された網状の工程表。

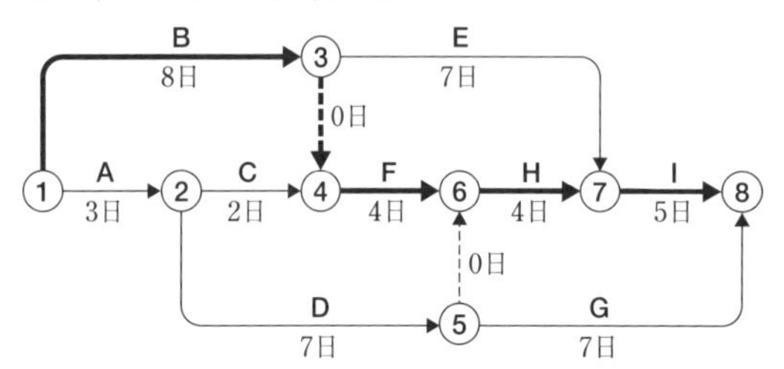

◯　：イベント（作業の始点・終点または結合点）

→　：アロー　（作業・工事名を上に，所要日数を下に記す）

⇢　：ダミー　（作業の相互関係のみを表し，実際の作業はない）

図4・2　ネットワーク工程表（アロー型）

①表現方法

ネットワーク工程表の表現方法には，作業が，**イベント番号**で結ばれる矢線の上下に表示される**アロー型**と，サークルの中に表示されるサークル型の2つがあるが，アロー型が一般的である。

- 結合点に入ってくる矢線の作業がすべて完了した後でなければ次の作業は開始できない。
- 一つの結合点から次の結合点へ入る矢線は1本とする。
- 一つの結合点から同時に2つ以上の作業が開始される場合は**ダミー**を用いる。
- 開始の結合点と終了の結合点はそれぞれ1つである。
- サイクルを構成しない。

ダミー　ネットワーク工程表では隣接する◯同士すなわちイベント間に2本以上アローがあってはいけない。このときダミーを用いる。ダミーは架空の作業で日数は0，作業名は無記名とし，破線で描く。

②長所と短所

〈長所〉

- 重点管理作業の把握が容易
- 各作業の関連性の把握が容易
- 労務・資材等の投入時期の把握が容易
- 工期短縮の方針を立てやすい

〈短所〉

- 作成に手間がかかる
- 各作業の進捗状況が把握しにくい
- 全体の出来高が把握しにくい

③用語の定義

・**パ ス**：ネットワークの中で2つ以上の作業の連なりをいう。

・**クリティカルパス**（CP）：開始結合点から終了結合点に至る最長パス（まったく余裕ないパス）

ネットワークにおいて，出発点から終点のイベントに至る経路は複数あるが，この中で最も時間のかかる最長経路をクリティカルパスという。図4・3ではこれを太線で示す。クリティカルパス上の工事が遅れると工期全体が延びてしまうので，クリティカルパス上にマイルストーン（重点管理日）を置く。

・**最早開始時刻**（EST）：作業を始めうる最も早い時刻（一番早く開始できる時間）

最早開始時刻は，各イベントにひとつずつあり，図4・3のように，各イベントの右寄り，後続作業側の□内に記入する。二つのアローが流入するイベント，すなわち先行イベントが複数ある場合は，大きいほうの数字とする。最終イベントの最早開始時刻がこの工事の工期となり，各イベントの最早開始時刻をつないだ経路がクリティカルパスとなる。すなわち，クリティカルパスの所要日数が工期となる。なお，クリティカルパスはひとつとは限らない。

マイルストーン 工期の長い工事において，集中的に工程を点検する日として設定する，中間の重点管理日

クリティカルパス 作業の最長経路

【ヒント】

◀計算方法を覚えよう

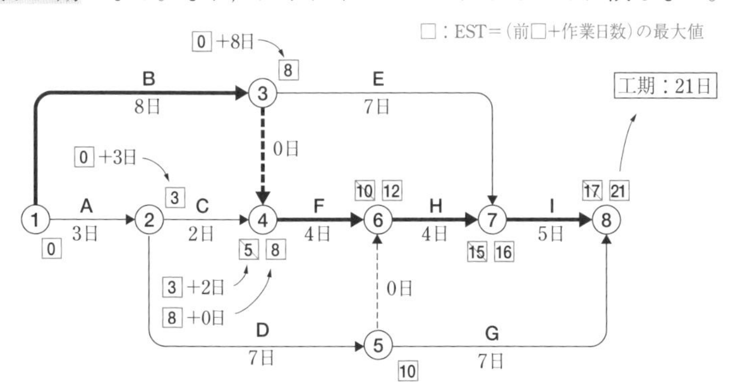

図4・3 最早開始時刻とクリティカルパス

・**最早終了時刻**（EFT）：作業を終了しうる最も早い時刻（一番早く終了できる時間）

・**最遅開始時刻**（LST）：プロジェクト工期に影響のない範囲で最も遅く当該作業を開始してもよい時刻（最も遅く始められる時間）

・**最遅終了時刻**（LFT）：プロジェクト工期に影響のない範囲で最も遅く当該作業を終了してもよい時刻（最も遅く終了できる時間）

施工管理法

図4・4に示すように，以下のような手順で最終イベントから順次逆算して求め，最早開始時刻□の左，前作業側の○内に記入する。

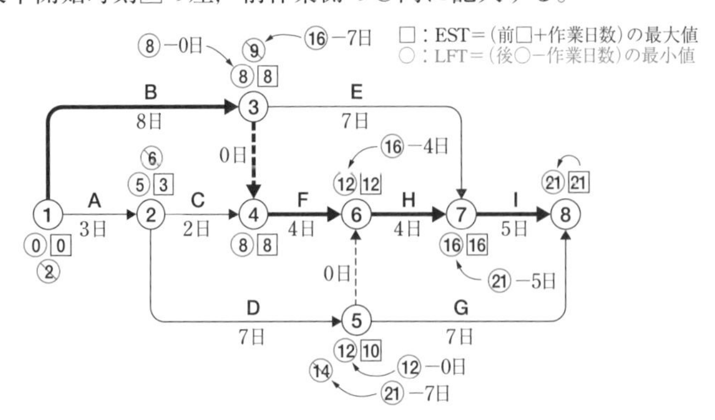

図4・4　最遅完了時刻とLFTクリティカルパス

i）　**最終イベントの最遅完了時刻＝工期（＝最終イベントの最早開始時刻）**とする。

ii）　**あるイベントの最遅完了時刻＝後続イベントの最遅完了時刻－作業の所要日数**

ただし，後続イベントが複数あるときは最小値を採用する。

④**余 裕 日 数**（フロート）

余裕日数には，作業別に次の3種類がある。○>□のとき，その前後の作業で余裕が発生する。

i）　**総余裕日数**（TF：トータルフロート）

総余裕日数＝後続作業の最遅完了時刻－(当該作業の所要日数＋最早開始時刻)

作業を最早開始時刻で始め，最遅完了時刻に終わる場合の余裕日数。経路共通の余裕で，全て消費すると，クリティカルパスになる。

ii）　**自由余裕日数**（FF：フリーフロート）

自由余裕日数＝後続作業の最早開始時刻－（当該作業の所要日数＋最早開始時刻)

作業を最早開始時刻で始め，後続イベントも最早開始時刻に始めてなお存在する余裕日数。後続の作業に影響を与えることなく，その作業が単独でもつ余裕。

iii）　**干渉余裕日数**（DF：デペンデントフロート）

干渉余裕日数＝総余裕日数TF－自由余裕日数FF

消費しなければ，次の作業に持ち越せる余裕。また上式の関係から，TF＝FF＋DFでもある。

(c)　**出来高累計曲線（Sチャート）**

横軸で工程の進捗状況を，縦軸に工事の出来高状況を表す。この組合せにより，工程速度の良否の判定をする工程表である。曲線の傾きが大きいと工事が進捗していることを，水平になると工事が進捗していないことを示している。しかし，出来高以外は不明確であり，他の管理項目には不向きである。

出来高累計曲線は，図4・5に示すように，釣鐘形をした毎日の出来高（左図）を累計して作成する。

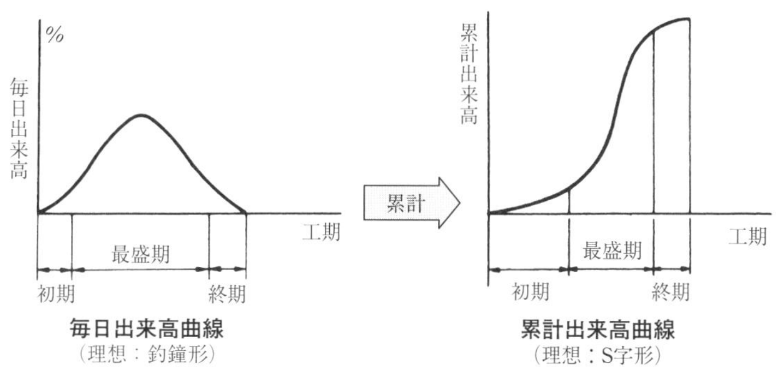

図4・5 毎日出来高曲線と累計出来高曲線

Sカーブは3つの部分に大別でき，各段階の特徴は以下の通りである。

初　期：仮設備・段取りなどで出来高は少ない。出来高を急増しようとすると不経済となる。

最盛期：毎日の出来高は順調に増大するが，できるだけ平滑化を図る。

終　期：仕上げ・後片付けなどで毎日の出来高は少なくなる。

なお，出来高累計曲線は各作業の工程管理用として用いられるのではなく，工程全体の進度を判断するためのものであることから，バーチャートと組み合わせて利用されることが多い。

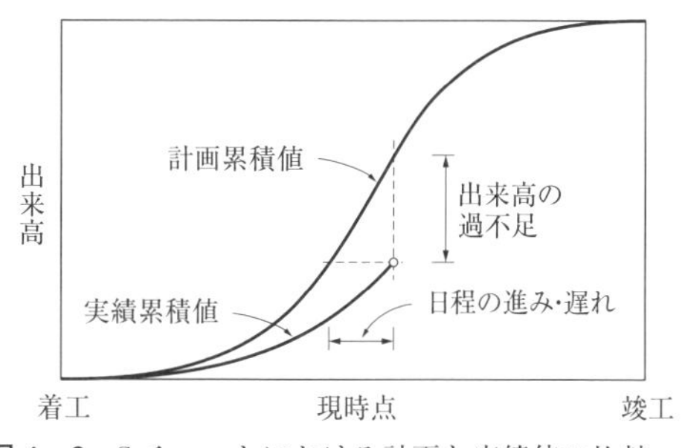

図4・6 Sチャートにおける計画と実績値の比較

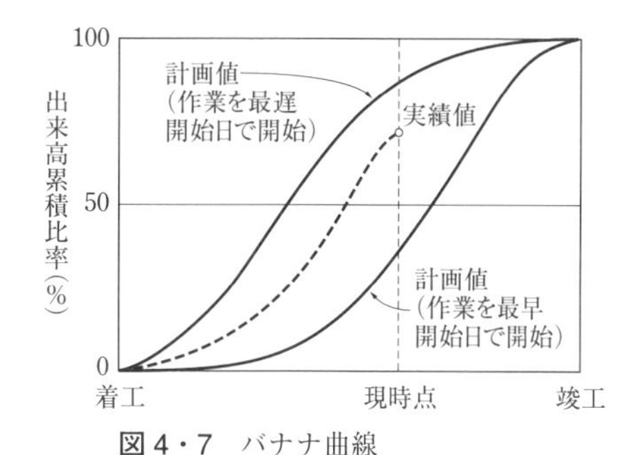

図4・7 バナナ曲線

(d)　**バナナ曲線工程表**

横軸に時間経過，縦軸に出来高をそれぞれ百分率でとり工程として安全な管理範囲を示す。

施工管理法

4・2・3　工期とコストの関係

総工事費（総コスト）は，①直接工事費と②間接工事費を合計したもので，各々と工期の関係は図4・8のとおりである。

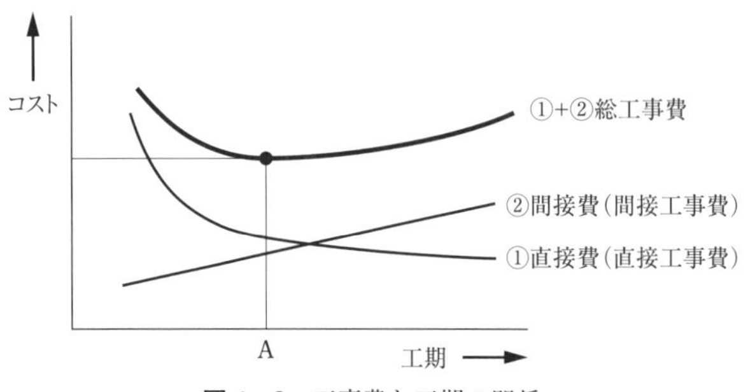

図4・8　工事費と工期の関係

①は工期に対して反比例して減少し，②は工期に比例して増加する。上図からもわかるように，総工事費（総コスト）は，工期があまりに短くなると増加し，逆に長過ぎても増加する。工期を短くしたからといって総工事費が抑えられるとは限らない。

最適工期　総工事費を最小にする工期のことで，直接工事費と間接工事費の和が最小となる工期（A点）である。最適工期を求める方法をCPM（クリティカルパスメソッド）という。

材料費・労務費・機械経費などのように工事の目的に直接使われる費用を直接工事費といい，一般的に，工期が短くなるにつれて増加する。

共通仮設費・現場管理費・原価償却費など工事に間接的に使われる費用を間接工事費といい，工期が長くなるにつれ間接工事費も増加する。

4・2・4 工程の合理化，工期の短縮

(1) タクト手法

タクト手法は，中高層建物の地上工事のように，同一設計内容の基準階が多い場合や，事務所，住宅，ホテル客室などのように，仕上工事で連続的に繰返す施工が多い工事の場合，1フロアー（あるいは1ブロック）の作業パターンおよび各作業の所要日数を一定にして管理する工程計画手法である。1つのタクト期間で終わらない作業は，2つ分または3つ分のタクト期間を設定する。

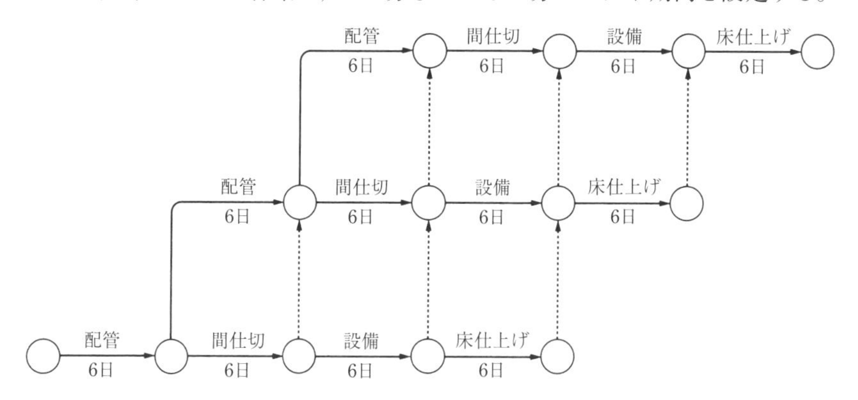

図4・9 仕上げ設備のタクトの例

・タクト手法は，各作業が連動して進むため，1つの作業の遅れは全体の作業を停滞させる原因となる。何らかのタクトの遅延が予想される場合には，一時的に作業人数を投入するなどして，他のタクトに影響を及ぼさないような管理が必要である。

・一般的にタクト手法では，繰返し作業により習熟効果が生じて，生産性が向上する。当初のタクト期間を，工事途中から短縮する，または1つのタクトに投入する作業人数を削減するなど，工期短縮が可能になる。

◀よく出る

タクト手法 工程を合理化するために，各作業の所要日数を一定にして，同じ作業員が休まず連続して同一工種を反復するようにした手法

(2) 工期の短縮

一般的に，躯体工事はクリティカルな工程である。この主要な工程が少なくなることは，工程管理上効果的である。

(a) 工法による合理化

①先組工法

SRC造の鉄骨建方と同時に鉄筋材料を組み立てる先組工法は，全体の搬送回数を減らし，揚重機の稼働率を上げる点で，工期短縮に効果的である。

◀よく出る

工期短縮のポイント

1. 全体の搬送回数を減らす
2. 揚重機の稼働率を上げる
3. 作業効率の向上

②水平積上げ方式

高層のSRC造の鉄骨建て方では，タワークレーンを使う水平積上げ方式を採用する。

③乾式工法

湿式工法から乾式工法に変更する。たとえば，仕上げ工事の石張りを，モルタルを用いる湿式工法からファスナーを用いる乾式工法にする。

④逆打ち工法

軟弱地盤での深い地下工事では，逆打ち工法を採用し，周辺建物の沈下被害を防ぐとともに工期短縮を図る。

(b)　工業製品化

工業製品に代替できると，現場での作業量が減り，養生期間など躯体独特の品質管理上の工程も圧縮できる。

①デッキプレートの採用

スラブ型枠に床型枠用鋼製デッキプレートを採用することは，スラブ型枠材料の解体工事手間および支柱の数量が減ることになり，材料搬送の回数の圧縮につながるとともに，作業効率が向上するため，工期短縮に効果的である。スラブ型枠の解体材が出ないことは，環境配慮に効果的であり，支柱本数が減ることから，下階の作業床も広く利用できる。

② PCの採用

ハーフPC板を床に使用する工法は，支柱の省略や型枠の取外しがないことから省力化，工期短縮が図れる。

タイル打込みハーフPC板を使用することにより，外装工事の現場での作業量が大幅に省力化できる。

③ ALCの採用

内部の非耐力壁を，現場打ちコンクリートからALCパネルに変更することは工程短縮につながる。

④鉄筋格子の採用

床や壁の鉄筋の組立てを省力化するため，先組みの鉄筋格子を採用する。

4・3 品質管理

学習のポイント

各種管理図法，検査法を中心に，図表のイメージとからめて関連用語を理解することがポイントとなる。

4・3・1 品質管理計画

(1) 品質管理の定義

品質管理（Quality Control）は，工程管理・原価管理・安全管理とならぶ施工管理の4大管理のひとつである。品質管理とは，施工計画において作業標準（品質標準）を定め，工程の段階でその作業標準が維持されるよう，検査，試験等を行い，必要ならば改善を行う一連の管理のことである。品質を確保するためには，各工程（プロセス）を重視し，その手順を改善していくことが有効である。

(2) 品質管理の考え方

品質管理は，次のような考え方で構成される。

品質管理
- 日常の品質管理（製品の規格・工程の安定性など）
- 品質向上のための作業改善
- 品質保証のための検査

工事の施工中に，規格（材料・寸法）や工法・工程の安定性などをチェックし，不都合のある場合は，その原因を調べ，適切な処置を講ずる。施工に伴い試験又は検査した結果は次の計画や設計に生かす。

品質管理を組織的・総合的に行うためには，各部門の品質管理活動に必要な業務分担，責任および権限を明確にした組織作りを行う。

記録は，施工者と監理者が双方で確認し，品質管理計画段階において，どのような記録を作成し，保管すべきかを明確にしておく。作業履歴などを調べたいときにすぐに見つけだせるようにするルールや，保管期間・保存期間を決めて管理する。

(3) 建築施工の品質

品質管理は，すべての品質について同じレベルで行うよりは，守るべき品質目標に対して重みづけを行い，重点的な管理等を行うことが要求品質に合致したものを作ることにつながる。重点管理項目や管理目標は，現場管理方針として文書化し，現場全体に周知する。

発注者が要求する基本的な要求事項としては，建築物の仕上り状態，機能や性能，使用材料等のみならず，耐久性・保守性，省力化などの建物のライフサイクルに関すること，さらには，管理のしやすさ，使いやすさなど，施設運営上の要求事項や，環境配慮に関することなど，広範囲にわたる。

品質計画は，総合施工計画書の一部として計画する。品質計画には，設計図書で要求された品質実現を目的として，品質目標，品質管理方針，品質管理体制，重点管理項目，工種別施工計画書作成要領，検査立会い項目，養生計画，不具合発生時の対応等が具体的に記載される。さらには，関係者に周知され，目的・目標意識が共有されることが重要である。

施工の検査等に伴う試験は，試験によらなければ品質及び性能を証明できない場合に行う。

試験または検査の結果に疑義が生じた場合，品質計画に則り適切な処理を施す。速やかに原因を究明し，特定された課題に対しての改善対策を検討するとともに，不具合事項の排除と修正を行う。関係者全員で課題認識を共有し，関連する工事まで配慮の上，検討を行い必要な処置をとり，再発防止の徹底に努める。

4・3・2 ISOと品質管理用語

(1) JIS Q 9000ファミリーによる品質マネジメントシステムに関する用語

(a) 要求事項に関する用語

i) **品質**：対象に本来備わっている特性の集まりが，要求事項を満たす程度。

ii) **要求事項**：明示されている，通常暗黙のうちに了解されている，又は義務として要求されているニーズ又は期待。

iii) **トレーサビリティ**：対象の履歴，適用又は所在を追跡できること。

(b) システムに関する用語

i) **マネジメントシステム**：方針及び目標，並びにその目標を達成するためのプロセスを確立するための，相互に関連する又は相互に作用する，組織の一連の要素。

(c) 活動に関する用語

i) **品質マネジメント（QM）**：品質に関するマネジメント。品質に関する指揮および管理には，通常，品質方針および品質目標の設定，品質計画，品質管理，品質保証及び品質改善が含まれる。

ii) **品質計画**：品質目標を設定すること及び必要な運用プロセスを規定すること，並びにその品質目標を達成するための関連する資源に焦点を合わせた品質マネジメントの一部。

iii) **品質管理（QC）**：品質要求事項を満たすことに焦点を合わせた品質マネジメントの一部。

(d) 組織に関する用語

i) **組織**：自らの目標を達成するため，責任，権限及び相互関係を伴う独自の機能をもつ，個人又はグループ。

(e)　**特性に関する用語**

i）　**品質特性**：要求事項に関連する，対象に本来備わっている特性。

(f)　**処置に関する用語**

i）　**予防処置**：起こり得る不適合またはその他の望ましくない状況の原因を除去するための処置。

ii）　**是正処置**：不適合の原因を除去し，再発を防止するための処置。

(g)　**データ，情報及び文書に関する用語**

i）　**品質マニュアル**：組織の品質マネジメントシステムについての仕様書。

ii）　**品質計画書**：個別の対象に対して，どの手順及びどの関連する資源を，いつ誰によって，適用するかについての仕様書。

(h)　**確定に関する用語**

i）　**検査**：性質又は状態を調べた結果と判定基準を比較して，良否の判断を下すこと。

ii）　**試験**：特定の意図した用途又は適用に関する要求事項に従って，確定すること。

(2)　品質管理用語

TQC

Total Quality Control の略で，全社的品質管理運動のこと。

QA

Quality Assurance の略で，品質保証のこと。

QC サークル

品質管理活動を自主的に行う小グループのこと。

PDCA

Plan Do Check Act の略で，デミングサイクルと呼ばれる品質管理の手法。計画→実施→検討・評価→処置・改善を繰り返しながら施工を進めていく手法。

ZD（ゼロ・ディフェクト）運動

従業員の努力と工夫により，仕事の欠陥をゼロにしようという運動。

管理項目

目標の達成を管理するために，評価尺度として選定した項目のこと。

管理目標

既に実現している目標。品質項目の管理水準などの重要な指標で，異常が起きたかどうか判断するのに必要な基準となる。

見える化

問題，課題，対象等を，いろいろな手段を使って明確にし，関係者全員が認識できる状態にすること。

◀よく出る

QCDS

建築におけるQCDSとは，Q（クオリティ：品質），C（コスト：費用），D（デリバリー：工期），S（セーフティ：安全）を指し，施工管理の重要管理項目を表す。

5S

職場の管理の前提となる整理，整頓，清掃，清潔，しつけ（躾）について，日本語ローマ字表記で頭文字をとったものである。

川上管理

品質に与える影響が大きい前段階や生産工程の上流で品質を管理すること。

4・3・3 各種品質管理表（QC工程表）

施工品質管理表（QC工程表）とは，管理項目について，管理値，検査の時期，方法，頻度等を明示したものである。

QC工程表の作成時における注意点を以下に示す。

①工種別又は部位別に作成する。

②管理項目は，目指す品質に直接関係している要因から取りあげる。

③管理項目は，作業の重要度に関わらず，施工工程に沿って並べる。

④管理項目ごとに，管理担当者の分担を明確にする。

⑤検査の時期，方法，頻度を明示する。

品質管理に用いられる図表をまとめると，表4・10のようになる。

表4・10 品質管理図表

図表名	表示内容	図表の表示名
統計図表	数の比較，累計	ヒストグラム，パレート図
分析図表	原因の分析	特性要因図，連関図，散布図
記録図表	時間とデータの記録	管理図，工程能力図，チェックシート
日程図表	日程の作業	ネットワーク式工程表，バーチャート，曲線式工程表
系統図表	系統や組織	連絡網，安全組織図
計算図表	データとデータの関係図	ノモグラフ

このうち主要なものは，①ヒストグラム，②管理図，③チェックシート，④特性要因図，⑤パレート図，⑥散布図，⑦グラフ　の7つで，品質管理を行うときに，データを数値的・定量的に表し分析するための手法である。数値データ（統計データ）を元に構成する品質管理の代表的な7手法を**QC7つ道具**という。

表4・11 QC7つ道具

【凡例】◎：特に有効　○：有効

	QC7つ道具						
	ヒストグラム	管理図	チェックシート	特性要因図	パレート図	散布図	グラフ
テーマの選定	○	○	○	○	◎		○
現状の把握	○	○	○	○	○		◎
目標の設定		○	○		○		◎
要因と特性の関係を測定				◎		○	
過去の状況や現状を測定	◎	◎	◎		○		◎
層別して測定	◎	◎	○	○	○	◎	○
時間的変化の測定		◎					○
相互関係の測定					○	◎	○
対策の検討・評価・実施				◎			○
効果の確認	◎	◎	○		○		○
標準化と管理の徹底	○	◎	◎				○

(a)　**ヒストグラム**

ヒストグラムは，横軸に階級，縦軸に度数（頻度）をとった棒グラフで，横軸の品質の公差を6～10等分して測定したデータを割り当てる。品質の良否を判断する指標として用いられる。

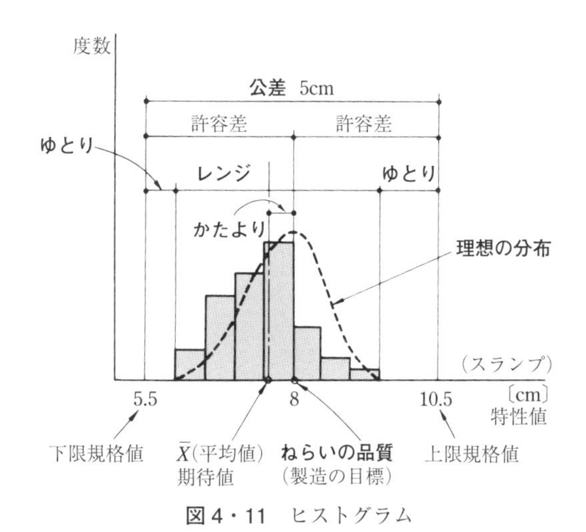

図4・11　ヒストグラム

(b)　**管理図**

品質をつくりだす工程そのものを管理するための図を**管理図**（**工程管理図**）といい，管理の限界を示す線を**管理限界線**（上：UCL，下：LCL）という。管理限界線は工程に異常原因によるばらつきが生じたとき，その限界を超えないように設定されている。

管理図は，**横軸に時間を取り**，工程の安定性を判断する基準として**平均値を縦軸の中心として上下の管理限界線を設ける**。点の並び方に以下の6つの傾向が現われたとき，原因を究明し，改善を行わなければならない。

管理図（工程管理図）　品質をつくりだす工程そのものを管理するための図

UCL　Upper Control Limit

LCL　Lower Control Limit

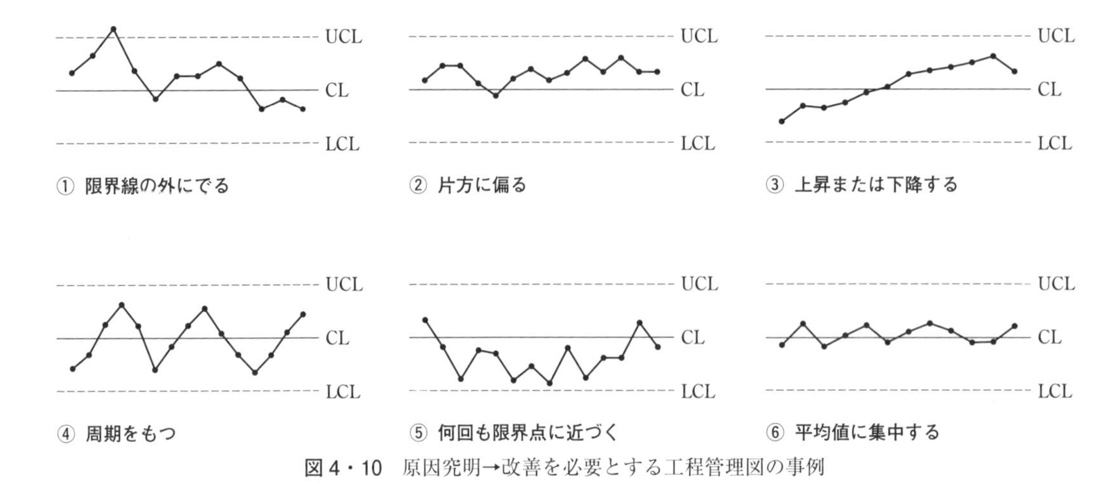

図4・10　原因究明→改善を必要とする工程管理図の事例

データには，**連続的な値**と**不連続（離散的）な値**とがある。連続的な値とは，長さ，重さ，強度などの測定値で，これを**計量値**という。一方，不連続な値とは，小数点以下の値を取り得ないもので，これを**計数値**という。測定値の性質によって管理図を使い分ける。

（i）　**$\overline{X}$－R 管理図**

$\overline{X}$－R 管理図は，平均値の変化を見るための $\overline{X}$ 管理図と，ばらつきの変化を見るための R 管理図を同時に併記し管理できるので，高力ボルトやレディーミクストコンクリートの品質管理には，一般的に，$\overline{X}$－R 管理図が用いられる。

（ii）　**$\overline{X}$ 管理図**

平均値と範囲の管理図で，工程が時間とともにどのような変化をするかを見るために，サンプルの平均値の管理図をつくる。平均値で群間の違いを評価するための管理図。

（iii）　**R 管理図**

時間とともに工程のばらつきがどのように変化するかを見るための管理図。

（iv）　**$\overline{X}$－R_s－R_m 管理**

個々のデータをそのまま時間的に順次並べて管理していくもので，一点管理という。$\overline{X}$－R 管理図のように多くのデータが得られないときに用いる。

（v）　**P 管理図・P_n 管理図**

ボルト，ナット，釘などの製品の不良品に用いる。

（vi）　**C 管理図・U 管理図**

あるひとつの製品に欠点が何箇所あるかを検討するときに用いる。

(c) **チェックシート／チェックリスト**

チェックシートとは，チェックまたは管理に必要な確認要点項目を前もって抽出して一覧にした表のことをいう。必要とするデータが何かを瞬時に理解させ，収集したデータを簡単に整理するために用いる。

(d) **特性要因図**

特性要因図とは，結果の特性とそれに影響を及ぼす要因の関係を矢印で体系的に表したもの。特性とは，原因を探る対象であり，問題や結果などがこれにあたる。改善項目決定後に，その項目に関係すると考えられる要素を挙げ，それらの関係性を明らかにする。

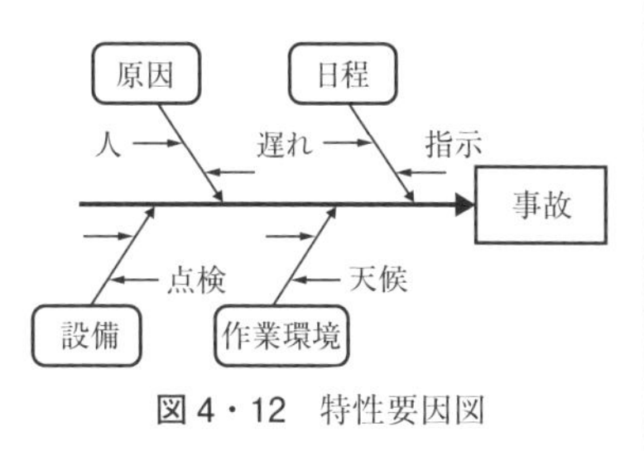

図 4・12 特性要因図

(e) **パレート図**

パレート図とは，縦軸に割合，横軸に項目をとり，左から数値が大きい順に項目別の棒グラフを並べ，累積度数分布線（各要素のパーセンテージを次々に足し合わせた線）を描いたものである。パレート図を作成することで，どの項目がどの程度結果に対して影響力をもっているのか把握することができる。影響力の大きな項目に対しては，重点管理項目として集中的に管理するなど，影響力の度合いによって管理方法を使い分けることで，効率的な管理活動が行える。

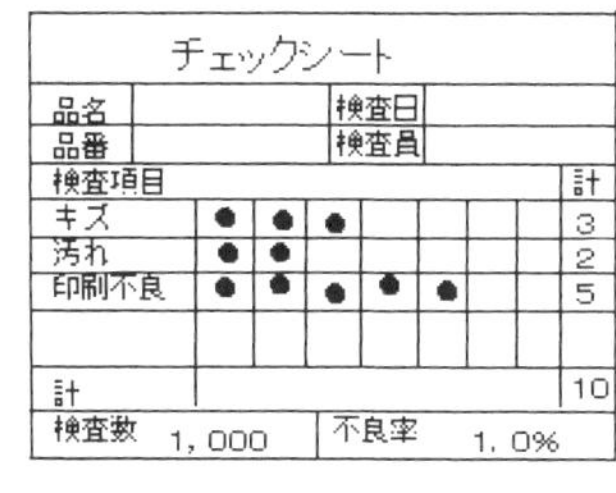

チェックシート

品名		検査日	
品番		検査員	
検査項目			計
キズ	●●●		3
汚れ	●●		2
印刷不良	●●●●●		5
計			10
検査数	1,000	不良率	1.0%

図 4・13 チェックシート

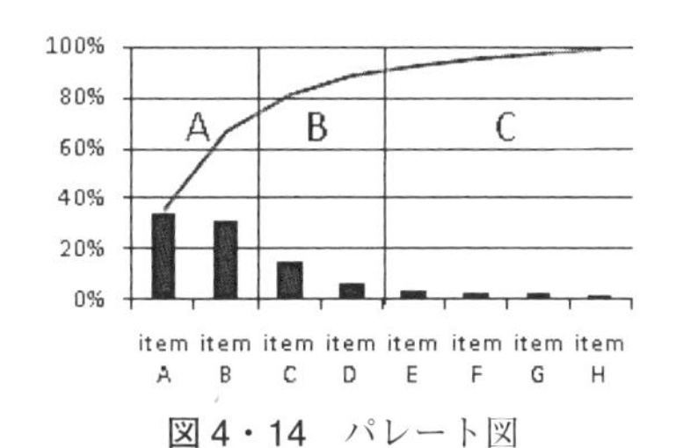

図 4・14 パレート図

(f) **散布図**

2つの変数間の関係をパターン化するグラフであり，相関図ともいう。横軸と縦軸に2つの変数（独立変数と従属変数）をとり，その結果をプロットし，対角線上に点が集中していると相関関係が深いことを確認することができる。割合や推移を把握するなど，特定の目的に合う形でデータを表すことができる。

(g) **グラフ**

2つの変数間の関係を図形で表わしたもの。

折れ線グラフ，円グラフ，棒グラフなどが用いられる。

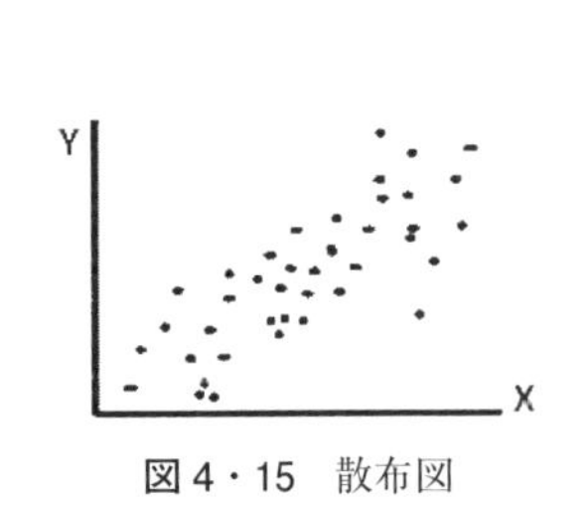

図4・15 散布図

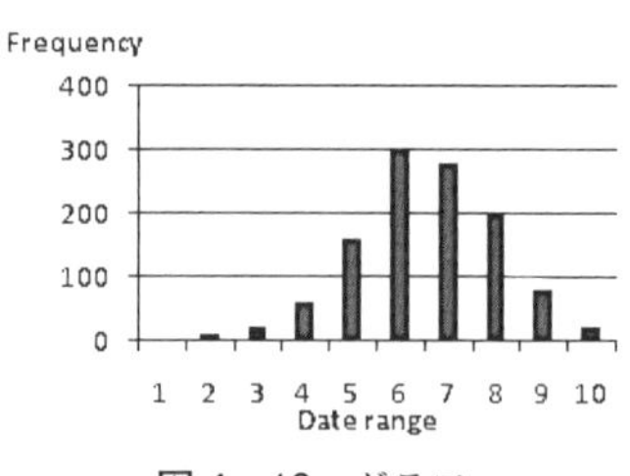

図4・16 グラフ

4・3・4 検査・試験

(1) 検 査

検査とは，施工された構造物の品質を定められた方法で測定し，この結果を判定基準と照合し，その良否を判定することである。品質計画に基づく施工の試験または検査の結果は，次の計画や設計に活かす。検査の方法は，大別して**全数検査**と**抜取検査**の二つがある。

全数検査とは，製品を一つ一つ調べて不良品を取り除くもので，品質を保証する点から最も望ましい方法である。しかし，多数の検査をするときや**破壊検査**となるときは不可能であり，時間と経費もかかる。また，必ずしも全ての不良品を取り除くことはできない。

建築工事における材料，施工の検査には抜取検査が行われることが多い。抜取検査は対象となる物品の量が非常に多い場合や連続して生産される場合を対象として行われる。検査しようとする1集団の製品（これを**ロット lot**という）から無作為に抜き取った少数のサンプルを調べ，その結果をロットに対する判定基準と比較し，そのロット集団の合否をもって判定する。

また抜取検査では製造工程が管理状態にあり，管理に異常がないとき，ロット単位の抜取検査を省略（**無試験検査**）することがある。

工程間検査
工程の途中で次の工程に移してもよいかどうかを判定するために行う。

試験
評価対象の特性を確定させることをいう。

(2) 全数検査の条件

① 不良率が大きく，所定の品質基準に達していない。
② 不良品を見逃すと人命にかかわり，後の工程や消費者に大きな損失を与える。
③ 検査費用に比較して得られる効果が大きい。
④ 全数検査が容易にできる。
⑤ 非破壊検査ができる。

(3) 抜取検査の条件

抜取検査は製品がロットとして処理できる場合に限られる。

① 合格ロットの中にある程度の不良品が混入してもよい場合。
② OC曲線（図4・17）が示す品質保証を前提に，試料の抜取りがランダムにできること。
③ 品質基準や測定方法が明確であること。

④ 計量抜取検査では，ロットの検査単位の特性値分布がわかっていること。

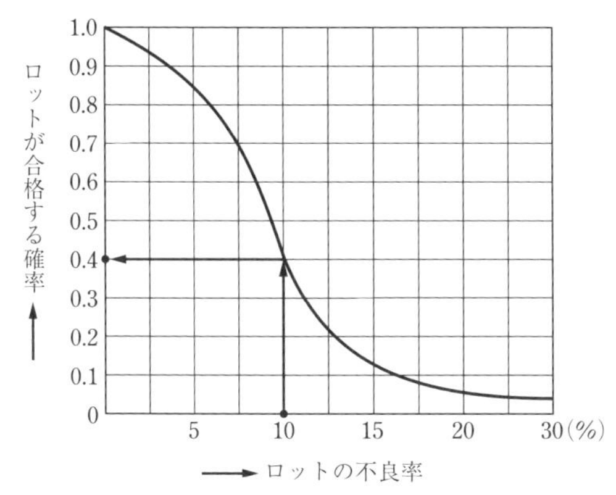

OC 曲線（検査特性曲線）
ロットの抜取検査でロットの不良率と合格率との関係を表す曲線。この事例では不良率 10% で合格率 40% まで下がる。不良率が大きく品質水準に達しない製品は全数検査が望ましい。

図4・17 OC 曲線

◆抜取検査の長所

全数検査に比べて次のような長所がある。

① 品質について（結果として）情報がつかめる。

② 生産者に品質改善の圧力を与える。

③ 全数検査に比べ，検査員の肉体的・精神的負担がなく，かえってより品質を保証することになる。

④ 全数検査の結果をチェックできる。

(5) 各種検査・試験

(a) 鉄筋のガス圧接

① 圧接完了後の試験

圧接完了後，次により試験を行う。

(1) 外観試験

(ⅰ) 外観試験は，圧接部のふくらみの形状及び寸法，圧接面のずれ，圧接部における鉄筋中心軸の偏心量，圧接部の折れ曲り，その他有害と認められる欠陥の有無について，目視により行い，必要に応じてデジタルノギス等の測定器具を用いて測定する。

(ⅱ) 試験対象は，全圧接部とする。

(2) 抜取試験は，超音波探傷試験又は引張試験とする。

② 不合格となった圧接部の修正

(1) 外観試験で不合格となった圧接部の修正

(ⅰ) 圧接部のふくらみの寸法が規定値に満たない場合は，再加熱し，圧力を加えて所定のふくらみとする。

(ⅱ) 圧接部のずれ，鉄筋の偏心量が規定値を超えた場合は，圧接部を切り取り再圧接する。

(ⅲ) 圧接部に明らかな折れ曲りを生じた場合は，再加熱して修正する。

(ⅳ) 圧接部のふくらみが著しいつば形の場合又は著しい焼割れを生じた

場合は，圧接部を切り取り再圧接する。

(b)　コンクリート工事

現場で行うコンクリートの検査には受入れ検査と構造体コンクリートの検査がある。レディーミクストコンクリートの受入れ検査は，荷卸しの現地とするが，塩化物含有量については工場での出荷時でもよい。塩化物量は，塩化物イオン量で0.30kg/m^{3}以下とする。

主な検査の判定基準を以下に示す。

表4・12　コンクリート検査

	受入れ検査	構造体コンクリート検査
時期	荷卸し時	施工時
検査項目	(JIS A 5308による) 運搬時間 スランプ 空気量 塩化物含有量 コンクリート温度 圧縮強度	(JASS 5による) 圧縮強度

高流動コンクリートは，スランプの測定が難しいため，スランプフロー試験で流動性を計測する。スランプコーンを用いて行う。

表4・13　圧縮強度試験手順

	受入れ検査	構造体コンクリート検査
供試体採取方法	普通，軽量，舗装コンクリート 打込み工区ごと 打込日ごと かつ，150m^{3}またはその端数ごとに1回。 高強度コンクリート 打込み工区ごと 打込日ごと 100m^{3}またはその端数ごとに1回。 任意の1台の運搬車から3個採取する。 3回の試験で1検査ロットとする。	打込み工区ごと 打込日ごと かつ，150m^{3}またはその端数ごとに1回。 適当な間隔を置いた3台の運搬車から1個ずつ合計3個採取する。
養生方法	標準養生	(一般コンクリートの場合) 材齢28日：標準養生または現場水中養生 材齢28日を越え，91日以内：現場封かん養生

圧縮強度試験の供試体は，直径の2倍の高さをもつ円柱形とする。直径は，粗骨材の最大寸法の3倍以上，かつ10cm以上とする。

表4・14　コンクリート空気量の許容差

コンクリートの種類	空気量（%）	許容差（%）
普通コンクリート	4.5	± 1.5
軽量コンクリート	5.0	
舗装コンクリート	4.5	
高強度コンクリート	4.5	

表4・15　スランプの許容差

指定スランプ（cm）	許容差（cm）
5および6.5	± 1.5
8以上18以下	± 2.5
21	± 1.5

※スランプの測定は，スランプゲージを用いて行い，スランプコーン（高さ300 mm）を引き上げた後のコンクリート最頂部の下がりを測定する。下がりは0.5 cm単位で測定する。

(c)　鉄骨の溶接部

【ヒント】
溶接部の欠陥を表す用語についてはp90を参照。

①　表面欠陥については，非破壊試験（磁粉探傷試験，浸透探傷試験）を行う。

磁粉探傷試験：磁性粉末を含む適切な試験媒体を利用し，漏えい磁界によって表面及び表面近傍のきずを検出する非破壊試験である。磁粉により微細な欠陥を容易に検出することができる。

浸透探傷試験：一般に浸透処理，余剰浸透液の除去処理，および現像処理で構成される表面に開口したきずを指示模様として検出する非破壊試験である。（JIS Z 2300　4. 用語及び定義0115）

②　内部欠陥については，非破壊試験（超音波探傷試験，放射線透過試験）と破壊試験（マクロ試験）がある。

超音波探傷試験：超音波を試験体中に伝えたときに試験体が示す音響的性質を利用して試験体の内部欠陥，材質などを調べる非破壊試験である。

放射線透過試験：放射線を試験体に照射し，透過した放射線の強さの変化から，試験体内部のきずを調べる非破壊試験である。

マクロ試験：溶接部の断面または表面を研磨または腐食液で処理し，肉眼または低倍率の拡大鏡で観察して，溶込み，熱影響部，欠陥などの状態を調べる試験である。（JIS Z 3001-1 4.2.1 12108）溶接部を切断して溶込み状態等を検査する。

③　鉄骨の隅肉溶接の検査で，のど厚を確保するための余盛の高さは0.6S以下かつ6 mm以下とする。隅肉溶接のサイズの測定は，溶接用ゲージを用いて行う。

名称	図	管理許容差	限界許容差
隅肉容接の余盛の高さ Δa	L, S, Δa	$0 \leq \Delta a \leq 0.4S$ かつ $\Delta a \leq 4$ mm	$0 \leq \Delta a \leq 0.6S$ かつ $\Delta a \leq 6$ mm

図4・18　隅肉容接の検査

④ スタッド溶接後の15°打撃曲げ試験は，1ロットにつき1本以上行い，打撃により角度15°まで曲げた後，溶接部に割れその他の欠陥が生じない場合に合格とする。

(d) **トルシア形高力ボルト**

① ボルトの余長は，ねじ山が1〜6山ほど出ているものを合格とする。

② トルクコントロール法による検査は，トルクレンチを用いてナットを追締めし，ナットが回転をはじめたときのトルク値による。所要トルク値の±10%以内のものを合格とする。

③ ナット回転法による検査は，一次締付け後のナット回転量が120°±30°の範囲にあるものを合格とする。

④ 本締め完了後のナット回転量は，各ボルト群のナットの平均回転角度の±30°以内にあるものを合格とする。

⑤ 検査の結果，締付け不足の場合は，追締めを行う。

⑥ 検査の結果，共回り，軸回りを生じた場合やナット回転量に異常が認められた場合は，新しいものと取り替える。

⑦ 一度使用したボルトは，再度使用してはならない。

【ヒント】
高力ボルト接合についてはp91，p92を参照。

(e) **タイル工事**

① 屋外および屋内の吹抜け部分は，施工後2週間以上経過してから全面にわたり打音検査を行う。

② 外壁タイルの接着力試験は，施工後2週間以上経過してから実施し，油圧式簡易引張試験器等を用いて行う。後張り工法の場合は0.4 N/mm^{2}以上，先張り工法は0.6 N/mm^{2}以上を合格とする。

◀よく出る

③ 陶磁器質タイルの接着力試験の試験体の個数は，100 m^{2}ごとおよびその端数につき1個以上，かつ全体で3個以上とする。

(f) **その他**

① 現場搬入時の木材含水率は，構造材で20%以下，造作材で15%以下とする。含水率は水分計で測定する。

② アスファルト防水の溶融アスファルトの施工時の温度の下限は230℃とする。

③ アスファルト防水工事において，下地コンクリートの乾燥状態の確認は，高周波水分計を用いて行う。

④ シーリング工事において，接着性の確認のため，簡易接着性試験を行う。接着試験は，同一種類のものであっても，製造所ごとに行う。

⑤ 塗装工事において，工場塗装した鉄骨の塗膜厚の確認は，電磁式膜厚計を用いて測定する。

⑥ 塗装可能な下地のアルカリ分の測定は，pHコンパレーターを用いて行い，モルタル面，コンクリート面でpH 9以下，プラスター面でpH 8以下を目安とする。

⑦ 錆止め塗装を現場で行う場合，膜厚測定が困難な場合が多いため，塗布面積に対する塗料の使用量をもとに塗付け量を推定する。

⑧ 硬質ウレタンフォーム吹付け工法による断熱工事における断熱材厚さの測定は，ピンの目視等で行う。

⑨ 鉄骨の高力ボルト接合の試験は，すべり係数試験，又はすべり耐力試験により行う。

⑩ 既製コンクリート杭事業工事において，埋込み杭の根固め液の確認のために，圧縮強度試験を行う。

⑪ 摩擦杭の周辺摩擦力は，コーン貫入試験により確認する。

⑫ 地業工事において，支持地盤の地耐力の確認は，平板載荷試験によって行う。

4・4 安全管理

学習のポイント

安全管理体制の中での事業者の責務，作業主任者の役割，建設現場における足場等の安全寸法，災害防止対策ついての理解がポイントになる。

4・4・1　安全管理体制

(1)　事業者・労働者などの定義

事業者：労働安全衛生法では，事業者として「事業を行う者で，労働者を使用するもの」をいう。

元方事業者：一の場所において行う事業の仕事の一部を下請負人に請け負わせているもので，その他の仕事は自らが行う事業者をいう。

特定元方事業者：元方事業者のうち，建設業と造船業（これを「特定事業」という。）を行うものをいう。

労働者：労働安全衛生法では，労働者とは労働基準法第9条に規定する労働者をいう（同居の親族のみを使用する事業における労働者は除く）

(2)　安全管理に関する用語

安全朝礼：毎朝，作業開始前に行う朝礼で，作業員全員が参加する。作業手順や心構え，注意点などを周知する。

安全施工サイクル活動：施工の安全を図るため，毎日，毎週，毎月に行うことをパターン化し，継続的に取り組む活動。

新規入場者教育：作業所の方針，安全施工サイクルの具体的な内容，作業手順などを教育する活動。

TBM（ツールボックスミーティング）：職長を中心に，作業開始前の短時間で，当日の安全作業について話し合う活動。

リスクアセスメント：労働災害の要因となる危険性または有害性を洗い出して，リスクを見積り，優先順位を定め，リスクの低減装置を検討すること。

ゼロミッション：あらゆる廃棄物を原材料などとして有効活用することにより，廃棄物を一切出さない資源循環型の社会システムのこと。

(3) 事業者等の責務

①事業者等の責務（第３条）

事業者等が果たすべき具体的な措置は，

ⅰ）労働災害防止の最低基準の遵守

・労働者に要求性能墜落制止用器具（安全帯等）を使用させるときは，安全帯等及びその取付け設備の異常の有無について，随時点検する。

ⅱ）快適な職場環境の実現と労働条件の改善を通じての労働者の安全と健康の確保

・労働者が有効に利用できる休憩の設備を設ける。

・多量の発汗を伴う作業場において，塩及び飲料水を備え付ける。

ⅲ）国の施策への協力

②注文者の責務（第３条第３項）

建設工事の注文者など仕事を他人に請け負わせる者は，施工方法，工期等について，安全で衛生的な作業の遂行をそこなうおそれのある条件を附さないように配慮すること

③労働者の責務（第４条）

労働者は，労働災害を防止するため必要な事項を守るほか，事業者その他の関係者が実施する労働災害の防止に関する措置に協力するよう努めること

(4) 安全管理組織

◀よく出る

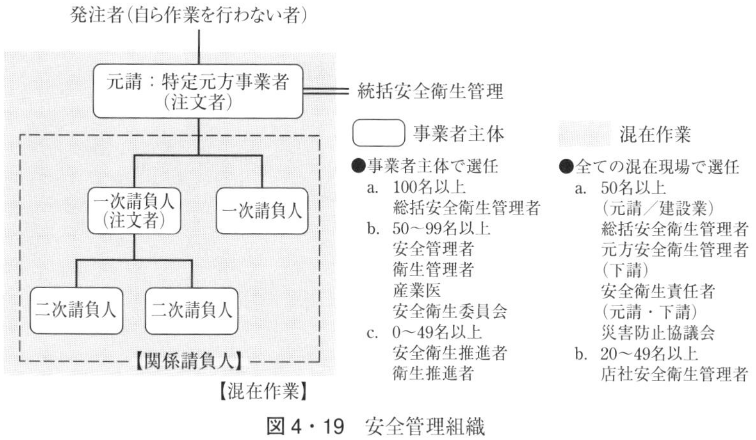

図４・19 安全管理組織

(5)　安全衛生管理組織

安全衛生管理組織には，図４・20の４つの場合がある。50人以上，複数事務所では，元請が**統括安全衛生責任者**と**元方安全衛生管理者**を，下請が**安全衛生責任者**を選任する。**安全衛生協議会**は両者により構成される。

◀よく出る

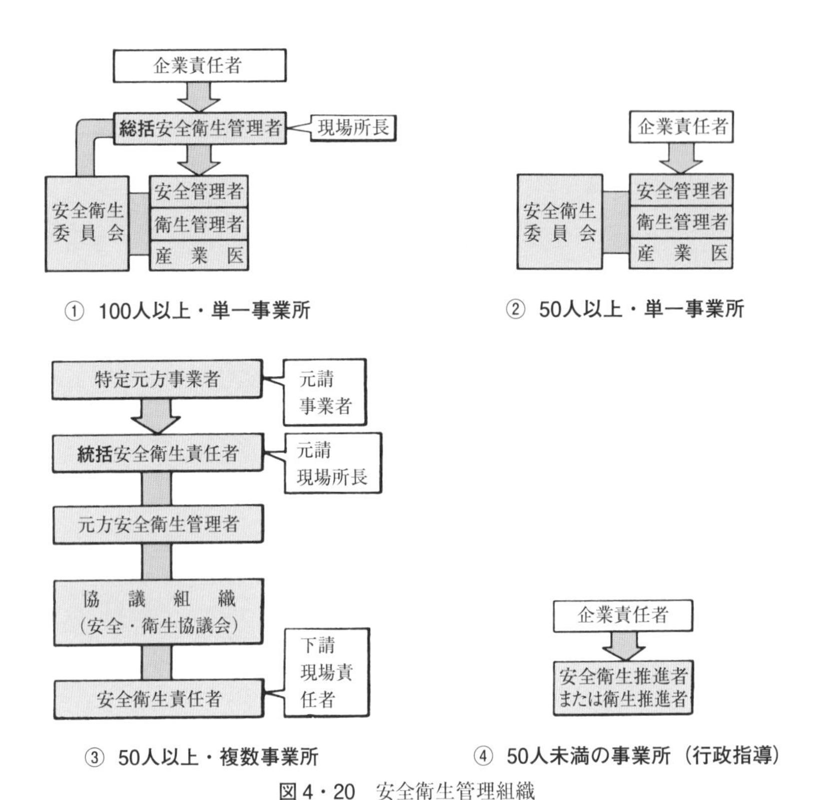

図４・20　安全衛生管理組織

(6)　安全衛生教育

◀よく出る

事業者は，次の場合，業務についての安全衛生教育を行わなければならない。

①　労働者を雇い入れたとき
②　労働者の作業内容を変更したとき
③　省令で定める危険または有害な業務に就かせるとき
④　新任の職長および労働者を直接指導または監督する者（作業主任者を除く）に対して随時

(7)　安全衛生教育の内容

事業者は，雇入れ時または配置転換時，次項についての安全教育（**新規入場者教育**）を行わなければならない。

① 機械・原材料などの危険性・有害性とこれらの取扱い方法
② 安全装置，保護具の性能と取扱い方法
③ 作業手順
④ 作業開始の点検
⑤ 発生するおそれのある疾病の原因と予防
⑥ 整理整頓と清潔の保持
⑦ 事故発生時における応急措置と退避
⑧ 上記以外の安全衛生に必要な事項

(8)　統括安全衛生責任者の職務（図4・20の③）

① 協議組織の設置および運営（毎月1回以上）
② 作業間の連絡および調整
③ 毎日1回以上の作業場の巡視
④ 関係請負人の労働安全衛生の教育に対しての指導・支援
⑤ 元方安全衛生管理者の指揮
⑥ 労働災害の防止のための合図の統一，立入禁止措置など

(9)　安全衛生管理体制

表4・16　安全衛生管理体制一覧

種　別	適用範囲	資格その他
総括安全衛生管理者	常時100人以上の直用労働者を使用する事業所	事業所長などの事業の実施を総括管理する。 資格の必要はない。
安全管理者	常時50人以上の直用労働者を使用する事業所	① 大学・高専の理科系卒業後3年以上安全の実務経験者 ② 高校の理科系卒業後5年以上の安全の実務経験者 ③ 厚生労働大臣が定める者（施工管理技士）
衛生管理者	常時50人以上の直用労働者を使用する事業所	① 医師 ② 歯科医師 ③ 厚生労働大臣の定める者（衛生管理者）
産業医	常時50人以上の直用労働者を使用する事業所	医師
統括安全衛生責任者	同一場所で元請・下請合わせて常時50人以上の労働者が混在する事業所（20人以上50人未満では店社安全衛生管理者を選任する）	工事事務所長などの事業の実施を統括管理する者。資格の必要はない。 元方安全衛生管理者を指揮
元方安全衛生管理者	統括安全衛生責任者を選任した事業所	① 大学・高専の理科系卒業後3年以上安全衛生の実務経験者 ② 高校の理科系卒業後5年以上の安全衛生の実務経験者 ③ 厚生労働大臣が定める者（施工管理技士）
安全委員会 衛生委員会	常時50人以上の直用労働者を使用する事業所	半数は労働者の代表者を指名。毎月1回以上開催。 安全・衛生の各委員会を1つにして設置できる。
安全衛生協議会	作業員の人数に関係なく混在事業所ではすべての事業所が該当する	別途工事業者も含め関係請負人がすべて参加すること。毎月1回以上開催。

4・4・2 特定元方事業者の構ずべき措置

特定元方事業者は，労働災害を防止するため，次の事項に関する必要な措置を講じなければならない。

① 協議組織の設置及び運営
② 作業間の連絡及び調整
③ 作業場所の巡視
④ 労働者の安全又は衛生のための教育に対する指導及び援助
⑤ 仕事の工程及び機械・設備等の配置に関する計画の作成と，関係請負人が講ずべき措置についての指導
⑥ クレーン等の運転についての合図の統一
⑦ 事故現場等の標識の統一
⑧ 有機溶剤等の容器の集積箇所の統一
⑨ 警報の統一
⑩ 避難等の訓練の実施方法の統一

4・4・3 作業主任者制度

作業主任者制度は，危険，または，有害な設備，作業について，その危害防止のために必要な事項を担当させるためのものと位置づけられている。（労働安全衛生法第14条）

◀よく出る

作業主任者
労働災害の危険性・おそれがある業務の指揮を行う者

(1) 作業主任者の職務

事業者が，作業主任者に行わせるべき職務は，次のようになる。

① 当該作業に従事する労働者の指揮。
② 取り扱う機械及びその安全装置の点検。
③ 取り扱う機械及びその安全装置に異常を認めた場合の必要な措置。
④ 作業中の器具，工具，要求性能墜落制止用器具及び保護帽等の使用状況の監視。

特に足場の組立て作業主任者の職務は以下のようになる。

① 作業の方法を確認し，作業を直接指揮すること。
② 労働者の配置を決定し，作業の進行状況を監視すること。
③ 材料の欠点の有無を点検し，不良品を取り除くこと。
④ 器具，工具，要求性能墜落防止用器具及び保護帽の機能を点検し，不良品を取り除くこと。
⑤ 要求性能墜落制止用器具等及び保護帽の使用状況を監視すること。

(2) 作業主任者の選任

事業者は，労働災害を防止するための管理を必要とする作業区分において，表4・17のような，免許または技能講習修了者の中から作業主任者を選任しなければならない。

高所作業車を用いて作業を行う場合，作業主任者の選任は定められていない。

表4・17 作業主任者一覧 ▼よく出る

名　称	選任すべき作業
高圧室内作業主任者（免）	高圧室内作業
ガス溶接作業主任者（免）	アセチレン溶接装置，または，ガス集合溶接装置を用いて行う金属の溶接，溶断または加熱の作業
ボイラー取扱い作業主任者（免）	ボイラー（小型ボイラーを除く）の取扱い作業
木材加工用作業主任者（技）	木材加工用機械を5台以上有する事業場において行う，当該機械による作業
コンクリート破砕機作業主任者（技）	コンクリート破砕機を用いて行う，破砕の作業
地山の掘削作業主任者（技）	掘削面の高さが2m以上となる，地山の掘削作業
土止め支保工作業主任者（技）	土止め支保工の切りばり，または，腹おこしの取り付け，または，取り外しの作業
随道等の掘削作業主任者（技）	随道等の掘削の作業，または，これに伴うずり積み，随道支保工の組立て，ロックボルトの取り付け，もしくは，コンクリート等の吹付け作業
随道等の覆工作業主任者（技）	随道等の覆工作業
型枠支保工の組立て等作業主任者（技）	型枠支保工の組立て，または，解体の作業
足場の組立て等作業主任者（技）	つり足場，張出し足場，または，高さが5m以上の構造の足場の組立て，解体，または，変更の作業
建築物等の鉄骨の組立て等作業主任者（技）	建築物の骨組み，または，塔であって，金属製の部材により構成されるもの（その高さが，5m以上のものに限る）の組立て，解体，または，変更の作業
鋼橋架設等作業主任者（技）	橋梁の上部構造であって，金属製の部材により構成されるもの（その高さが5m以上であるもの，または，当該上部構造のうち，橋梁の支間が30m以上である部分に限る）の架設，解体，または，変更の作業
木造建築物の組立て等作業主任者（技）	軒の高さが5m以上の木造建築物の構造部材の組立て，または，これに伴う屋根下地，もしくは，外壁下地の取付け作業
コンクリート造工作物の解体等作業主任者（技）	コンクリート造の工作物の解体，または，破壊の作業
コンクリート橋架設等作業主任者（技）	橋梁の上部構造であって，コンクリート造のもの（その高さが5m以上であるもの，または，当該上部構造のうち，橋梁の支間が30m以上である部分に限る）の架設，または，変更の作業
酸素欠乏危険作業主任者（第1種・第2種）（技）	酸素欠乏危険場所における作業
有機溶剤作業主任者（技）	屋内作業場等において，一定の有機溶剤を製造し，または，取り扱う業務のうち，一定のものに係わる作業
石綿作業主任者（技）	石綿，もしくは，石綿を，その重量の0.1%を超えて含有する製材，その他の物を取り扱う作業，または，石綿等を試験研究のために製造する作業

（免）免許を受けた者　（技）技能講習を修了した者

施工管理法

4・4・4 災害防止

労働者が業務遂行中に業務に起因して受けた業務上の災害を**労働災害**といい，業務上の負傷，業務上の疾病（休業1日以上，および身体の一部または機能を失うもの），および死亡が含まれる。

(1) 災害発生率

災害発生の原因には，物的（不安全な状態），人的（不安全な行動），管理上の欠陥の3つが考えられる。全産業の4割にのぼる死亡者を建設業が占めており，建設業においていかに安全性が重要かわかる。

重大災害 重大災害とは，1事故で3人以上の死傷者がでた災害のこと

死亡者についてその原因および作業内容をみると以下の順である。

① 墜落 ……………………………40%
② クレーン・建設機械 ………20%
③ 自動車等 ………………………14%
④ 土砂崩れ ………………………6%
⑤ 飛来・落下 ……………………5%
⑥ 足場倒壊 ………………………5%

墜落が4割また上位3つが全体の3/4を占め，これらを防止することが極めて重要である。

厚生労働省では災害発生の統計上の尺度として度数率と強度率を使用している。

◀よく出る

(a) 度数率

度数率は，100万延実労働時間当たりの労働災害による死傷者数をもって，災害の頻度を表すものである。すなわち，ある期間中に発生した労働災害による死傷者数を同じ期間中の全労働者延実労働時間100万時間当たりで除して求められる。

$$度数率 = \frac{死傷者数}{延実労働時間数} \times 1{,}000{,}000$$

度数率 災害発生の頻度を示す指標

$$度数率 = \frac{死傷者数}{延実労働時間数} \times 1{,}000{,}000$$

(b) 強度率

強度率は，1,000延実労働時間当たりの労働損失日数で，災害の重さの程度を表すものである。すなわち，ある期間中に発生した労働災害による労働損失日数を，同じ期間中の全労働者の1,000延実労働時間当たりで除して求められる。

$$強度率 = \frac{労働損失日数}{延実労働時間数} \times 1{,}000$$

強度率 災害の大きさを示す指標。死傷者の労働損失であらわす。

$$強度率 = \frac{損失日数}{延実労働時間数} \times 1{,}000$$

年千人率 労働災害の発生頻度を表す指標。厚生労働省の統計ではないが，広く用いられている。

$$年千人率 = \frac{年間死傷者数}{1年間の平均労働者数} \times 1{,}000$$

労働損失日数は，強度率を算出する際に用いる係数で，労働災害により失われた日数を評価したものであり，以下のように定められている。

死　亡　　　　　…7,500日
永久全労働不能　…身体障害等級1～3級の日数（7,500日）

永久一部労働不能…身体障害等級 4〜14 級の日数（級に応じて 50〜5,500 日）

一時労働不能　　…暦日の休業日数に$\frac{300}{365}$を乗じた日数

表 4・18 損 失 日 数（永久一部労働不能）

身体障害等級	4	5	6	7	8	9	10	11	12	13	14
損失日数	5500	4000	3000	2200	1500	1000	600	400	200	100	50

(c) 年千人率

年千人率は，労働災害の発生率を示したものである。1 年間の労働者 1,000 人当たりに発生した死傷者数の割合で表し，次の数式で求められる。

$$年千人率 = \frac{年間死傷者数}{年間平均1日当たりの労働者数} \times 1000$$

(2) 有機溶剤中毒

① 事業者は，屋内作業場等において有機溶剤業務に労働者を従事させるときは，次の事項を，見やすい場所に表示しなければならない。

i）有機溶剤の人体に及ぼす作用

ii）有機溶剤等の取扱い上の注意事項

iii）有機溶剤による中毒が発生したときの応急処置

iv）有機溶剤等の区分を，色分けおよび色分け以外の方法で

② 事業者は，有機溶剤等を屋内に貯蔵するときは，有機溶剤等がこぼれ，または，発散する恐れのない堅固な容器を用いるとともに，その貯蔵場所に，次の設備を設けなければならない。

i）関係労働者以外の労働者がその貯蔵場所に立ち入ることを防ぐ設備。

ii）有機溶剤の蒸気を屋外に排出する設備。

③ 事業者は，有機溶剤作業主任者に次の事項を行わせなければならない。

i）作業に従事する労働者が有機溶剤により汚染され，又はこれを吸入しないように，作業の方法を決定し，労働者を指揮すること。

ii）局所排気装置，プッシュプル型換気装置又は全体換気装置を 1 月を超えない期間ごとに点検すること。

iii）保護具の使用状況を監視すること。

iv）タンクの内部において有機溶剤業務に労働者が従事するときは，講ずべき措置を確認すること。

④ 事業者は，有機溶剤濃度の測定を必要とする業務を行う屋内作業場については，6 月以内ごとに 1 回，定期に，濃度の測定を行わなければならない。

(3) 酸素欠乏症（酸素欠乏症等防止規則）

① 酸素欠乏とは，空気中の酸素の濃度が 18% 未満である状態をいう。

◀よく出る

② 事業者は，その日の作業を開始する前に，酸素欠乏危険場所における空気中の酸素濃度を測定し，その記録を3年間保存しなければならない。

③ 事業者は，酸素欠乏危険作業に労働者を従事させる場合は，当該作業を行う場所の，空気中の酸素濃度を**18%以上**に保つように換気しなければならない。ただし，爆発等を防止するために換気ができない場合などは，この限りでない。

◀よく出る

④ 事業者は，地下室，ピット等の内部における作業に，労働者を従事させるときは，酸素欠乏の空気が，作業を行う場所に流入することを防止するための措置を講じなければならない。

⑤ 事業者は，酸素欠乏危険作業に労働者を従事させるときは，非常の場合に労働者を避難させ，または，救出するために必要な用具を備えなければならない。

⑥ 事業者は，酸素欠乏危険作業については，技能講習を修了した者のうちから，酸素欠乏危険作業主任者を選任しなければならない。

⑦ 酸素欠乏危険作業主任者の職務は次のとおりである。

i） 労働者が酸素欠乏の空気を吸入しないように，作業の方法を決定し，労働者を指揮する。

ii） 毎回作業を開始する前および労働者の身体，換気装置等に異常があったときに，空気中の酸素の濃度を測定する。

iii） 測定器具，換気装置，空気呼吸器等の器具または設備を点検する。

iv） 空気呼吸器等の使用状況を監視する。

(4) 公衆災害防止対策

① 敷地境界線からの水平距離が5m以内で，地盤面からの高さ3m以上の場所からごみを投下する場合は，ダストシュートを設ける。

◀よく出る

② 外壁のはつり工事等，著しい騒音を発生する工事を行う場合は，工事現場の周囲を防音シートで覆うなどの措置を行う。

③ メッシュシートを鋼管足場の外側に取り付ける場合は，水平支持材を垂直方向5.5mごとに設ける。

④ 工事用車両による道路の汚れには，洗車場を設置する。

⑤ 掘削により，土砂が崩壊する恐れがある場合は，山留めを設置する。

⑥ 工具等の落下から通行人等を守る目的で，水平安全ネットや工事用シート，防護棚等を設置する。

⑦ 解体工事による粉塵の飛散を防ぐために，散水設備を設置する。

施工管理法

4・4・5　足場・構台

(1)　概要

高さ 2 m 以上で作業を行う場合，足場を組み作業床を設ける。

図 4・21 に足場の種類を示す。

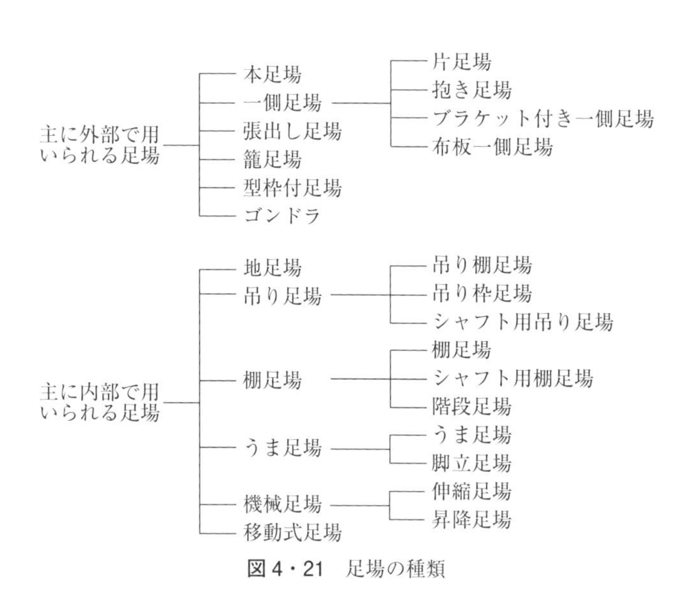

図 4・21　足場の種類

(2)　本足場

主に，外壁躯体・仕上工事や内部の階高の高い柱・壁などの躯体工事の際に設置する。本足場の種類には，単管パイプで 1 本 1 本組み立てる単管足場，既成の足場枠を組み合わせる枠組足場，緊結部分の支柱を布材，腕木等を用いて組み立てるさび緊結式足場がある。

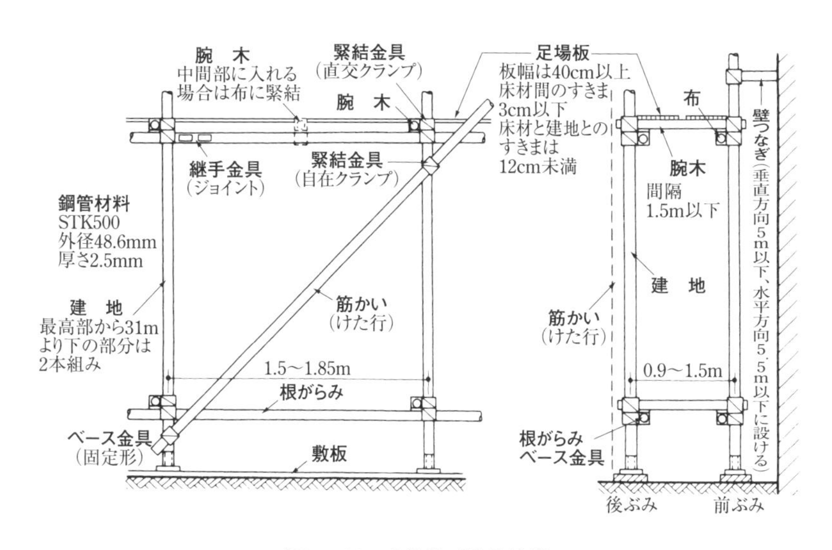

図 4・22　本足場（単管足場）

(a) 単管足場

外径 48.6 mm のめっきした単管を図4・22に示すように，建地，布，腕木，筋かい，根がらみ等に配置して，ベース金具，継手金具，緊結金具（クランプ），壁つなぎで組み立てる。

① 建地の間隔は，けた行方向 1.85 m 以下，はり間方向は 1.5 m 以下とする。 ◀よく出る

② 建地の脚部には，敷板上のベース金物を使用し，建地が部分的に沈まないようにする。

③ 地面から第一の布は，高さ 2 m 以下の位置に設置する。

④ 建物と足場をつなぐ，壁つなぎの間隔は，垂直方向 5 m 以下，水平方向 5.5 m 以下とする。 ◀よく出る

⑤ 建地の高さが 31 m を超える場合は，最上階から 31 m 下がった建地部分を2本組みとする。ただし，建地の下端に作用する設計荷重が最大使用荷重を超えない場合は，鋼管を2本組としなくてもよい。

⑥ 布等に載せる作業床は，幅 40 cm 以上とし，足場板を2枚以上使用の場合は，そのすき間を 3 cm 以下とする。また，床材と建地とのすき間は 12 cm 未満とする。なお，足場材の緊結や取外しでは安全帯を使用の上，40 cm 以上とする。

⑦ 墜落防止として高さ 85 cm 以上の手すり，高さ 35～50 cm の位置に中さんを設置する。より安全な措置として幅木を設けることが望ましい。

(b) 枠組足場

単管足場と異なり，製品化された建枠を，筋かい，布枠，（足場板と一体になったものもある），継手金物（アームロック），壁つなぎなどで組み立てる。

① 建枠は，高さ 2 m 以下とし，枠の間隔は 1.85 m 以下とする。

② 建枠を1段組み立てたあと，全体の水平をベースジャッキで調整する。

③ つなぎの間隔は，垂直方向 9 m 以下，水平方向 8 m 以下とする。

④ 最上層および5層以内ごとに水平材を設ける。

⑤ 枠組足場の高さは，原則として 45 m 以下とする。

⑥ 建枠の幅が 1200 mm で作業床の幅が 500 mm が2枚敷きの許容積載荷重は，4.9 kN とする。

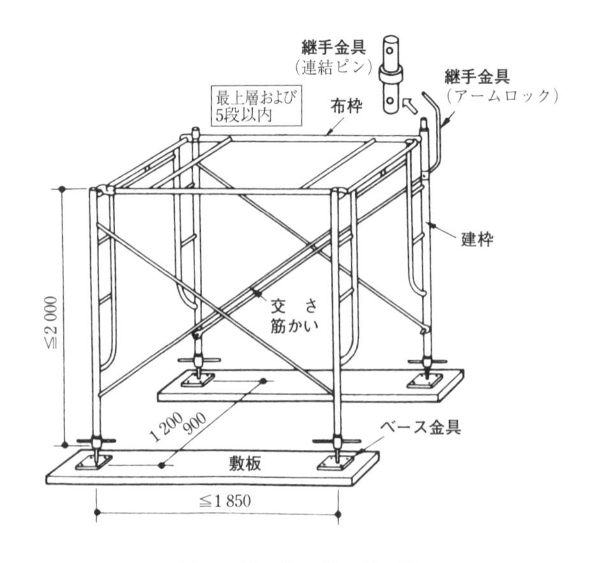

図4・23 枠組足場

(c) くさび緊結式足場

一定間隔に緊結部がついた鋼管を支柱とし，手すりや筋交等の左右にあるくさび部分を支柱の緊結部に打ち込んで緊結する。設置基準は単管足場に準ずる。

(d) 本足場の安全基準

本足場の安全基準を表4・19に示す。

表4・19 足場の安全基準 ▼よく出る

要 点	単管足場	枠組足場
建地の間隔	・けた方向：1.85 m 以下 ・梁間方向：1.50 m 以下 ・建地の最高部から31 m を超える部分は，2本組とする[1]	高さ20 m を超える場合や重量物の積載を伴う作業をする場合は， ・主枠の高さ：2 m 以下 ・主枠の間隔：1.85 m 以下
地上第1の布の高さ	2.0 m 以下	
建地脚部の滑動・沈下防止措置	ベース金具，敷板，敷角，脚輪付きは，ブレーキまたは歯止め	（同左）
継手部	継手金具で接続（建地の継手は千鳥に配置する）	継手金具で接続
接続部，交差部	緊結金具で接続（直交型クランプ，自在型クランプ）	・交差筋かい（手すり先行工法の場合は交差筋かい，手すり枠） ・ピン，アームロックで連結する
補強	筋かいを入れる	（同左）
壁つなぎ，控え	・垂直方向：5 m 以下 ・水平方向：5.5 m 以下	・垂直方向：9 m 以下 ・水平方向：8 m 以下（高さ5 m 未満は除く）
壁つなぎの引張り材と圧縮材との間隔	1.0 m 以下	（同左）
建物間の積載荷重（表示する）	400 kg 以下（3923 N）	——
水平材	——	最上層および5層以内ごと
作業床[2]	・幅：400 mm 以上，すき間：30 mm 以下 ・転位脱落防止のため，2箇所以上を緊結する。 ・標準荷重は250～350 kg/m^2 とする。 ・床材と建地とのすき間 12 cm 未満	
墜落防止	高さ850 mm 以上の手すり及び高さ350～500 mm のさんの設置	交さ筋かいとさん（高さ150～400 mm）又は幅木（高さ150 mm 以上）の設置又は，手すり枠の設置
物の落下防止	幅木（高さ100 mm 以上），メッシュシート又は防網の設置	

1）ただし，建地の下端に作用する設計荷重が最大使用荷重を超えない場合を除く。
2）作業床は，支持点および重ね部分を釘や番線類で取り付け，移動しないようにする。

(3)　吊り足場

吊り足場は，鉄骨造や鉄骨鉄筋コンクリート造における梁の接合や鉄筋組立などで使用される。

図4・24に示すように鉄骨からチェーン等を吊り下げ，単管と足場板でつくるものやあらかじめ鉄骨に製品化された吊り枠を取り付けておく工法がある。

① 作業床の幅は40 cm以上とし，隙間がないように敷きつめる。

② 吊り足場上は不安定であるため足場上で脚立やはしご等を用いてはならない。

③ 墜落による危険防止のために設置するネットの網目は角目または菱目とし，10 cm以下とする。

④ 吊り足場は，ワイヤーロープやチェーンが用いられるが，一本吊りよりループ吊りの方が許容荷重を大きくできる。

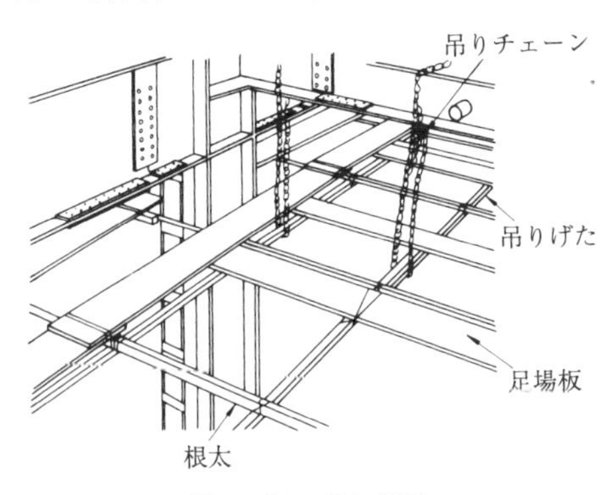

図4・24　吊り足場

(4)　移動式足場

所定の部材を組み合わせてつくるローリングタワーと，脚部に車輪がついていて低い天井仕上げに用いる移動式室内足場とがある。

① ローリングタワー

（i） ローリングタワーの上で作業する場合は，アウトリガー（控え枠）を張り出さなければならない。

（ii） 作業床の周囲に，高さ10 cm以上の幅木と高さ85 cm以上の手すり，中桟を設ける。

② 移動式足場

（i） 車輪の直径は125 mm以上とする。

（ii） 脚輪の下端から作業床のまでの高さが，脚輪の主軸間隔の3倍を超える場合，高さ中央付近に水平構としての布枠を設ける。

（iii） 作業中はブレーキなどで脚輪を固定させ，足場の一部を建設物に固定させるなどの措置をとる。

（iv） 人を乗せたまま移動してはならない。

(5) 作業構台

作業構台とは，図4・25のように，建設材料・仮設機材などを上部に一時的に集積したり，建設機械・移動式クレーンを設置するための仮設の台である。作業構台には荷揚げ構台，乗入れ構台がある。

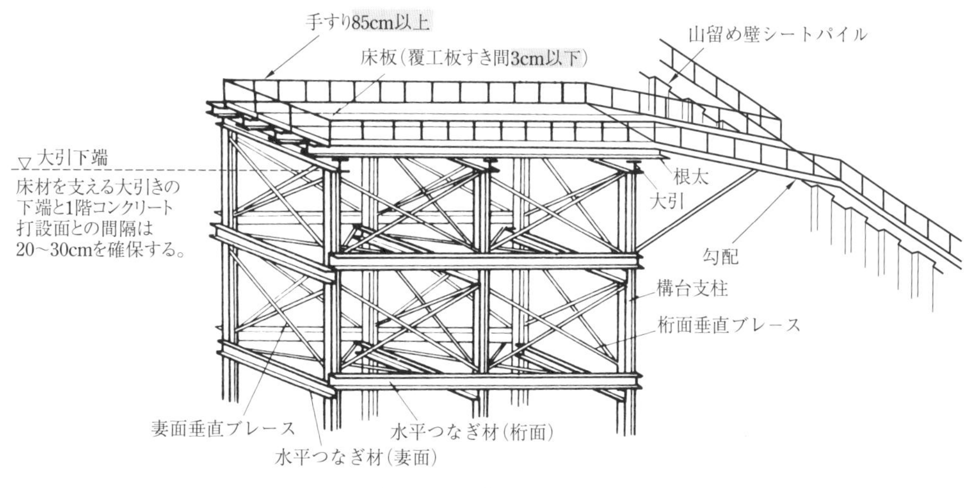

図4・25 作業構台

作業構台の留意点を以下にあげる。

① 構台の支柱，梁，筋かいなどは緊結金物等で堅固に固定する。

② 構台の幅員は6m～8m程度が一般的であるが，使用される施工機械や車両の導線やアウトリガーの出幅などにより決定される。

③ 高さ2m以上の作業床のすき間は3cm以下とし，高さ85cm以上の丈夫な手すりを取り付ける。手すり・幅木・中さんなど，墜落防止や物体の落下防止措置は足場と同様にする。 ◀よく出る

④ 作業床レベルは本設の1階床面より上げて計画する。床材を支える大引の下端と1階コンクリート打設面との間隔は20～30cmを確保する。

⑤ 構台のレベルが地面より高くなるため，道路からはスロープを設ける必要がある。

⑥ スロープの勾配は1/6～1/10が一般的であるが，使用する重機や車両の腹が擦らないように計画する。

⑦ 構台の構造および材料に応じて，作業床の最大積載荷重を定め，これを見やすい位置に表示する。

(6) 登りさん橋（仮設通路）

登り桟橋は，人の昇降や材料の運搬などの通路となるもので，労働安全衛生規則により，設置の基準が定められている。

① スロープ式と階段式があり，スロープ式の場合，勾配は30度以下とする。

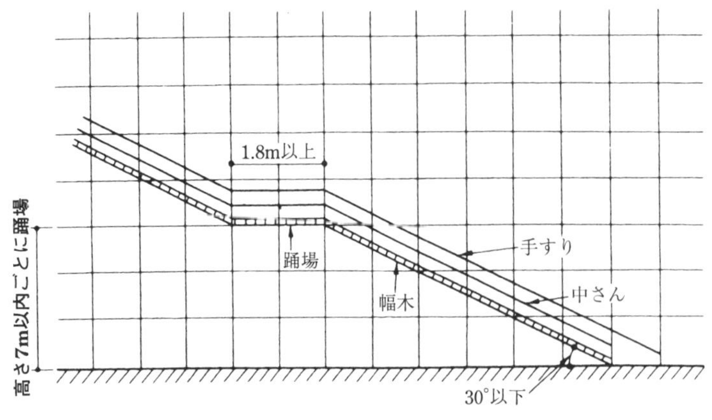

図4・26　登り桟橋の例

② 高さ8m以上のとき，7m以内ごとに踊場（長さ1.8m以上）を設ける。　◀よく出る

③ 勾配が15度を超える場合，歩み板に滑り止め（踏さん間隔は40cm）を設ける。

(7)　防護棚（朝顔）

① 工事場所が，地上10m以上は1段以上，地上20m以上は2段以上設置する。

② 1段目は地上から4〜5mに，2段目以上は下の段から10m以下に設置する。

③ 突き出しは2m以上，水平面との角度は20度以上とする。　◀よく出る

(8)　その他の昇降施設

高さ1.5m以上の場所で作業を行う場合は，昇降設備を設ける必要があり，はしごや脚立でも安全に関する基準が定められている。

① はしごを利用する場合は，上端を60cm以上突出させる。

② 脚立を使用する場合は，脚立の脚と水平面との角度を75°以下とし，開き止めの金具で止める。

4・4・6　建設機械

(1)　建設機械の運転資格

建設機械の運転資格として，免許・技能講習修了・特別教育修了などが定められている。

(a)　特別教育修了で運転できる機械（事業者の安全教育修了者）

① 機体重量3t未満の各種建設機械

② 杭打ち機・杭抜き機

③ タイヤローラ・ロードローラ

④ 吊り上げ荷重5t未満のクレーン

⑤ 吊り上げ荷重5t未満のデリック

⑥　建設用リフト（荷のみを運搬）

⑦　1t未満の移動式クレーン

(b)　技能講習修了で運転できる機械（都道府県の労働局長が指定）

①　機体重量3t以上の機械（ブルドーザ・スクレーパ・ショベル系など）

②　吊り上げ荷重1t以上5t未満の移動式クレーン

(c)　免許で運転する機械

①　吊り上げ荷重5t以上のクレーン

②　吊り上げ荷重5t以上のデリック

③　吊り上げ荷重5t以上の移動式クレーン

(2)　車両系建設機械

車両系建設機械の運転者の義務には以下のことがある。

①　座席以外に人を乗せない。

②　運転席を離れるときは，エンジンを切り，アタッチメントをおろし，ブレーキをかける。

③　危険がないことが明らかなとき以外は，バックホウでの管の吊り込み作業は禁止である。また，主要用途以外の使用は原則禁止である。

また，アタッチメントの取り換え時は，作業指揮者（特別教育修了者）の指示によらなければならない。

(3)　杭打ち（抜き）機

杭打ち機の組立て・解体は，作業指揮者を選任し，作業員を直接指揮させる。

(4)　クレーン

クレーン作業時は，クレーン検査証を当該作業を行う場所に備え付け，始業前および月1回の点検，年1回の定期主検査を実施し，記録を3ヵ年保存する。

クレーンの落成検査は，定格荷重の1.25倍載荷し，走行・旋回作業の安全確認をする。このほかにも以下のような注意事項がある。

①　クレーンの作業範囲内に作業者を入れない。

②　作業の性質上やむを得ない場合，吊り具に専用の搭乗設備を設けて労働者を乗せることができる。

③　作業時は，クレーンの検査証を当該クレーンに備え付けなければならない。

(5)　高所作業車

①　原則として，主たる用途以外の用途に使用してはならない。

②　乗車席及び作業床以外の箇所に労働者を乗せてはならない。

③　その日の作業を開始する前に，高所作業車の作業開始前点検を行わなければならない。

(6)　点検・検査

①　建設用リフト：1ヶ月以内ごとに1回，ⅰ）ブレーキおよびクラッチの異常の有無，ⅱ）ウインチの据付状態，ⅲ）ワイヤーロープの損傷の有無

などを定期に自主検査する。

② 墜落防止のネット：使用開始後1年以内およびその6ヶ月以内ごとに1回，試験用糸の等速引張試験を定期に行う。

③ クレーンなどの車両系建設機械：1カ月以内ごとに1回，ⅰ）巻過ぎ防止などの安全装置，ⅱ）ブレーキおよびクラッチの異常の有無，ⅲ）ワイヤーロープおよび吊りチェーンの損傷の有無などを定期に自主検査し，結果を3年間保存する。

表4・20　車両系建設機械の運転資格

種　別	基準	運転免許	技能講習	特別教育
フォークリフト	積載荷重	――	1t以上	1t未満
不整地運搬車	機体重量	――		
高所作業車	作業床	――	10m以上	2m以上 10m未満
車両系建設機械 ・整地，運搬，積込用 ・掘削用 ・解体用 ・基礎工事用	機体重量	――	3t以上	3t未満

表4・21　クレーンの運転資格

<table>
<tr><th>種　別</th><th>基準</th><th>運転免許</th><th>技能講習</th><th>特別教育</th></tr>
<tr><td>クレーン</td><td rowspan="5">吊り上げ
荷重</td><td rowspan="2">5t以上</td><td>――</td><td rowspan="3">0.5t以上
5t未満</td></tr>
<tr><td>床上運転式クレーン</td><td>――</td></tr>
<tr><td>床上操作式クレーン</td><td>――</td><td>5t以上</td></tr>
<tr><td>移動式クレーン</td><td>5t以上</td><td>1t以上
5t未満</td><td>0.5t以上
1t未満</td></tr>
<tr><td>玉掛け</td><td>――</td><td>1t以上</td><td>1t未満</td></tr>
</table>

第5章　法　規

令和５年度　法　規の出題傾向

過去５年間，８問題の出題分野の比率は，はじめの6問は建築基準法２，建設業法２，労働基準法１，労働安全衛生法１で変わらないが，残り２問は環境保全関係法・その他建築施工関連法規から１問出題されている。

出題内容としては，前・後期とも本テキストで赤字・赤アミで示した内容の過去問が多く出題されており，特に**環境保全分野**の**「特定建設資材」は出題頻度が高い**。

5・1 建築基準法

学習のポイント

用語定義，建築確認手続き等を中心に暗記が強いられるが，図表と絡めて法全般の理解がポイントとなる。

建築基準法は，「建築物の敷地，構造，設備およびその用途に関する最低の基準を定めて，国民の生命，健康および財産の保護を図り，公共の福祉の増進に役立てることを目的とする」とある。

この法律の定める内容は，大きく分けて次の三つに分類される。

① 制度規定（建築物の申請・許可・届出・是正命令・罰則）

② 単体規定（個々の建物の安全，防火・衛生の技術的基準）

③ 集団規定（都市計画区域内および準都市計画区域内の用途・形態の制限）

建築基準法の目的を達成するために，建築基準法施行令と建築基準法施行規則が制定されている。

なお，建築基準法の適用の除外になるものとして，文化財保護法によって国宝・重要文化財等に指定または仮指定された建築物や，条例の定めるところにより現状変更の規制及び保存のための措置が講じられている建築物で，特定行政庁が建築審査会の同意を得て指定したものなどがある。

法令の種類

憲法＞法律（建築基準法／国会）＞政令（建築基準法施行令／内閣）＞省令（建築基準法施行規則／大臣）

5・1・1 用語の定義

(1) 建築物

土地に定着する**工作物**のうち，下記の①～④に該当するものをいう。

① 屋根と柱または屋根と壁のあるものや，これに類するもの（自走式の簡易立体駐車場など）。

② ①に付属する建築物の門や塀

③ 観覧のための工作物

④ 地下または高架の工作物内に設けられる事務所・店舗・興行場・倉庫，その他これらに類する施設

⑤ 例外（建築物と定義されないもの）：鉄道および軌道の線路敷地内の運転保安施設・こ線橋，プラットホームの上屋，貯蔵槽，その他これらに類する施設

(2) 特殊建築物

不特定多数の人が利用し危険物を取り扱うなど，住宅等の一般的な建築物よりも安全性が求められ，法規的にも強く規制を受ける建築物で，下記およびこ

特殊建築物

p. 198，表5・2（1）参照

れらに類するものをいう。

①学校 ②体育館 ③病院 ④劇場 ⑤観覧場 ⑥集会場
⑦展示場 ⑧百貨店 ⑨市場 ⑩ダンスホール ⑪遊技場
⑫公衆浴場 ⑬旅館 ⑭共同住宅 ⑮寄宿舎 ⑯下宿 ⑰工場
⑱倉庫 ⑲自動車車庫 ⑳危険物の貯蔵場 ㉑と畜場 ㉒火葬場
㉓汚物処理場

【ヒント】
事務所・銀行・パーキングタワーなどは特殊建築物でない。

【ヒント】
コンビニエンスストア，児童福祉施設等（老人福祉施設）は特殊建築物である。

(3) 建築設備

建築設備とは，建築物に設けるもので**建築物の一部**とみなされ，建築物に含まれる。

①電気設備 ②ガス設備 ③給水設備（貯水槽など）
④排水設備 ⑤換気設備 ⑥冷暖房設備
⑦消火設備（スプリンクラーなど） ⑧排煙設備
⑨汚物処理設備 ⑩煙突 ⑪昇降機 ⑫避雷針

【ヒント】
防火戸などの防火設備は，建築設備ではなく，建築物の一部である。

(4) 居室

人の居住する部屋で，以下の目的で継続使用する部屋をいう。

①居住 ②執務 ③作業 ④集会 ⑤娯楽

【ヒント】
百貨店の売場，公衆浴場の浴室は居室である。
住宅の玄関，廊下，浴室，便所や，事務所の更衣室，倉庫は居室ではない。

(5) 主要構造部

主に**防災の観点から規定**されており，建築物の空間を構成し，防火・耐火・避難上，必要な機能をもたせるべき下記の部分をいう。**建築物の構造上重要でない間柱，附け柱，間仕切壁，揚げ床，最下階の床，局部的な小階段，屋外階段などは該当しない。**

①柱 ②壁 ③梁 ④床 ⑤屋根 ⑥階段

【ヒント】
建築物の構造上重要でないものを覚えておくこと（表5・1参照）。
主要構造部と構造耐力上主要な部分の違いは，防災の観点と荷重の観点であることを理解しておくこと。

(6) 構造耐力上主要な部分

主に**荷重の観点から規定**されており，建築物の自重や外力を支える下記の部分をいう。構造計算は主にこの部分について行う。

①基礎杭 ②基礎 ③土台 ④柱 ⑤壁
⑥斜材（筋かい・方づえ・火打ち材など） ⑦横架材（梁・けたなど）
⑧小屋組 ⑨床版 ⑩屋根版

主要構造部と構造耐力上主要な部分の比較を表5・1に示す。

表5・1 主要構造部と構造耐力上主要な部分の比較 ◀よく出る

主要構造部（除外される部分）	―	―	―	柱（間柱・附柱）	壁（間仕切壁）	―	梁（小梁）	―	床（最下階の床）	屋根	階段（屋外階段）
構造耐力上主要な部分	基礎杭	基礎	土台	柱	壁	斜材	横架材	小屋組	床版	屋根版	―

(7) 工事監理者

階数2以下かつ100 m^2 以下の木造建築物などを除き，設計・工事監理は定められた有資格者が行うことが義務づけられている。一級建築士が設計・工事監理を行わなければならない建築物として，以下がある。

① 高さが13mまたは軒の高さが9mを超えるもの

② 鉄筋コンクリート造，鉄骨造等で延べ面積が300 m^2 を超えるもの

(8) 設計図書

工事用の図面（現寸図および施工図，その他これに類するものを除く）および仕様書。

(9) 建　築

建築物を新築・増築・改築または移転すること。

(10) 大規模の修繕

建築物の主要構造部の一種以上について行う過半の修繕をいう。

(11) 大規模の模様替

建築物の主要構造部の一種以上について行う過半の模様替をいう。

(12) 工事施工者

工事の請負人または請負契約によらないで，自ら建築物の工事をする者をいう。前掲（9）～（11）の施工者は，工事現場の見易い場所に「確認表示板」を設置するとともに，工事現場に設計図書を備えておかなければならない。

(13) 延焼のおそれのある部分

隣接する建物等が火災になったとき延焼する可能性の高い部分で，隣地境界線（あるいは道路中心線または建物相互の中心線）から，1階では3m以下，2階以上では5m以下の距離にある部分をいう。

(14) 耐火・準耐火・防火構造

耐火性能は，耐火>準耐火>防火の順である。

ⓐ 耐火構造

壁・柱・床，その他の建築物の部分の構造のうち，耐火性能に関して政令に定められた技術的基準に適合する鉄筋コンクリート造・れんが造等の構造で，大臣が定めた構造方法を用いるもの，または大臣の認定を受けたものをいう。

ⓑ 耐火建築物

図5・1のように，主要構造部が①または②のいずれかで，かつ，外壁の開口部で延焼のおそれのある部分に政令に適合する防火戸，その他の防火設備（遮炎性能）を有するものをいう。

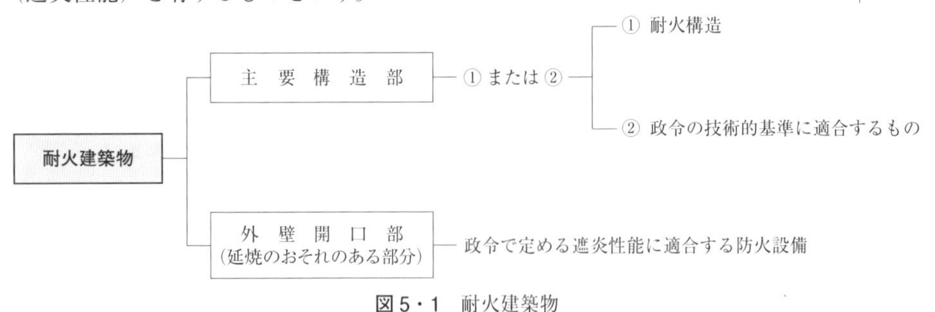

図5・1 耐火建築物

新築
更地に建築物を建てる行為。

増築
同一敷地内に，既存の建築物に接していない別棟で建てても，床面積が増えるので，増築となる。

改築
構造・規模・用途がほぼ同じ建築物に建て直す行為。

移転
同一敷地内での建物の移動であり，隣地への移動は移転ではなく，新築となる。

修繕と模様替
前者は同一材料による補修であり，後者は異種材料・仕様による造作行為である。

耐火性能
通常の火災が終了するまでの間，当該火災による建築物の倒壊および延焼を防止するために必要とされる性能をいう。

法規

① 耐火構造であること。

② 政令で定める技術的基準に適合するもの。これは,「耐火性能検証法・防火区画検証法」によるものである。

ⓒ **準耐火構造**

壁・柱・床,その他の建築物の部分の構造のうち,準耐火性能に関して政令に定める技術的基準に適合するもので,大臣が定めた構造方法を用いるもの,または大臣の認定を受けたものをいう。

ⓓ **準耐火建築物**

耐火建築物以外の建築物で次の①または②のいずれかに該当し,外壁の開口部で延焼のおそれのある部分に,政令(遮炎性能)に適合する防火戸,その他の防火設備を有するものをいう。

① 主要構造部を準耐火構造としたもの。

② 政令の技術的基準に適合する外壁耐火構造建築物(1号準耐)または不燃構造建築物(2号準耐)。

ⓔ **防 火 構 造**

建築物の外壁・軒裏の構造のうち,防火性能に関して政令で定める技術的基準(30分の防火性能)に適合する鉄網モルタル塗・しっくい塗等の構造で,大臣が定めた構造方法を用いるもの,または大臣の認定を受けたものをいう。木造建築物の延焼防止のために防災的制限を加えるものである。

(15) 不燃・準不燃・難燃材料

それぞれの不燃性能(不燃>準不燃>難燃)に応じて,防火材料が規定されている。

ⓐ **不燃材料**

不燃性能が20分間である建築材料をいう。

不燃材料の例:コンクリート,れんが,かわら,石綿スレート,鉄鋼,アルミニウム,ガラス,モルタル,しっくい等

ⓑ **準不燃材料**

不燃性能が10分間である建築材料をいう。

準不燃材料の例:木毛セメント板,せっこうボード等

ⓒ **難燃材料**

不燃性能が5分間である建築材料をいう。

難燃材料の例:難燃合板,難燃繊維板,難燃プラスチック板等

準耐火性能
通常の火災による延焼を抑制するために必要とされる性能をいう。

防火性能
建築物の周囲において発生する通常の火災による延焼を抑制するために,外壁・軒裏に必要とされる性能をいう。

準防火性能
準防火性能は,建築物の周囲で発生する通常の火災による延焼の抑制に一定の効果を発揮するために,外壁に必要とされる性能をいう。

不燃性能
建築材料に,通常の火災による火熱が加えられた場合に,火熱開始後一定の時間,次の要件を満たしていること。
①燃焼しないこと。
②防火上有害な変形・溶融・き裂,その他の損傷を生じないこと。
③防火上有害な煙またはガスを発生しないこと(ただし,外部に使用するものは除く)。

5・1・2　面積・高さ等の算定方法

(1)　敷　　地

一つの建築物または用途上不可分の関係にある二つ以上の建築物のある一団の土地をいい，次の条件を満足するものとする。

① 敷地は，接する道路の境より高くする。

② 地盤面は，周囲の土地より高くする。

③ 湿潤な土地・埋立地等の不良地盤は，盛土・地盤改良をして，衛生上・安全上必要な措置をする。

④ 雨水・汚水を排出するため，下水管・下水溝・ためますを設ける。

⑤ がけ崩れなどで被害を受けるおそれのあるときは，よう壁を設け，安全上の措置をする。

(2)　敷地と道路

敷地は，幅4m以上の道路に2m以上接しなければならない。

(3)　建築面積（図5・2）

建築物の外壁で囲まれた部分をいう。ひさしが1m以上あるときは，1m後退した線をもって建築面積とする。

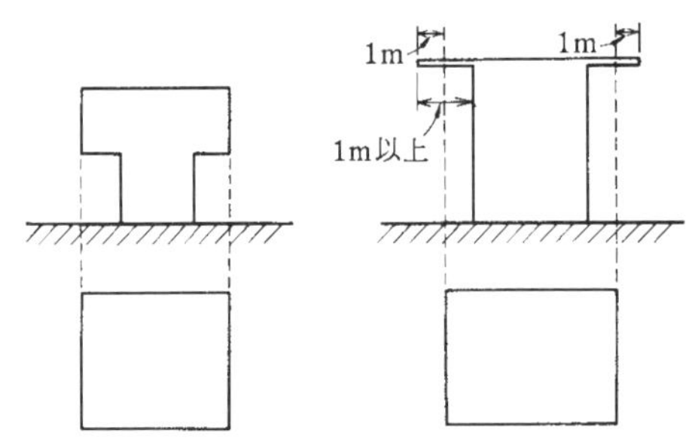

図5・2　建築面積

(4)　床　面　積

建築物の各階または，その一部で壁その他の区画の中心線で囲まれた水平投影面積である。

(5)　建築物の高さ・階数（図5・3）

建築物の高さは，前面道路の路面中心から測り，階段室・昇降機塔などの屋上突出部が建築面積の1/8以内の場合に限り，高さは12mまで算入されない。このとき，屋上突出部は階数に算入しない。

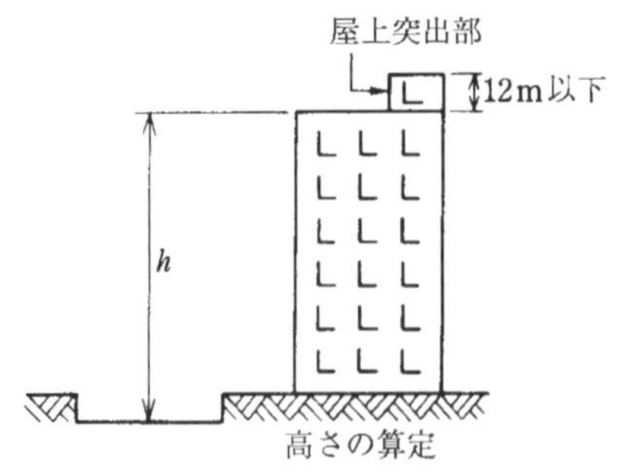

図5・3　建築物の高さの算定

(6)　延べ面積

各階の床面積の合計により求める。ただし，容積率の算定においては，自動車の駐車施設は，建物全体の床面積の1/5を限度として，住宅の地階については，住宅部分全体の床面積の1/3を限度としての不算入の特例がある。

地階とは，図5・4のように，その階の床が地盤面より低く，床面から地盤面までの高さ（*A*）がその階の天井高（*H*）の1/3以上のものであり，容積率緩和となる条件は

①地階でかつ

②地盤面から天井までの高さ（B）が1m以下であることである。

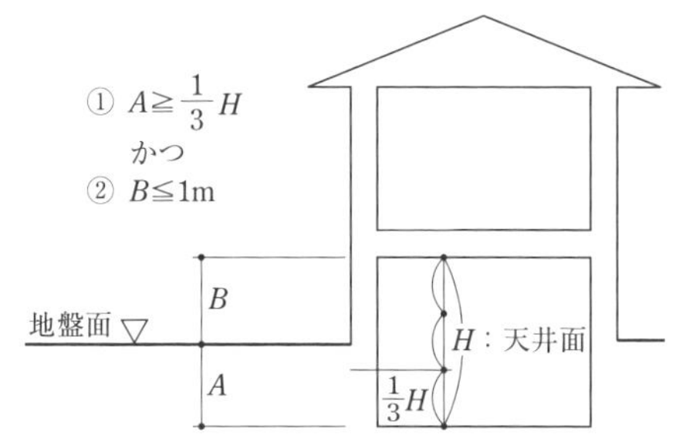

図5・4　溶積緩和となる地階

(7)　軒　　高（図5・5）

軒高は，地盤面から，小屋組またはこれに代わる横架材を支持する壁，敷げたまたは柱の上端までの高さをいう。

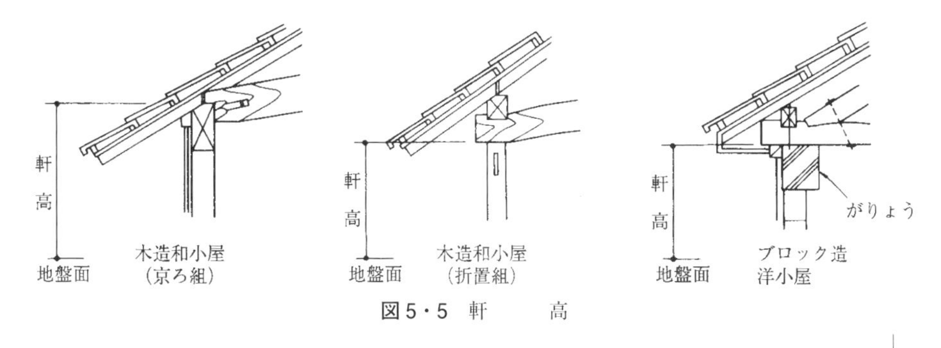

図5・5　軒　　高

法規

5・1・3 制度の規定

(1) 建築確認

建築主は，建築物の建築工事等を行う場合に，その計画が建築基準関係規定に適合するものであることの確認を受けるために，建築主事または指定確認検査機関に対して確認申請し，確認済証の交付を受けなければならない。

確認を要する建築物を表5・2に示す。確認申請の審査期間は，表5・2の(1)〜(3)は35日以内，(4)は7日以内とする。

表5・2 確認を要する建築物

確認を要する建築物	構造・面積	工事種別
(1) **特殊建築物**（法第6条1項1号，別表第一，令第115条の3） ・劇場，映画館，演芸場，観覧場，公会堂，集会場 ・病院，診療所（患者の収容施設のあるものに限る），ホテル，旅館，下宿，共同住宅，寄宿舎，児童福祉施設等 ・学校（専修学校および各種学校を含む），体育館，博物館，美術館，図書館，ボーリング場，スキー場，スケート場，水泳場，スポーツの練習場 ・百貨店，マーケット，展示場，キャバレー，カフェー，ナイトクラブ，バー，ダンスホール，遊技場，公衆浴場，待合，料理店，飲食店，物品販売業を営む店舗（床面積10 m^2 以内のものを除く） ・倉庫 ・自動車車庫，自動車修理工場，映画スタジオ，テレビスタジオ	・用途に供する部分の床面積の合計が200 m^2 超	・建築 ・大規模の修繕 ・大規模の模様替 ・用途変更
(2) **大規模な木造建築物**（法第6条1項2号）	・階数3以上 ・延べ面積500 m^2 超 ・高さ13 m超 ・軒の高さ9 m超	・建築 ・大規模の修繕 ・大規模の模様替
(3) **木造以外の建築物**（鉄骨造，RC造など）（法第6条1項3号）	・階数2以上 ・延べ面積200 m^2 超	
(4) 小規模な建築物（法第6条1項4号） 上記の(1)，(2)および(3)以外の建築物注 都市計画区域外および確認不要区域にあっては申請の必要はない。ただし，都市計画区域外であっても，要確認区域の指定がある場合には申請を必要とする。	「防火地域および準防火地域」外における増築・改築・移転でその床面積が10 m^2 以内のものは，申請不要。	建築

（注）・工事用仮設建築物および災害時の応急仮設建築物は確認申請が不要となる。
・仮設興行場，博覧会建築物，仮設店舗等は確認申請が必要。

◀よく出る

建築主事
市町村または都道府県の職員で，建築基準適合判定資格者検定に合格し，国土交通省の登録を受け，市町村長または都道府県知事が任命

指定確認検査機関
民間の検査機関で都道府県知事または国土交通大臣が指定する法人

(2) 各種手続の流れ

表5・3に各種手続の提出義務者と提出先を，図5・6に各種手続きの流れをフローチャートで示す。

表5・3 各種手続の提出義務者と提出先

手　続	提出者	提出先
建築物除却届*	工事施工者	都道府県知事
確認申請 中間検査申請 完了検査申請	建築主	建築主事または 指定確認検査機関
建築工事届	建築主	都道府県知事
仮使用認定申請	建築主	特定行政庁 （完了検査申請後は建築主事も可）または 指定確認検査機関**
定期報告・維持保全	所有者または管理者	特定行政庁
道路位置指定申請	道を築造しようとする者	特定行政庁

特定行政庁
建築主事を置く地方公共団体およびその長（都道府県知事，市長）

◀よく出る
＊床面積 10 m² を超える建築物の除却→建築物除却届
・床面積 80 m² 以上の建築物の解体→建設リサイクル法の対象建設工事・事前届出（p. 234 の表5・26参照）
＊＊ 2015年（平成27年）6月施行の法改正により，指定確認検査機関でも実施可能となる。

(a) 中間検査

特定行政庁が指定する工程（特定工程）が含まれる場合には，建築主は，その特定工程を終えたとき，建築主事または指定確認検査機関に中間検査申請書を提出し，中間検査を受けなければならない。工事が建築基準関係規定に適合している場合には，中間検査合格証が交付される。この交付を受けた後でなければ，特定工程後の工程（特定工程と併せて特定行政庁が指定する）に係わる工事を行うことができない。

中間検査特定工程
各特定行政庁が各々定めるが，以下は共通。階数が3以上の共同住宅で2階の床及びこれを支持する梁に鉄筋を配置する工事の工程

(b) 完了検査

確認に係わる工事が完了したとき，建築主は，建築主事または指定確認検査機関に完了検査申請書を提出し，完了検査を受けなければならない。工事が建築基準関係規定に適合している場合には，検査済証が交付される。

この交付を受けるまでの建築物の使用制限が規定されており，次の新築の建築物は，検査済証の交付を受けた後でなければ使用できない。

◀よく出る

① 建築基準法別表第一い欄に掲げられている特殊建築物で，床面積の合計が 200 m² を超えるもの*）

② 木造の建築物で3階以上，または延べ面積が 500 m²，高さが 13 m もしくは軒の高さが 9 m を超えるもの

③ 木造以外の建築物で2階以上，または延べ面積が 200 m² を超えるもの

*）2019年（令和元年）6月施行の法改正により 100m² → 200m² となった。

ただし，特定行政庁（完了検査申請受理後は建築主事も可）または，指定確認検査機関が仮使用の認定をしたとき，および完了検査申請受理後7日を経過したときは，仮に使用することができる。

(c) 違反建築物に対する措置

特定行政庁は，建築基準法令の規定に違反した建築物に関わる建築主，工事の請負人または現場管理者等に当該工事の施工の停止を命じることができる。

法規

特定行政庁は，違反建築物に対する是正措置を行うために，建築監視員を任命する。

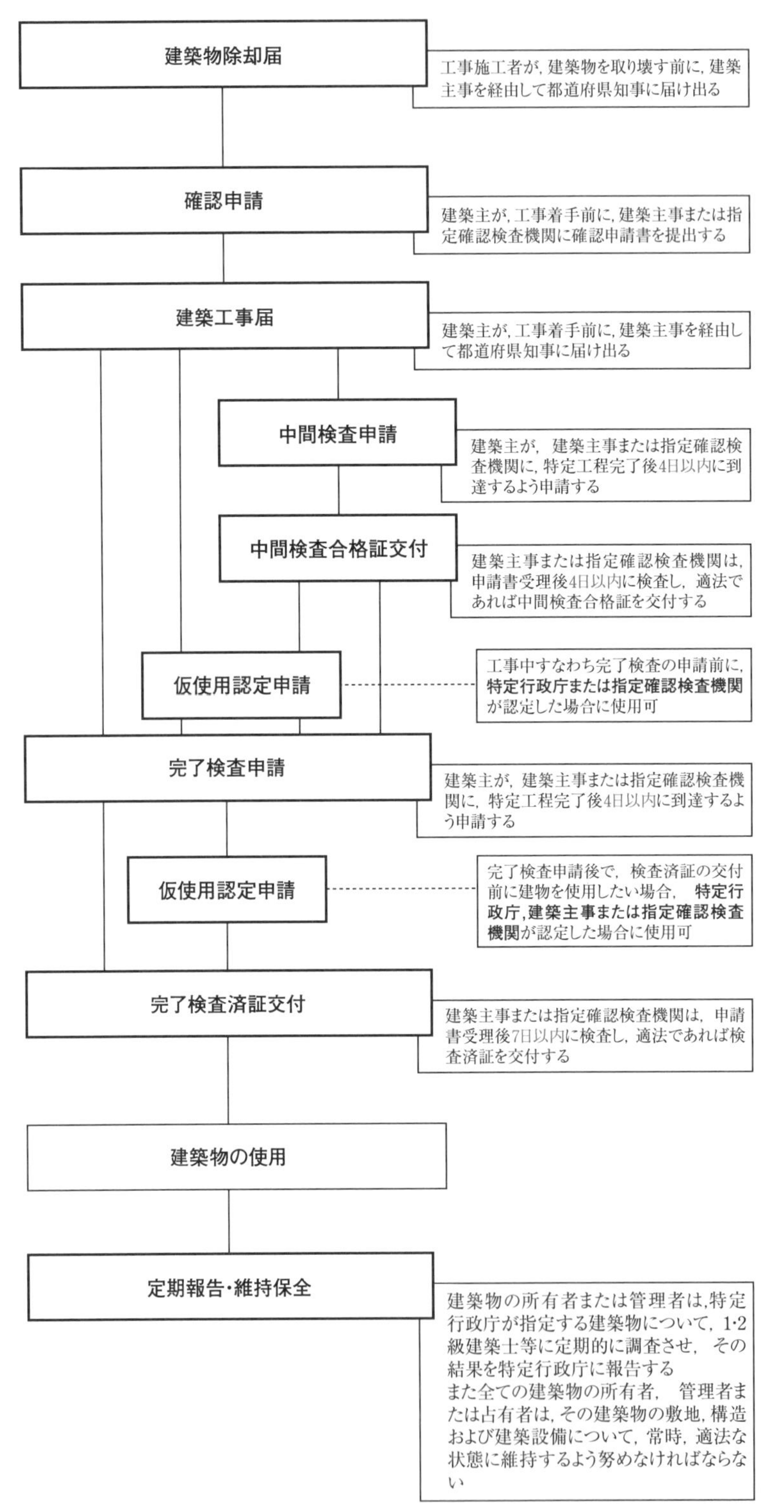

図5・6　各種手続き

◀よく出る

工事現場における確認の表示等

①工事施工者は，工事現場の見やすい場所に確認があった旨の表示をしなければならない。

②工事施工者は，設計図書を工事現場に備えておかなければならない。

5・1・4 単体規定

(1) 居室に関する制限

(a) 居室の採光

居室には，採光のため窓その他開口部を設け，採光に有効な部分の面積の居室の床面積に対する割合は，居室の種類別により表5・4のように定められている。住宅等の居室の場合，必要な採光有効面積は，居室の床面積の1/7以上である。

なお，居室のうち，ふすま，障子，その他の随時開放することができるもので仕切られた2室は，1室とみなすことができる。これは，次の居室の換気の規定においても適用される。

地階に設ける居室
防湿面から，①規定の広さのからぼりとそれに面する開口部　②換気設備　③湿度調整設備　のいずれかが必要。すなわち，必ずしも採光を確保するための窓その他の開口部を設けなくてもよい。なお直接土に接する外壁等は防水構造とする。

表5・4　採光に有効な開口部の面積

	採光の必要な居室	床面積に対する割合
(1)	幼稚園，小学校，中学校，高等学校，中等教育学校の教室	1/5以上
(2)	保育所の保育室	
(3)	病院・診療所の病室	1/7以上
(4)	寄宿舎の寝室，下宿の宿泊室，住宅の居室（法第28条）	
(5)	児童福祉施設等（注1）の寝室および訓練等の用途に供する居室	
(6)	(1) 以外の学校（大学，専修学校等）の教室	1/10以上
(7)	**病院**・診療所・児童福祉施設等の入院患者等の談話・娯楽のための**居室**	

注1　児童福祉施設等：令第19条第1項で規定される，児童福祉施設，助産所，身体障害者社会参加支援施設，婦人保護施設，老人福祉施設，有料老人ホーム等をいう。
注2　上表 (1)～(5) までの居室では，照明設備の設置等の基準（昭和55年告示1800号）に適合している場合には，1/10までの範囲で緩和される。

(b) 居室の換気

居室の換気上の有効面積は，居室の床面積の1/20以上とする。ただし，**換気設備**を設けたときはこの限りでない。なお，地階に設ける居室については，防湿面から，①規定の広さのからぼりとそれに面する開口部②換気設備③湿度調整設備のいずれかが必要であり，直接土に接する外壁等は防水構造とする。

換気設備には，
①自然換気設備
②機械換気設備
③中央管理方式の空気調和設備　がある。

(c) 階　段

① 階段の幅・けあげ，踏面の寸法

それぞれの寸法は，表5・5のように定められている。

② 踊り場の設置

表5・5の (1) または (2) の階段は，高さ3m以内ごとに，他の階段は，高さ4m以内ごとに，踊場を設けなければならない。この規定によって設ける直階段の踊場の踏幅（左右の幅でなく進行方向の幅）は，1.2m以上必要である。

直階段
折れ曲がりせずに，下ってきてそのまま踊場を通ってほぼ真っすぐの方向に降りる階段

法規

表5・5 階段の寸法

階段の種類	階段・踊場の幅	けあげ	踏面
(1) 小学校の児童用	140 cm 以上	16 cm 以下	26 cm 以上
(2) 中学校・高等学校・中等教育学校の生徒用 床面積が 1,500 m^2 を超える物品販売店舗 劇場・映画館・演芸場・観覧場・公会堂・集会場の客用	140 cm 以上	18 cm 以下	26 cm 以上
(3) 直上階の居室の床面積の合計が 200 m^2 を超える地上階 居室の床面積の合計が 100 m^2 を超える地階・地下工作物内のもの	120 cm 以上	20 cm 以下	24 cm 以上
(4) (1), (2), (3) 以外のもの	75 cm 以上	22 cm 以下	21 cm 以上

注1 屋外階段の幅については 60 cm 以上（令第 120 条・第 121 条の規定による直通階段の場合は 90 cm 以上）とすることができる。
注2 **住宅の階段**（共同住宅の共用階段を除く）は，けあげ 23 cm 以下，踏面 15 cm 以上とすることができる。
注3 **回り階段の踏面**は，内側から 30 cm の位置で測る。
注4 階段および踊場の幅は，手すり等（手すり，階段の昇降設備で高さ 50 cm 以下のもの）が設けられた場合，10 cm まで，ないものとして算定する。

③ 手すりの設置

階段には，手すりを設けねばならない。階段の幅が 3 m を超える場合は，中間に手すりを設けなければならない。ただし，けあげ 15 cm 以下で，かつ，踏面 30 cm 以上の場合は必要ない。なお，以上の規定は，高さが 1 m 以下の階段の部分には適用されない。すなわち，高さ 1 m 以下の部分には手すりは設けなくてよい。

④ 階段に代わる傾斜路

階段に代わる傾斜路は，勾配は 1/8 以下とする。

◀よく出る

(d) **居室の天井高**

天井高は，2.1 m 以上とする。玄関・廊下などはこの制限を受けない。
天井高が 1 室で異なるときは，その高さは平均とし，次の式による。

天井高〔m〕＝室の容積〔m^3〕／室の床面積〔m^2〕

(e) **居室の床の高さおよび床下の防湿方法**（木造の場合）

① 床の高さを直下の地面から，45 cm 以上とする。

② 面積が 300 cm^2 以上の床下換気孔を，外壁の長さ 5 m 以内ごとに設けて，これにねずみの侵入を防ぐために金網などを設置する。

ただし，床下をコンクリート，たたき，その他でおおうなど防湿上有効な措置をしたとき，または，防湿上有効な措置として大臣の認定を受けたものである場合には，この限りでない。

(f) **長屋・共同住宅の界壁の遮音**

長屋・共同住宅の各戸の界壁は，小屋裏または天井裏まで達するものとし，遮音性能について，令第 22 条の 3 に規定する技術的基準に適合するものとする。

(2)　建築の防火・避難に関する制限

(a)　特殊建築物の耐火規制

不特定多数が使用する特殊建築物は，その他の建物より厳しい防火避難規定が設けられていたが，2015（平成 27）年の木造建築関連基準の改正により，大断面木材などを活用した 3 階建ての学校等や 3,000 m^2 を超える建築物が，以下のような場合に，耐火性の高い材料で被覆する等の措置によらずに準耐火構造等にできるようになった。

①延べ面積が 3,000 m^2 を超える大規模な建築物について，火災の拡大を 3,000 m^2 以内に抑える防火壁等の**防火設備等で区画した**場合（法第 21 条）

② 3 階建ての学校等について，天井の不燃化又は庇・バルコニーの設置など，区画を超えた早期の延焼を防止する措置を講じた場合（法第 27 条）

これにより，通常の火災時に特殊建築物内にいるすべての人が，地上まで避難するまでの間，倒壊及び延焼防止の性能を有し，かつ，屋外からの延焼のおそれがある外壁の開口部に防火設備を設けることにより，**特定避難時間倒壊等防止建築物**を建設することが可能となった。これをまとめると表 5・6 のようになる。

表 5・6　耐火建築物等としなければならない特殊建築物

	用途	その用途に供する階	その用途に供する床面積の合計	その用途に供する部分の床面積の合計
(一)	劇場，映画館，演芸場	主階が 1 階にないもの 3 階以上の階	客席が 200 m^2 以上（屋外観覧席は 1,000 m^2 以上）	
	観覧場，公会堂，集会場ほか	3 階以上の階		
(二)	病院，診療所（患者の収容施設があるもの）ホテル，旅館，下宿，共同住宅，寄宿舎ほか	3 階以上の階	2 階が 300 m^2 以上（病院及び診療所については 2 階に患者の収容施設がある場合）	
(三)	学校，体育館ほか	3 階以上の階	2,000 m^2 以上	
(四)	百貨店，マーケット，展示場，キャバレー，カフェー，ナイトクラブ，バー，ダンスホール，遊技場ほか	3 階以上の階	2 階が 500 m^2 以上	
			3,000 m^2 以上	
(五)	倉庫その他これに類するもので政令で定めるもの		3 階以上の部分が 200 m^2 以上	1,500 m^2 以上
(六)	自動車車庫，自動車修理工場ほか	3 階以上の階		150 m^2 以上
(七)	危険物の貯蔵場所または処理場			危険物の数量が令 116 条の限度を超えるもの

特定避難時間倒壊等防止建築物または耐火構造建築物

耐火建築物

耐火又は準耐火建築物

さらに，2018（平成30）年6月の建築基準法の一部改正では，最近の大規模火災の発生や防火関連の技術開発を踏まえ，建築物・市街地の安全性の確保，空き家等の既存建築ストックの活用，木造建築物の整備の推進などの社会的要請に対応して，特殊建築物の耐火規制においても見直しがなされた。

なお，特殊建築物の耐火規制については，都市計画区域内に定める防火地域・準防火地域における大規模建築に係る規定もあり，これを表5・7に示す。

表5・7 防火・準防火地域内の耐火・準耐火建築物

建築物の制限	防火地域内	準防火地域内
耐火建築物	・地階を含む階数≧3 ・延べ面積＞100 m^2	・地上の階数≧4 ・延べ面積＞1,500 m^2
耐火建築物 または 準耐火建築物	・階数≦2かつ 延べ面積≦100 m^2	・500 m^2＜延べ面積≦1,500 m^2 ・地上の階数＝3かつ 延べ面積≦500 m^2

(b) **防火区画と内装制限**

初期消火の効果があがらず，延焼が続くと，やがてフラッシュオーバーなどの発生により火災が一気に拡大し，消火や避難が困難を極める。この段階での延焼拡大を遅らせるための方策として，火煙をできるだけ小さな範囲に封じ込める**防火区画**や，内装材をできる限り不燃性の高い材料で仕上げる**内装制限**などの規定が定められている。

① 防火区画とは，耐火建築物と準耐火建築物の建物内で発生した火災が急激に燃え広がることを防ぐために耐火構造でつくられた壁や床によって建築物を複数の区画に分割するもので，その分割方法によって，**面積区画**，**高層区画**，**竪穴区画**，**異種用途区画**の4種類がある。防火区画は，それ自体が耐火構造であると同時に，開口部や配管の貫通部に火炎の貫通を防ぐ処理をしなければならない。例えば，扉や窓については**特定防火設備**（かつての甲種防火戸）とし，また，空調用の風道（ダクト）が防火区画を貫通する場合には特定防火設備として防火ダンパーと呼ばれる火炎防止装置を，配管が防火区画を貫通する場合はすき間をモルタルその他の不燃材料で埋めなければならない。

② 内装制限の具体的な基準の内容は，内装に不燃材料・準不燃材料・難燃材料の3つの防火材料（難燃材料は使用できない部位がある）の使用を義務づけることである。

表5・8に，内装制限の一覧表を示す。内装制限の対象となる部位は，壁（回り縁や窓台等は除く）および天井（天井のない場合は屋根の室内に面する部分）であり，床および建具は対象としていない。

(c) **廊 下 の 幅**

廊下の幅は，表5・9の数値以上としなければならない。

面積区画
一定の床面積ごとに準耐火構造等の壁（開口部については特定防火設備）や床で区画し，他の区画への延焼を防ぐ。主要構造部を耐火構造とした建築物は，原則として，1,500㎡以内ごとに区画する。

高層区画
避難が難しい11階以上の高層階により厳しい制限が適応される。

竪穴区画
階段室などの吹き抜け部分は火災時には煙突効果により火災を増大させることになるため他の部分と区画して延焼を防ぐ。

異種用途区画
1階を店舗，2階以上を共同住宅の用途とした建築の場合，用途によって利用状況や火災時の避難方法が異なることから1-2階の境界となる壁や床を準耐火構造等にして区画する。

特定防火設備
通常の火災時に，加熱開始後1時間，加熱面以外に火炎を出さいない防火戸。

(d)　**屋外への出口等の施錠装置の構造等**

次に掲げる出口に設ける戸の施錠装置は，屋内からかぎを用いることなく解錠できるものとし，当該戸の近くの見やすい場所にその解錠方法を表示しなければならない。

①　屋外に設ける避難階段に屋内から通ずる出口

②　避難階段から屋外に通ずる出口

(e)　**非常用の照明装置**

①　非常用の照明装置は次の建築物とその部分には**設置**しなければならない。

i）表5・6の（一）から（四）までに掲げる特殊建築物の居室

ii）階数が3以上で延べ面積が500 m^2 を超える建築物の居室

iii）居室の床面積の1/20以上の採光有効面積がない無窓の居室

iv）延べ面積が1,000 m^2 を超える建築物の居室

v）上記i）～iv）の居室から地上に通ずる廊下，階段，その他の通路（採光上有効に直接外気に開放された通路を除く）

ただし，次の建築物とその部分には設置しなくてもよい。

i）一戸建の住宅，長屋の住戸，共同住宅の住戸

ii）病院の病室，下宿の宿泊室，寄宿舎の寝室等

iii）学校等

iv）避難階，避難階の直上階，避難階の直下階の居室で避難上支障がないもの等で国土交通大臣が定めるもの

②　非常用の照明装置の**構造**は，次のi）～iv）のいずれかに定めるものとするか，若しくは，火災時に停電した場合に自動的に点灯し，かつ，避難するまでの間に，当該建築物の室内の温度が上昇した場合にあっても床面において1ルクス以上の照度を確保することができるものとして国土交通大臣の認定を受けたものにしなければならない。

i）照明は，直接照明とし，床面において1ルクス以上の照度を確保できる。

ii）照明器具の構造は，火災時において温度が上昇した場合であっても著しく光度が低下しないものとして国土交通大臣が定めた構造方法を用いるもの。

iii）予備電源を設けること。

iv）i）～iii）のほか，非常の場合の照明を確保するために必要があるものとして国土交通大臣が定めた構造方法を用いるもの。

(f)　**非常用の進入口**

建築物の高さ31 m以下の部分にある3階以上の階には，原則として，非常用の進入口を設けなければならない。

表5・8 内装制限一覧（法第35条の2，令第128条の3の2～第129条）

	用途・構造・規模区分	当該用途に供する部分の床面積の合計			適用除外	内装制限	
		耐火建築物の場合	準耐火建築物の場合	その他の建築物		壁・天井	地上に通ずる主たる廊下・階段・通路
(1)	劇場，映画館，演芸場，観覧場，公会堂，集会場	（客席）400 m^2 以上	（客席）100 m^2 以上			難燃材料 ・3階以上の階に居室を有する場合の天井については準不燃材料。 ・居室からの高さが1.2 m以下の部分には適用されない。	準不燃材料
(2)	病院，診療所（患者の収容施設のあるもの），ホテル，旅館，下宿，共同住宅，寄宿舎，児童福祉施設等	（3階以上の部分）300 m^2 以上	（2階部分）300 m^2 以上（病院・診療所は，2階に患者の収容施設がある場合）	200 m^2 以上	・耐火建築物または主要構造部を準耐火構造等とした準耐火建築物にあっては100 m^2（共同住宅の住戸にあっては200 m^2）以内に防火区画された部分を除く。 ・1時間準耐火構造の準耐火建築物の下宿，共同住宅，寄宿舎の用途に供する部分は，耐火建築物とみなす。		
(3)	百貨店，マーケット，展示場，キャバレー，カフェー，ナイトクラブ，バー，ダンスホール，遊技場，公衆浴場，待合，料理店，飲食店，物品販売店（10 m^2 以下を除く）	（3階以上の部分）1,000 m^2 以上	（2階部分）500 m^2 以上				
(4)	地階または地下工作物の居室で(1)～(3)の用途に供するもの	すべて				準不燃材料	
(5)	自動車車庫，自動車修理工場						
(6)	無窓の居室	床面積50 m^2 を超える居室			天井の高さが6 mを超えるもの		
(7)	階数および規模によるもの	階数3以上で延べ面積500 m^2 を超えるもの 階数2で延べ面積1,000 m^2 を超えるもの 階数1で延べ面積3,000 m^2 を超えるもの			・学校等（令第126条の2第1項第2号） ・100 m^2 以内ごとに防火区画された特殊建築物の用途に供しない居室で，耐火建築物または主要構造部を準耐火構造等とした準耐火建築物の高さが31 m以下の部分 ・(2)の用途に供するもので，高さが31 m以下の部分	難燃材料 ・居室の壁の床面からの高さが1.2 m以下の部分には適用されない。	
(8)	火気使用室	住宅：階数が2以上の住宅で，最上階以外の階にある火気使用室 住宅以外：火気使用室はすべて			主要構造部を耐火構造としたものを除く	準不燃材料	—

注1）内装制限の規定で，2以上の規定に該当する建築物の部分には，最も厳しい規定が適用される。
　2）スプリンクラー設備，水噴霧設備，泡消火設備その他これに類するもので自動式のものおよび排煙設備を設けた建築物の部分には適用しない。

表5・9 廊下の幅

廊下の用途	廊下の幅	
	中廊下：両側に居室がある場合	片廊下：その他の場合
①小，中，高校の児童また生徒用	2.3 m 以上	1.8 m 以上
②病院の患者用 ③共同住宅の住戸・住室の床面積の合計が100 m^2 を超える階	1.6 m 以上	1.2 m 以上

法規

5・1・5　集団規定

前節の単体規定は，すべての建築物に適用される規定であるのに対し，集団規定については，都市計画区域および準都市計画区域内に限り適用される規定である。

(1)　道路に関する基準

(a)　道路の定義

「道路」とは，原則として，**幅員4m以上**（特定行政庁が指定する区域内については6m以上）のもので，次のものをいい，これらの道路上には建築できない。

① 道路法による道路
② 都市計画法，都市再開発法等による道路
③ 法の施行の以前より存する道路
④ 道路法，都市計画法，土地区画整理法，都市再開発法等により新設または，変更の事業計画のある道路で，2年以内にその事業が執行される予定があり特定行政庁が指定したもの
⑤ 特定行政庁が道路位置を指定したもの

(b)　**幅員4m未満の道路**

① 幅員4m未満で，1.8m以上の場合には，建築物は，道路中心から2m（特定行政庁が指定する区域では3m）が，道路境界線となる（図5・7）。
② 幅員4m未満で，道路の片側が川や線路の場合には，川や線路から4mの位置が道路境界線となる（図5・8）。

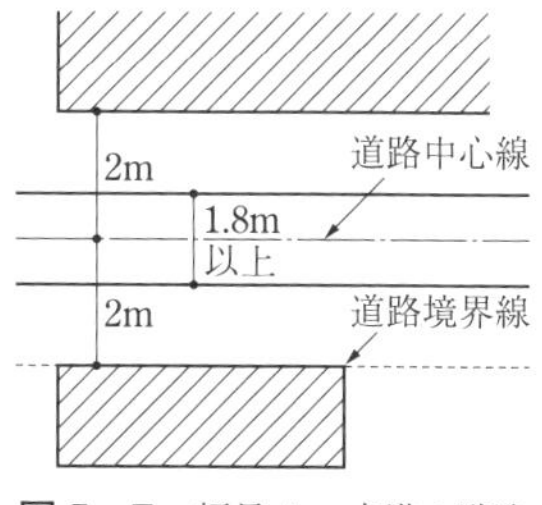

図5・7　幅員4m未満の道路

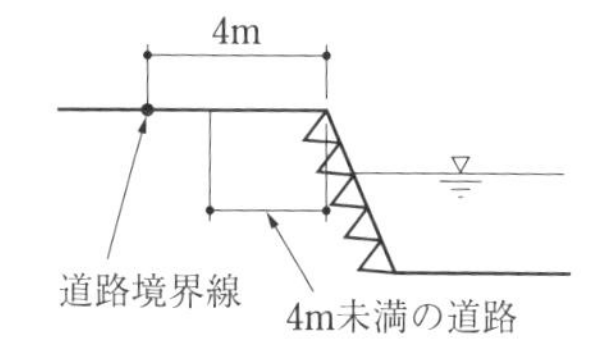

図5・8　片側に川などがある場合

③ 幅員2.7m以上4m未満の場合，建築審査会の同意により水平距離を指定することができる。
④ 幅員1.8m未満の道路を道路と指定するときは，建築審査会の同意が必要である。

(c)　道路と敷地

① 建築物の敷地は道路に2m以上接しなければならない。
② 建築物の周囲に広い空地があり，その他，これと同様の状況にある場合で安全に支障がないときはこの限りでない。

(2) 用途地域

(a) 用途地域の種別・目的

市街化区域内の土地を住み良い環境に保つために，その用途を制限している。市街化区域は，表5・10 に示すように，いずれかの地域に定められている。ただし，**市街化調整区域**は，原則として用途地域は定めない。

市街化区域　すでに市街化を形成している所や10年以内に優先的かつ，計画的に市街化を図るべき区域で，1000 m^2 以上の開発行為は，都道府県知事の許可が必要である。

市街化調整区域　市街化を抑制すべき区域で，農林・漁業等に必要な建築物や，これらに業務する人たちの住宅および，公共建築物しか原則的に建築できない。開発行為をする場合には，都道府県知事の許可が必要である。

表5・10　用途地域の種別・目的

種　別	系	目　的
①　第一種低層住居専用地域	住居系	低層住宅に係る住居の良好な環境の保護
②　第二種低層住居専用地域		主として，同上
③　第一種中高層住居専用地域		中高層住宅に係る住居の良好な環境の保護
④　第二種中高層住居専用地域		主として，同上
⑤　第一種住居地域		住居の環境を保護
⑥　第二種住居地域		主として，同上
⑦　準住居地域		道路の沿道としての地域の特性にふさわしい業務の利便の増進を図りつつ，これと調和した住居の良好な環境を保護
⑧　田園住居地域		農業の利便の増進を図りつつ，これと調和した低層住宅に係る良好な住居の環境を保護
⑨　近隣商業地域	商業系	近隣の住宅地の住民に対する日用品の供給を行うことを主たる内容とする商業，その他の業務の利便を増進
⑩　商業地域		主として商業，その他の業務の利便を増進
⑪　準工業地域	工業系	主として環境の悪化をもたらすおそれのない工業の利便を増進
⑫　工業地域		主として工業の利便を増進
⑬　工業専用地域		工業の利便を増進

(b) 用途地域内の用途制限

用途地域内の建築物の用途は，それぞれの地域の目均によって制限されている。表5・11 に，用途制限の主なものを示す。建築できる建築物の範囲は，表5・11 の住居①～⑧・商業系⑨～⑩については，ほぼ①＜②＜⑧＜③＜④＜⑤＜⑥＜⑦＜⑨＜⑩の関係がある。

表5・11　用途制限の主なもの

用途地域／建築物	①第一種低層住居専用地域	②第二種低層住居専用地域	③第一種中高層住居専用地域	④第二種中高層住居専用地域	⑤第一種住居地域	⑥第二種住居地域	⑦準住居地域	⑧田園住居地域	⑨近隣商業地域	⑩商業地域	⑪準工業地域	⑫工業地域	⑬工業専用地域
保育所，一般公衆浴場，診療所，神社，寺院，教会，巡査派出所[2)]，公衆電話等の公共施設[2)]	○	○	○	○	○	○	○	○	○	○	○	○	○
住宅，共同住宅，寄宿舎，下宿，小規模店舗・事務所併用住宅[1)]，図書館等，老人ホーム，身体障害者福祉ホーム等	○	○	○	○	○	○	○	○	○	○	○	○	×
郵便局，地方公共団体の支庁舎，老人福祉センター等	△[2)]	△[2)]	△[2)]	○	○	○	○	△[2)]	○	○	○	○	○
≦150 m^2 の特定店舗・飲食店（≦2階）	×	○[3)]	○[3)]	○	○	○	○	○[3)]	○	○	○	○	×
>150，≦500 m^2 の特定店舗・飲食店（≦2階）	×	×	○[4)]	○	○	○	○	×	○	○	○	○	×
〃　（農業の利便増進に必要なもの）	×	×	×	○	○	○	○	○[6)]	○	○	○	○	×
上記以外の店舗・飲食店≦1,500 m^2（≦2階）	×	×	×	○	○	○	○	×	○	○	○	○	×
上記以外の店舗・飲食店≦3,000 m^2	×	×	×	×	○	○	○	×	○	○	○	○	×
店舗・飲食店>3,000 m^2	×	×	×	×	×	○	○	×	○	○	○	○	×
店舗・飲食店> 10,000 m^2	×	×	×	×	×	×	×	×	○	○	○	×	×
一般事務所>500 m^2，≦1,500 m^2（≦2階）	×	×	×	○	○	○	○	×	○	○	○	○	○
上記以外の一般事務所≦3,000 m^2	×	×	×	×	○	○	○	×	○	○	○	○	○
同上>3,000 m^2	×	×	×	×	×	○	○	×	○	○	○	○	○
幼稚園，小・中・高校，盲・聾・養護学校	○	○	○	○	○	○	○	○	○	○	○	×	×
大学，高専，専修学校および類似，病院	×	×	○	○	○	○	○	×	○	○	○	×	×
ホテル・旅館≦3,000 m^2	×	×	×	×	○	○	○	×	○	○	○	×	×
同上>3,000 m^2	×	×	×	×	×	○	○	×	○	○	○	×	×
自動車教習所≦3,000 m^2, 15 m^2<畜舎≦3,000 m^2	×	×	×	×	○	○	○	×	○	○	○	○	○
自動車教習所・畜舎>3,000 m^2	×	×	×	×	×	○	○	×	○	○	○	○	○
ボーリング場，スケート場，水泳場，スキー場，ゴルフ練習場，バッティング練習場≦3,000 m^2	×	×	×	×	○	○	○	×	○	○	○	○	×
同上>3,000 m^2	×	×	×	×	×	○	○	×	○	○	○	○	×
マージャン屋，ぱちんこ屋，射的場，馬券車券売場等	×	×	×	×	×	△	△	×	○	○	○	○	×
カラオケボックス等	×	×	×	×	×	△	△	×	○	○	○	△	△
キャバレー，料理店，ダンスホール等	×	×	×	×	×	×	×	×	×	○	○	×	×
個室付浴場業の公衆浴場　その他[5)]	×	×	×	×	×	×	×	×	×	○	×	×	×
自動車修理工場（50 m^2<作業場≦150 m^2）	×	×	×	×	×	×	○	×	○	○	○	○	○
同上（作業場>150 m^2）	×	×	×	×	×	×	×	×	○	○	○	○	○
倉庫業の倉庫	×	×	×	×	×	×	○	×	○	○	○	○	○
劇場，映画館，演芸場，観覧場（客席<200 m^2）	×	×	×	×	×	×	○	×	○	○	○	×	×
劇場，映画館，演芸場，観覧場（客席≧200 m^2）	×	×	×	×	×	×	×	×	○	○	○	×	×

（注）○：建築できる。　△：一定規模以内のものは建築できる。　×：原則として建築できない。
1)：令第130条の3　　2)：令第130条の4　　3)：令第130条の5の2
4)：令第130条の5の3　　5)：令第130条の9の2　　6)：令第130条の9の4

(3)　建築物の形態の制限

(a)　建ぺい率

表5・12に示すように，建ぺい率の限度には用途区分による規定と敷地条件等による緩和規定がある。なお，同一の敷地内に2以上の建築物がある場合，その建築物の面積の合計として計算する。

建ぺい率　建築面積の敷地面積に対する割合をいい，敷地に対する建築の利用率を示す。

表5・12　建ぺい率一覧（単位：%）

条件等 / 用途地域等	(1) 通常の場合	(2) 角地等である場合[1]	(3) 防火地域内で耐火建築物の場合[2]	(4) 角地等で，かつ，防火地域内の耐火建築物である場合
一種・二種低層住専地域 一種・二種中高層住専地域 田園住居地域・工業専用地域	30，40，50，60のうち都市計画で定めた数値	(1)の数値＋10	(1)の数値＋10	(1)の数値＋20
一種・二種・準住居地域 準工業地域	50，60，80のうち都市計画で定めた数値	(1)の数値＋10	(1)の数値＋10　注3)	(1)の数値＋20　注3)
近隣商業地域	60，80のうち都市計画で定めた数値	(1)の数値＋10	(1)の数値＋10　注3)	(1)の数値＋20　注3)
商業地域	80	90	制限なし	
工業地域	50，60のうち都市計画で定めた数値	(1)の数値＋10	(1)の数値＋10	(1)の数値＋20
用途地域無指定区域	30，40，50，60，70のうち特定行政庁が定める数値	(1)の数値＋10	(1)の数値＋10	(1)の数値＋20

注1　角地等は，特定行政庁が指定するので，都道府県ごとに適用条件は一定ではない。

注2「防火地域内」とは，敷地の全部が防火地域内にあることだけでなく，一部が防火地域内にあって，敷地内すべての建築物が耐火建築物の場合も該当する（法第53条第5項）。

注3　建蔽率の限度が80の地域には運用されない（法第53条第6項）

(b)　容積率

容積率の限度は，表5・13に示すように，用途地域に応じての2つの限度があり，どちらか厳しいほうの値が適用される。

容積率　延べ面積の敷地面積に対する割合をいう。敷地に対して全体でどれだけの面積の建物を建築することができるかを示す。

2つの限度

① 都市計画で定められる限度

② 前面道路の幅員に応じて定められる限度

表5・13　用途地域と容積率の限度

用途地域		①都市計画による容積率限度（以下の数値のいずれかを指定）	②道路幅員による容積率限度（前面道路幅員12m未満）
住居系用途地域	一種・二種低層住専地域 田園住居地域	50，60，80，100，150，200%	前面道路幅員〔m〕×40%
	一種・二種中高層住専地域	100，150，200，300，400，500%	前面道路幅員〔m〕×40%（都道府県都市計画審議会の議を経て特定行政庁が指定する区域では60%）
	一種・二種・準住居地域		
その他の用途地域	近隣商業地域， 準工業地域	100，150，200，300，400，500%	前面道路幅員〔m〕×60%（都道府県都市計画審議会の議を経て特定行政庁が指定する区域では40%または80%のうちいずれか指定する数値）
	工業地域， 工業専用地域	100，150，200，300，400%	
	商業地域	200，300，400，500，600，700，800，900，1000，1100，1200，1300%	
用途地域無指定地域		50，80，100，200，300，400%のうち特定行政庁が定める数値	

(c)　高さ制限

建築物の高さ制限の主なものを表5・14に示す。

表5・14　高さ制限の概要

高さ制限		適用区域	概要
絶対高制限		低層住居専用地域，田園住居地域	絶対高10m，12mのいずれかに制限
斜線制限	道路斜線	都市計画区域・準都市計画区域内すべて	前面道路の幅員による斜線による制限
	隣地斜線	低層住専地域，田園住居地域を除くすべて	隣地境界線からの斜線による制限
	北側斜線	低層住専，田園住居地域，中高層住専地域	北側隣地境界から真南方向への斜線による制限
高度地区		都市計画で指定された区域	都道府県ごとに規定が異なる
日影規制		住居系地域，近隣商業地域，準工業地域，無指定区域のうち条例で指定	建築物によって生じる日影の程度による建築物の形態の制限
地区計画等		地区計画等の区域	政令の範囲で条例で定める

低層住居専用地域　10mまたは12mの高さ制限のほかに，建物の外壁を敷地境界線から1mまたは2m以上離して建てなければならない規制がかかる場合もある。

5・1・6　雑則，その他

(1)　仮設建築物に対する制限の緩和

①　非常災害があった場合，特定行政庁の指定する区域内の国・地方公共団体または，日本赤十字が，災害救助のため建築する仮設建築物，および，被災者が，自ら使用する30 m^{2}以内の仮設建築物で，1か月以内に工事に着手するものについては，原則として，建築基準法は適用されない。

②　災害のあった場合，公益上必要な用途に供する応急仮設建物や，工事の施工のための現場事務所・下小屋・材料置場等の仮設建築物は，確認・検査・防火の規定等，建築基準法の大部分の適用を受けない。

　また，建築工事の完了後3か月を越えて仮設建築物を存続させるときは，特定行政庁の許可を受けなければならない。この場合の使用許可の期間は2年以内である。ただし，仮設建築物でも構造上の強度等については法の適用を受ける。

③　特定行政庁は，建築物が安全上，防火上および衛生上支障がないと認める場合，仮設興行場，博覧会建築物等の仮設建築物を，1年以内の期間で建築を許可できる。また，仮設店舗その他の仮設建築物は，施工期間の必要性に応じて許可される。これらの仮設建築物は，防火の制限などの法の適用されないものがある。

④　仮設建築物であっても，以下の項目については建築基準法の適用を受ける。

1)　建築士による建築物の設計および工事監理が必要である。

2)　建築物は，自重・積載荷重等（構造耐力）および電気設備に対して安全な構造とする。

3) 事務室等は，採光・換気の窓の設置は必要である。

4) 地下室等への寝室等を設置することを禁止する。

5) 防火地域および準防火地域内に $50\ \mathrm{m}^2$ を超える建築物を設置するときは，屋根を耐火構造か不燃材でつくる。

現場事務所等の仮設物は，上記の制約以外の確認申請，容積率，建ぺい率，高さなどの建築基準法上の制限は受けない。

(2) 工作物への準用

次に示す工作物は，建築基準法の適用を受ける。

① 高さが6mを超える煙突

② 高さが15mを超える鉄筋コンクリート柱・鉄柱・木柱等

③ 高さが4mを超える広告塔・広告板・装飾塔・記念塔等

④ 高さが8mを超える高架水槽，サイロ，物見塔等

⑤ 高さが2mを超える擁壁

⑥ 乗用エレベータまたはエスカレータで観光のためのもの（一般交通用のものは除かれる）

⑦ ウォーターシュート・コースタ等の高架の遊戯施設

⑧ メリーゴーランド・観覧車・オクトパス・飛行塔等

(3) 工事現場における表示

建築確認を受けて工事を施工する場合，施工者は，現場の見やすい場所に，建築主，設計者，工事施工者，工事現場管理者の氏名または名称ならびに，工事確認済みの表示をし，設計図書を備えておかなければならない。

(4) 工事現場の危険防止

工事現場において建築災害を防止するため，次のような基準を定めている。具体的な内容ついては，該当する項目で説明されている。ここでは，法に定めてある項目について説明する。

① 木造以外の建築工事で，2階建以上ものには，高さ1.8m以上の板べい等の仮囲いを設ける。

② 根切り工事，土留め工事等を行う場合，地下埋設物（ガス・上下水道・電話）の損壊等による危害の発生を防止する。

③ 地下深く行う根切り工事は，地盤調査をして，状況に応じて施工図を作成し，これに基づき工事を行う。

④ 隣家に接する根切り工事は安全を確保する。

⑤ 深さ1.5m以上の根切り工事は，原則として土留めを行う。

⑥ 山留め・切ばり・矢板・腹起こしなどの主要部材は，構造計画で安全を確かめる。

⑦ 建設中は，根切り・山留めなどを点検・補強し，排水等を行う。

⑧ 火気を使用する工事では，その場所を不燃材料で囲う。

⑨ 建築工事の部分が地盤面から高さ7m以上で，工事現場の境界より5m以内のときは，鉄網または帆布で覆うなど落下物による危害を防止する。

5・2 建設業法

学習のポイント

建設業法の全体像を下敷きに，建設業の許可の種類，請負契約に関する義務，監理技術者の資格の３点を中心に理解することがポイントとなる。

建設業法（同施行令，同施行規則および**施工技術検定規則**）の目的は，次の３項目を確保し建設工事の適正化を図ることである。

① 請負契約の適正化：**約款**を定め，工事に係るさまざまなトラブルの処理方法を契約の段階で定めておく。

② 適正な施工：税金でまかなう公共工事では，建設業を一般建設業と特定建設業に分け，それぞれの施工能力から施工業者の信用度を位置づけ，許可条件を明確にしている。

③ 施工技術：工事の規模により，技術者の施工管理能力別に１級，２級建築施工管理技士などの有資格者を工事の主任技術者とする。

工事を注文する者を**発注者**，工事を受注する建設業者を**請負人**といい，後者については**元請負人**と**下請負人**に分けられる。下請負人を保護するために，賃金の支払いや安全教育の援助など，元請負人の義務が定められている。

約款　工事請負契約，公共工事標準請負契約などに定められたひとつひとつの条項。すなわち約束ごと。

元請負人　発注者から直接工事を請負う建設業者
下請負人　元請負人から工事の一部を請負う建設業者

5・2・1 建設業の許可

(1) 建設業

建設業とは，元請，下請，その他土木建築に係る工事の完成を請負い，これを営業するものをいい，このうち建設業法に定める許可を受けているものを**建設業者**という。

建設業法上の建設工事は，以下のように土木一式工事と建築一式工事の２つの一式工事のほか，27 の専門工事の計 29 種があり，**同時に２つ以上の業種の許可を取得することもできる。**

①土木一式工事，②建築一式工事，③大工工事，④左官工事，⑤とび・土工・コンクリート工事，⑥石工事，⑦屋根工事，⑧電気工事，⑨管工事，⑩タイル・れんが・ブロック工事，⑪鋼構造物工事，⑫鉄筋工事，⑬舗装工事，⑭しゅんせつ工事，⑮板金工事，⑯ガラス工事，⑰塗装工事，⑱防水工事，⑲内装仕上工事，⑳機械器具設置工事，㉑熱絶縁工事，㉒電気通信工事，㉓造園工事，㉔さく井工事，㉕建具工事，㉖水道施設工事，㉗消防施設工事，㉘清掃施設工事，㉙解体工事

(2)　建設業の許可

建設業者は，国土交通大臣かまたは都道府県知事の許可を得なければならない。

① 2以上の都道府県に営業所を設ける場合………**国土交通大臣**

② 1の都道府県に営業所が限られる場合…………**都道府県知事**

①②両者とも営業所の所在地による区分であり，いずれの地域でも自由に営業活動できる。ただし，営業所ごとに所定の要件を満たした専任の技術者を置かなければならない。

③ 許可を受けずにできる**軽微な建設工事**

建築一式工事では，

1）1件の請負代金が1,500万円未満の工事，または

2）延べ面積が150 m^2 未満の木造住宅工事

建築一式工事以外では，

3）1件の請負代金が500万円未満の建設工事

ただし，請負契約を分割しても，請負代金合計が規定の金額を超える契約は違反である。また，材料や運送費の提供があるとき，これも市場価格に換算して契約請負代金の一部とみなす。

④ **許可の更新**：建設業の許可（有効期間）は**5年ごと**に更新しなければならない。更新しようとする者は有効期間満了の**30日前までに許可申請書**を提出しなければならない。なお，許可に係る変更または廃業の届出も，30日以内に届出なければならない。

⑤ **附帯工事**：許可を受けていない附帯工事が含まれていても，建設業者は当該建設工事を請負うことができるが，実際の工事は許可をもつ建設業者に下請けさせなければならない。

業種の区分変更
一般建設業から特定建設業へ区分を変更する場合は，新規扱いとなる。

許可の取消し
許可を受けてから1年以内に営業開始せず，又は引き続いて1年以上営業を休止した場合

(3)　建設業の許可による分類

① **特定建設業**：発注者から直接請負う1件の建設工事につき，4,000万円（建築一式工事では6,000万円）以上の下請契約を締結して施工する者に対する許可

② **一般建設業**：発注者から直接請負う1件の建設工事につき，4,000万円（建築一式工事では6,000万円）未満の下請契約を締結して施工する者に対する許可

ただし，建設業の許可は，特定建設業または一般建設業のいずれか一方の許可しか受けられない。特定建設業と一般建設業の比較を表5・15に示す。

表5・15　特定建設業と一般建設業の比較

項目	特定建設業	一般建設業
下請契約	4,000万円以上，（建築一式工事の場合は，6,000万円以上）	4,000万円未満，（建築一式工事の場合は，6,000万円未満）
財産的基礎	8,000万円以上	契約を履行する財産的基礎
常勤役員（法人）個人経営者	許可を受けようとする建設業に関しては5年以上，それ以外の建設業に関しては7年以上の経営業務の管理責任者としての経験	

法規

専任技術者（営業所ごとに専任の者を設置，すなわち常勤）	①高校卒業後5年以上，大学・高専卒業後3年以上の実務経験者 ②10年以上の実務経験 ③上記の者と同等以上の能力を有する（1級建築施工管理技士等） ④4500万円以上の工事で2年以上の指導監督的な実務経験	①，②は同左 ③上記の者と同等以上の能力を有する（2級建築施工管理技士等）

5・2・2　建設工事の請負契約

(1)　請負契約書

建設工事の発注者と請負人は対等な立場で合意し，公正な契約を結び，信義に従い誠実にこれを履行しなければならない。

契約書の最も基本的な内容は以下の3項目で**請負工事の3要素**といわれる。

① **工事内容**（目的建築物の明示）

② **工期**（着工と竣工の期日の明示）

③ **請負代金額**（支払い方法期日の明示）

これ以外にも，工事請負契約約款または**公共工事標準請負契約約款**についても同時に契約するのが一般的である。

(2)　請負契約の基本となる規定

請負契約をより公正なものとするために，以下のような規定が定められている。

① 不当に低い請負代金の禁止

② 使用機材の明示のないとき中等以上の材料の使用

③ 発注者による使用機材などの購入強制・購入先の指定の禁止

④ 発注者による工事内容と**見積期間**の明示

⑤ **請負人側の現場代理人**と**発注者側の監督員**の権限等の調整

⑥ **一括下請負の禁止**

工程表や品質管理の責任が元請にあることを明確にするため，建設業者は，その請負った建設工事を一括して他人に請負わせてはならない。また一括して請負ってもならない。ただし，あらかじめ発注者の書面による承諾のあるときは一括下請負が認められる。

⑦ **下請負人の変更要求**

発注者は，請負人に対して，工事の施工に著しく不適当な下請負人であるとき，その変更を請求できる。ただし，あらかじめ発注者から書面で認められた下請負人には適用されない。一方，請負人も発注者の監督員に不適当なものがいるときは変更請求できる。

⑧ **みなし契約**

委託その他いかなる名称であっても，報酬を得て建設工事を行う契約は，建設工事の契約とみなされる。

公共工事標準請負契約約款の主な内容

①請負代金の支払い方法，前払金，出来高払金，支払金，支払期日
②設計変更，工事着手の遅延や工事の中止の工期の変更に伴う請負代金額の変更や損害の負担の計算方法
③天災その他不可抗力による工期変更または損害負担およびその額の算出方法
④価格の変動に伴う請負代金または工事内容の変更
⑤第三者に損害を与えた場合の賠償金の負担方法
⑥支給材料または，貸与機械の内容と期日
⑦竣工または部分検査の時期と方法および引渡しの期間
⑧契約に関する紛争の解決方法

見積期間は予定価格により
①500万円未満は1日以上
②500万円以上5,000万円未満は10日以上
③5,000万円以上は15日以上
②，③は5日以内に限り短縮することができる。

法規

(3) 元請負人の義務（下請負人の保護）

元請負人は，発注者に対して工事施工の全責任があり，下請負人の工事施工にも責任をもたなければならない。無理な施工計画を下請に押し付けないよう下請負人を保護するため，以下の規定がある。

① **下請負人の意見の聴取**

元請負人は，請負った建設工事を施工するために必要な工程細目，作業方法その他を定めるとき，あらかじめ下請負人の意見を聞かなければならない。

② **下請代金の支払**

元請負人は請負代金の支払いを受けたとき，下請負人に対して，支払いを受けた日から1ヶ月以内のできる限り短い期間に下請代金を払わなければならない。

③ **前払金**

元請負人は，発注者から前払金を受けたときは，請負人に対して，資材の購入，労働力の確保，建設業者着手の準備金として必要な前払を配慮しなければならない。

④ **検査および引渡し**

元請負人は，下請負人から建設工事完了の通知を受けてから20日以内のできる限り短い期間に確認検査を完了しなければならない。検査の確認後，下請負人が申し出たとき，目的物の引渡しを直ちに受けなければならない。

⑤ **特定建設業者の下請代金の支払期日**

工事検査の完了後，下請負人が目的物の引渡しを申し出た日から50日以内のできる限り短い期間に下請代金を払わなければならない。

⑥ **下請負人に対する特定建設業者の指導**

発注者から直接建設工事を請け負った特定建設業者は，当該建設工事の下請負人が，その下請負に係る建設工事の施工に関し，建設業法及び関係法令に違反しないよう下請負人の指導に努める。ただし，指導・助言であり，強制できない。

⑦ **施工体制台帳および施工体系図の作成**

元請負人は，下請代金が4,000万円（建築一式工事6,000万円）以上のとき，元請・下請の関係を示した施工体系図および下請負人の商号を明示した施工体制台帳を作成し，各現場ごとに備えなければならない。

公共工事の場合は，金額に係らず施工体制台帳の作成が必要である。

(4) 請負契約に関する紛争の処理

紛争は当事者間（元請と下請，請負者と発注者）で協議し解決するのが原則だが，契約書記載の調停が成立しないときは，都道府県または中央の建設工事紛争審査会の斡旋調停により解決を図る。

法規

5・2・3 主任技術者および監理技術者の設置等

(1) 主任技術者

建設工事の施工技術を確保するため，建設業者は，元請下請，金額の大小に関係なく，すべての工事現場に主任技術者を置かなければならない。

(2) 監理技術者

特定建設業者（元請）は，発注者から直接請負った建設工事を下請け施工させるとき，下請契約の請負代金が4,000万円（建築一式工事は6,000万円）以上の場合は，主任技術者に代えて監理技術者を置かなければならない。すなわち，この現場では，下請からは主任技術者が，元請からは監理技術者の両者が技術上の管理にあたる。

表5・16に主任技術者と監理技術者の資格を整理して示す。

表5・16 技術者の資格

技術者の区分	主任技術者	監理技術者
資格	① 許可を受けようとする建設業に係る工事に関する指定学科を修め，大学（短大等を含む）を卒業し3年以上，高校については卒業後5年以上の実務経験を有する者 ② 許可を受けようとする建設業に係る工事に関し10年以上の実務経験を有する者 ③ 国家試験等に合格した者で国土交通大臣が認定したもの	① 国家試験等で国土交通大臣が定めたものを受けた者 ② 主任技術者となれる資格を有する者（左記，①，②および③に該当する者）で，4,500万円以上の元請工事に関し，2年以上直接指導監督した実務経験を有する者 ③ 国土交通大臣が①および②と同等以上の能力があると認定したもの

(3) 専任の技術者を必要とする工事

公共性のある施設または工作物に関する重要な工事では，元請・下請にかかわらず，7,000万円以上の建築一式工事については，主任技術者または監理技術者を「専任の技術者」にしなければならない（表5・17）。

密接に関連する2ヵ所以上の工事を同一の建設業者が，同一の場所または近接した場において行う場合に限って，同一の専任の主任技術者が同時に複数の現場を管理することができる。また，監理技術者は専任の監理技術者補を配置した場合，2件までの工事を兼任することができる。

表5・17 技術者の設置を必要とする工事

区分	建設工事の内容	専任を要する工事
主任技術者を設置する現場	① 下請の工事現場 ② 下請に出す金額が4,000万円（建築一式工事6,000万円）未満の工事現場 ③ 建築一式工事については，大工，とび，土工，管，電気，左官等の各工事を施工するとき，各工事ごとの主任技術者 ④ 附帯工事を施工する際の附帯工事の主任技術者	戸建ての個人住宅を除く（**国・地方公共団体の発注**する工事，学校，マンション等の）工事で3,500万円（建築一式工事については7,000万円）以上のもの
監理技術者を設置する現場	① 元請工事で合計4,000万円（建築一式工事6,000万円）以上の下請の工事現場 ② 指定建設業（土木，建築，電気，管，鋼構造物，舗装，造園の各工事業）は資格者証を有する監理技術者	

5・3 労働基準法

学習のポイント

労働基準法と労働契約法の関係を理解した上で，労働者の保護および就業制限に関わる業務を数値と合わせて把握することがポイントとなる。

5・3・1 労働契約

労働基準法は，労働者の立場を守り，労使・男女などの平等を大原則として，労働条件の最低基準を定めたものである。たとえ労使間でこの基準以下で契約に合意しても無効になる。またこの法は，同居している親族のみを使用する事務所・事業所には適用されないが，他人を一人でも雇っていれば適用される。さらに，平成20年3月から**労働契約法**が施行され，特に労使間のトラブルを防止するため，労働契約の締結，労働条件の変更，解雇等についての基本的なルールが明らかにされた。すなわち，違反があった場合には，**労働基準法**に基づき労働基準監督署において是正の監督指導等を行い，**労働契約法**は，労使間のトラブルを防止するため，民事上のルールとして定められた。

(1)　労働契約の基本原則（労働契約法）

労働契約の締結や変更は，以下の原則に基づいて行う。

①　労使の対等の立場によること
②　就業の実態に応じて，均衡を考慮すること
③　仕事と生活の調和に配慮すること
④　信義に従い誠実に行動しなければならず，権利を濫用してはならないこと

(2)　労働契約の締結

①　労働条件の明示

ⅰ）使用者が労働者を採用するときは，賃金・労働時間その他の労働条件を書面または口頭で明示しなければならない（基準法）。

ⅱ）労働者と使用者が労働契約を結ぶ場合，使用者が，合理的な内容の就業規則を労働者に周知させていた場合には，就業規則で定める労働条件が労働者の労働条件になる（契約法）。

②　**契約期間**

ⅰ）契約期間に定めのある労働契約（有期労働契約）の期間は，原則として上限は3年とする。なお，専門的な知識等を有する労働者，満60歳以上の労働者との労働契約については，上限は5年とする（基準法）。

ⅱ）使用者は，有期労働契約によって労働者を雇い入れる場合は，その目

労働条件の明示（必須事項）
・書面の交付による明示事項
1）労働契約の期間
2）就業の場所・業務内容
3）始業・終業時刻，休憩，休日などの労働時間
4）賃金の決定・支払方法，支払時期など
5）退職（解雇事由）に関する事項
・口頭の明示でもよい事項
昇給・職業訓練・休職などに関する事項

的に照らして，契約期間を必要以上に細切れにしないよう配慮しなければならない（契約法）。

(3)　労働契約の変更

①　労働者と使用者が合意をすれば，労働契約を変更できる（契約法）。

②　合意による変更の場合でも，就業規則に定める労働条件よりも下回ることはできない（基準法）。

③　使用者が一方的に就業規則を変更しても，労働者の不利益に労働条件を変更することはできない。なお，就業規則によって労働条件を変更する場合，内容が合理的であることを労働者に周知させることが必要である（契約法）。

5・3・2　労働者の保護

(1)　使用者の禁止事項

①　強制労働：労働者の意思に反する労働を強制してはならない。

②　賠償予定の禁止：労働契約の不履行について違約金を定めたり，損害賠償を予定する契約をしてはならない。

③　前借金の相殺：前借金やその他労働で，労働者の債権と賃金を相殺せず，賃金をひとまず支払わなければならない。なお天引きは労働協約により可。

④　強制貯金：貯蓄契約の強制や貯蓄金の管理契約をしてはならない。ただし，労働組合との協定のもとに利子をつけるなどの条件付きで，労働者の貯蓄金を管理することができる。

⑤　中間搾取：他人の就業に介入して利益を得てはならない。

相殺（そうさい）　互いに差し引いて損得なしにすること

天引き　賃金や給料のなかからあらかじめ契約期間中の利子や一定額を引き去ること

(2)　使用者の義務

①　解雇の制限：原則として，業務上の負傷・疾病による療養・休業期間および女性の産前・産後の休業期間とその後30日間は解雇してはならない。

②　解雇の予告：使用者は労働者を解雇しようとするとき少なくとも30日前に予告しなければならない。ただし，日雇いや期間限定の場合は即日解雇してよい。

③　使用証明：労働者が退職時，在職期間の証明を請求したら，遅滞なく発行する。

④　金品の返還：労働者が死亡または退職した場合，権利者の要求があったときは7日以内に賃金を支払い，労働者の積立金・保証金・貯蓄金など労働者の金品を返還しなければならない。

⑤　記録の保存：事業者は，労働者名簿・賃金台帳・雇入れなどの関係書類を3年間保存する。

(3) 賃 金

① 賃金：賃金・給料・手当・賞与など，労働の代償

② **平均賃金**：算定すべき日以前3ヶ月間に支払われた賃金をその期間の総日数で割った額

③ **賃金支払いの5原則**

1) 毎月1回以上支払う。

2) 一定の支払日を定める（「第3金曜日」のような指定は違反）。

3) 通貨とする（本人の希望により銀行振り込みできるが，銀行振出しの小切手は禁止）。

4) 全額を支払う（労働協約で一部天引きは可）。

5) 未成年・年少者であっても直接労働者に支払う。

④ 休業手当：使用者の責任で労働者が休業するとき，使用者は平均賃金の60％以上の手当を支払わなければならない。

(4) 労 働 時 間

① **労働時間**：休憩時間を除き1日8時間，1週間40時間以内とする。ただし，就業規則により超えることも可。坑内労働では坑内滞在時間すべてが労働時間である。

② **休憩時間**：

1) 労働時間が6時間を超えるときは45分以上，8時間を越えるときは1時間以上の休憩を労働の途中でとらなければならない。

2) 休憩時間は，原則として，一斉に与え（例外：運送業，販売業，金融業など），労働者の自由に利用させなければならない。

③ 休日：毎週少なくても1回，または4週に4日以上。

④ 公民権の行使：使用者は労働者の公民権（選挙など）の行使を拒否できないが，請求した時刻をずらすことはできる。

⑤ **有給休暇**：6ヶ月継続勤務し全労働日の8割以上出勤した者には10日以上。パートなどに対しても所定労働日数に応じて年次有給休暇を与える。

⑥ 時間外労働・割増賃金

1) 割増賃金の基礎となる通常賃金：家族手当，通勤手当，別居手当，子女教育手当，臨時に支払われる賃金，1ヶ月を超えるごとに支払われる賃金は含まれないが，これ以外は含まれる。

2) 休日や時間外労働は通常賃金の2割5分増とする。

3) 深夜労働（午後10時から午前5時）は通常賃金の5割増とする。

4) 時間外労働が休日のときは通常賃金の3割5分増とする。

5) 時間外労働が休日で深夜労働のときは6割増とする。

6) 割増賃金は法定の1日8時間，1週40時間までは支払わなくてよい。

(5) 災 害 補 償

以下に示すように，労働者の，業務上の理由により生じた，負傷・疾病・死

亡については，使用者は補償しなければならない。

① 療養補償
② **休業補償**：平均賃金の60%
③ 障害補償：障害の程度に応じ，1級1,340日分から14級50日分
④ **遺族補償**：業務死亡したときは平均賃金の1,000日分
⑤ 葬祭料：業務死亡したときは平均賃金の60日分
⑥ **打切補償**：療養開始後3年経過して疾病が治らない場合，平均賃金の1,200日分の補償を行ない，その後は補償を行わなくてもよい。

5・3・3 就業制限

(1) 健康上特に有害な業務

◀よく出る

以下のような業務の時間外労働は，労働協約のある場合においても2時間以上は認められない。

① 坑内労働
② 著しく暑熱な場所や寒冷な場所での業務
③ 塵埃やセメントなどの粉末の著しく飛散する業務
④ 異常気圧下の業務
⑤ さく岩機・びょう打ち機を使用する業務
⑥ 重量物の取扱業務（クレーンは除く）
⑦ 強烈な騒音を発する場所での業務

(2) 年少者

◀よく出る

① **最低年齢**：使用者は，児童が満15才に達した日以後の最初の3月31日が終了するまで，使用してはならない。
② **年少者の証明書**：使用者は，満18才に満たない者について，その年齢を証明する戸籍証明書を事業場に備え付けなければならない。
③ **未成年者の労働契約**：
　ⅰ）親権者または後見人は，未成年者に代って労働契約を締結してはならない。
　ⅱ）未成年者は，独立して賃金を請求することができる。親権者または後見人は，未成年者の賃金を代って受け取ってはならない。
④ **深夜業**：使用者は，満18才に満たない者を午後10時から午前5時までの間に使用してはならない。ただし，交替制で使用する満16才以上の男性については，この限りでない。
⑤ **危険有害業務の就業制限**：
　ⅰ）使用者は，満18才に満たない者に，運転中の機械や動力伝導装置の危険な部分の掃除，注油，検査・修繕など危険な業務や重量物を取り扱う業務（右表）に就かせてはならない。右表から，満18歳未満の年少

「重量物を取り扱う作業」の重量下限値

年齢および性		重量（単位：kg）	
		断続作業	継続作業
満16歳未満	女	12	8
	男	15	10
満16歳以上満18歳未満	女	25	15
	男	30	20
満18歳以上	女	30	20
	男	—	—

法規

者は30 kg，女性は20 kgを超える重量物の作業に就かせることができないことがわかる。

ii）使用者は，満18才に満たない者を，劇毒物や発火性のある原材料を取り扱う業務，有害ガスや放射線を発散する場所や高温・高圧の場所における業務に就かせてはならない。

⑥ **坑内労働の禁止**：使用者は，満18才に満たない者を坑内で労働させてはならない。

⑦ **帰郷旅費**：満18才に満たない者が解雇の日から14日以内に帰郷する場合，使用者は，必要な旅費を負担しなければならない。

前頁⑤⑥に関連して，表5・18に，年少者の就業制限の業務を示す。

表5・18 年少者の就業制限業務　◀よく出る

1. 起重機（クレーン，デリックまたは揚貨装置）の運転の業務
2. 積載能力**2 t以上**の人荷共用または荷物用のエレベータおよび高さ**15 m以上**のコンクリート用エレベータの運転の業務
3. 動力による軌条運輸機関，乗合自動車，積載能力**2 t以上**の貨物自動車の運転業務
4. 巻上機，運搬機，索道の運転業務
5. 起重機（クレーン，デリックまたは揚貨装置）の玉掛けの業務（二人以上で行う場合の補助業務を除く）
6. **動力による土木建築用機械の運転業務**
7. 軌道内であって，ずい道内，見透し距離400 m以下，車両の通行頻繁の各場所における単独業務
8. 土砂崩壊のおそれのある場所，または深さ**5 m以上**の地穴における業務
9. 高さ5 m以上で墜落のおそれのある場所の業務
10. 足場の組立，解体，変更の業務（地上または床上での補助作業を除く）
11. 火薬，爆薬，火工品を取り扱う業務
12. 土石等のじんあいまたは粉末が著しく飛散する場所での業務
13. 土石等のじんあいまたは異常気圧下における業務
14. さく岩機，びょう打ち機等の使用によって，身体に著しい振動を受ける業務
15. 強烈な騒音を発する場所の業務
16. 軌道車両の入替え，連結，解放の業務

5・4 労働安全衛生法

学習のポイント

労働安全衛生法は，5・3「労働基準法」と相まって，労働者の安全と健康を確保し，労働災害防止に関して事業主の責務と管理体制とを明確にするために制定された。各業務内容と制限（数値）をからめて把握することがポイントである。

5・4・1 安全管理体制

労働者や第三者の安全を確保するために，図5・9のように，建設工事の規模別に管理体制が定められている。

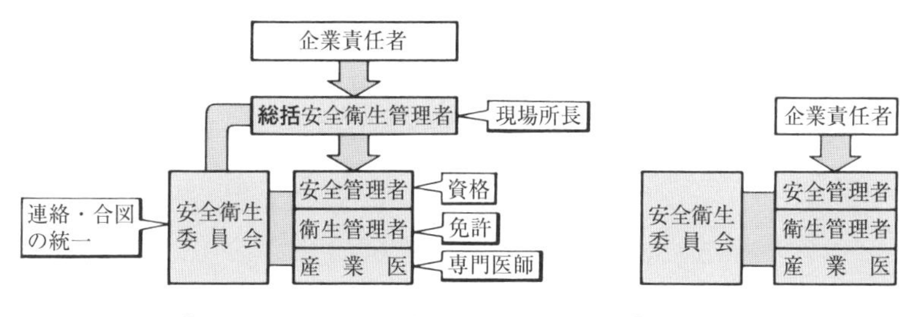

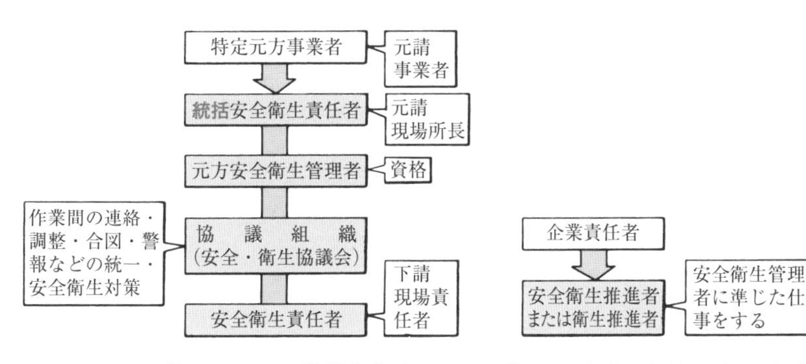

図5・9　安全衛生管理組織

50人以上・複数事業所（図5・9の③）では，元請が**統括安全衛生責任者**と**元方安全衛生管理者**を，下請が**安全衛生責任者**を選任する。なお，**安全衛生協議会**は両者により構成され，作業員の人数に関係なく，すべての事業所が該当する。

安全衛生管理体制を表5・19に示す。このうち，総括安全衛生管理者，安全管理者，衛生管理者，産業医の選任については，選任すべき事由が発生した日から14日以内に行い，遅滞なく所轄労働基準監督署長に報告しなければなら

総括安全衛生管理者　100人以上の単一事業所の業務を総括管理する現場所長。資格要件なし。

安全管理者　常時50人以上の事業場で，有資格者から選任され，毎日事業場を巡視し，危険防止の措置をとる権限が与えられている。

衛生管理者　常時50人以上の事業場で，有資格者（医師・歯科医師など）から選任され，少なくとも週1回事業場を巡視し，労働者の健康を保護するための措置をとる権限が与えられている。

産業医　常時50人以上の事業場で，医師から選任され，少なくとも月1回以上事業場を巡視し労働者の健康管理を行う。

統括安全衛生責任者　元請・下請合わせて常時50人以上（ずい道，一定の橋梁，圧気工法の工事は30人以上）の労働者が混在する事業所を統括管理する工事事務所長。

安全衛生委員会　常時100人以上の事業場では，安全委員会および衛生委員会，またはこれらをひとつにした安全衛生委員会を毎月1回以上開催し，その記録を3ヶ年保存する。

ない（p. 149，表4・4参照）。

表5・19 安全衛生管理体制一覧表　◀よく出る

種別	適用範囲	資格その他
総括安全衛生管理者 *1	常時100人以上の直用労働者を使用する事業所で，事業者が選任する。	事業所長等の事業の実施を統括管理する者
安全管理者 *1*2	常時50人以上の直用労働者を使用する事業所	① 大学・高専の理科系卒業後3年以上安全の実務経験者 ② 高校の理科系卒業後5年以上安全の実務経験者 ③ 労働安全コンサルタント ④ 厚生労働大臣の定める者（施工管理技士）
衛生管理者 *1*2		① 医師 ② 歯科医師 ③ 労働衛生コンサルタント ④ 厚生労働大臣の定める者（衛生管理者）
産業医 *1*2		医師
統括安全衛生責任者 *2	同一場所で元請・下請合わせて常時50人以上（ずい道，一定の橋梁，圧気工法の工事は30人以上）の労働者が混在する事業所で，特定元方事業者が選任する。	工事事務所長等の事業の実施を統括管理する者
元方安全衛生管理者 *2	特定元方事業者が，統括安全衛生責任者を選任した事業者	① 大学・高専の理科系卒業後3年以上安全衛生の実務経験者 ② 高校の理科系卒業後5年以上安全衛生の実務経験者 ③ 厚生労働大臣の定める者（施工管理技士）
店社安全衛生管理者	特定元方事業者が，統括安全衛生責任者を選任しない以下の作業の事業所 a. ずい道，一定の橋梁，圧気工法の工事（常時20人以上30人未満） b. 鉄骨または鉄骨鉄筋コンクリート造の建設工事（常時20人以上50人未満）	① 大学・高専を卒業後3年以上安全衛生の実務経験者 ② 高校・中学を卒業後5年以上安全衛生の実務経験者 ③ 8年以上安全衛生の実務経験者
安全委員会 衛生委員会	常時50人以上の直用労働者を使用する事業所	半数は労働者の代表者を指名。毎月1回以上開催。安全・衛生の各委員会を一つにして設置（安全衛生委員会）できる。
安全衛生協議会	作業員の人数に関係なく混在事業所ではすべての事業者が該当する。	別途工事業者も含め関係請負人がすべて参加すること。毎月1回以上開催

*1 選任すべき事由が発生した日から14日以内に選任し，遅滞なく，所轄労働基準監督署長に報告。
*2 原則として，その事業場に専属の者とする。ただし，産業医については，常時1,000人以上使用する事業場や有害業務に常時500人以上従事する事業場のときに限る。

5・4・2　就業者の安全衛生

労働安全衛生法では，一部の危険・有害業務について，作業者の中から統括する立場の作業主任者を選任することを義務づけており，業務の種別によって作業主任者，作業者それぞれに必要とされる資格のレベルが異なる。そのレベルは，**安全衛生教育＜特別教育＜技能講習＜免許**の順に高位となる。

(1)　作業主任者

事業主は労働災害を防止するために，表5・20に示すような作業については，有資格者の中から作業主任者を選任しなければならない。

表5・20　作業主任者一覧表　　◀よく出る

名　　称	選任すべき作業
高圧室内作業主任者（免）	高圧室内作業
ガス溶接作業主任者（免）	アセチレン等を用いて行う金属の溶接・溶断・加熱作業
コンクリート破砕器作業主任者（技）	コンクリート破砕器を用いて行う破砕作業
地山掘削作業主任者（技）	掘削面の高さが2m以上となる地山掘削作業
土止め支保工作業主任者（技）	土止め支保工の切梁・腹起しの取付け・取外し作業
型枠支保工の組立等作業主任者（技）	型枠支保工の組立解体作業
足場の組立等作業主任者（技）	吊り足場，張出し足場または高さ5m以上の構造の足場の組立解体変更作業
鉄骨の組立等作業主任者（技）	建築物の骨組み，または塔であって，橋梁の上部構造で金属製の部材により構成される5m以上のものの組立解体変更作業
酸素欠乏危険作業主任者（技）	酸素欠乏危険場所における作業
ずい道等の掘削等作業主任者（技）	ずい道等の掘削作業またはこれに伴うずり積み，ずい道支保工の組立，ロックボルトの取付け，もしくはコンクリートの吹付作業
ずい道等の覆工作業主任者（技）	ずい道等の覆工作業
コンクリート橋架設等作業主任者（技）	上部構造の高さが5m以上のものまたは支間が30m以上であるコンクリート造の橋梁の架設または変更の作業
鋼橋架設等作業主任者（技）	上部構造の高さが5m以上のものまたは支間が30m以上である金属製の部材により構成される橋梁の架設，解体または変更の作業
木材加工用機械作業主任者（技）	木材加工用機械を5台以上（自動送材式帯のこ盤3台以上）の木材加工業
有機溶剤作業主任者（技）	有機溶剤を用いる作業
石綿作業主任者（技）	石綿を取り扱う作業

注　（免）：免許を受けた者　（技）：技能講習を修了した者

(2)　安全衛生教育

(a)　教育の時期および内容

事業者は次の各場合，安全衛生のための教育を行う。ただし，有資格者や法令で定められた安全衛生教育を行うべき事項の全部または一部に関し，十分な知識と技能を有する者は教育を受ける必要はない。

① 労働者を雇い入れたとき

i）機械，原料の取扱いと危険性の知識

ⅱ）安全装置，保護具の性能と取扱いの方法

ⅲ）作業手順と作業開始の点検

ⅳ）当該業務に関する疾病の予防に関すること

ⅴ）事故時における応急措置および退避に関すること

② 作業内容を変更したとき

③ 省令で定める危険または有害な業務につかせるときは特別の教育を実施する。

④ 新たに職務につくことになった職長または監督する者（作業主任者を除く）に対して随時

ⅰ）作業方法の決定および労働者の配置

ⅱ）労働者に対する指導・監督の方法

ⅲ）危険性又は有害性等の調査

ⅳ）労災発生などの異常時の措置

ⅴ）労災防止活動

⑤ 就業制限に係る業務につくことができる者が当該業務に従事するときは，これに係る免許証その他その資格を証する書面を携帯していなければならない。

⑥ 中高年齢者等についての配置は，労働災害防止について，心身の条件に応じて適正な配置とする。

⑦ 健康診断については次による。

ⅰ）1年1回実施する。

ⅱ）雇入れ時に行う。

ⅲ）既往歴および業務歴も調査する。

ⅳ）定期健康診断に代えて，他の医師の診断書を添えて提出してもよい。

ⅴ）特定業務については6か月以内に1回定期健康診断を行う（ただし，自己申告は受理できない）。

ⅵ）健康診断の結果は記録し，5年間保存する。

(3) 特別教育・技能講習・免許

表5・21に示すように，危険または有害な業務に従事するとき，当該作業を行うものはその危険度に応じて特別教育（所定時間の実技と学科の受講），技能講習（省令で定めた資格），免許（都道府県労働局長による）を要する。

なお，事業者は特別教育を行ったとき，当該特別教育の受講者，科目等の記録を作成して，これを3年間保存しておかなければならない。

表5・21 特別教育（⇨技能講習⇨免許）を要する業務一覧 ▼よく出る

	研削といしの取替え又は取替え時の試運転の業務
	動力プレスの金型等の取付け，取外し又は調整の業務
	アーク溶接機を用いて行う業務
	高圧又は特別高圧の電気取扱の業務，低圧の充電電路の敷設等の業務
*	最大荷重1t未満のフォークリフトの運転の業務 ⇨1t以上は技能講習
*	最大荷重1t未満のショベルローダー，フォークローダーの運転の業務 ⇨1t以上は技能講習
*	最大積載量が1t未満の不整地運搬車の運転の業務 ⇨1t以上は技能講習
	制限荷重5t未満の揚貨装置の運転の業務 ⇨5t以上は免許
	伐木等の業務
*	機体重量が3t未満の整地・運搬・積込み・掘削・解体用機械の運転の業務 ⇨3t以上は技能講習
	基礎工事用機械の運転の業務
	基礎工事用機械の作業装置の操作の業務
	ローラーの運転の業務
	車両系建設機械（コンクリート打設用）の作業装置の操作の業務
	ボーリングマシンの運転の業務
	ジャッキ式つり上げ機械の調整又は運転
*	作業床の高さが10m未満の高所作業車の運転の業務 ⇨10m以上は技能講習
	動力により駆動される巻上げ機（電気ホイスト，エヤーホイストおよびこれら以外の巻上げ機でゴンドラに係るものを除く。）の運転の業務
	軌道装置の動力車の運転の業務
	小型ボイラーの取扱いの業務 ⇨小型ボイラー以外は免許
	つり上げ荷重が5t未満のクレーンの運転の業務 ⇨5t以上は免許
*	つり上げ荷重が1t未満の移動式クレーンの運転の業務 ⇨1t以上5t未満は技能講習 ⇨5t以上は免許
	つり上げ荷重が5t未満のデリックの運転の業務 ⇨5t以上は免許
	建設用リフトの運転の業務
	つり上げ荷重が1t未満のクレーン，移動式クレーン，デリックの玉掛けの業務 ⇨1t以上は技能講習
	ゴンドラの操作の業務
	作業室及び気閘室へ送気するための空気圧縮機の運転の業務
	高圧室内作業に係る作業室への送気の調節を行うためのバルブ又はコックの操作の業務
	気閘室への送気又は気閘室からの排気の調整を行うためのバルブ又はコックを操作の業務
	潜水作業者への送気の調節を行うためのバルブ又はコックの操作の業務
	再圧室の操作の業務
	高圧室内作業の業務
	四アルキル鉛等の業務
	酸素欠乏危険作業の業務
	特殊化学設備の取扱い，整備及び修理の業務
	エックス線装置又はガンマ線照射装置を用いて行う透過写真の撮影の業務
	核燃料物質若しくは使用済燃料又はこれらによって汚染された物の取扱いの業務
	粉じん作業
	ずい道等の掘削，覆工等の業務
	産業用ロボットの教示等の業務
	産業用ロボットの検査等の業務
	自動車用タイヤの組立てに係る業務のうち，空気圧縮機を用いて当該タイヤの空気の充てんの業務
	廃棄物の焼却施設に関する業務
	石綿等が使用されている建築物又は工作物の解体等の作業
	東日本大震災により生じた放射性物質により汚染された土壌等を除染するための業務等
	足場の組立て等の業務

＊ この運転業務は，道路上を走行させる運転を除く，すなわち作業場内に限られる。

5・5 環境保全関係法

学習のポイント

騒音・振動規制法については特定建設作業の，建設リサイクル法については特定建設資材などの用語の理解がポイントとなる。

環境保全に関する主な法律は，①環境基本法，②騒音規制法，③振動規制法，④水質汚濁防止法，⑤大気汚染防止法，⑥廃棄物処理および清掃に関する法律（産廃法），⑦資源の有効な利用の促進に関する法律（リサイクル法），⑧建設工事に係る資材の再資源化等に関する法律（建設リサイクル法）である。このうち公害対策基本法に代わって1993年に制定された環境基本法は，従来の公害対策だけでなく地球環境保全も視野に入れ，事業者，国および地方公共団体の環境保全の責務を明らかにし，その基本的な施策を定め，生活環境を確保することを目的とする。

なお，公害の定義は次の7つの人為的悪条件として定義される。

①大気汚染，②水質汚濁，③土壌汚染，④騒音，⑤振動，⑥地盤沈下，⑦悪臭

5・5・1 騒音規制法・振動規制法

(1) 騒音規制法と振動規制法の目的

工場および事業所で発生する騒音および振動について必要な規制を行い，自動車騒音の許容限度を定めて生活環境を保全することを目的とする。

(2) 特定建設作業と規制基準

建設工事で著しい騒音および振動を発生する作業を**特定建設作業**という。特定建設作業を行う場合は，**作業開始の7日前まで**に場所及び実施期間等を市町村長に届け出なければならない。規制基準は，環境大臣が定めるもので，**騒音・振動数ともに敷地境界線上を基点**として測定する。

騒音と振動について，特定建設作業の規制基準をそれぞれ表5・22と表5・23に示す。なお，表中の第1号区域及び第2号区域とは，都市計画法で規定する以下の用途地域とする。

第1号区域：住居系地域，近隣商業地域，商業地域，準工業地域及び用途指定のない区域

第2号区域：工業地域

ただし，第2号区域のうち学校，保育所，病院，図書館，特別養護老人ホームの敷地の周囲80メートルの区域内は，第1号区域とする。

表 5・22　特定建設作業の騒音規制基準

No.	特定建設作業の種類	適用除外の作業	規制基準
1	くい打ち機 くい抜き機 くい打ち・くい抜き機	モンケン，圧入式，アースオーガーと併用作業	・現場敷地境界線上 85 デシベル以下 ・第 1 号区域：19-7 時禁止 第 2 号区域：22-6 時禁止 ・第 1 号区域：1 日 10 時間以内 第 2 号区域：1 日 14 時間以内 ・連続 6 日以内 ・日曜日その他の休日の禁止 ・1 日で終わる場合や緊急を要する場合は適用除外
2	鋲打ち機	——	
3	さく岩機	1 日 50 m を越えて移動する作業	
4	空気圧縮機	電動機，15 kW 未満の原動機，さく岩機の動力とする作業	
5	コンクリートプラント アスファルトプラント	混練容量 0.45 m^3 未満のコンクリートプラント モルタル製造プラント 混練重量 200 kg 未満のアスファルトプラント	
6	バックホウ	80 kW 未満の原動機，環境大臣指定のもの	
7	トラクターショベル	70 kW 未満の原動機，環境大臣指定のもの	
8	ブルドーザー	40 kW 未満の原動機，環境大臣指定のもの	

表 5・23　特定建設作業の振動規制基準

特定建設作業の種類	規　制　基　準				
	振動の大きさ〔dB〕	深夜作業の禁止時間帯	1 日の作業時間の制限	作業時間の制限	作業禁止日
1. **くい打ち機**（モンケンおよび圧入式を除く），**くい抜き機**（油圧式を除く）またはくい打ち・くい抜き機（圧入式を除く）を使用する作業	75 以下	第 1 号区域：19-7 時 第 2 号区域：22-6 時	第 1 号区域：1 日 10 時間以内 第 2 号区域：1 日 14 時間以内	連続 6 日を超えないこと	日曜日その他の休日
2. 鋼球を使用して建築物その他の工作物を破壊する作業					
3. 舗装版破砕機を使用する作業*					
4. **ブレーカー**（手持式のものを除く）を使用する作業*					

* 作業地点が連続的に移動する作業にあっては，1 日における当該作業にかかわる 2 地点間の最大距離が 50 m を超えない作業に限る

表 5・23 に示すように，振動規制のかかる特定建設作業は

① 工事現場の境界線上で 75 dB を超えてはならない。

② 連続 6 日を越えてはならない。

③ 日曜・祭日は禁止されている。

④ 1 日で終わる場合や緊急を要する場合は適用除外される。

(3)　地域の指定

都道府県知事は，表 5・24 に示すように，騒音または振動を防止して住民の生活環境を保全する必要のある地域を指定することができる。

表5・24　区域別作業時間

区域の種別	作業禁止時間	1日当たり作業時間
1号地域 (環境保全する指定区域)	午後7時から翌日の午前7時	10時間以内
2号地域 (上記区域外の指定地域)	午後10時から翌日の午前6時	14時間以内
適用除外	災害，非常事態，人命・身体危険防止の緊急作業，鉄軌道正常運行確保の作業，道路法・道路交通法による夜間指定の作業	災害・非常事態・人命・身体危険防止の緊急作業

(4)　特定建設作業の実施の届出

指定地域において，特定建設作業を伴う工事をしようとする元請は，特定作業の開始の日の7日前までに，市町村長に届け出なければならない。ただし，その作業が1日で終わる場合は不要。

なお，緊急の事態の場合の届出が遅れたときでも，できるだけ速やかに提出しなければならない。

申請の手続きは元請負人（下請は不可）が責任を持って行う。その届出書には，次のような記入項目がある。

① 氏名または名称および住所，法人の場合は代表者
② 建設工事の目的に係る施設または工作物の種類
③ 特定建設作業の場所と実施期間
④ 騒音の防止または，振動の防止の方法
⑤ その他環境省令で定める事項（下請負人氏名，機械形式，連絡場所など）

また，次のような添付書類がある。

① 特定建設作業の場所の付近の見取図
② 特定建設作業を伴う建設工事の工程の概要を示した工程表と特定建設作業の工程表

(5)　特定施設の設置の届出

コンクリートプラント，アスファルトプラントなどの特定施設を設置しようとする設置者は，その計画を設置30日前までに，市町村長に届出しなければならない。

(6)　改善勧告および改善命令

市町村長は，指定地域内で行われる特定建設作業に伴って発生する騒音および振動が，環境大臣の定める基準を超える場合，住民の生活環境が著しく損なわれるときは，その事態の除去と騒音防止の方法を改善し，または，作業時間帯の変更すべきことを勧告することができる。また，この勧告に従わないときは，期限を決めて，騒音の防止および振動の防止の改善または，作業時間帯の変更を命ずる改善命令を出すことができる。

5・5・2　廃棄物処理および清掃に関する法律（廃棄物処理法）

(1)　廃　棄　物

廃棄物とは，ゴミ，粗大ゴミ，燃えがら，汚泥，糞尿，廃油，廃酸，廃アルカリ，動物の死体など汚物または不要物で，固形状または液状のものをいう。ただし，放射線物質またはこれに汚染されたものは廃棄物ではない。

廃棄物のうち，事業活動にともなって生じた燃えがら，汚泥，廃油など政令で定める廃棄物を**産業廃棄物**といい，それ以外を**一般廃棄物**という。

建設工事における廃棄物の具体例を，図5・10に示す。

建設工事で排出した**建設副産物**は**建設発生土等**と**建設廃棄物**に分類され，建設廃棄物はさらに一般廃棄物と産業廃棄物に分類される。

(2)　事業者の処理

① 事業者は産業廃棄物の減量に努め，これを自らの責任において適正に処理しなければならない。

② 事業者は産業廃棄物を運搬するとき，政令で定める収集，運搬および処分に関する基準に従わなければならない。ただし，都道府県知事の許可は必要ない。

③ **産業廃棄物処理施設**を設置または構造もしくは規模を変更しようとするとき，30日前までに都道府県知事に届け出て許可を受けなければならない。

(3)　廃棄物処分の委託

① 事業者は産業廃棄物の運搬・処分をするときは，都道府県知事の許可を受けた業者でなければならない。

② 産業廃棄物の運搬または処分を委託するときは，量の多少にかかわらず産業廃棄物の種類ごとに，同時に**産業廃棄物管理票**（**マニフェスト**）を交付し，最終処分されたことを産業廃棄物管理票の写しで確認する。排出事業者は，処分後その記録を1年分まとめて都道府県知事に報告する。

③ 産業廃棄物管理表の記録は，事業者・運搬業者・処分業者3者でそれぞれ5年間保存しなければならない。

(4)　廃棄物の処分場

廃棄物の種類ごとに以下の処分場で埋め立て処分する。

① **安定型処分場**：がれき類，コンクリートくず，ガラス・金属くず，ゴムくず等

② **管理型処分場**：木くず，紙くず，汚泥，有機物が付着したくず等

③ **遮断型処分場**：有害汚泥，有害燃えがら，鉱さい，ばい塵等

(5)　特別管理産業廃棄物の処理

事業者は，アスベスト廃棄物等を自ら処分しなければならない。

アスベストの処理基準は次の①～④のとおりである。

廃棄物　産業廃棄物と一般廃棄物に分けられる。

建設発生土　掘削に伴って生じた土砂は，産業廃棄物ではない。

産業廃棄物管理票（マニフェスト）不法投棄撲滅に向け，産業廃棄物が適切に処理されたかどうかを確認し，処理の流れや処分方法を記録に残すことを目的に，産業廃棄物の種類・数量・受諾者氏名（収集運搬，中間処理，最終処分）・その他政令で定める事項を記載した表

廃棄物の安定化（それ以上変化せず環境に影響を与えなくなった状態）に至るまで長時間を要する有害廃棄物を封じる**遮断型処分場**に対し，**安定型処分場**は既に安定しているか埋め立て後すぐに安定する無害な廃棄物を処分する。**管理型処分場**はどちらにも該当せず埋め立て後も維持管理を要する。

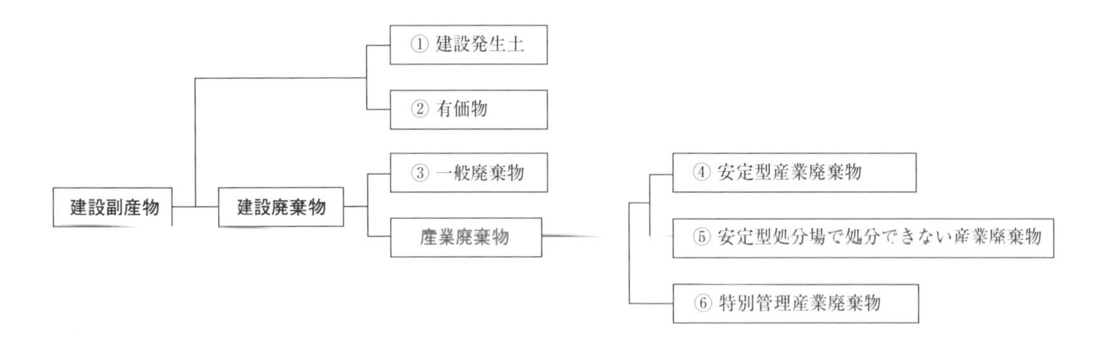

①建設発生土

港湾，河川等の浚渫に伴って生ずる土砂，その他これに類するもの
土砂および専ら土地造成の目的となる土砂に準ずるもの

②有価物

スクラップ等他人に有償で売却できるもの

③一般廃棄物

現場事務所での作業，作業員の飲食等に伴う廃棄物（図面，雑誌，飲料空缶，弁当がら，生ごみ等）

④安定型産業廃棄物

がれき類	工作物の新築・改築および除去に伴って生じたアスファルト・コンクリートがら，その他がれき類
ガラスくず，コンクリートくずおよび陶磁器くず	ガラスくず，コンクリートくず（工作物の新築，改築および除去に伴って生じたものを除く。），タイル衛生陶磁器くず，耐火レンガくず，瓦，グラスウール，石綿吸音板
廃プラスチック類	廃発泡スチロール，廃ビニル，合成ゴムくず，廃タイヤ，硬質塩ビパイプ，タイルカーペット，ブルーシート，PPバンド，梱包ビニル，電線被覆くず，発泡ウレタン，ポリスチレンフォーム
金属くず	鉄骨鉄筋くず，金属加工くず，足場パイプ，保安塀くず，金属型枠，スチールサッシ，配管くず，電線類，ボンベ類，廃缶類（塗料缶，シール缶，スプレー缶，ドラム缶等）
ゴムくず	天然ゴムくず

⑤安定型処分場で処分できない産業廃棄物

汚　泥	含水率が高く粒子の微細な泥状の掘削物 掘削物を標準仕様ダンプトラックに山積みができず，また，その上を人が歩けない状態（コーン指数がおおむね200 kN/m^{2}以下または一軸圧縮強度がおおむね50 kN/m^{2}以下）※具体的には，場所打ち杭工法，汚水シールド工法等で生ずる廃汚水・泥土，およびこれらを脱水したもの
ガラスくず，コンクリートくずおよび陶磁器くず	廃石膏ボード（ただし，付着している紙を取り除いた石膏は安定型処分場でも処分できる），廃ブラウン管（側面部） 有機性のものが付着・混入した廃容器・包装機材
廃プラスチック類	有機性のものが付着・混入した廃容器・包装，鉛管，鉛板，廃プリント配線盤，鉛蓄電池の電極
木くず	解体木くず（木造建屋解体材，内装撤去材），新築木くず（型枠，足場板材等，内装・建具工事等の残材），伐採材，抜根材
紙くず	包装材，段ボール，壁紙くず，障子，マスキングテープ類
繊維くず	廃ウエス，縄，ロープ類，畳，じゅうたん
廃　油	防水アスファルト等（タールピッチ類），アスファルト乳剤等，重油等
燃えがら	焼却残渣物

⑥特別管理産業廃棄物：爆発性，毒性，感染症など健康又は生活環境に被害を生ずる恐れのあるもの

廃石綿等	飛散性アスベスト廃棄物（吹付石綿・石綿含有保温材・石綿含有耐火被覆板を除去したもの。石綿が付着したシート・防塵マスク・作業衣等）
廃PCB等	PCBを含有したトランス，コンデンサ，蛍光灯安定器，シーリング材，PCB付着がら

図5・10　建築工事における廃棄物の具体例　　◀よく出る

① 他のものと区別して収集・運搬すること。
② 処分または再生の方法は，溶融設備を用い，十分に溶融すること。
③ 埋立て処分にあたっては，耐水性材料で２重に梱包して固形化する。
④ 運搬や処分を委託するときは，許可を受けた特別管理産業廃棄物収集運搬業者と特別管理産業廃棄物処理業者にそれぞれ委託するか，厚生労働省令で定めた者に委託する。

5・5・3 資源の有効な利用の促進に関する法律（リサイクル法）

資源が大量使用・大量廃棄されることを抑制し，リサイクルによる資源の有効利用の促進を図るための法律で，循環型社会形成推進基本法で示されている「3Ｒ（スリーアール：リデュース・リユース・リサイクル）」を推進するための方策が規定されている

3Ｒ Reduce（廃棄物の発生抑制），Reuse（再使用），Recycle（再資源化）

指定副産物 建設工事に係る副産物のうち再生資源の有効利用を図るうえでとくに必要なもの

(1) 指定副産物

指定副産物は，建設工事に係る副産物のうち再生資源の有効利用を図るうえで特に必要なもので，建設業では，次のものが政令で指定されている。

① 土砂
② コンクリート塊
③ アスファルト・コンクリート塊
④ 木材（古材は含まれない）

(2) 再生資源の利用

(a) 建設発生土の主な利用用途を，表５・25に示す。

表５・25 建設発生土の主な利用用途

区　分	利用用途
第１種建設発生土 砂，礫およびこれらに準ずるものをいう。	工作物の埋戻し材料 土木構造物裏込め材料 道路盛土材料 宅地造成用材料
第２種建設発生土 砂質土，礫質土およびこれらに準ずるものをいう。	土木構造物裏込め材料 道路盛土材料 河川築堤材料 宅地造成用材料
第３種建設発生土 通常の施工性が確保される粘性土およびこれに準ずるものをいう。	土木構造物裏込め材料 道路路体用盛土材料 河川築堤材料 宅地造成用材料 水面埋立て用材料
第４種建設発生土 粘性土およびこれに準ずるもの（第３種建設発生土を除く）をいう。	水面埋立て用材料

(b) 再生資源利用計画の作成

元請業者は，表5・26の基準に従い，一定規模以上の建設資材を搬入するときは再生資源利用計画を，また搬出するときは再生資源利用促進計画を作成し，実施状況の記録を1年間保存しなければならない。また国土交通大臣は，再生資源の利用および利用促進について，再生資源の利用が著しくなされていないなど，必要があると認めるとき，すべての建設工事事業者に対し，指導・助言することができる。また，年間の施工金額が50億円以上の建設工事事業者に対しては，勧告・公表・命令することができる。

表5・26 再生資源の利用計画

	再生資源利用計画（搬入）	再生資源利用促進計画（搬出）
政令で定める再生資源・指定副産物	（再生資源） 土砂 コンクリート塊 アスファルト・コンクリート塊を原材料として工事で利用する場合	（指定副産物） 土砂 コンクリート塊 アスファルト・コンクリート塊 木材を工事現場以外へ搬出する場合
対象工事	作業所で使用する資材の量が次の何れかに該当するもの ①土砂：1000 m^3 以上 ②砕石：500 t 以上 ③加熱アスファルト混合物：200 t 以上	作業所から搬出する副産物の量が次の何れかに該当するもの ①建設発生土：1000 m^3 以上 ②コンクリート塊 ③アスファルト・コンクリート塊 ④建設発生木材 （②～④）合計200 t 以上
指導・助言	対象：すべての建設業者	対象：すべての建設業者
勧告・公表	対象：年間の完成工事高50億円以上の建設業者	対象：年間の完成工事高50億円以上の建設業者
記録保存	工事完了後1年間	

5・5・4　建設工事に係る資材の再資源等に関する法律（建設リサイクル法）

2000年に制定された建設リサイクル法では，特定建設資材を用いた建物の解体工事または新築工事等で一定規模以上の建設工事について，その受注者等に対し，分別解体等および再資源化等を行うことを義務付けている。

(1)　用　　語

① **建設資材廃棄物**：建設資材が廃棄物となったもの

② **分別解体**：建設資材廃棄物を種類ごとに分別すること

③ **再資源化**：建設資材廃棄物を運搬または処分（再生）することで，資材または原料として再利用するマテリアルリサイクルまたは熱を得るサーマルリサイクルをいう。

④ 特定建設資材　◀よく出る

1)　コンクリート：無筋コンクリート，鉄筋コンクリート，コンクリートブロック，コンクリート製インターロッキングブロック，間知ブロック，テラゾブロック，軽量コンクリート　等

2)　コンクリート及び鉄から成る建設資材：PC版，コンクリート平版，U字溝等二次製品　等

3)　木材：木材，合板，パーティクルボード，集成材（構造用集成材），繊維板（インシュレーションボード），繊維板（MDF），繊維板（ハードボード）　等

4)　アスファルト・コンクリート：改質アスファルト舗装　等

マテリアルリサイクル　資材または原料としての再利用

サーマルリサイクル　熱としての再利用

特定建設資材　建設リサイクル法で分別解体や再資源化が義務づけられる建設資材

(2)　届出・登録

① 特定建設資材として再資源化すべき対象の建築工事を表5・27に示す。

表5・27　対象建設工事の規模

工事の種類	規模の基準	
建築物の解体	床面積の合計	80 m^2 以上*
建築物の新築・増築	床面積の合計	500 m^2 以上
建築物の修繕・模様替え（耐震・改修等）	請負金額	1億円以上
その他の工作物に関する工事（土木工事等）	請負金額	500万円以上

*床面積10 m^{2}を超える建築物の除去→建築物除却届 p.199，表5・3

② 対象建設工事を行う発注者または自主施工者は，工事7日前までに，都道府県知事に届け出る。

解体事業者は，

1)　土木工事業

2)　建築工事業

3)　とび・土工工事業

に係る建設業の許可を受けた者か，

4)　上記以外で都道府県知事の登録を受けた者

でなければならない。更新は5年とする。

法規

5・6 その他の建築施工関連法規

学習のポイント

「5・6・1 都市計画法」は「5・1 建築基準法」の「5・1・4 集団規定」とからめて理解し，「5・6・3 道路法等」は制限寸法をチェックする。

5・6・1 都市計画法

都市計画法は，都市計画の基本理念（農林漁業との健全な調和を図りつつ，健康で文化的な都市生活及び機能的な都市活動を確保するために，適正な制限のもとに土地の合理的利用を図る）に基づき，①土地利用に関する計画，②都市施設の整備に関する計画，③市街地開発事業に関する計画の3つをあげている。

(1) 都市計画区域の区分

図5・11に都市計画区域の区分を示す。

市街化区域 すでに市街地を形成している区域，およびほぼ10年以内に優先的にかつ計画的に市街化を図るべき区域。用途地域を定める。

市街化調整区域 市街化を抑制すべき地域。原則，用途地域を定めない。

線引き 市街化区域と市街化調整区域を分けることを，法律上は「区域区分」と言うが，一般には「線引き」という。

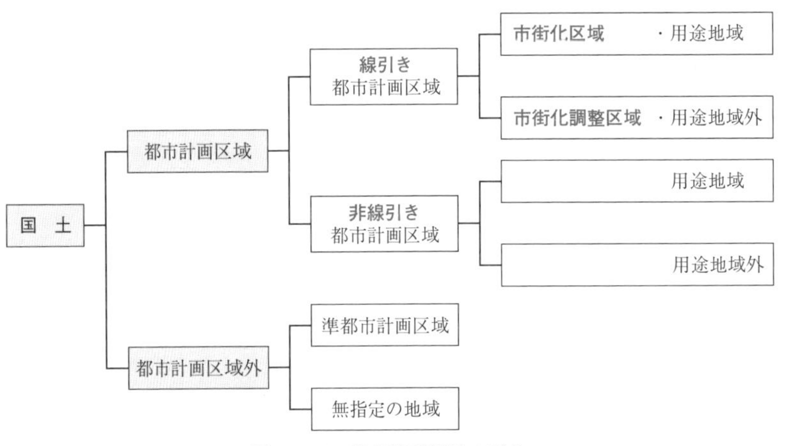

図5・11 都市計画区域の区分

(2) 開発行為・開発許可

開発行為とは，「主として建築物の建築または特定工作物の建設のための土地の区画形質の変更」をいう。

都市計画区域・準都市計画区域において，開発行為をしようとする者は，原則として，都道府県知事の許可が必要となる。ただし，表5・28に示す開発行為は開発許可を必要としない。

区画形質の変更 区画の変更とは1区画の広さ及び形すなわち筆界の変更をいい，形質の変更とは低湿地を埋立てたり，丘陵地を平坦に造成したり，排水・土質をよくしたりして市街地に適するよう改良すること。

表5・28　開発許可を要しない開発行為

(a) 市街化区域内の開発行為で許可がいらないもの
① 原則として，開発規模が1000 m^2 未満のもの。 ② 例外措置として，知事は，都道府県の規則で，無秩序な市街化を防止するための必要があると認められるときは，区域を限り，300 m^2 以上1000 m^2 未満の範囲内でその規模を定めることができる。
(b) 市街化区域内または市街化調整区域内で開発行為の許可がいらないもの
① 市街化調整区域内で，農・林・漁業に供する施設またはその業務を営む者の住宅 ② 駅舎その他の鉄道の施設，図書館，公民館，変電所その他これに類する公益上必要な建築物 ③ 国，都道府県が行う開発行為 ④ 土地区画整理事業，市街地再開発事業の施行としての開発行為 ⑤ 一般自動車道・専門自動車道を構成する建築物 ⑥ 河川法が適用され，または準用される河川を構成する建築物 ⑦ 都市公園法に規定する公園施設である建築物

5・6・2 消防法等

消防法は，火災を予防し，また警戒・鎮圧し，国民の生命・身体および財産を火災から保護するとともに，火災や地震などの被害を軽減し，もって安寧秩序を保持し社会の福祉の増進に資することを目的とする。

(1) 消防長または消防署長の同意

建築主事または指定確認検査機関の確認，特定行政庁の許可などについては，原則として消防長または消防署長の同意を得なければならない。

(2) 防火管理者

学校・病院・工場・事業場・興行場・百貨店など，政令で定める防火対象物の管理について権原を有する者は，政令で定める有資格者のうちから防火管理者を選任し，防火管理上必要な業務を行わせなければならない。また防火管理者の選任後は，遅滞なくその旨消防長または消防署長に届け出なければならない。

(3) 危険物の貯蔵および取扱の制限

① **危険物の種類**：危険物は表5・29のように分類される。

② **危険物取扱者免状**：危険物取扱者免状は，取扱い・立会い可能な危険物の種類によって，甲種危険物取扱者免状（第1～6類危険物全ての取扱いと立会い），乙種危険物取扱者免状（免状を持つ類の取扱いと立会い）および丙種危険物取扱者免状（第4類に属する危険物のうちガソリン，灯油，軽油などの取扱いのみで立会いはできない）の3種類に区分されている。

③ **指定数量以上の危険物**：貯蔵所以外での貯蔵，製造所・貯蔵所および取扱所以外での取扱いは不可。ただし，消防長または消防署長の承認があれば10日以内は可。

防火管理者　消防法上定められた資格者として，防火管理者以外に次がある。
- 防火対象物点検資格者
- 防災管理点検資格者
- 消防設備士
- 消防設備点検資格者
- 危険物取扱者

指定数量　危険物を扱う貯蔵施設では，扱う危険物の危険度やその量によって設備や検査の基準が異なる。そこで危険物ごとに指定数量を定め，その何倍の量の危険物を扱うかで危険度を判断する。

法規

表5・29　危険物の分類

類別		性質	品名
第一類		酸化性固体	塩素酸塩類，硝酸塩類，クロム・鉛・よう素の酸化物等
第二類		可燃性固体	硝化りん，赤りん，硫黄，鉄粉，金属粉，マグネシウム
第三類		自然発火性物質および禁水物質	カリウム，ナトリウム，黄りん，有機金属化合物等
第四類	引火性液体	特殊引火物： 発火点が100℃以下，または引火点が－20℃以下で沸点が40℃以下	エチルエーテル，二硫化炭素，コロジオン，アセトアルデヒド等
		第一石油類： 引火点21℃未満	ガソリン，アセトン，ヘキサン，アセトニトリル等
		第二石油類： 引火点21℃以上70℃未満	軽油，灯油，クロロベンゼン，エチレンジアミン等
		第三石油類： 引火点70℃以上200℃未満	重油，タービン油，アニリン，グリセリン等
		第四石油類： 引火点200℃以上	ギアー油，シリンダー油
		アルコール類等	メタノール，エタノール，プロパノール等
第五類		自己反応性物質	有機過酸化物，硝酸エステル類，ニトロ化合物等
第六類		酸化性液体	過酸化水素，硝酸等

④　**品名を異にする2以上の危険物の同一場所での貯蔵・取扱い**：品目ごとの数量をそれぞれの指定数量で除し，その商の代数和が1以上のとき，指定数量以上の危険物とみなされる。

(4)　消防用設備等

消防用設備等には，表5・30に示すような種類がある。ここでエレベータは避難設備に含まれないことに注意すべきである。

表5・30　消防用設備等の種類　◀よく出る

種別	種類
消火設備	①　消火器および簡易消火用具 ②　屋内消火栓設備 ③　スプリンクラー設備 ④　水噴霧消火設備 ⑤　泡消火設備 ⑥　不活性ガス消火設備 ⑦　ハロゲン化物消火設備 ⑧　粉末消火設備 ⑨　屋外消火栓設備 ⑩　動力消防ポンプ設備
警報設備	①　自動火災報知設備 ②　ガス漏れ火災警報設備 ③　漏電火災警報機 ④　消防機関へ通報する火災報知設備 ⑤　次に掲げる非常警報設備，その他の警報器具 （ア）非常ベル　（イ）自動式サイレン　（ウ）放送設備
避難設備	①　すべり台・避難はしご・救助袋・緩降機・避難橋・その他の避難器具 ②　誘導灯および誘導標識
消防用水	①　防火水槽 ②　貯水池・その他の用水
消火活動上必要な施設	①　排煙設備 ②　連結散水設備 ③　連結送水管 ④　非常コンセント設備 ⑤　無線通信補助設備

5・6・3 道 路 法 等

(1) 道 路 法

道路網の整備と道路の指定，認定，管理，構造，保全，建設費用の負担などに関する事項を定め，交通の発達に寄与し，公共の福祉を増進することを目的とする。

(a) 道路の定義

道路とは，①高速自動車国道，②一般国道，③都道府県道，④市町村道をいう。

(b) 道路管理者

① 国道のうち指定区間：国土交通大臣
② 国道のうち指定区間でない区間：都道府県知事
③ 都道府県道：都道府県知事
④ 市町村道：市町村長

(c) 道路の占用

道路の占用とは，道路の構造や交通に支障を及ぼすおそれのある工作物を道路に設けて継続して使用することである。次のもので道路を占用するときは道路管理者の許可を必要とする。

揚重のために，ラフタークレーンを道路上に設置するのは，占用ではない。

① 電柱，電線，変圧器，郵便ポスト，公衆電話，広告塔
② 水道管，下水道管，ガス管（公益物件の期間は 10 年以内）
③ 鉄道，軌道
④ 歩廊，雪よけ
⑤ 地下街，地下室，通路
⑥ 露店，商品置場
⑦ 上記以外政令で定める看板，工事用施設など

(2) 車両制限令

道路の構造保全を目的とする。

(a) 車両の制限寸法

① 幅：2.5 m 以下
② 長さ：12 m 以下
③ 高さ：3.1 m または 4.1 m
④ 総重量：20 t または 25 t 以下
⑤ 軸重量：10 t 以下
⑥ 輪重量：5 t 以下
⑦ 回転半径：12 m

(b) キャタピラの通行は，次の場合を例外として，禁止されている。

① 路面損傷のおそれがない場合

法規

② 除雪

③ 路面を保護した場合

(c) 路肩が明らかでない場合は，次の規定による。

① 一般道路部分：路端から車寄りに0.5 m 間にはみ出してはならない。

② トンネル・橋・高架部分：路端から車寄りに0.25 m 間にはみ出してはならない。

(3) 道路交通法

道路上の危険防止，交通障害防止を目的とする。

① 道路標識に反する通行：道路を管轄する警察署長の条件付許可証を受けて通行する。

② 積載と乗車：積載場所に乗車するときは，出発地の警察署長の許可を受ける。

③ 大型・長尺貨物の輸送：出発地の警察署長に申請し，条件付で通行可。幅または長さが制限を超えるときは，昼間は0.3 m^2 以上の赤布を，夜間は赤色の灯火または反射器をつける。なお，許可なく運搬できるのは自動車の長さの1.1倍まで。

④ 自動車の牽引：原則として25 m まで。

第6章　第二次検定（旧実地試験）

令和５年度　第二次検定の出題傾向

経験記述については，工程管理に関して，実際に行ったことを記述させる問題であった。

用語の説明と施工上の留意すべき内容については，過去に出題された用語が９問あった。

工程表については，バーチャート工程表が７年連続出題された。

法規に関する語句については，学科試験で出題されている内容がほとんどであり，「第５章　法規」を学習すれば解答できる。

躯体・仕上げに関する語句については，学科試験で出題されている内容がほとんどであり，「第３章　建築施工」を学習すれば解答できる。

6・1 経験記述

学習のポイント

第二次検定では，出題される5問題をすべて解答することになっている。問題1は，経験記述で，実務経験の有無の判別が行われる。管理項目については，「施工計画」，「工程管理」，「品質管理」のいずれについても解答できるようにしておく。

経験記述に令和元年度から令和5年度までに出題されたテーマ，指定された管理項目は，下表の通りである。

令和5年度	令和4年度	令和3年度	令和2年度	令和元年度
工程管理 ・工事を遅延させないためにどのようなことを行ったのか，状況と理由及び行った対策 ・作業工程を周知や共有するための有効な方法や手段と周知や共有が不十分な場合に起こる工程への影響	品質管理 ・施工の品質低下を防止するために取り組んだ事例 ・施工の品質を確保するために確認すべきこと	施工計画 ・着目した項目，検討したこと。検討した理由と実施したこと ・品質低下の防止及び工程遅延の防止について，検討することとその理由。防止対策と留意事項	工程管理 ・工事を遅延させるかも知れないと着目したこととその理由。遅延を防ぐために実際に行った対策 ・工程短縮するために有効な方法や手段と工程の短縮以外の工事への良い影響	施工計画 ・事前に検討したことと実際に行ったこととその理由 ・産業廃棄物を減らすための有効な手段と留意すべきこと

6・1・1　工事概要の書き方

工事概要の記述にあたって，以下の事項に注意する。

(1)　工　事　名

建築工事以外の工事種別の工事名を書かないようにする。道路，橋梁等の土木工事や建築工事に関連する工事であっても，電気，空調，給排水等の設備工事は，実務経験に含まれない。

建築の工事名には，冒頭に必ず○○ビルとか△△邸のように建築名称の分かる固有名詞がついているので，それを忘れずに書く。

(2)　工 事 場 所

建築工事が行われた場所の都道府県名，市区町村名を書く。町名，番地も，記憶している範囲で，できるだけ書くようにしたい。

(3)　工事の内容

（新築等の場合）

・建築用途　　：共同住宅，事務所ビル，老人ホーム等
・構造　　　　：鉄筋コンクリート造，鉄骨造等
・階数　　　　：3 階建て，地上 2 階地下 1 階，3F/B1F 等
・延べ面積　　：1,500 m^2，2,300 m^2，5,700 m^2 等
・施工数量　　：施工した内容（仕上，躯体等）を具体的な数値で示す。
　　　　　　　鉄筋 30 t，アスファルト防水 450 m^2 等
・主な外部仕上げ：小口タイル張り，金属カーテンウォール等
・主要室の内部仕上げ：天井および壁・クロス張り，床・カーペットタイル等

（改修等の場合）
・建築用途　　：共同住宅，事務所ビル，老人ホーム等
・主な改修内容：外壁タイル改修一式，耐震改修一式
・施工数量　　：施工した内容（仕上，躯体等）を具体的な数値で示す。
　　　　　　　タイル張替え 430 m^2，新設耐震壁 8 枚等
・建物規模　　：鉄筋コンクリート造 3 階建て，鉄骨鉄筋コンクリート造 15 階建て等

(4)　工　　期

令和○○年○○月～令和○○年○○月と，月まで記述すること。

もちろん，西暦でもよい。

(5)　あなたの立場

受験生の多くは，工事主任，現場主任などであると思われる。その他，現場代理人，主任技術者，発注者側現場監督員（発注者の立場で経験記述を作成する場合）などの立場を書く。

(6)　業務内容

元請，下請けの立場がわかるように，代表的な業務を具体的に記述する。

［例］　①　搬入材料，機械の員数，品質の確認
　　　②　労働者の配置，作業量の確認
　　　③　元請との連絡

第二次検定

6・1・2　留意事項の書き方

(1)　留意した事項のみを記述すること。処置や対策は，次の項で別に書くことになっているので，ここでは書かない。

(2)　問題で示されたテーマ，管理項目と食い違わないように注意する。示されたテーマ，管理項目以外のことを書いたり，焦点の定まらない記述をしないこと。

(3)　実際に関わった工種（鉄筋工事，左官工事，コンクリート工事等）をあげ，その状況が分かる具体的な表現とする。建築工事以外の工事（土木工事，管工事，電気工事等）の施工経験と判断されるような記述はしないこと。

(4)　工事発注から完成までのことを書くこと。工事が終わってから発見され

た不具合に対する是正工事に関する内容や工事が発注される前の設計上の記述は不適当である。

(5)　各管理項目の留意事項の例

①　施工計画

工事の方法，材料の搬入・保管，資機材の揚重・仮置きの方法，作業床・足場の設置，養生の方法，確認・検査の実施方法・時期等

②　工程管理

工程表の作成，工程順序の工夫，不測の事態に対する工期内完成のための工程順序の工夫等

③　品質管理

工事の品質管理を行う上で，重要と考えられる事項は，一般に重点管理項目とされることが多い。この重点管理項目は，不具合が発生すると重大な影響があるもの，施主の信用を失墜するもの，修復に多額の費用がかかるもの，工期を遅らせる要因となるものなどが定められる。鉄筋工事，鉄骨工事，屋上防水工事，外壁タイル張り工事等が選ばれることが多い。

④　安全管理

作業員等現場内の関係者の労働災害や現場周辺の第三者への公衆災害等

6・1・3　処置・対策の書き方

(1)　留意事項と記述内容が食い違わないように書くこと。留意事項の内容と対応した内容になっていないものは不適当とみなされる。

(2)　処置・対策の内容は，抽象的な表現は避け，できるだけ具体的な内容を書く。

(3)　各管理項目の処置・対策の例

①　施工計画

配筋方法・継手等の変更，材料の搬入時間の調整，鉄筋の仮置き場所の工夫，コンクリートの初期養生の方法，施工図ではなく設計図書に基づいた検査，他の関連工事との調整等

②　工程管理

作業手順の変更，施工方法の変更，機械化，時間の延長，人員を増やす等

③　品質管理

漏水事故の防止対策，タイルの剥落防止対策，鉄筋圧接部での破断防止対策，コールドジョイントの防止対策等

④　安全管理

土工事に伴う安全対策，仮設物に対しての安全対策，建設機械作業における安全対策，騒音・振動に対する対策，粉塵・ごみの飛散に対する対策，地下水位低下に対する対策，地盤沈下に対する対策等

コールドジョイント　打込みに時間間隔があったため，先に打ったコンクリートと後から打ったコンクリートが一体とならない状態のこと。

例題 6・1-1

あなたが経験した**建築工事**のうち，あなたの受検種別に係る工事の中から，**工程の管理**を行った工事を**1つ**選び，工事概要を具体的に記入した上で，次の1. 及び2. の問いに答えなさい。

なお，**建築工事**とは建築基準法に定める建築物に係る工事とし，建築設備工事を除くものとする。

〔工事概要〕

イ. 工事名

ロ. 工事場所

ハ. 工事の内容（新築等の場合：建物用途，構造，階数，延べ面積又は施工数量，主な外部仕上げ，主要室の内部仕上げ
改修等の場合：建物用途，建物規模，主な改修内容及び施工数量）

ニ. 工期等（工期又は工事に従事した期間を年号又は西暦で年月まで記入）

ホ. あなたの立場

ヘ. あなたの業務内容

1．工事概要であげた工事であなたが担当した工種において，項目Aのaからcの中からテーマを選び，それらを手配や配置，施工の計画を立てる際に，**工事を遅延させないため**にあなたがどのようなことを行ったのか，項目Bの①から③について具体的な事例を**3つ**記述しなさい。

なお，選んだ項目Aは○で囲み，3つの事例は同じ項目を選んでもよいものとする。

また，項目Bの①**工種名又は作業名等**はあなたの受検種別に係るものとし，同じものでもよいが，②**状況と理由**及び③**行った対策**はそれぞれ異なる内容を記述するものとし，品質管理，安全管理，コスト管理のみについて記述したものは不可とする。

項目A　a. 材料（本工事材料，仮設材料）
　　　　b. 工事用機械・器具・設備
　　　　c. 作業員（交通誘導警備員は除く）

項目B　① **工種名又は作業名等**
　　　　② 遅延させるかも知れないと考えた当時の**状況**とそれが遅延につながる**理由**
　　　　③ ②による遅延を防ぐために実際に**行った対策**

2．工事概要であげた工事に係わらず，あなたの今日までの建築工事の経験を踏まえて，計画どおりに工事を進める上で，関係者に作業工程を

周知や共有するための**有効な方法や手段**と，周知や共有が不十分な場合に起こる工程への**影響**について，具体的な事例を**2つ**記述しなさい。
ただし，2つの事例の有効な方法や手段はそれぞれ異なる内容を記述するものとし，1. の③の行った対策と同じ内容の記述は不可とする。
(R5)

[記述例]

〔工事概要〕

イ．工事名　○○○マンション新築工事

ロ．工事場所　東京都○○○区○丁目○○番地

ハ．工事の内容　新築等の場合：建物用途，構造，階数，延べ面積又は施工数量

改修等の場合：建物用途，主な改修内容及び施工数量

用　途　マンション

構　造　鉄筋コンクリート造

建物規模　地上9階建て，延床面積　2,456 m^2

主な外部仕上げ　二丁掛けタイル，吹き付けタイル

主要室の内装工事　壁：ビニルクロス張り，床：フローリング

ニ．工期（年号又は西暦で年月まで記入）　2021年9月～2022年11月

ホ．あなたの立場　工事主任

ヘ．業務内容　工事総合管理

1.

(1)	項目A		ⓐ・b・c
	項目B	①工種名又は作業名等	内装工事
		②状況と理由	内装工事の着手遅れと作業員の確保も十分でないことが予想され，内装工事は多種多様な作業があるため。
		③行った対策	軽量鉄骨下地，プラスターボードは工場で長手方向をプレカットした上で搬入施工とした。
(2)	項目A		a・ⓑ・c
	項目B	①工種名又は作業名等	仮設工事
		②状況と理由	外部足場の解体と仮設材の搬出が遅れると外構工事への着手ができないため。
		③行った対策	クレーンを使用して大払しを行い，地上作業で解体作業の上，仮設材を搬出した。高所での作業が大幅に減り，作業効率は大幅に上昇した。
(3)	項目A		a・b・ⓒ
	項目B	①工種名又は作業名等	左官工事

		②状況と理由	熟練工含む作業人員の確保が厳しいことが予想され，床下地の不陸精度が確保できないと手戻りになるため。
		③行った対策	熟練工以外でもコンクリート床下地の不陸調整ができるため，モルタルから自己水平性を持つセルフレベリング材の活用に変更し，実施した。

2.

(1)	有効な方法や手段	毎日13時から各種工事の職長と本日の進捗状況，明日の予定・人員数などの打合せを実施。打合せメンバー全員で週間工程表を確認。遅れがあれば翌日に戻せる人員配置，作業計画を立て実行する。
	工程への影響	後工程がどんどん遅れ，工程通りに作業ができずに作業待ちや突貫作業が発生し，最終的に全体工程の遅延に繋がる可能性がでる。
(2)	有効な方法や手段	作業員の控室に全体工程表のみならず，月間行程表，週間工程表を掲示した。さらに各種工事で手戻りを発生させないためにチェックシートにてPDCAサイクルで管理。記録したシートも保管した。
	工程への影響	手戻りが発生し工事が進められず，週間・月間・全体工程表の再調整，検討が発生し，工程へ大きな影響がでる。

例題 6・1-2

あなたが経験した**建築工事**のうち，あなたの受検種別に係る工事の中から，**施工の計画**を行った工事を**1つ**選び，工事概要を具体的に記述したうえで，次の1．から2．の問いに答えなさい。

なお，**建築工事**とは，建築基準法に定める建築物に係る工事とし，建築設備工事を除くものとする。

〔工事概要〕

イ．工　事　名

ロ．工 事 場 所

ハ．工 事 の 内 容（新築等の場合：建物用途，構造，階数，延べ面積又は施工数量，主な外部仕上げ，主要室の内部仕上げ
改修等の場合：建物用途，建物規模，主な改修内容及び施工数量）

ニ．工　期　等（工期又は工事に従事した期間を年号又は西暦で年月まで記入）

ホ．あなたの立場

ヘ．あなたの業務内容

1．工事概要であげた工事であなたが担当した工種において，施工の計画時に着目した**項目**を①の中から異なる3つを選び，②から④について具体的に記述しなさい。

ただし，②の工種名は同一の工種名でもよいが，③及び④はそれぞれ異なる内容を記述するものとする。また，コストについてのみ記述したものは不可とする。

①**着目した項目**

a　施工方法又は作業方法

b　資材の搬入又は荷揚げの方法

c　資材の保管又は仮置きの方法

d　施工中又は施工後の養生の方法（ただし，労働者の安全に関する養生は除く）

e　試験又は検査の方法

②**工種名**

③**現場の状況**と施工の計画時に**検討したこと**

④施工の計画時に**検討した理由**と**実施したこと**

2．工事概要であげた工事及び受検種別にかかわらず，あなたの今日までの工事経験を踏まえて，「**品質低下**の防止」及び「**工程遅延**の防止」について，それぞれ①及び②を具体的に記述しなさい。

ただし，1. ③及び④と同じ内容の記述は不可とする。
①施工の計画時に**検討することとその理由**
②**防止対策**とそれに対する**留意事項**

(R3)

［記述例］

〔工事概要〕

イ．工事名　横浜○○ビル新築工事
ロ．工事場所　神奈川県○○市○○丁目○○番地
ハ．工事の内容　新築等の場合：建物用途，構造，階数，延べ面積又は施工数量
改修等の場合：建物用途，主な改修内容及び施工数量
用　　途　事務所ビル
構　　造　鉄骨造
建物規模　地上4階建て，延床面積　1,200m²
主な外部仕上げ　押出成形セメント板
主要室の内装工事　OAフロアー，長尺シート，クロス張り
ニ．工期（年号又は西暦で年月まで記入）　2019年7月～2020年2月
ホ．あなたの立場　工事主任
ヘ．業務内容　工事総合管理

1.

(1) ①項　目：　a
②工種名：　鉄骨工事
③現場の状況と検討したこと
近隣と現場内の作業環境の配慮のため，耐火被覆は巻付けタイプを検討した。良い作業環境の確保と同時に他職種の作業もでき工程厳守できるため。
④検討した理由と実施したこと
施工中の発塵は無く，プラントヤードの設置が不要となるため，巻付けタイプを採用。工場製品のため耐火被覆の厚さと密度の品質確保ができた。

(2) ①項　目：　b
②工種名：　仮設工事
③現場の状況と検討したこと
ロングスパンエレベータの配置場所は現場内の動線を考え，積載物の最大荷重，最大寸法から機種を選定し，総合仮設計画

図に反映した。

④検討した理由と実施したこと

円滑かつ効率的な搬入，荷揚げのため。積載荷重1ｔ未満のため労働基準監督署長へ設置前にあらかじめ設置報告書を提出した。

(3) ①項　目：　c

②工種名：　防水工事

③現場の状況と検討したこと

現場内に明確な保管場所を決め，搬入されたアスファルトルーフィングの製品番号，数量の確認と記録を残し，屋内の乾燥した場所で保管する。

④検討した理由と実施したこと

直射日光を避け，湿気の影響を受けにくい場所で保管，管理のため。巻きグセが付きやすくなるため，必ず縦置きでの保管し，使用数量を記録した。

2.

＜品質低下の防止＞

①［検討することとその理由］　鉄筋のかぶり厚さの確実な確保。コンクリートのひび割れと鉄筋の腐食による耐久性に大きな影響を及ぼすため。

②［防止対策と留意事項］　配筋完了時とコンクリート打設前にチェックシートを用いて，スペーサーの取付け状況とかぶり厚さをチェックシートへ記録・保管と工事写真でも記録を行った。

＜工程遅延の防止＞

①［検討することとその理由］　外部足場の解体の遅延をなくす。外構工事に多くの工種との兼ね合いがあるため外構工事の作業日数を確保するため。

②［防止対策と留意事項］　外部足場の解体作業計画をもとに必要な人員確保とクレーンを使用して，地上作業となる大払しでの解体と仮設材の速やかな搬出を実施した。

6・2 用語の説明と施工上の留意すべき内容

学習のポイント

問題2は，「用語の説明と施工上の留意すべき内容」で，14の用語から5つを選び，用語の説明と施工上の留意すべき内容を具体的に記述する。令和5年度は，14の用語のうち，9の用語が過去10年間に出題されたものであった。

過去に出題された用語を，工種ごとに示す。（　）内は，出題年度を示す。各用語の詳細は，「第3章　建築施工」を参照のこと。

(1)　仮設工事

・**乗入れ構台**（H24，R3）

用語の説明：地下工事，資材搬入および鉄骨建方等の施工の際，作業台や集積場として設けられる仮設の台。

施工上の留意事項：各使用材料は，著しい損傷・変形または腐食のあるものを使用しない。

・**足場の手すり先行工法**（H21，H24，H28，R1，R5）

用語の説明：足場を組み立てる際，手すり付きのユニットで組み立てる工法。常に手すりが先行して付いているため，組立て解体時における安全性が高い。

施工上の留意事項：作業区域への関係労働者以外の立入禁止措置を行い，材料は腐食，傷，亀裂等の強度上の欠点のないものを使用する。

・**つり棚足場**（H19）

用語の説明：鉄骨梁からチェーンなどをつり材として足場用単管などを井桁状に組んでつり下げ，その上に足場板を掛け渡した足場のこと。

施工上の留意事項：チェーンならびにつり足場の下部および上部の支点の安全係数が5以上になるようにしなければならない。

・**ローリングタワー**（H17，H22，H25，H28，H30，R3）

用語の説明：天井など高所での作業に使用する移動可能な足場のことで，移動式足場ともいう。枠組み足場の材料で，基部に車をつけたのが一般的である。

施工上の留意事項：労働者を乗せて移動してはならない。また，移動中は，転倒等による危険を生じる恐れがあるところには，関係者以外立入らせない。

・**一側（いっそく）足場**（H20）

用語の説明：建築現場における足場の構造の一種で，一列に並んだ建地（たてじ）にブラケットを取り付け，その上に足場板を敷き詰めた足場。狭い敷地で用いる。

施工上の留意事項：足場の脚部にはベース金具を使用し，敷き板，敷き角を敷き，根がらみを設ける。建地の間隔は 1.8 m 以下とする。

・**養生朝顔**（H18，H22，H26，H29）

用語の説明：出入り口の上などにはね出して設ける養生設備で，落下物等から人を守るためにある。

施工上の留意事項：足場の高さが 10 m 以上では 1 段以上，20 m 以上では 2 段以上で，突き出す長さは骨組（足場）から水平距離で 2 m 以上，下部の斜材角度は 20 度以上とする。

・**親綱**（H19，H23，H27，H30，R5）

用語の説明：墜落する危険がある場所で，着用する安全帯を取り付けるのに設置するロープ。

施工上の留意事項：親綱支柱間での親綱の最大スパンは 9 m 以内とする。

・**安全ブロック**（H17，H21）

用語の説明：落下の危険のある作業現場で，作業中や昇降中の墜落を防止するための安全器具。

施工上の留意事項：作業中の横移動は，取付け位置の真下から 30 度以内でゆっくり行う。

・**足場の建地**（H16）

用語の説明：足場の垂直材（柱）のこと。

施工上の留意事項：間隔が重要で，鋼管の場合，けた行方向は 1.85 m 以下，はり間方向は 1.5 m 以下とする。丸太の場合，2.5 m 以内とする。

・**足場の壁つなぎ**（H27，R4）

用語の説明：足場が風圧力などの影響で倒壊しないように建物に固定する控え。

施工上の留意事項：圧縮・引張に耐えられる構造とし，できるだけ壁面に対し直角に設ける。枠組足場の場合は垂直方向 9 m 以下，水平方向 8 m 以下，単管足場の場合は垂直方向 5 m 以下，水平方向 5.5 m 以下に設ける。

・**床開口部の養生**（H20，H25）

用語の説明：床の開口部に，作業員の墜落を防止するための手すり，柵，囲い等の防護設備を設けること。

施工上の留意事項：作業の都合により，手すり，柵，囲い等を取り外したときは，作業終了後直ちにもとの状態に戻す。

・**ベンチマーク**（H16，H23，H29，R2，R4）

用語の説明：高低測量をする際の基準点となるもので，建築物を施工する場合の基準高さ，基準位置を決める原点。

施工上の留意事項：建築物の邪魔にならない位置に柱だてをしたり，他の建物に柱心の位置，GL からの一定の高さを墨出しをする。

・**陸墨**（H26，R1）

用語の説明：柱や壁などに記入する水平基準線。高さの基準。

施工上の留意事項：墨出しの作業者を選任し，実施計画・作業要領・検査の方法を決め，精度よく行う。

(2)　地 業 工 事

・**砂利地業**（H16）

用語の説明：掘削が終わった後，根切り底の地盤固めのため，砂利を敷きランマーなどで突き固め，捨てコンクリートを打つまでの工程の作業のことをいう。

施工上の留意事項：使用する砂利は，切込み砂利，切込み砕石または再生クラッシャランとし，粒度は，JIS A 5001による「C-40」程度のものとする。

(3)　土　工　事

・**切梁のプレロード工法**（H23）

用語の説明：切梁途中に油圧ジャッキを設置し，圧力をかけ，山留め壁を外側へ押さえつけ，周囲の地盤沈下を防止する工法。

施工上の留意事項：ジャッキで加圧するのは設計切梁軸力の50～80％程度とする。

・**ヒービング**（H21）

用語の説明：軟弱な粘性土地盤を掘削するとき，矢板背面の土の重量によって地盤内部に滑り破壊が生じ，底面が膨れ上がる現象。

施工上の留意事項：背面地盤の掘削により土圧を軽減したり，山留め壁の根入れを長くする等の対策を講じる必要がある。

・**釜場**（H19，H24，H29，R3）

用語の説明：根切り底の湧水や透水を集めるための窪みのこと。溜まった水は，ポンプで排出する。

施工上の留意事項：安定性の低い地盤には適さない。

・**鋼矢板**（H19，H28，R1）

用語の説明：凹凸があり，両端に継手がついている鋼板のこと。互い違いに組み合わせて，継手をつなげると壁ができる。土留めや止水を目的とし，主に仮設材として用いられる。また，港湾や河川の護岸工に，永久構造物として用いられることもある。

施工上の留意事項：鋼矢板の施工法には，バイブロハンマ工法や圧入工法が多用されている。

・**親杭横矢板壁**（R4）

用語の説明：H形鋼の親杭を一定間隔で地中に打ち込み，親杭の間に木製の横矢板を設置する山留壁。

施工上の留意事項：比較的硬質な地盤に用いる。止水性がないので，地下水がある地盤には用いない。

・**床付け**（H18，H26，R2）

用語の説明：砂利の敷きこみや捨てコンクリートの打設ができるように，根切り底を所定の深さに掘り揃え平坦にする作業のこと。

施工上の留意事項：機械掘りの場合もこの部分だけはレベルをチェックしながら手掘りする。

・**切梁支柱**（H17）

用語の説明：切梁の座屈防止および切梁の自重を受けるために用いられる鉛直部材。作業足場としての仮設構台の支柱として兼用することもある。

施工上の留意事項：平面配置では，建物の柱や杭に当たらないように30～40 cmのクリアランスを取り，水平間隔は通常5～7 mとする。

・**地盤アンカー工法**（H16）

用語の説明：切梁の代わりに，地盤アンカーによって山留め壁にかかる側圧を支えながら掘削する工法。地盤アンカーの垂直分力が加わるので，山留め壁の支持力が大きい必要がある。

施工上の留意事項：地盤アンカーが敷地外へ出る場合には隣地側の了解が必要である。場合によっては地下工事終了後の撤去が必要になる。

・**布掘り**（H20，H25）

用語の説明：一般に布形に長く掘削することで，家屋の土台基礎などの根掘りのように，基礎幅に従って長く続けて掘削すること。

施工上の留意事項：掘削深さに応じて所定の山留め処置を施すとともに，掘削底面を乱さないように，人力等により丁寧に床付けする。

・**土工事のつぼ掘り**（H22，H27）

用語の説明：独立基礎の場合，その形状に合わせて掘削する方法。

施工上の留意事項：過度な深掘りは避ける。型枠組み立て時に作業員が入るスペースを確保する。

(4)　木　工　事

・**土台**（H18，H24）

用語の説明：基礎の上に水平に固定される角材のこと。基礎と，建物の骨組みをつなぐ役割がある。

施工上の留意事項：地面に最も近いため，細菌やシロアリに侵されないように，ヒノキ，ヒバなど，あるいは，防腐・防蟻（ぼうぎ）処理された木材を使用する。

・**仕口**（H20，H26，R2）

用語の説明：2つの木材をある角度で接合する組手の総称。

施工上の留意事項：構造材では，あまり短い材料を使うことを避け，十分に荷重が伝わるような，ほぞ，金物を用いてつなぐ。

・**木工事の大引き**（H27，R1，R3）

用語の説明：床組で，根太を支える材料

施工上の留意事項：通常 900 mm 程度の間隔で根太に直角に渡し，端は土台や大引き受けに連結する。

・**木構造のアンカーボルト**（R4）

用語の説明：木造の土台を基礎に連結するための，基礎コンクリートに埋め込むボルト。

施工上の留意事項：土台の両端部や継手の位置，耐力壁の両端の柱に近接した位置に設置する。

(5)　コンクリート工事

・**床コンクリート直均し仕上げ**（H20，H24，H27，H30）

用語の説明：床コンクリート打設時に硬化の程度を見計らい，直接金ごて等で仕上げる方法。

施工上の留意事項：スランプは土間コンクリートで 8～15 cm，RC スラブで 12～18 cm 程度とする。

・**スランプ**（H21，R1）

用語の説明：主として水量の多少によって左右される，フレッシュコンクリートの変形，流動性を示す値。

施工上の留意事項：所定のワーカビリティーが得られる範囲で，スランプはできるだけ小さくする。

・**誘発目地**（H17，H24，H28，R3）

用語の説明：乾燥収縮などで起こるコンクリートの亀裂を，想定した位置に発生させるためにコンクリートの壁にあえて断面欠損を与えるために入れる目地のこと。

施工上の留意事項：目地の幅は 25 mm 程度，深さは躯体厚さの 1/5 以上は必要である。深さが浅いと，目地位置に亀裂を誘発できない。

・**コンクリートの回し打ち**（H16，H20，H27）

用語の説明：コンクリートを打込むとき，全体が均一の高さになるように打込み場所を変えながら打設する方法。コンクリートを一箇所から投入し，横流ししながら打設する片押しと違ってコンクリートの分離が少ない。

施工上の留意事項：一度に打ち上がらないため，前に打設したコンクリートとの間にコールドジョイントができないよう注意する。

・**コンクリートの締固め**（H23）

用語の説明：コンクリートの打設時にバイブレータなどの振動機により型枠の各所にコンクリートが行き渡るようにすること。

施工上の留意事項：バイブレータは，約 60 cm 間隔で約 10 秒間程度で行う。長時間行いすぎると材料が分離することがある。

・**セルフレベリング材工法**（H23，R1，R3）

用語の説明：床仕上げの際に仕上材料のもつ流動性を利用して，自然流動により平滑な床面を形成する工法。

施工上の留意事項：作業中は通風をなくし，養生中も通風をしないようにする。

・**タンピング**（H18，H21）

用語の説明：床コンクリートを打設した後に，亀裂・沈み・骨材の浮き上がりを防止することを目的として，コンクリート表面をタンパーで打撃して締め固めること。

施工上の留意事項：コンクリートが固まらないうちに行う。粗骨材が分離した箇所は，粗骨材を沈める。

・**コンクリートの打継ぎ**（H22，H25）

用語の説明：すでに打設されたコンクリートに接して，新たにコンクリートを打設すること。

施工上の留意事項：すでに打設されたコンクリートの打継ぎ面を目荒らし，清掃，吸水させてから打継ぐ。

・**ブリーディング（ブリージング）**（H26，H29，R2）

用語の説明：コンクリート打設後，表面に水が浮かび上がってくる現象。

施工上の留意事項：配合・打設方法により，著しくなることがある。水セメント比を小さくしたり，スランプを小さくする等の工夫が必要である。

・**先送りモルタル**（H28，H30，R4）

用語の説明：コンクリートの打設に際して，ポンプ圧送開始に先立ち，コンクリートの流動性確保のため，輸送管内壁の潤滑膜を形成し，また吸入・吐出弁内部のシールをするためのモルタル。

施工上の留意事項：圧送の初期に輸送管より排出されるモルタルは，低強度のものとなるので，圧送後は廃棄処分する。

・**コンクリートのレイタンス**（R5）

用語の説明：打設したコンクリートの表面に浮いてきたコンクリートの微粒子が脆弱な層を形成したもの。

施工上の留意事項：レイタンスは，次のコンクリート打設までにワイヤーブラシ等で完全に除去する。

(6)　型 枠 工 事

・**パイプサポート**（H24，R2）

用語の説明：スラブ，梁等の型枠及びコンクリート重量等を支える支柱。上下2本の鋼管を組み合わせたもの。

施工上の留意事項：パイプサポートの頭部および脚部がずれないように，大引きおよび敷板に釘で固定する。また，3本以上継いで用いない。

・**型枠の根巻き**（H16，H19，H22，H26）

用語の説明：型枠の組み立て時に足元間を，桟木や金物で固定し，型枠建込み時の精度を確保すること。

施工上の留意事項：コンクリートペーストが流れ出ないように，すき間が生じないようにする。

・**耐震スリット**（H17，H23）

用語の説明：大きな地震が発生した際に，腰壁や袖壁が柱や梁に悪い影響を与えることを防止するために，柱と壁の間に設けたすき間や目地のこと。

施工上の留意事項：耐震スリット材を用いた場合，コンクリート打設中にスリット材が変形しないようにする。

・**型枠の剝離剤**（H20，H28，R5）

用語の説明：直接コンクリートと接する型枠のせき板表面に塗布し，硬化したコンクリートとの付着を防止する材料。

施工上の留意事項：使用するせき板の材質に応じた剝離剤を選定するとともに，塗布前にせき板の清掃を入念に行う。

・**セパレーター**（H17，H25，H29，R1，R4）

用語の説明：型枠のせき板の間隔を正しい寸法に保つための両端にネジを切ったボルトのこと。

施工上の留意事項：曲げがかかるような取付け方や不完全な取付け方をしないようにする。過剰な締付けも強度の低下につながる。

・**フォームタイ**（H18，H27，H30）

用語の説明：型枠の幅を維持するために使われるセパレーターと連結し，型枠を固定する金具のことをいう。

施工上の留意事項：締付けを適切な強度で行い，締め忘れなどがないように確認する。

・**フラットデッキプレート**（H23，R3）

用語の説明：床型枠施工の合理化を図るための薄鋼板製の型枠で，上面が平坦で，下面にリブがついたもの。

施工上の留意事項：コンクリート打設時に過度な山盛りをしたり，局所的に集中荷重をかけないようにする。

(7)　鉄 筋 工 事

・**鉄筋の先組み工法**（H19，H22，H25，H28，R5）

用語の説明：鉄筋をあらかじめ組み立てておいて，それらを揚重して所定の位置に運び，取り付ける工法。

施工上の留意事項：揚重時に，鉄筋の結束が緩まないようにして，ピッチの乱れなどがないようにする。

・**帯筋**（H18，H21，H27，R2，R4）

用語の説明：鉄筋コンクリートの柱主筋に巻いた鉄筋。せん断力に対する補強筋。フープ（筋）ともいう。

施工上の留意事項：帯筋は柱主筋にしっかりと結束する。特に，柱の絞り部分にあそびが出やすいので注意を要する。

・**あばら筋**（H16，H24，H30）

用語の説明：鉄筋コンクリートの梁主筋に巻いた鉄筋。せん断力に対する補強筋。スターラップ（筋）ともいう。

施工上の留意事項：あばら筋は，梁の主筋にしっかりと結束する。特に，梁のハンチ部分にあそびが出やすいので注意を要する。

・**腹筋**（H17，H19，H23，H26，H29，R3）

用語の説明：鉄筋コンクリート梁でそのせいが大きい場合に，スターラップの振れ止めやはらみ出し防止を目的とし，梁せいの中央部分に主筋方向に配置する補強筋のこと。

施工上の留意事項：スターラップの内側に，しっかりと結束する。

・**スペーサー**（H20，H25，R1）

用語の説明：鉄筋かぶり厚さの確保のために，型枠や捨てコンクリートと鉄筋の間に差し入れ，間隔を確保するための仮設材。

施工上の留意事項：材質には，コンクリート製，鋼製，プラスチック製などがあるが，使用する箇所に応じて適切に選択する。

(8)　鉄 骨 工 事

・**高力ボルト摩擦接合**（H29）

用語の説明：高力ボルトで母材ならびに添え板を締付け，それらの間の摩擦力によって応力を伝達させる接合方法。

施工上の留意事項：接合面については，所定のすべり係数を得られるような処理（黒皮除去の粗面処理等）を行う必要がある。

・**スタッド溶接**（H24，R2）

用語の説明：鉄骨とコンクリートを一体化するためのスタッドを，専用ガンに取り付けて，鋼材に押し当て，短時間で自動的に行われる溶接方法。

施工上の留意事項：スタッドを押し当てるときに鋼材に対して斜めにするとそのまま溶接され，強度不足の原因となる。

・**鉄骨柱のベースモルタル**（H23）

用語の説明：鉄骨柱脚部のベースプレート下部のすき間に充てんするモルタル。鉄骨建て方の精度を左右する。

施工上の留意事項：無収縮モルタルなどを用い，すき間がないように充てんする。

・**溶接のアンダーカット**（H21，H28，R4）

用語の説明：溶接ビードの横の部分の母材が掘られて，溶着金属が満たされないで溝となった部分。溶接欠陥の一種。

施工上の留意事項：適正な溶接速度，溶接姿勢に応じた溶接棒種と棒径の選定等により，アンダーカットの発生を防止する。

・**エンドタブ**（H19）

用語の説明：溶接ビードの始端と終端に欠陥を生じさせないように母材の両端部に取り付ける補助板。原則，溶接終了後に切断除去する。

施工上の留意事項：エンドタブの組立溶接は，直接柱梁フランジに行わず，裏当て金に行う。

・**仮ボルト**（H17，H22，H26，H29）

用語の説明：建方作業における部材の取り付け用ボルトをいう。接触面のはだあわせを図ることも役割の一つである。

施工上の留意事項：原則として2本以上かつ設計本数の3分の1以上で締める。建入れ直し後，高力ボルトに差し替えて本締めをする。

・**鉄骨の地組**（H20，H30）

用語の説明：鉄骨の建て方において，鉄骨をあらかじめブロック毎に地上で組上げ，クレーンで吊り上げて所定の位置に設置する方法。

施工上の留意事項：吊上げ時に変形等を生じないよう，必要に応じて補強を行い，組立精度を確保する。

・**ブローホール**（H18）

用語の説明：溶接部の欠陥の一つで，溶接金属の内部に発生するガスによりできた空洞のこと。

施工上の留意事項：補修は，当該部分をはつり取り，欠陥端部より約20 mm程度大きめに除去し，船底形に整形してから再溶接をする。

・**リーマーがけ**（H16，H21，H25）

用語の説明：鋼材のボルト孔等の整形，拡大を行うため，リーマーと呼ばれる工具を回転させながら鋼材を削る。

施工上の留意事項：ボルト孔の食違いが2 mmを超える時はリーマーがけして修正してはならない。

・**溶接作業の予熱**（H27）

用語の説明：溶接による主として低温割れの防止を目的として必要に応じて行われる母材の加熱。

施工上の留意事項：溶接継手の近傍のみでなく，一般には溶接継手の両側に，母材の厚さの3倍程度の位置が，所定の温度になるように加熱するのが望ましい。

・**被覆アーク溶接**（R1）

用語の説明：被覆した溶接棒と母材を2つの電極としてその間に発生させるアーク熱により金属を融解して接合する。手溶接とも呼ばれる。

施工上の留意事項：溶接棒は乾燥したものを用い，作業架台等を使用し可能な限り下向き姿勢または水平姿勢とする。また，溶接に支障となるスラグ及びスパッターは除去する。

・**鉄骨の耐火被覆**（R3）

用語の説明：鉄骨造の柱・梁などを，火災時の熱により強度低下を起こさないように，耐火性，断熱性の高い材料で被覆すること。

施工上の留意事項：吹付工法では，施工に先立ち支障となる浮き錆，付着油等は除去する。

・**隅肉溶接**（R5）

用語の説明：直交する鋼材などで開先を設けずに突き当てた接合面に融着金属を盛り付けるアーク溶接の方法。

施工上の留意事項：アンダーカット，溶け込み不足などの溶接欠陥が生じないように施工条件を注意する。

(9) 防 水 工 事

・**改質アスファルトシート防水工事のトーチ工法**（H24，H29，R2）

用語の説明：改質アスファルトシートの裏面にコーティングされたアスファルトを大型バーナーであぶりながら下地に張り付ける工法。

施工上の留意事項：下地がきれいに施工できていないと，仕上りに影響がある。

・**脱気装置**（H21，H26，R1，R4）

用語の説明：露出防水の絶縁工法において，下地コンクリートに含まれる水分が太陽の直射などにより水蒸気となった時に，これを排出するための装置。防水層の膨れを防止する。

施工上の留意事項：装置によって排出能力が異なるので，設置数量の検討を行う。

・**保護コンクリート**（H19）

用語の説明：防水層を保護するために，防水層の上部に打設するコンクリートのこと。

施工上の留意事項：保護コンクリートには，伸縮目地を設ける。

・**絶縁用テープ**（H17）

用語の説明：異種下地の継目部・パネル類の目地部などで，防水層を部分的に絶縁する場合に用いる。紙または布を素材にした粘着層付きのテープ状材料。

施工上の留意事項：ルーフィングシート製造所の指定する製品とする。

・**塗膜防水絶縁工法の通気緩衝シート**（H27）

用語の説明：防水層の膨れを抑えるため，内部から上がってきた水蒸気を逃すためのシート。

施工上の留意事項：補強布は必ず通気緩衝シートに 100 mm 以上ラップさせる。立上り部分からは 30～100 mm 離して張る。

・**ボンドブレーカー**（H18，H23，H30，R3）

用語の説明：シーリング材の3面接着を回避する目的で，目地底に張り付けるテープ状の材料。絶縁テープともいう。

施工上の留意事項：クラフトテープ（ポリウレタン系，ポリサルファイド系用）とポリエチレンテープ（ポリイソブチレン系，シリコーン系，変成シリコーン系用）があり，シーリング材の材質に合わせたものを使用する。

・**シーリング工事のバックアップ材**（R5）

用語の説明：シールをする目地にいれて，目地底を形成し深さを調整するもの。

施工上の留意事項：目地の幅にあった深さとなるように位置を決め，汚れや油を除去してからプライマーで接着する。

(10)　石　工　事

・内壁石張りの空積工法（H24）

用語の説明：下地にアンカーを打込み，ステンレスの鋼線で引っ張り固定する方法。

施工上の留意事項：石の大きさに応じて横目地合端（あいば）に引き金物およびだぼなどで堅固に取り付ける。

・外壁石張り乾式工法（H19）

用語の説明：特殊な金物（ファスナー）を用いて，石材を躯体に取り付ける工法。軽量化，工期短縮，剥離防止，耐震性・耐風性に優れている。

施工上の留意事項：地震時に石材が動ける範囲の目地幅を確保する必要がある。目地幅はその建物の設計層間変位と使用する石の寸法で計算でき，おおむね6～8 mm くらいになる。

・ジェットバーナー仕上げ（H21，H26，H29，R3，R5）

用語の説明：石の表面に火炎を短時間当て，石材を構成する鉱物の熱膨張率の違いを利用して，粗めの表面仕上げにしたもの。

施工上の留意事項：含有鉱物の分布により，均一な粗面が確保できない場合もあるので，石色合わせに注意する。

(11)　タイル工事

・ヴィブラート工法（H19，H21，H30，R2）

用語の説明：張り付けモルタルを下地に塗って「ヴィブラート」という工具で振動を与えながらタイルを押し付けて張る方法。「密着工法」ともいう。

施工上の留意事項：モルタルの塗付け面積は2 m^2 程度で，30分以内にタイルを張り終える面積とする。

・マスク張り工法（H20，H24）

用語の説明：ユニット化されたタイル裏面に，タイルの大きさに見合ったマスクを用いて張付けモルタルを均一に塗付け，下地に張る工法。

施工上の留意事項：張付けの際十分なたたき締めを行っておく。表張り紙は，原則としてモルタルが硬化した後にはがす。

・セメントモルタルによるモザイクタイル張り（H25，R4）

用語の説明：シートや紙張りされたモザイクタイルを下地にセメントモルタルを塗り，たたき板などで張付ける工法。

施工上の留意事項：張付けモルタルの1回の塗付け面積の限度は，3 m^2 以下とし，20分以内に張り終える面積とする。

・ユニットタイル（H27）

用語の説明：モザイクタイルや小口平タイルなどの小さなタイルをあらかじめ貼ってある300 mm 角のシートのこと。ユニット貼り工法（マスク張り

第二次検定

工法）に用いる。

施工上の留意事項：下地精度が直接的に影響するので，入念に下地を仕上げる。

・**内壁タイルの接着剤張り工法**（R1）

用語の説明：工事現場において，有機系接着剤によりあと張りで内装タイル張り仕上げを行うこと。

施工上の留意事項：接着剤の1回の塗布面積は3 m^2 以内とし，かつ30分以内に張り終える面積とする。接着剤は，金ごて等を用いて平たんに塗布した後，所定のくし目ごてを用いてくし目を立てる。

(12) 屋根工事

・**トップライト**（H18）

用語の説明：上方からの採光を得るために，天井に設ける窓のこと。天窓ともいう。

施工上の留意事項：屋根に穴を開けるということは雨漏りの観点からいうと，あえて弱点を作っているともいえ，雨仕舞については，細心の注意が必要である。

・**タイトフレーム**（R4）

用語の説明：屋根の折版を梁にとりつける鋼板をV字に近い形に折り曲げたもの。

施工上の留意事項：梁との接合は隅肉溶接とし，アンダーカットが生じやすいので注意する。

(13) 金属工事

・**板金のろう付け**（H16）

用語の説明：母材よりも融点の低い金属を流し込み接合する方法のこと。母材を溶かすことなく接合すること。

施工上の留意事項：ろう付け前に金属表面の錆や汚れは必ず除かなくてはならない。また，フラックスは金属表面の酸化皮膜を取り，ろうを流れやすくし，合金層を形成しやすくする働きがあるので必ず塗布する。

(14) 左官工事

・**モルタルつけ送り**（H16，H21）

用語の説明：下地の不陸を調整するため，下塗り前にモルタルを塗ること。

施工上の留意事項：仕上げモルタルを含む全塗り厚が25 mmを超えると，モルタルが剝離しやすくなる。アンカーピンを打つなど剝離防止対策が必要となる。

・**樹脂混入モルタル**（H18）

用語の説明：合成樹脂と骨材を混合したモルタルで，平滑なコンクリートやモルタル面にコテやローラーで薄く塗る。防じん・防滑・耐水・耐薬品などを目的に床仕上に使う。

施工上の留意事項：下地との付着強化のために，コンクリートやモルタル表面のレイタンス，突起，油分などの除去を行う。

・**機械ごて**

用語の説明：土間コンクリートを仕上げるために用いられる，自動で回転するこてがついた機械。

施工上の留意事項：コンクリート打設後，硬化しすぎない時期に施工する。

(15)　建具工事

・**クレセント**（H17，H21，H28，R3）

用語の説明：サッシの召合せかまちなどに取り付ける締り金物。

施工上の留意事項：操作時に無理なく開閉でき，適切な締付け力を保持できるように取り付ける。

・**マスキングテープ**（H17，H20，H25，H28）

用語の説明：シーリング工事でプライマー塗布およびシーリング材充てんの際の汚染防止と，目地縁の通りをよく仕上げるために用いる粘着テープである。

施工上の留意事項：除去後，粘着剤が残存せず，シーリング材の接着を妨げない材質を用いる。

・**サッシのかぶせ工法**（H16，H25，H28）

用語の説明：既存のサッシ枠の上から新しいサッシ枠を取付ける工法。枠を残したまま新しいサッシを取付けるため，壁や床を工事することなく取替が可能である。

施工上の留意事項：既存枠の傷みが著しい場合には監督員との協議により補強方法等を取り決める。

・**ガラス工事のセッティングブロック**（H26，H29，R4）

用語の説明：ガラスの端部に建具が接触するのを防ぎ，所定の間隔を保持するためのブロック小片。

施工上の留意事項：設定位置は，ガラス両端部より1/4のところとする。厚さ6 mm以上の板ガラスには，クロロプレンゴムを使用する。

・**フロアヒンジ**（H29）

用語の説明：ドアの軸下の床に埋め込んでドアの重量を受け，その開閉スピードを制御し，ドアが急に開いたり閉じたりしないようにする金物のこと。

施工上の留意事項：ねじ類を固定するときに，過大なトルクがかからないようにする。

(16)　塗装工事

・**パテかい**（H16，H19）

用語の説明：塗装工事，内装工事などの下地の不陸，傷，目違いにパテをへらで塗りつけ平らにすること。

施工上の留意事項：乾燥後にサンドペーパーでさらに平らにすること。

・**目止め**（H20，H24）

用語の説明：木材塗装の下地処理法の一つで，砥（と）の粉やウッドフィラーなどで木理（もくり）の穴を埋め平滑な下地を作る作業。

施工上の留意事項：目止め材が乾かないうちに綿のウエス等で下地によく擦り込む。木目に沿ってよく拭き取り，余分な目止め材をよく取り除く。

・**研磨紙ずり**（H18，H21，H25）

用語の説明：塗装する素地や塗り面の汚れ，ごみ粒などを取り除いて平滑にし，塗装材料の付着性を良くするために行う下地調整。

施工上の留意事項：下層塗膜およびパテが乾燥硬化した後，下層の塗膜を研ぎ去らないように注意して行う。

・**マスキングテープ**（R4）

用語の説明：塗装などの際に，塗装する箇所以外に貼り付け，塗装がつかないために使用する保護用の粘着テープ。

施工上の留意事項：塗装が終了したら，塗料が完全に乾く前にはがす。

(17)　内外装工事

・**せっこうボードの直張り工法**（H24）

用語の説明：下地にボンドをダンゴ状に塗りつけ，せっこうボードを直接圧着することにより施工する方法。

施工上の留意事項：ボンドの塗付ピッチ，塗付量を適切に行う。

・**グリッパー工法**（H23，H27，R5）

用語の説明：カーペットを敷きつめるために，端部を釘またはグリッパーピンに引っかけて緩みなく固定する方法。

施工上の留意事項：グリッパーは，壁際からのすき間を取って取り付ける。

・**タイルカーペット**（H19，H28）

用語の説明：45 cm 角や 50 cm 角のタイル状の据え置き式カーペット。事務所などに良く使われる。

施工上の留意事項：接着剤は，部分的にはがすこともあるので，はく離形接着剤を使用する。部屋の中央から端部へ敷きこんでいく。

・**いなずまプレート**（H17）

用語の説明：ALC パネルなどをアングル材に取り付ける場合など，アングルの板厚を吸収するために，いなずま状に折り曲げた金物のこと。

施工上の留意事項：風圧を受けるので溶接で強固に下地鋼材に取り付け，所定の溶接長さが確保されていることを確認する。

・**フリーアクセスフロア**（H17）

用語の説明：床下に電力・通信用配線および空気調和設備等の機器を収納する床で，床下への配線作業が容易にできる構造を有するもの。

施工上の留意事項：コンピュータ室や通信機械室では，地震対策も必要であり，耐震性能を持たせる工夫をしたものが開発されており，目的に合った製品を適切に施工する。

・**ビニル床シートの熱溶接工法**（H20，H23，H29，R3）

用語の説明：ビニル床シートの継目部を，熱溶接機を用いて，ビニルシートと溶接棒を同時に溶融し，加圧しながら溶接する方法。

施工上の留意事項：床シート張付け後，12時間以上放置してから溶接を行う。

・**軽量鉄骨壁下地の振れ止め**（H23，H28）

用語の説明：軽量鉄骨壁下地のスタッドの振れ防止および水平補強のための横架材のこと。

施工上の留意事項：高さ方向に1.2 m程度の間隔でスタッドに引き通して設け，がたつかないように固定する。

・**軽量鉄骨壁下地のスペーサー**（H27，R1）

用語の説明：スタッドの変形を防ぐために取り付ける金物。

施工上の留意事項：各スタッドの端部を押さえ間隔600 mm程度に留付ける。スタッド両端のスペーサーは，スタッドの建込みを容易にするため端よりずらしておき，建込み後に上下のランナーの近くにセットする。

・**軽量鉄骨天井下地のクリップ**（H18）

用語の説明：野縁をつり下げる際に，野縁受と野縁を留め付けるために用いる金物のこと。

施工上の留意事項：つめの向きは，交互にして留め付ける。また，野縁受への留付けは，つめを野縁受の溝内に確実に折り曲げる。

・**壁紙の袋張り**（H16）

用語の説明：壁紙の下張りの代表的な方法。下張り用の和紙の周囲の縁にだけ糊付けして，中空の状態で張り重ねていくもの。

施工上の留意事項：おおむね15 m^2ごとに区切り，区分ごとの周囲はおおむね60 mmの逃げしろをとる。

・**ガラスブロック積み工法**（H16，R3，R5）

用語の説明：ガラスブロック（中が空洞になった箱型のガラス，光を通し，断熱性・遮音性や耐火性に優れている）を積み上げていく工法。ブロックを施工する前に，金属枠を取り付けておく。

施工上の留意事項：1段目は積み上げの基礎となるので目地幅を揃え，目地にはモルタルを充分に詰め，よくおさえて上段を積み上げても動かないようにしておく。

・**せっこうボード張りのコーナービード**（H25，R2，R5）

用語の説明：せっこうボードの出隅部を保護する，L形の棒状金物。

施工上の留意事項：取付けにはクリンチャーといわれる専用工具を用いて止め付けるか接着剤を併用する。

・**テーパーエッジせっこうボードの継ぎ目処理**（H26，H30）

用語の説明：テーパーの付いたせっこうボードの継ぎ目を平滑な面に仕上げる処理。

施工上の留意事項：厚塗りを避け，乾燥時間を十分にとる。

(18)　そ　の　他

・**たてどいの養生管**（H19）

用語の説明：たてどいが受ける損傷を防ぐために設けるもの。地上に近い位置にあるたてどいは器物や車両の衝突によって損傷しやすい。

施工上の留意事項：通常，地上2m程度の範囲に設ける。鋳鉄管，鋼管，硬質塩ビ管などを用いる。

・**ルーフドレン**（H17，H20，H23，H26，R1）

用語の説明：雨水を集めて排水する金物で，鉄筋コンクリート造の屋上では，コンクリートに打ち込んで使用する。

施工上の留意事項：水勾配を取るため，ドレンはスラブ天端から30～50mm下げて設置する。また，ルーフドレン内にアスファルトやコンクリートが流入，付着しないように養生する。

・**歩道切下げ**（H18）

用語の説明：駐車場・車庫などの出入りのために自動車が歩道へ乗入れる場合，縁石を低くしたり，自動車の重量に耐えられるような舗装に改めること。

施工上の留意事項：道路管理者に申請をし，承認を得なければならない。

・**木造住宅における気密シート**（H25，H27，R1，R5）

用語の説明：木造住宅の壁・天井部分に施工する気密性を高めることを目的としたシート。

施工上の留意事項：隙間なく貼りつけ完全な気密性を保たないと，壁内に結露を起こすことがある。

・**木工事の仕口**（R5）

用語の説明：2方向からくる木材同士を接合するために設けた，ほぞ，ほぞ穴などの加工のこと。

施工上の留意事項：部位ごとに適切な接合法とし，はずれないように補強金物で接合する。

・**天井インサート**（H26，H29，R2，R4）

用語の説明：コンクリート天井面に天井下地や配管，ダクト，機器等を取り付けるために，あらかじめコンクリートに埋め込んでおく金物。

施工上の留意事項：所定のアンカー強度を確保する。コンクリート打設時に孔が塞がらないようにする。

・**超高圧水によるコンクリート面下地処理**（H28）

用語の説明：コンクリート面に超高圧水による目地荒しを行い，モルタルの接着に適した粗面に仕上げること。

施工上の留意事項：水の飛散の防止の養生が必要となる。

・**布基礎**（R2）

用語の説明：土台の下に帯状に設ける逆T字形の基礎。

施工上の留意事項：地面からの湿気が上がりやすく，白アリ被害を受ける可能性があるので，十分に対策をする。

・**べた基礎**（R5）

用語の説明：上部構造の荷重を，単一の基礎スラブまたは基礎小梁と基礎スラブで面的に地盤に伝える基礎。

施工上の留意事項：比較的軟弱な地盤に用いることもあるので，接地面は入念に施工する。

・**クローラークレーン**（R2）

用語の説明：クローラー（キャタピラー）で走行する移動式クレーン。

施工上の留意事項：つり荷の落下やつり荷に挟まれる等の事故に注意する。

6・3 工　程　表

学習のポイント

問題3は，工程表で，図示されるネットワーク工程表から，クリティカルパス，最早終了時刻，フリーフロート，総所要日数などを求めさせる問が，4問出題されていたが，最近7年はバーチャート工程表が連続で出題されている。

例題 6・3-1

鉄骨造2階建て店舗兼商品倉庫建物の新築工事について，工事概要を確認のうえ，右の工程表及び出来高表に関し，次の1. から3. の問いに答えなさい。

工程表は，予定出来高曲線を破線で表示している。また，出来高表は，4月末時点のものを示しており，実績出来高の累計金額は記載していない。

なお，各作業は一般的な手順に従って施工されるものとする。

〔工事概要〕

用　　途：店舗及び事務所（1階），商品倉庫（2階）

構造・規模：鉄骨造　地上2階，延べ面積 350 m^2

鉄骨耐火被覆は，耐火材巻付け工法，外周部は合成工法

外部仕上げ：外壁は，ALCパネル張り，防水形複層塗材仕上げ

屋根は，折板葺屋根

内部仕上げ：店舗，事務所　床は，コンクリート金ごて仕上げ，ビニル床シート張り

壁は，軽量鉄骨下地，せっこうボード張り，塗装仕上げ

天井は，軽量鉄骨下地，化粧せっこうボード張り

商品倉庫　床は，コンクリート金ごて仕上げ，無機質系塗床材塗り

壁は，軽量鉄骨下地，せっこうボード張り，素地のまま

天井は，折板葺屋根裏打材表し

その他：荷物用油圧エレベーター設置

内部建具は化粧扉

1. 工程表の鉄筋コンクリート工事のⒶ，塗装工事のⒷに該当する**作業名**を記入しなさい。

2．出来高表から，1月末までの実績出来高の累計金額を求め，総工事金額に対する**比率**をパーセントで記入しなさい。

3．工程表は工事計画時に作成していたものであるが，工程上，完了時期が不適当な作業があり，出来高表についても誤った月次にその予定金額と実績金額が記載されたままとなっている。

これらに関して，次の①から③について答えなさい。

① 工程上，完了時期が不適当な**作業名**を記入しなさい。

② ①の作業の適当な**完了時期**を記入しなさい。

ただし，作業完了時期は月次と旬日で記入し，**旬日**は，**上旬**，**中旬**，**下旬**とする。

③ 作業の適当な完了時期に合わせて出来高表の誤りを修正したうえで，3月末までの実績出来高の**累計金額**を記入しなさい。

(R4)

工程表

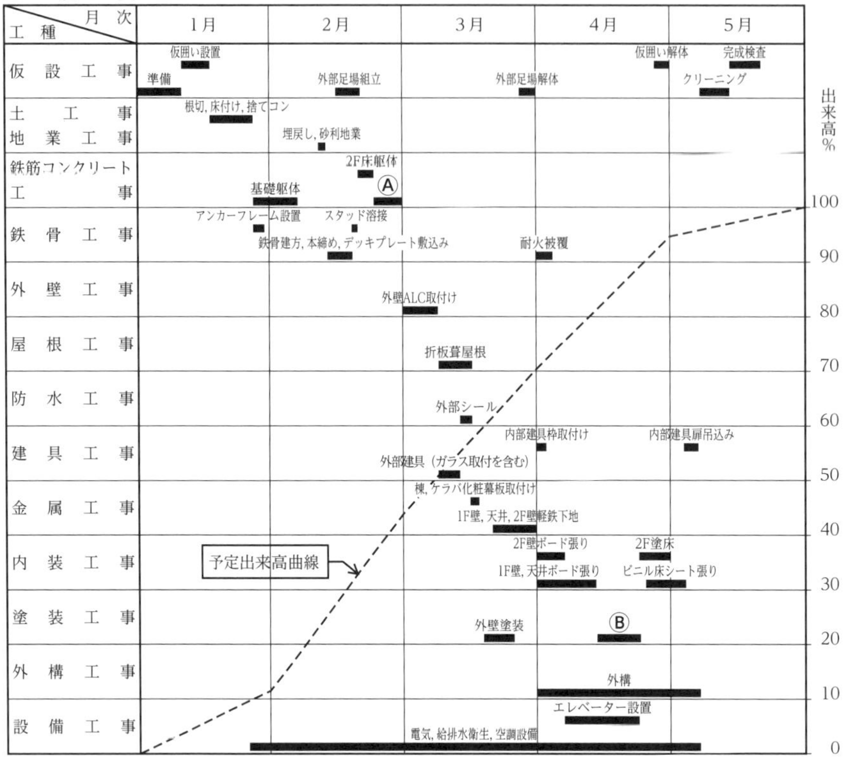

工種 ＼ 月次	1月	2月	3月	4月	5月
仮設工事	準備 仮囲い設置	外部足場組立		外部足場解体	仮囲い解体 完成検査 クリーニング
土工事 地業工事	根切，床付け，捨てコン	埋戻し，砂利地業			
鉄筋コンクリート工事		基礎躯体 2F床躯体 Ⓐ			
鉄骨工事		アンカーフレーム設置 スタッド溶接 鉄骨建方，本締め，デッキプレート敷込み		耐火被覆	
外壁工事			外壁ALC取付け		
屋根工事			折板葺屋根		
防水工事			外部シール		
建具工事			外部建具（ガラス取付を含む）	内部建具枠取付け	内部建具扉吊込み
金属工事			棟，ケラバ化粧幕板取付け		
内装工事			1F壁，天井，2F壁軽鉄下地	2F壁ボード張り 1F壁，天井ボード張り 2F塗床 ビニル床シート張り	
塗装工事			外壁塗装	Ⓑ	
外構工事				外構	
設備工事		電気，給排水衛生，空調設備		エレベーター設置	

予定出来高曲線

出来高%：0，10，20，30，40，50，60，70，80，90，100

出来高表

単位　万円

工種	工事金額	予定 実績	1月	2月	3月	4月	5月
仮設工事	600	予定	60	270	210	30	30
		実績	60	270	210	30	
土工事 地業工事	500	予定	320	180			
		実績	390	110			
鉄筋コンクリート工事	750	予定	150	600			
		実績	190	560			
鉄骨工事	900	予定	50	790		60	
		実績	50	790		60	
外壁工事	450	予定			450		
		実績			450		
屋根工事	250	予定			250		
		実績			250		
防水工事	50	予定			50		
		実績			50		
建具工事	550	予定			370	140	40
		実績			370	140	
金属工事	150	予定			150		
		実績			120	30	
内装工事	300	予定				230	70
		実績				230	
塗装工事	100	予定			50	50	
		実績			50	50	
外構工事	500	予定				400	100
		実績				400	
設備工事	900	予定	90	90	90	580	50
		実績	90	90	90	580	
総工事金額	6,000	予定	670	1,930	1,620	1,490	290
		実績					

［解説・解答］

1	A	1F床躯体
	B	内壁塗装
2	13%	
3	①	耐火被覆
	②	3月次中旬
	③	4,250万円

第二次検定

1. 鉄筋コンクリート工事のAに該当するのは，基礎躯体と2F床躯体の他では，1F床躯体のみである。

塗装工事のBに該当するのは，外壁塗装の他では，内壁塗装のみである。

2. 1月末までの実績出来高の累計金額は，60＋390＋190＋50＋90＝780万円である。総工事金額に対する比率は，780/6000×100＝13% である。

3. ①耐火被覆が，内装工事と同時期に行われるはずがないので，完了時期が不適当な作業名は，耐火被覆である。

②耐火被覆は，1F壁，天井，2F壁軽鉄下地の前に終了していなくてはならないので，3月次中旬が適当な完了時期である。

③鉄骨工事のうち，4月末の実績に上がっている60万円が3月末の実績になるはずなので，3月末までの実績出来高の累計金額は，1月末までの780万円に2月の出来高（270＋110＋560＋790＋90＝1,820万円）と3月の出来高（210＋60＋450＋250＋50＋370＋120＋50＋90＝1,650万円）を足した780＋1,820＋1,650＝4,250万円である。

例題6・3-2

鉄骨造3階建て事務所ビルの建設工事における右の工程表と出来高表に関し，次の1. から5. の問いに答えなさい。

工程表は，工事着手時点のものであり，予定出来高曲線を破線で表示している。

また，出来高表は，4月末時点のものを示している。

ただし，工程表には，建具工事における外部サッシ工事（ガラス取付けを含む。以下同じ。）の工程は未記入であり，出来高表には，総工事金額の月別出来高，外部サッシ工事の工事金額及び出来高は記載していない。なお，各作業は一般的な手順に従って施工されるものとする。

〔工事概要〕

用　　途：事務所

構造・規模：鉄骨造　地上3階建て，塔屋1階建て，階高3.5m（各階共），延べ面積300 m^2　2階以上の床は合成床版

地　　業：既製コンクリート杭

山 留 め：自立山留め

鉄骨工事：建方は，移動式クレーンを使用
耐火被覆は，耐火材巻付け工法，外周部は合成工法

外部仕上げ：屋根は，アスファルト露出断熱防水
外壁は，押出成形セメント板（ECP）張りの上，45二丁掛タイル有機系接着剤張り

内部仕上げ：床は，OAフロアー敷設の上，タイルカーペット仕上げ
壁は，軽量鉄骨下地せっこうボード張りの上，塗装仕上げ

天井は，軽量鉄骨下地せっこうボード下張りの上，ロックウール化粧吸音板張り

1．工程表の鉄骨工事のA，内装工事のBに該当する**作業名**を記入しなさい。

2．建具工事の外部サッシ取付け**完了日**を月次と旬日で定めて記入しなさい。

ただし，**解答の旬日**は，**上旬**，**中旬**，**下旬**とする。

3．出来高表から，2月末までの**実績出来高の累計金額**を記入しなさい。

4．3. で求めた2月末までの実績出来高の累計金額と，同月末の予定出来高の累計金額の**差**を求め，総工事金額に対する**比率**をパーセントで記入しなさい。

5．4月末までの実績出来高の累計金額を求め，総工事金額に対する**比率**をパーセントで記入しなさい。

(R2)

工程表

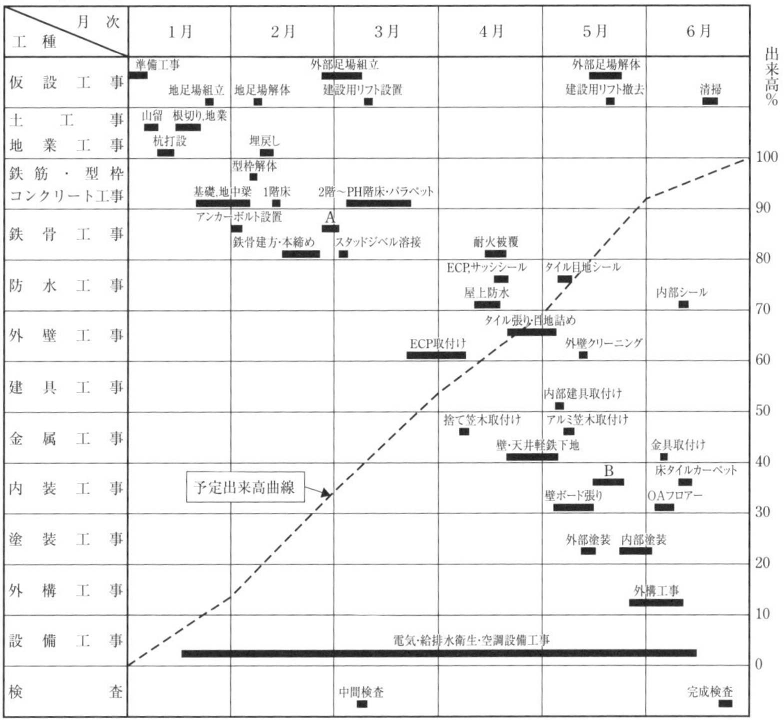

工種＼月次	1月	2月	3月	4月	5月	6月
仮設工事	準備工事、地足場組立	地足場解体	外部足場組立、建設用リフト設置		外部足場解体、建設用リフト撤去	清掃
土工事 地業工事	山留、根切り,地業、杭打設	埋戻し				
鉄筋・型枠 コンクリート工事	基礎,地中梁	型枠解体、1階床	2階～PH階床・パラペット			
鉄骨工事	アンカーボルト設置	鉄骨建方・本締め	A、スタッドジベル溶接	耐火被覆		
防水工事				ECP,サッシシール、屋上防水	タイル目地シール	内部シール
外壁工事			ECP取付け	タイル張り・目地詰め	外壁クリーニング	
建具工事					内部建具取付け	
金属工事				捨て笠木取付け、壁・天井軽鉄下地	アルミ笠木取付け	金具取付け
内装工事					B、壁ボード張り	床タイルカーペット、OAフロアー
塗装工事					外部塗装、内部塗装	
外構工事						外構工事
設備工事	電気・給排水衛生・空調設備工事					
検査			中間検査			完成検査

予定出来高曲線

出来高％：0、10、20、30、40、50、60、70、80、90、100

出来高表

単位　万円

工種	工事金額	予定 実績	1月	2月	3月	4月	5月	6月
仮設工事	500	予定	50	70	180	20	150	30
		実績	50	70	150	20		
土工事 地業工事	550	予定	350	200				
		実績	350	200				
鉄筋・型枠 コンクリート工事	800	予定	320	150	330			
		実績	300	150	350			
鉄骨工事	800	予定		700	50	50		
		実績		650	80	70		
防水工事	90	予定				60	20	10
		実績				50		
外壁工事	950	予定			550	300	100	
		実績			550	300		
建具工事	400	予定					100	
		実績						
金属工事	100	予定				80	10	10
		実績				80		
内装工事	540	予定					350	190
		実績						
塗装工事	70	予定					50	20
		実績						
外構工事	200	予定					50	150
		実績						
設備工事	1,000	予定	100	100	100	50	550	100
		実績	50	100	100	50		
総工事金額	6,000	予定						
		実績						

［解説・解答］

番号	解答	
1	A	デッキプレート敷設
	B	天井ボード張り
2	4月次中旬	
3	1,920万円	
4	2%	
5	67%	

1. 鉄骨工事のAに該当するのは，鉄骨建方とスタッドジベル溶接の間に行う作業であるから，デッキプレート敷設である。また，内装工事のBに該当するのは，天井ボード張りである。
2. 外部サッシ取付け完了日は，サッシシールの前の4月次中旬である。
3. 2月末までの実績出来高の累計金額は，50＋350＋300＋50＋70＋200＋150＋650＋100＝1,920万円である。
4. 2月末までの予定出来高は，50＋350＋320＋100＋70＋200＋150＋700＋100＝2,040万円であり，実績出来高との差は，2,040－1,920＝120万円となり，総工事金額に対する比率は，120/6,000×100＝2% である。
5. 4月末までの実績出来高の累計金額は，2月末までの1,920万円に3月と4月の出来高（150＋350＋80＋550＋100＋20＋70＋50＋300＋80＋50＝1,800万円）に外部サッシの工事金額（400－100＝300万円）を足した1,920＋1,800＋300＝4,020万円である。したがって，総工事金額に対する比率は，4,020/6,000×100＝67% である。

6・4 法規に関する語句・数値

学習のポイント

問題４は，「法規に関する語句」で，建設業法，建築基準法，建築基準法施行令，労働安全衛生法，建設工事に係る資材の再資源化等に関する法律（建設リサイクル法）などの法文が示され，令和３年度より正しい語句・数値を選ぶ四肢一択式で出題された。全部で３題出される。

※令和２年度までは，語句・数値の訂正形式で出題。

例題 6・4-1

次の1. から3. の各法文において，［　　］に当てはまる**正しい語句**を，下の該当する枠内から**１つ**選びなさい。

1. 建設業法（下請負人の意見の聴取）
   第24条の2　元請負人は，その請け負った建設工事を［①］するために必要な工程の細目，［②］その他元請負人において定めるべき事項を定めようとするときは，あらかじめ，下請負人の意見をきかなければならない。

①	①計　画	②準　備	③施　工	④完　成

②	①作業方法	②作業内容	③作業代金	④作業人数

2. 建築基準法（工事現場の危害の防止）
   第90条　建築物の建築，修繕，模様替又は除却のための工事の［③］は，当該工事の施工に伴う地盤の崩落，建築物又は工事用の［④］の倒壊等による危害を防止するために必要な措置を講じなければならない。
   2（略）
   3（略）

③	①管理者	②事業者	③施工者	④設計者

④	①機　械	②工作物	③事務所	④仮設足場

3. 労働安全衛生法（就業制限）
   第61条　事業者は，クレーンの運転その他の業務で，政令で定め

るものについては，都道府県労働局長の当該業務に係る ⑤ を受けた者又は都道府県労働局長の登録を受けた者が行う当該業務に係る ⑥ 講習を修了した者その他厚生労働省令で定める資格を有する者でなければ，当該業務に就かせてはならない。

2 （略）

3 （略）

4 （略）

⑤	①認定	②免許	③許可	④通知

⑥	①技術	②特別	③作業	④技能

（R4）

［解説・解答］

1. 建設業法 下請負人の意見の聴取（第24条の2）

元請負人は，その請け負った建設工事を施工するために必要な工程の細目，作業方法その他元請負人において定めるべき事項を定めようとするときは，あらかじめ，下請負人の意見をきかなければならない。

2. 建築基準法 工事現場の危害の防止（第90条）

建築物の建築，修繕，模様替又は除却のための工事の施工者は，当該工事の施工に伴う地盤の崩落，建築物又は工事用の工作物の倒壊等による危害を防止するために必要な措置を講じなければならない。

3. 労働安全衛生法 就業制限（第61条）

事業者は，クレーンの運転その他の業務で，政令で定めるものについては，都道府県労働局長の当該業務に係る免許を受けた者又は都道府県労働局長の登録を受けた者が行う当該業務に係る技能講習を修了した者その他厚生労働省令で定める資格を有する者でなければ，当該業務に就かせてはならない。

番号		正しい番号	正しい語句
1	①	③	施工
	②	①	作業方法
2	③	③	施工者
	④	②	工作物
3	⑤	②	免許
	⑥	④	技能

例題 6・4-2

次の各法文の下線部の語句について，誤っている**語句又は数値の番号**を**1つ**あげ，それに対する**正しい語句又は数値**を記入しなさい。

1.　建設業法

主任技術者及び監理技術者は，工事現場における建設工事を適正に実施するため，当該建設工事の施工①計画の作成，原価②管理，品質管理その他の技術上の管理及び当該建設工事の施工に従事する者の技術上の指導③監督の職務を誠実に行わなければならない。

2.　建築基準法施行令

建築工事等において深さ2.0①m以上の根切り工事を行なう場合においては，地盤が崩壊②するおそれがないとき，及び周辺の状況により危害防止上支障がないときを除き，山留めを設けなければならない。この場合において，山留めの根入れは，周辺の地盤の安定を保持③するために相当な深さとしなければならない。

3.　労働安全衛生法

建設業に属する事業の元方事業者は，土砂等が崩壊するおそれのある場所，機械等が転倒するおそれのある場所その他の厚生労働省令で定める場所において関係請負人①の労働者が当該事業の仕事の作業を行うときは，当該関係請負人①が講ずべき当該場所に係る損害②を防止するための措置が適正に講ぜられるように，技術③上の指導その他の必要な措置を講じなければならない。

（R2）

［解説・解答］

1.　主任技術者及び監理技術者の職務等（第26条の3）

主任技術者及び監理技術者は，工事現場における建設工事を適正に実施するため，当該建設工事の施工計画の作成，工程管理，品質管理その他の技術上の管理及び当該建設工事の施工に従事する者の技術上の指導監督の職務を誠実に行わなければならない。

2.　根切り工事，山留め工事等を行う場合の危害の防止（第136条の3）

建築工事等において深さ1.5m以上の根切り工事を行なう場合においては，

地盤が崩壊するおそれがないとき，及び周辺の状況により危害防止上支障がないときを除き，山留めを設けなければならない。この場合において，山留めの根入れは，周辺の地盤の安定を保持するために相当な深さとしなければならない。

3.　元方事業者の講ずべき措置等（第29条の2）

建設業に属する事業の元方事業者は，土砂等が崩壊するおそれのある場所，機械等が転倒するおそれのある場所その他の厚生労働省令で定める場所において関係請負人の労働者が当該事業の仕事の作業を行うときは，当該関係請負人が講ずべき当該場所に係る危険を防止するための措置が適正に講ぜられるように，技術上の指導その他の必要な措置を講じなければならない。

番号	誤っている番号	正しい語句・数値
1	②	工程
2	①	1.5
3	②	危険

6・5 躯体・仕上げに関する語句・数値

学習のポイント

問題5は，「躯体・仕上げに関する語句」で，令和4年度は，文章中の空欄に最も適当な語句を記入させる問題が出題された。（平成30年度からは，受検種別に従って，建築は5-A，躯体は5-B，仕上げは5-Cを選んで解答する。）

例題6・5-1

次の1. から8. の各記述において，［　　］に**当てはまる最も適当な語句又は数値**を，下の該当する枠内から**1つ**選びなさい。

1. 図面に示される通り心は壁心であることが多く，壁工事が行われるために墨を打つことができない。そのため壁心から離れた位置に補助の墨を打つが，この墨のことを［①］という。

①	①逃げ墨	②陸墨	③地墨	④親墨

2. 埋戻し工事における締固めは，川砂及び透水性のよい山砂の類いの場合は水締めとし，上から単に水を流すだけでは締固めが不十分なときは，埋戻し厚さ［②］程度ごとに水締めを行う。

②	① 5 cm	② 10cm	③ 30 cm	④ 60 cm

3. 鉄筋工事における鉄筋相互のあきは，粗骨材の最大寸法の1.25倍，25 mm及び隣り合う鉄筋の平均径の［③］のうち最大のもの以上とする。

③	① 1.0倍	② 1.25倍	③ 1.5倍	④ 2.0倍

4. 鉄骨工事における柱脚アンカーボルトの締付けは，特記がない場合，ナット回転法で行い，ボルト頭部の出の高さは，ねじが2重ナット締めを行っても外に［④］以上出ることを標準とする。

④	① 1山	② 2山	③ 3山	④ 4山

5. ウレタンゴム系塗膜防水の通気緩衝シートの張付けに当たって，シー

トの継ぎ目は［ ⑤ ］とし，下地からの浮き，端部の耳はね等が生じないように注意して張り付ける。

⑤	①50 mm 重ね	②100 mm 重ね	③目透し	④突付け

6. 大理石は，模様や色調などの装飾性を重視することが多いため，磨き仕上げとすることが多く，壁の仕上げ材に使用する場合は［ ⑥ ］を用いることが多い。

⑥	①本磨き	②水磨き	③粗磨き	④ブラスト

7. 塗装工事において，塗膜が平らに乾燥せず，ちりめん状あるいは波形模様の凹凸を生じる現象を［ ⑦ ］といい，厚塗りによる上乾きの場合などに起こりやすい。

⑦	①だれ	②しわ	③にじみ	④はじき

8. 内装工事において使用される［ ⑧ ］せっこうボードは，両面のボード用原紙と心材のせっこうに防水処理を施したもので，屋内の台所や洗面所などの壁や天井の下地材として使用される。

⑧	①強化	②シージング	③化粧	④構造用

(R3)

［解説・解答］

1. 通り心から一定距離離れた位置に打つ補助の墨を逃げ墨という。
2. 埋戻し工事において川砂や透水性の良い山砂を締固める時は水締めとし，上から単に水を流すだけでは締固めが不十分なときは，埋戻し厚さ 30 cm 程度ごとに水締めを行う。
3. 鉄筋相互のあきは，①粗骨材の最大寸法の 1.25 倍，② 25 mm，③隣り合う鉄筋の平均径の 1.5 倍のうち最大のもの以上とする。
4. 柱脚アンカーボルトを締付けるさいに 2 重ナット締めを行っても，ボルト頭部はねじが外に 3 山以上出ることを標準とする。
5. ウレタンゴム系塗膜防水の通気緩衝シートの継ぎ目は突付けとし，下地からの浮き，端部の耳はね等が生じないように張り付ける。
6. 大理石を壁の仕上げ材に使用する場合は，表面に光沢がでる本磨きを用いることが多い。

7. 塗装工事において，塗膜が平らに乾燥せず，ちりめん状にあるいは波形模様の凹凸を生じる現象をしわという。

8. シージングせっこうボードは，両面の紙と心材のせっこうに防水処理を施したもので，台所や洗面所など多湿で水掛りのある場所の壁や天井の下地材として使用される。

番号	適当な語句または数値	
1	①	逃げ墨
2	③	30 cm
3	③	1.5 倍
4	③	3 山
5	④	突付け
6	①	本磨き
7	②	しわ
8	②	シージング

例題 6・5-2

次の 1. から 8. の各記述において，［　　］に当てはまる**最も適当な語句又は数値**を，下の枠内から**1つ**選びなさい。

1. 地盤調査において，スクリューウエイト貫入試験（スウェーデン式サウンディング試験）は，荷重による貫入と［ ① ］による貫入を併用しているため，比較的貫入能力に優れ，人力でもある程度の調査が可能であり，住宅等の簡易な建物に多用されている。

①	①打撃	②振動	③摩擦	④回転

2. 既製コンクリート杭地業において，プレボーリングによる埋込み工法のセメントミルク工法では掘削用のオーガーヘッドに杭径よりも［ ② ］mm 程度大きいものを使用する。

②	①100	②150	③200	④250

3. 型枠工事において，内部の柱型枠の高さ方向の加工長さは，一般に階高からスラブ厚さとスラブ用合板せき板の厚さを減じた寸法より，下階のスラブコンクリートの不陸を考慮して［ ③ ］mm 程度短めに加工する。

③	①5	②10	③25	④40

4. 木造在来軸組構法において，屋根や上階の床等の荷重を土台に伝える鉛直材である柱は，2階建てでは，1階から2階まで通して1本の材を用いる通し柱と，各階ごとに用いる ④ とがある。

④	①継柱	②止柱	③管柱	④間柱

5. 屋根の金属製折板葺きにおいて，重ね形折板は ⑤ ごとにタイトフレームに固定ボルト締めとし，折板の流れ方向の重ね部を緊結するボルトの間隔は，600 mm 程度とする。

⑤	①各山	②2山	③3山	④4山

6. 外壁の吹付工事において，複層仕上塗材のゆず肌状の仕上げとする場合，主材及び上塗り材は塗付けを ⑥ とする。

⑥	①はけ塗り	②ローラー塗り	③こて塗り	④吹付け

7. 塗装工事において，塗膜が平らに乾燥せず，ちりめん状あるいは波形模様の凹凸を生じる現象を ⑦ といい，厚塗りによる上乾きの場合等に起こりやすい。

⑦	①にじみ	②だれ	③はけ目	④しわ

8. 屋内の間仕切壁の軽量鉄骨壁下地において，スタッドは，スタッドの高さによる区分に応じたものを使用することとし，塗装下地となるせっこうボードを一重張りとする場合，スタッド間隔は ⑧ mm 程度とする。

⑧	①150	②300	③450	④600

(R5)

【解答】

番号		適当な語句または数値	
1	①	④	回転
2	②	①	100
3	③	③	25
4	④	③	管柱（くだばしら）
5	⑤	①	各山
6	⑥	②	ローラー塗り
7	⑦	④	しわ
8	⑧	②	300

【解説】

1. 地盤調査において，スクリューウエイト貫入試験（スウェーデン式サウンディング試験）は，荷重による貫入と回転による貫入を併用している。
2. 既製コンクリート杭地業において，プレボーリングによる埋込み工法のセメントミルク工法では掘削用のオーガーヘッドに杭径よりも 100 mm 程度大きいものを使用する。
3. 内部の柱型枠の高さ方向の加工長さは，一般に階高からスラブ厚さとスラブ用合板せき板の厚さを減じた寸法より，下階のスラブコンクリートの不陸を考慮して 25 mm 程度短めに加工する。
4. 木造在来軸組構法において，屋根や上階の床等の荷重を土台に伝える鉛直材である柱は，2 階建てでは，1 階から 2 階まで通して 1 本の材を用いる通し柱と，各階ごとに用いる管柱（くだばしら）とがある。
5. 屋根の金属製折板葺きにおいて，重ね形折板は各山ごとにタイトフレームに固定ボルト締めとし，折板の流れ方向の重ね部を緊結するボルトの間隔は，600 mm 程度とする。
6. 外壁の吹付工事において，複層仕上塗材のゆず肌状の仕上げとする場合，主材及び上塗り材は塗付けをローラー塗りとする。
7. 塗装工事において，塗膜が平らに乾燥せず，ちりめん状あるいは波形模様の凹凸を生じる現象をしわといい，厚塗りによる上乾きの場合等に起こりやすい。
8. 屋内の間仕切壁の軽量鉄骨壁下地において，スタッドは，スタッドの高さによる区分に応じたものを使用することとし，塗装下地となるせっこうボードを一重張りとする場合，スタッド間隔は 300 mm 程度とする。

令和５年度
第一次検定（前期・後期）
第二次検定問題

受検番号	氏名

2前建一

令和5年度（前期）

2級建築施工管理技術検定

第一次検定問題

令和5年6月11日(日)

〔注　意　事　項〕

1．ページ数は，表紙を入れて19ページです。

2．試験時間は，**10時15分から12時45分**です。

3．問題の解答の仕方は，次によってください。

イ．〔No. 1〕～〔No. 14〕までの**14問題**のうちから，**9問題を選択し**，**解答**してください。

ロ．〔No. 15〕～〔No. 17〕までの **3問題**は，**全問題を解答**してください。

ハ．〔No. 18〕～〔No. 28〕までの**11問題**のうちから，**8問題を選択し**，**解答**してください。

ニ．〔No. 29〕～〔No. 38〕までの**10問題**は，**全問題を解答**してください。

ホ．〔No. 39〕～〔No. 42〕までの **4問題**は，**全問題を解答**してください。

へ．〔No. 43〕～〔No. 50〕までの **8問題**のうちから，**6問題を選択し**，**解答**してください。

4．選択問題は，解答数が**指定数を超えた場合**，**減点となります**から注意してください。

5．問題番号〔No. 1〕～〔No. 38〕，〔No. 43〕～〔No. 50〕は，**四肢択一式**です。
正解と思う肢の番号を**1つ**選んでください。

6．問題番号〔No. 39〕～〔No. 42〕は，施工管理法の**能力問題**で**四肢択二式**です。
正解と思う肢の番号を**2つ**選んでください。
なお，選んだ肢の番号が**2つとも正しい場合のみ正答となります**。

7．解答の記入に当たっては，次によってください。

イ．解答は，選んだ番号を右のマークの塗りつぶし例に従って，〔HB〕の**黒鉛筆**か**黒シャープペンシル**で塗りつぶしてください。

マークの塗りつぶし例 ●

ロ．マークを訂正する場合は，消しゴムできれいに消して訂正してください。

8．解答用紙は，雑書きしたり，汚したり，折り曲げたりしないでください。

9．この問題用紙は，計算等に使用しても差し支えありません。

10．漢字に付した**ふりがな**は補足であり，異なる読み方の場合があります。

11．この問題用紙は，第一次検定の試験終了時刻まで在席した場合に限り，持ち帰りを認めます。
途中退席する場合は，持ち帰りできません。

第一次検定問題（前期）

※　問題番号問題1～問題14までの14問題のうちから，9問題を選択し，解答してください。ただし，9問題を超えて解答した場合，減点となりますから注意してください。
問題は，四肢択一式です。正解と思う肢の番号を1つ選んでください。

問題1　湿度及び結露に関する記述として，**最も不適当なもの**はどれか。

(1)　単位乾燥空気中の水蒸気の質量を相対湿度という。
(2)　飽和水蒸気量は乾球温度によって異なる。
(3)　冬季暖房時において，外壁の断熱性が低い場合，室内に表面結露が生じやすい。
(4)　冬季暖房時において，熱橋部は温度が低下しやすいため，室内に表面結露が生じやすい。

問題2　照明に関する記述として，**最も不適当なもの**はどれか。

(1)　光束法による室内の平均照度の算出式において，設計対象面上の平均照度は設計対象面の面積に反比例する。
(2)　ものの見やすさには，視対象の明るさ，視対象と背景の対比，視対象の大きさ及び見る時間が関係する。
(3)　点光源による照度は，光源からの距離の2乗に反比例する。
(4)　光源の色を表す色温度は，光源と同じ色の光を放つ黒体の絶対温度で表し，単位はルーメン（lm）である。

問題3　色に関する記述として，**最も不適当なもの**はどれか。

(1)　無彩色とは，色みを表す色相や明るさを表す明度をもたない色をいう。
(2)　補色どうしを対比すると，互いに強調しあい，鮮やかさが増して見える。
(3)　色の温度感覚には，暖色や寒色，それらに属さない中性色がある。
(4)　2つの有彩色を混ぜて灰色になるとき，その2色は互いに補色の関係にある。

問題4　木造在来軸組構法に関する記述として，**最も不適当なもの**はどれか。

(1)　階数が2以上の建築物における隅柱又はこれに準ずる柱は，原則として，通し柱とする。
(2)　圧縮力を負担する木材の筋かいは，厚さ1.5 cm以上で幅9 cm以上とする。
(3)　3階建ての建築物における1階の構造耐力上主要な部分である柱の断面は，原則として，小径13.5 cm以上とする。
(4)　壁を設け又は筋かいを入れた構造耐力上必要な軸組の長さは，各階の床面積が同じ場合，1階のほうが2階より大きな値となる。

問題5　鉄筋コンクリート構造の建築物の構造設計に関する一般的な記述として，**最も不適当なもの**はどれか。

(1)　構造耐力上主要な部分である柱の主筋の全断面積の割合は，コンクリートの全断面積の0.4％以上とする。
(2)　構造耐力上主要な部分である柱の帯筋比は，0.2％以上とする。
(3)　床スラブの配力筋は，一般に主筋と直角に，スラブの長辺方向に配筋する。
(4)　四辺固定の長方形床スラブの中央部の引張鉄筋は，スラブの下側に配筋する。

問題6　鉄骨構造の接合に関する記述として，**最も不適当なもの**はどれか。

(1)　高力ボルト接合の摩擦面には，ショットブラスト処理等による一定の値以上のすべり係数を確保する必要がある。
(2)　完全溶込み溶接継目の有効長さは，接合される材の全幅とする。

(3)　溶接と高力ボルトを併用する継手で，溶接を先に行う場合は両方の許容耐力を加算してよい。
(4)　隅肉溶接継目の許容応力度は，母材の許容せん断応力度と同じ値とする。

問題７　基礎杭に関する記述として，**最も不適当なもの**はどれか。
(1)　拡径断面を有する遠心力高強度プレストレストコンクリート杭（ST杭）は，拡径部を杭の先端に使用する場合，大きな支持力を得ることができる。
(2)　既製コンクリート杭の埋込み工法のひとつで，杭の中空部から掘削土を排出しながら杭を圧入する中掘り工法は，杭径の小さなものの施工に適している。
(3)　外殻鋼管付きコンクリート杭（SC杭）は，一般に継ぎ杭の上杭として，遠心力高強度プレストレストコンクリート杭（PHC杭）と組み合わせて用いられる。
(4)　鋼杭は，地中での腐食への対処法として，肉厚を厚くする方法，塗装やライニングを行う方法等が用いられる。

問題８　建築物の構造設計における地震層せん断力に関する記述として，**最も不適当なもの**はどれか。
(1)　地上部分のある層に作用する地震層せん断力は，算定しようとする層の固定荷重と積載荷重の和に，その層の地震層せん断力係数を乗じて計算する。
(2)　地震層せん断力は，建築物の設計用一次固有周期及び地盤の種類に応じて算定する。
(3)　地震層せん断力係数は，上層階になるほど大きくなる。
(4)　地震地域係数は，その地方における過去の地震の記録に基づく震害の程度及び地震活動の状況，その他地震の性状に応じて国土交通大臣が定める数値である。

問題９　図に示す単純梁ABに等変分布荷重が作用したとき，支点Aの鉛直反力 V_A 及び支点Bの鉛直反力 V_B の値の大きさの比率として，**正しいもの**はどれか。

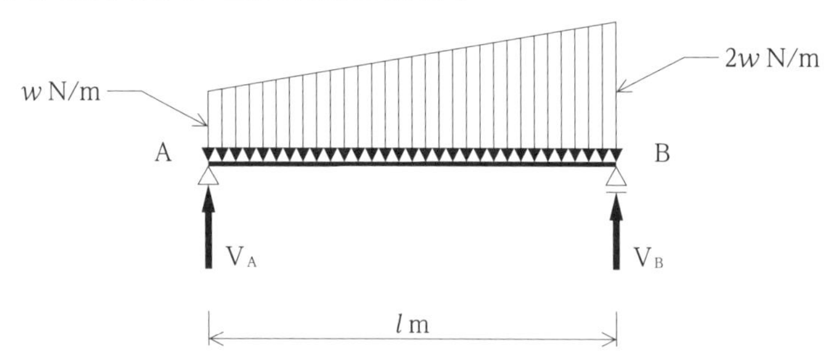

(1)　$V_A : V_B = 1 : 2$
(2)　$V_A : V_B = 2 : 3$
(3)　$V_A : V_B = 3 : 4$
(4)　$V_A : V_B = 4 : 5$

問題10　図に示す単純梁ABの点C及び点Dにそれぞれモーメント荷重Mが作用したときの曲げモーメント図として，**正しいもの**はどれか。
ただし，曲げモーメントは材の引張側に描くものとする。

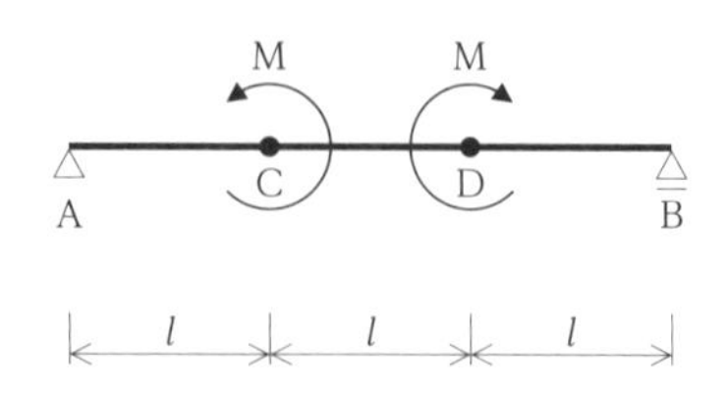

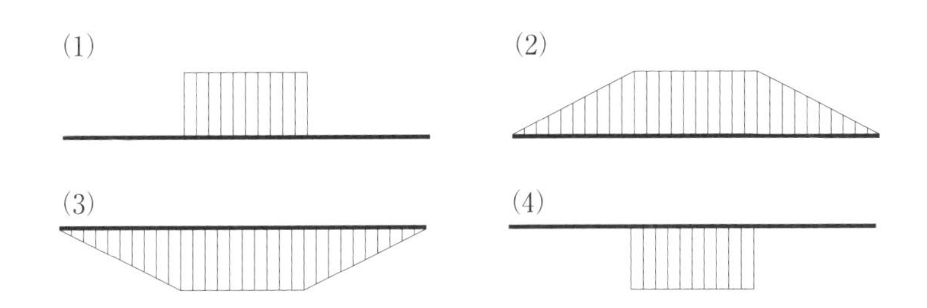

問題 11　コンクリートに関する一般的な記述として，**最も不適当なもの**はどれか。

(1)　スランプが大きいほど，フレッシュコンクリートの流動性は大きくなる。
(2)　硬化後のコンクリートの圧縮強度が大きくなると，ヤング係数は大きくなる。
(3)　暑中コンクリートは，日平均気温の平年値が 25℃ を超える期間が適用期間となる。
(4)　硬化後のコンクリートの引張強度は，圧縮強度の$\frac{1}{5}$程度である。

問題 12　日本産業規格（JIS）に規定するセラミックタイルに関する記述として，**不適当なもの**はどれか。

(1)　セラミックタイルとは，粘土又はその他の無機質原料を成形し，高温で焼成した，所定の厚さを有した板状の不燃材料である。
(2)　裏連結ユニットタイルとは，多数個並べたタイルの裏面や側面を，ネットや台紙等の裏連結材で連結したものをいう。
(3)　屋外壁の有機系接着剤によるタイル後張り工法で施工するタイルには，裏あしがなくてもよい。
(4)　屋外壁のセメントモルタルによるタイル後張り工法で施工するタイルには，裏あしがなくてもよい。

問題 13　防水材料に関する記述として，**最も不適当なもの**はどれか。

(1)　アスファルトプライマーは，下地と防水層の接着性を向上させるために用いる。
(2)　絶縁用テープは，防水層の末端部に使用し，防水層のずれ落ち，口あき，剥離等の防止に用いる。
(3)　アスファルトフェルトは，有機天然繊維を主原料とした原紙にアスファルトを浸透させたものである。
(4)　改質アスファルトは，合成ゴムや合成樹脂等を添加して，アスファルトの温度特性等を改良したものである。

問題 14　内装材料に関する一般的な記述として，**最も不適当なもの**はどれか。

(1)　木毛セメント板は，断熱性，吸音性に優れている。
(2)　けい酸カルシウム板は，軽量で耐火性に優れている。
(3)　強化せっこうボードは，心材のせっこうに油脂をしみ込ませ，強度を向上させたものである。
(4)　シージングせっこうボードは，普通せっこうボードに比べ，吸水時の強度低下が生じにくい。

※　**問題番号**問題 15～問題 17 までの **3 問題は，全問題を解答**してください。
問題は，**四肢択一式**です。正解と思う肢の番号を **1 つ**選んでください。

問題 15　構内舗装工事に関する記述として，**最も不適当なもの**はどれか。

(1)　路盤材料に用いられるクラッシャランは，採取したままの砂利で，砂と土粒の混入したものをいう。
(2)　アスファルト舗装の路床は，地盤が軟弱な場合を除いて，現地盤の土をそのまま十分に締め固める。
(3)　コンクリート舗装に用いるコンクリートのスランプは，一般的な建築物に用いるものより小さい。
(4)　アスファルト舗装は，交通荷重及び温度変化に対してたわみ変形する。

問題 16　建築物の電気設備とそれに関する用語の組合せとして，**最も関係の少ないもの**はどれか。

(1)　避雷設備――――――――棟上げ導体
(2)　高圧受変電設備――――――キュービクル

(3)　情報通信設備――――――――同軸ケーブル
(4)　照明設備―――――――――PBX

問題 17　給排水設備に関する記述として，**最も不適当なもの**はどれか。
(1)　地中埋設排水管において，桝を設ける場合，雨水桝には泥だめを，汚水桝にはインバートを設ける。
(2)　飲料水用の給水タンクの天井，底又は周壁は，建築物の構造体と兼用してはならない。
(3)　ポンプ直送方式の給水設備は，水道本管から分岐した水道引き込み管に増圧給水装置を直結し，建物各所に給水する方式である。
(4)　飲料水用の給水タンクの水抜き管は，一般排水系統へ直接連結してはならない。

※　**問題番号**問題 18～問題 28 までの **11 問題**のうちから，**8 問題を選択し**，**解答**してください。
ただし，**8 問題を超えて解答した場合**，**減点となります**から注意してください。
問題は，**四肢択一式**です。正解と思う肢の番号を **1 つ**選んでください。

問題 18　根切り及び山留め工法に関する一般的な記述として，**最も不適当なもの**はどれか。
(1)　控え（タイロッド）アンカー工法は，山留め壁頭部の変形を抑制したい場合に有効である。
(2)　場所打ち鉄筋コンクリート地中壁は，軟弱地盤や根切り底が深い掘削となる施工に適している。
(3)　親杭横矢板壁は，遮水性がなく，地下水位の高い地盤では地下水処理を併用する必要がある。
(4)　トレンチカット工法は，根切り工事の範囲が狭い場合に適している。

問題 19　型枠の締付け金物等に関する記述として，**最も不適当なもの**はどれか。
(1)　独立柱の型枠の組立てには，セパレータやフォームタイが不要なコラムクランプを用いた。
(2)　防水下地となる部分の型枠に，C 型のセパレータを用いた。
(3)　型枠脱型後にコンクリート表面に残る C 型のセパレータのねじ部分は，ハンマーでたたいて折り取った。
(4)　セパレータは，せき板に対して垂直となるよう取り付けた。

問題 20　日本産業規格（JIS）のレディーミクストコンクリート用骨材として，**規定されていないもの**はどれか。
(1)　人工軽量骨材
(2)　高炉スラグ骨材
(3)　溶融スラグ骨材
(4)　再生骨材 H

問題 21　在来軸組構法における木工事に関する記述として，**最も不適当なもの**はどれか。
(1)　土台の継手位置は，床下換気口を避けた位置とした。
(2)　束立て床組の大引の継手位置は，床束心とした。
(3)　根太掛けの継手位置は，柱心とした。
(4)　根太の継手位置は，大引等の受材心とした。

問題 22　木造住宅の解体工事に関する記述として，**最も不適当なもの**はどれか。
(1)　蛍光ランプは，窓ガラスと共に専用のコンテナ容器内で破砕して，ガラス類として処分した。
(2)　建具と畳は，建築設備を取り外した後，手作業で撤去した。
(3)　せっこうボードは再資源化するため，水に濡れないように取り扱った。
(4)　屋根葺材は，内装材を撤去した後，手作業で取り外した。

問題 23　ウレタンゴム系塗膜防水絶縁工法に関する記述として，**最も不適当なもの**はどれか。
(1)　不織布タイプの通気緩衝シートは，接着剤で張り付けた。
(2)　通気緩衝シートの継目は，隙間や重なり部をつくらないようにシート相互を突付けとし，ジョイントテープを張り付けた。
(3) 穴あきの不織布タイプの通気緩衝シートは，下地に張り付けた後，防水材でシートの穴を充填した。
(4) 通気緩衝シートは，防水立上り面まで張り上げた。

問題 24 外壁の張り石工事において，湿式工法と比較した場合の乾式工法の特徴として，**最も不適当なものはどれか。**
(1) 地震時の躯体の挙動に追従しにくい。
(2) 石材の熱変形による影響が少ない。
(3) 白華現象が起こりにくい。
(4) 工期短縮を図りやすい。

問題 25 金属の表面仕上げに関する記述として，**最も不適当なものはどれか。**
(1) ステンレス鋼の No.2B は，母材を冷間圧延して熱処理，酸洗いした後，適度な光沢を与えるために軽い冷間圧延をした仕上げである。
(2) アルミニウムの自然発色皮膜は，母材を陽極酸化処理した後に着色や染色を行わず，素地のシルバー色のままとした無着色仕上げである。
(3) 鋼材の電気めっきは，母材を電解液中で通電して，表面に皮膜金属を生成させた仕上げである。
(4) 銅合金の硫化いぶしは，母材の表面に，硫黄を含む薬品を用いて褐色に着色した仕上げである。

問題 26 塗装工事における素地ごしらえに関する記述として，**最も不適当なものはどれか。**
(1) モルタル面の吸込み止めは，パテかいを行った後に，シーラーを全面に塗り付けた。
(2) せっこうボード面のパテかいは，合成樹脂エマルションパテを使用した。
(3) 木部面の不透明塗料塗りの節止めは，セラックニスを使用した。
(4) ALC パネル面の吸込み止めは，下地調整を行う前に，シーラーを全面に塗り付けた。

問題 27 床のフローリングボード張りに関する記述として，**最も不適当なものはどれか。**
(1) 壁，幅木，框及び敷居とフローリングボードの取合いには，板の伸縮に備えた隙間を設けた。
(2) 張込み完了後の表面に生じた目違いは，養生期間を経過した後，サンディングした。
(3) 接着剤張り工法のため，接着剤は専用のくしべらを使用し，均等に伸ばして塗り付けた。
(4) 釘留め工法の根太張り工法のため，根太の上に下張りを行い，フローリングボードを接着剤を併用して張り込んだ。

問題 28 外壁の押出成形セメント板（ECP）横張り工法に関する記述として，**最も不適当なものはどれか。**
(1) 取付け金物（Z クリップ）は，パネル小口より 80 mm 離れた位置に取り付けた。
(2) 取付け金物（Z クリップ）は，パネル 1 枚につき左右両端部 2 か所ずつ 4 か所取り付けた。
(3) 取付け金物（Z クリップ）は，下地鋼材にかかり代を 20 mm 確保して取り付けた。
(4) 取付け金物（Z クリップ）は，下地鋼材に溶接長さを 15 mm 確保して取り付けた。

※ **問題番号**問題 29～問題 38 までの **10 問題**は，**全問題を解答**してください。
問題は，**四肢択一式**です。正解と思う肢の番号を **1 つ**選んでください。

問題 29 事前調査に関する記述として，**最も不適当なものはどれか。**
(1) 既存の地下埋設物を記載した図面があったが，位置や規模の確認のための試掘調査を行うこととした。
(2) 既製杭の打込みが予定されているため，近接する工作物や舗装の現況の調査を行うこととした。
(3) 根切り工事が予定されているため，前面道路や周辺地盤の高低の調査を行うこととした。
(4) 防護棚を設置するため，敷地地盤の高低や地中埋設配管の調査を行うこととした。

問題 30　仮設計画に関する記述として，**最も不適当なもの**はどれか。

(1)　規模が小さい作業所のため，守衛所を設けず，警備員だけを出入口に配置することとした。
(2)　敷地内に仮設道路を設置するに当たり，地盤が軟弱であったため，浅層地盤改良を行うこととした。
(3)　鋼板製仮囲いの下端には，雨水が流れ出やすいように隙間を設けることとした。
(4)　仮囲いの出入口は，管理をしやすくするため，人や車両の入退場の位置を限定することとした。

問題 31　建築工事に係る申請や届出等に関する記述として，**最も不適当なもの**はどれか。

(1)　振動規制法による特定建設作業を指定地域内で行うため，特定建設作業実施届出書を市町村長に提出した。
(2)　常時10人の労働者が従事する事業で附属寄宿舎を設置するため，寄宿舎設置届を市町村長に提出した。
(3)　積載荷重が1tの仮設の人荷用エレベーターを設置するため，エレベーター設置届を労働基準監督署長に提出した。
(4)　歩道に工事用仮囲いを設置するため，道路占用許可申請書を道路管理者に提出した。

問題 32　工程計画及び工程管理に関する記述として，**最も不適当なもの**はどれか。

(1)　工期短縮に用いる手法として，山積工程表における山崩しがある。
(2)　ネットワーク工程表は，工程における複雑な作業間の順序関係を視覚的に表現することができる。
(3)　工程管理の手法として，3次元CADやコンピューターグラフィックスを使用することで工事現場の進捗状況を視覚的に把握する方法がある。
(4)　Sチャートは，工事の進捗に対応した出来高の累積値を縦軸に，時間を横軸に取って，出来高の進捗を数量的，かつ，視覚的に示すことができる。

問題 33　バーチャート工程表に関する記述として，**最も不適当なもの**はどれか。

(1)　工事種目を縦軸に，月日を横軸に示し，各作業の開始から終了までを横線で表したものである。
(2)　工程表に示す作業を増やしたり，作業を細分化すると，作業間の関係が把握しやすくなる。
(3)　作業の流れ，各作業の所要日数や施工日程が把握しやすい。
(4)　工程の進捗をマイルストーンごとに確認すると，全体工程の遅れを防ぐことにつながる。

問題 34　次のうち，品質管理に関する用語として，**最も関係の少ないもの**はどれか。

(1)　PDCA
(2)　トレーサビリティ
(3)　ALC
(4)　サンプリング

問題 35　品質管理のための試験及び検査に関する記述として，**最も不適当なもの**はどれか。

(1)　シーリング工事において，接着性の確認のため，簡易接着性試験を行った。
(2)　タイル工事において，外壁タイルの接着力の確認のため，引張接着試験を行った。
(3)　コンクリート工事において，フレッシュコンクリートの受入検査のため，空気量試験を行った。
(4)　既製コンクリート杭地業工事において，根固め液の強度の確認のため，針入度試験を行った。

問題 36　トルシア形高力ボルトの本締め完了後に確認すべき事項として，**最も不適当なもの**はどれか。

(1)　ナット回転量は，各ボルト群のナットの平均回転角度の±30°以内であることを確認する。
(2)　一次締めの後につけたマークのずれにより，共回りが生じていないことを確認する。
(3)　ボルト締付けの合否は，トルク値を測定して確認する。
(4)　ナット面から突き出たボルトの余長が，ねじ1山から6山までの範囲であることを確認する。

問題 37　足場の組立て等作業主任者の職務として，「労働安全衛生規則」上，**定められていないもの**はどれか。

(1)　その日の作業を開始する前に，作業を行う箇所に設けた足場用墜落防止設備の取り外しの有無を点検すること。

(2)　器具，工具，要求性能墜落制止用器具及び保護帽の機能を点検し，不良品を取り除くこと。

(3)　要求性能墜落制止用器具及び保護帽の使用状況を監視すること。

(4)　作業の方法及び労働者の配置を決定し，作業の進行状況を監視すること。

問題 38　建築工事の足場に関する記述として，**最も不適当なもの**はどれか。

(1)　くさび緊結式足場において，壁つなぎの間隔は，法令で定められた単管足場の間隔を適用した。

(2)　高さ 5 m 以上の枠組足場において，壁つなぎの水平方向の間隔は，10 m 以下とした。

(3)　単管足場において，単管と単管の交点の緊結金具は，直交型クランプ又は自在型クランプを使用した。

(4)　枠組足場において，階段の手すりの高さは，踏板より 90 cm とした。

※　**問題番号**問題 39～問題 42 までの **4 問題は能力問題**です。**全問題を解答**してください。
　問題は**四肢択二式**です。正解と思う肢の番号を **2 つ**選んでください。

問題 39　鉄筋のかぶり厚さに関する記述として，**不適当なものを 2 つ選べ**。

(1)　設計かぶり厚さは，最小かぶり厚さに施工誤差を考慮した割増を加えたものである。

(2)　かぶり厚さは，ひび割れ補強筋についても確保する。

(3)　かぶり厚さとは，鉄筋の中心からコンクリートの表面までの距離である。

(4)　土に接するスラブのかぶり厚さには，捨コンクリートの厚さを含む。

問題 40　鉄骨の錆止め塗装に関する記述として，**不適当なものを 2 つ選べ**。

(1)　工事現場溶接を行う箇所は，開先面のみ塗装を行わなかった。

(2)　塗膜にふくれや割れが生じた部分は，塗膜を剥がしてから再塗装を行った。

(3)　素地調整を行った面は，素地が落ち着くまで数日あけて塗装を行った。

(4)　コンクリートに埋め込まれる部分は，塗装を行わなかった。

問題 41　セルフレベリング材塗りに関する記述として，**不適当なものを 2 つ選べ**。
　ただし，塗り厚は 10 mm 程度とする。

(1)　流し込みは，吸水調整材塗布後，直ちに行った。

(2)　流し込み作業中は，通風のため窓や開口部を開放した。

(3)　流し込み後は，表面全体をトンボ等を用いて均した。

(4)　硬化後，打継ぎ部等の突起は，サンダーで削り取った。

問題 42　鋼製建具に関する記述として，**不適当なものを 2 つ選べ**。
　ただし，1 枚の戸の有効開口は，幅 950 mm，高さ 2,400 mm とする。

(1)　建具枠の取付け用のアンカーは，枠の両端を固定して，中間部を 900 mm 内外の間隔とした。

(2)　建具枠の取付け精度は，対角寸法差を 3 mm以内とした。

(3)　くつずりは，ステンレス製とし，表面の仕上げをヘアラインとした。

(4)　くつずり裏面のモルタル詰めは，建具枠の取付け後に行った。

※　**問題番号**問題 43～問題 50 までの **8 問題**のうちから，**6 問題を選択し，解答**してください。
　ただし，**6 問題を超えて解答した場合，減点となりますから**注意してください。
　問題は，**四肢択一式**です。正解と思う肢の番号を **1 つ**選んでください。

問題 43　建築確認等の手続きに関する記述として，「建築基準法」上，**誤っているもの**はどれか。

(1)　特定工程後の工程に係る工事は，当該特定工程に係る中間検査合格証の交付を受けた後でなければ，これを施工してはならない。

(2)　特定行政庁は，工事施工者に対して工事の計画又は施工の状況に関する報告を求めることができる。

(3)　建築主事は，建築主に対して，建築物の敷地に関する報告を求めることができる。

(4)　工事施工者は，建築物の工事を完了したときは，建築主事又は指定確認検査機関の完了検査を申請しなければならない。

問題 44　次の記述のうち，「建築基準法施行令」上，**誤っているもの**はどれか。

(1)　階段に代わる傾斜路には，原則として，手すり等を設けなければならない。

(2)　階段の幅が3 mを超える場合，原則として，中間に手すりを設けなければならない。

(3)　居室の天井の高さは，室の床面から測り，1室で天井の高さの異なる部分がある場合は，最も低いところの高さによる。

(4)　水洗便所に必要な照明設備及び換気設備を設けた場合，当該便所には採光及び換気のため直接外気に接する窓を設けなくともよい。

問題 45　建設業の許可に関する記述として，「建設業法」上，**誤っているもの**はどれか。

(1)　許可を受けた建設業者は，営業所に置く専任の技術者を欠くこととなった場合，これに代わるべき者について，書面を提出しなければならない。

(2)　許可を受けた建設業者は，毎事業年度終了の時における工事経歴書を，提出しなければならない。

(3)　許可を受けた建設業者は，業種の区分について変更があったときは，その旨の変更届出書を提出しなければならない。

(4)　許可を受けた建設業者は，商号又は名称について変更があったときは，その旨の変更届出書を提出しなければならない。

問題 46　工事現場における技術者に関する記述として，「建設業法」上，**誤っているもの**はどれか。

(1)　主任技術者は，工事現場における建設工事を適正に実施するため，当該建設工事の施工計画の作成，工程管理，品質管理の職務を誠実に行わなければならない。

(2)　学校教育法による大学を卒業後，1年以上実務の経験を有する者で在学中に国土交通省令で定める学科を修めたものは，建築一式工事における主任技術者になることができる。

(3)　主任技術者を設置する工事で専任が必要とされるものでも，密接な関係のある2以上の建設工事を同一の建設業者が同一の場所において施工するものについては，これらの工事を同じ主任技術者が管理することができる。

(4)　元請負人の特定建設業者から請け負った建設工事で，元請負人に監理技術者が置かれている場合であっても，施工する建設業の許可を受けた下請負人は主任技術者を置かなければならない。

問題 47　次の業務のうち「労働基準法」上，満17才の者を**就かせてはならない業務**はどれか。

(1)　20kgの重量物を断続的に取り扱う業務

(2)　電気ホイストの運転の業務

(3)　最大積載荷重1 tの荷物用エレベーターの運転の業務

(4)　動力により駆動される土木建築用機械の運転の業務

問題 48　「労働安全衛生法」上，事業者が，所轄労働基準監督署長へ所定の様式で報告書を**提出しなければならないもの**はどれか。

(1)　産業医を選任したとき

(2)　労働衛生指導医を選任したとき

(3)　安全衛生推進者を選任したとき

(4)　安全衛生責任者を選任したとき

問題 49　建設工事に伴う次の副産物のうち，「建設工事に係る資材の再資源化等に関する法律（建設リサイクル法）」上，**特定建設資材廃棄物に該当するもの**はどれか。

(1)　場所打ちコンクリート杭工事の杭頭処理に伴って生じたコンクリート塊
(2)　左官工事に伴って生じたモルタル屑
(3)　鋼製建具の取替えに伴って撤去した金属
(4)　内装改修工事に伴って撤去したタイルカーペット

問題 50　次の建設作業のうち，「騒音規制法」上，**特定建設作業に該当しないもの**はどれか。
ただし，作業は開始したその日に終わらないものとする。

(1)　モルタルを製造するために行う作業を除く，混練機の混練容量が 0.45 m^3 のコンクリートプラントを設けて行う作業
(2)　さく岩機を使用し作業地点が連続して移動する作業で，1日における作業に係る2地点間の最大距離が 60 m の作業
(3)　環境大臣が指定するものを除く，原動機の定格出力が 40 kw のブルドーザーを使用する作業
(4)　環境大臣が指定するものを除く，原動機の定格出力が 70 kw のトラクターショベルを使用する作業

受検番号	氏　　名

2後建一

令和5年度（後期）

2級建築施工管理技術検定

第一次検定問題

令和5年11月12日（日）

〔注　意　事　項〕

1．ページ数は，表紙を入れて20ページです。

2．試験時間は，**10時15分から12時45分**です。

3．問題の解答の仕方は，次によってください。

イ．〔No. 1〕から〔No. 14〕までの**14問題**のうちから，**9問題を選択し，解答**してください。

ロ．〔No. 15〕から〔No. 17〕までの **3問題**は，**全問題を解答**してください。

ハ．〔No. 18〕から〔No. 28〕までの**11問題**のうちから，**8問題を選択し，解答**してください。

ニ．〔No. 29〕から〔No. 38〕までの**10問題**は，**全問題を解答**してください。

ホ．〔No. 39〕から〔No. 42〕までの **4問題**は，**全問題を解答**してください。

ヘ．〔No. 43〕から〔No. 50〕までの **8問題**のうちから，**6問題を選択し，解答**してください。

4．選択問題は，解答数が**指定数を超えた場合**，**減点となります**から注意してください。

5．問題番号〔No. 1〕から〔No. 38〕，〔No. 43〕から〔No. 50〕は，**四肢択一式**です。
正解と思う肢の番号を**1つ**選んでください。

6．問題番号〔No. 39〕から〔No. 42〕は，施工管理法の**能力問題**で**四肢択二式**です。
正解と思う肢の番号を**2つ**選んでください。
なお，選んだ肢の番号が**2つとも正しい場合のみ正答となります**。

7．解答の記入に当たっては，次によってください。

イ．解答は，選んだ番号を右のマークの塗りつぶし例に従って，〔HB〕の**黒鉛筆**か**黒シャープペンシル**で塗りつぶしてください。

マークの塗りつぶし例 ●

ロ．マークを訂正する場合は，消しゴムできれいに消して訂正してください。

8．解答用紙は，雑書きしたり，汚したり，折り曲げたりしないでください。

9．この問題用紙は，計算等に使用しても差し支えありません。

10．漢字に付した**ふりがな**は補足であり，異なる読み方の場合があります。

11．この問題用紙は，第一次検定の試験終了時刻まで在席した場合に限り，持ち帰りを認めます。
途中退席する場合は，持ち帰りできません。

第一次検定

第一次検定問題（後期）

※ **問題番号**問題1〜問題14までの**14問題**のうちから，**9問題を選択し，解答**してください。
ただし，**9問題を超えて解答した場合，減点となります**から注意してください。
問題は**四肢択一式**です。正解と思う肢の番号を1つ選んでください。

問題1 換気に関する記述として，**最も不適当なもの**はどれか。
(1) 空気齢とは，空気が流入口から室内のある点まで到達するのに要する平均時間のことである。
(2) 必要換気回数は，必要換気量を室容積で割った値であり，室内の空気を1時間に何回入れ替えるのかを表す。
(3) 機械換気方式には，屋外の風圧力を利用するものと室内外の温度差による空気の密度の違いを利用するものがある。
(4) 温度差換気の換気量は，給気口と排気口の高低差の平方根に比例する。

問題2 採光及び照明に関する記述として，**最も不適当なもの**はどれか。
(1) 全天空照度は，直射日光による照度を含む。
(2) 昼光率は，窓等の採光部の立体角投射率によって異なる。
(3) 全般照明と局部照明を併せて行う照明方式を，タスク・アンビエント照明という。
(4) 高輝度な部分や極端な輝度対比等によって感じるまぶしさを，グレアという。

問題3 音に関する記述として，**最も不適当なもの**はどれか。
(1) 室内の仕上げが同じ場合，室の容積が大きいほど残響時間は長くなる。
(2) 人が音として知覚できる可聴周波数は，一般に，20 Hz から 20,000 Hz である。
(3) 音の強さのレベルが60 dBの同じ音源が2つ同時に存在する場合，音の強さのレベルは約120 dBになる。
(4) 周波数の低い音は，高い音より壁や塀等の背後に回り込みやすい。

問題4 鉄筋コンクリート構造に関する記述として，**最も不適当なもの**はどれか。
(1) 腰壁やたれ壁が付いた柱は，付いていない柱に比べ，地震時にせん断破壊を起こしやすい。
(2) 大梁は，床の鉛直荷重を支えるとともに，柱をつなぎ地震力等の水平力にも抵抗する部材である。
(3) 耐震壁の配置は，建築物の重心と剛心をできるだけ近づけるようにする。
(4) 耐震壁の壁量は，地震等の水平力を負担させるため，下階よりも上階が多くなるようにする。

問題5 鉄骨構造の一般的な特徴に関する記述として，鉄筋コンクリート構造と比較した場合，**最も不適当なもの**はどれか。
(1) 同じ容積の建築物では，構造体の軽量化が図れる。
(2) 構造体の剛性が大きいため，振動障害が生じにくい。
(3) 架構の変形能力が高い。
(4) 大スパンの建築物が可能である。

問題6 鉄骨構造に関する記述として，**最も不適当なもの**はどれか。
(1) 丸鋼を用いる筋かいは，主に圧縮力に抵抗する。
(2) ガセットプレートは，節点に集まる部材相互の接合のために設ける部材である。
(3) 裏当て金は，完全溶込み溶接を片面から行うために，溶接線に沿って開先ルート部の裏側に取り付けられる鋼板である。
(4) ダイアフラムは，梁から柱へ応力を伝達するため，仕口部に設ける。

問題７ 地盤及び基礎構造に関する記述として，**最も不適当なもの**はどれか。

(1) 独立フーチング基礎は，一般に基礎梁で連結する。
(2) 洪積層は，沖積層に比べ建築物の支持地盤として適している。
(3) 液状化現象は，粘性土地盤より砂質地盤のほうが生じやすい。
(4) 直接基礎の鉛直支持力は，基礎スラブの根入れ深さが深くなるほど小さくなる。

問題８ 長方形断面の部材の応力度の算定とそれに用いる変数の組合せとして，**最も不適当なもの**はどれか。

(1) 柱の垂直応力度の算定――――柱の断面積
(2) 梁のせん断応力度の算定――――梁幅
(3) 曲げ応力度の算定――――――断面二次半径
(4) 縁応力度の算定―――――――断面係数

問題９ 図に示す単純梁ABにおいて，点C及び点Dにそれぞれ集中荷重Pが作用したとき，点Eに生じる応力の値の大きさとして，**正しいもの**はどれか。

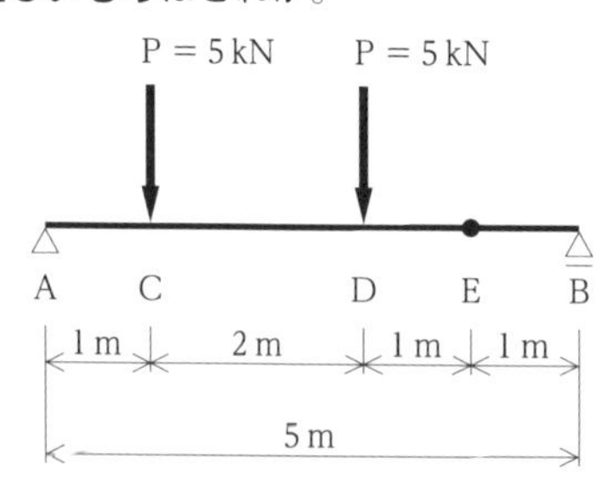

(1) せん断力は，2 kN である。
(2) せん断力は，6 kN である。
(3) 曲げモーメントは，4 kN・m である。
(4) 曲げモーメントは，8 kN・m である。

問題10 図に示す片持梁ABのCD間に等分布荷重 w が作用したときの曲げモーメント図として，**正しいもの**はどれか。

ただし，曲げモーメントは材の引張側に描くものとする。

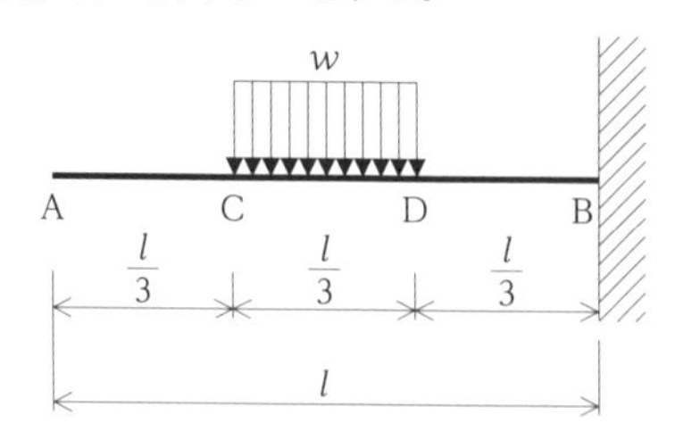

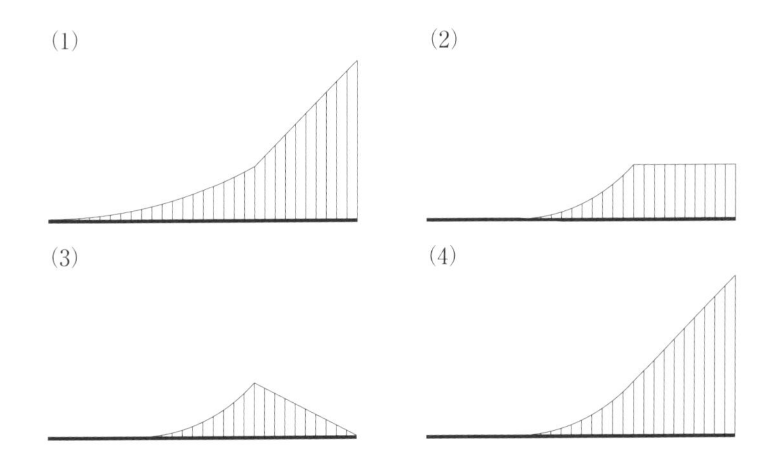

問題 11　構造用鋼材に関する記述として，**最も不適当なもの**はどれか。

(1)　線膨張係数は，約 1.2×10^{-5} (1/℃) である。
(2)　炭素含有量が多くなると，ねばり強さや伸びが大きくなる。
(3)　建築構造用圧延鋼材 SN 400 B の引張強さの下限値は，400 N/mm^2 である。
(4)　鋼のヤング係数は，常温では強度に係わらずほぼ一定である。

問題 12　木材に関する記述として，**最も不適当なもの**はどれか。

(1)　辺材部分は，一般に心材部分より含水率が高い。
(2)　気乾状態とは，木材の水分が完全に無くなった状態をいう。
(3)　繊維方向の圧縮強度は，繊維に直交する方向の圧縮強度より大きい。
(4)　強度は，繊維飽和点以上では，含水率が変化してもほぼ一定である。

問題 13　日本産業規格（JIS）に規定する建具の性能試験に関する記述として，**不適当なもの**はどれか。

(1)　遮音性の性能試験では，音響透過損失を測定する。
(2)　気密性の性能試験では，通気量を測定する。
(3)　結露防止性の性能試験では，熱貫流率を測定する。
(4)　水密性の性能試験では，漏水を測定する。

問題 14　シーリング材に関する記述として，**最も不適当なもの**はどれか。

(1)　ポリサルファイド系シーリング材は，ムーブメントが大きい目地には好ましくない。
(2)　ポリウレタン系シーリング材は，ガラス回り目地に適している。
(3)　シリコーン系シーリング材は，紫外線による変色が少ない。
(4)　アクリルウレタン系シーリング材は，施工時の気温や湿度が高い場合，発泡のおそれがある。

※　**問題番号**問題 15～問題 17 までの **3 問題**は，**全問題を解答**してください。
　　問題は**四肢択一式**です。正解と思う肢の番号を **1 つ**選んでください。

問題 15　距離測量における測定値の補正に関する記述として，**最も不適当なもの**はどれか。

(1)　光波測距儀を用いた測量において，気象補正を行った。
(2)　光波測距儀を用いた測量において，反射プリズム定数補正を行った。
(3)　鋼製巻尺を用いた測量において，湿度補正を行った。
(4)　鋼製巻尺を用いた測量において，尺定数補正を行った。

問題 16 LED照明に関する一般的な記述として，**最も不適当なもの**はどれか。

(1) 水銀を使用していないため，廃棄する場合に蛍光灯のように手間が掛からない。
(2) 蛍光灯や電球に比べ耐熱性が高いため，高温となる発熱体の周辺への設置に適している。
(3) 光の照射方向に熱をほとんど発しないため，生鮮食料品用の照明に適している。
(4) 光線に紫外線をほとんど含まないため，屋外照明に使用しても虫が寄り付きにくい。

問題 17 建築設備とそれに関連する用語の組合せとして，**最も関係の少ないもの**はどれか。

(1) 給水設備――――――ヒートポンプ
(2) ガス設備――――――マイコンメーター
(3) 排水設備――――――トラップ
(4) 空気調和設備――――ファンコイルユニット

※ **問題番号**問題18～問題28までの**11問題**のうちから，**8問題を選択し，解答**してください。
ただし，**8問題を超えて解答した場合，減点となります**から注意してください。
問題は**四肢択一式**です。正解と思う肢の番号を**1つ**選んでください。

問題 18 やり方及び墨出しに関する記述として，**最も不適当なもの**はどれか。

(1) 水貫は，水杭に示した一定の高さに上端を合わせて，水杭に水平に取り付ける。
(2) 鋼製巻尺は，同じ精度を有する巻尺を複数本用意して，そのうちの1本を基準巻尺とする。
(3) やり方は，建物の高低，位置，方向，心の基準を明確に表示するために設ける。
(4) 2階から上階における高さの基準墨は，墨の引通しにより，順次下階の墨を上げる。

問題 19 地業工事に関する記述として，**最も不適当なもの**はどれか。

(1) 砂利地業で用いる砂利は，砂が混じったものよりも粒径の揃ったものとする。
(2) 締固めによって砂利地業にくぼみが生じた場合，砂利を補充して表面を平らに均す。
(3) 捨てコンクリートは，墨出しをしやすくするため，表面を平坦にする。
(4) 土間コンクリートの下の防湿層は，断熱材がある場合，断熱材の直下に設ける。

問題 20 鉄筋の加工及び組立てに関する記述として，**最も不適当なもの**はどれか。

(1) 鉄筋の折曲げ加工は，常温で行う。
(2) 鉄筋相互のあきは，鉄筋の強度により定められた最小寸法を確保する。
(3) 床開口部補強のための斜め補強筋は，上下筋の内側に配筋する。
(4) ガス圧接を行う鉄筋は，端面を直角，かつ，平滑にする。

問題 21 高力ボルト接合に関する記述として，**最も不適当なもの**はどれか。

(1) トルシア形高力ボルトの本締めは，ピンテールが破断するまで締め付けた。
(2) トルシア形高力ボルトの座金は，座金の内側面取り部がナットに接するように取り付けた。
(3) JIS形高力ボルトの首下長さは，締付け長さにナットと座金の高さを加えた寸法とした。
(4) 高力ボルト接合部のフィラープレート両面に摩擦面処理を行った。

問題 22　在来軸組構法の木工事における仕口の名称と納まり図の組合せとして，**誤っているもの**はどれか。

(1)　大留め

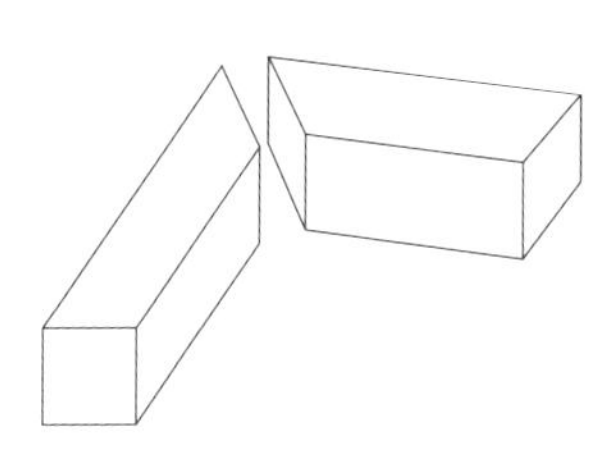

(2)　相欠き

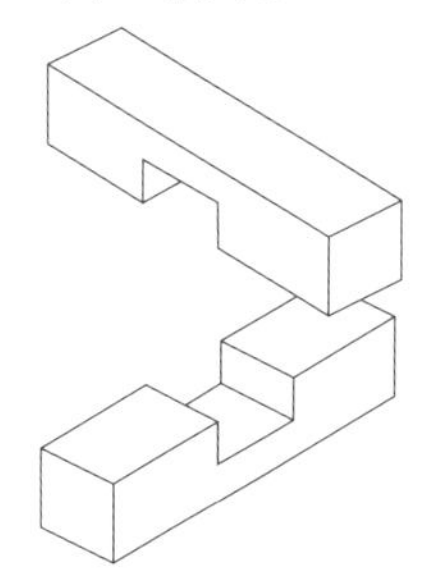

(3)　大入れ

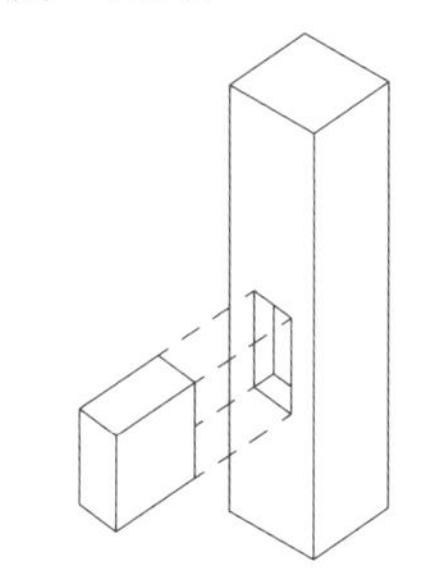

(4)　蟻掛け

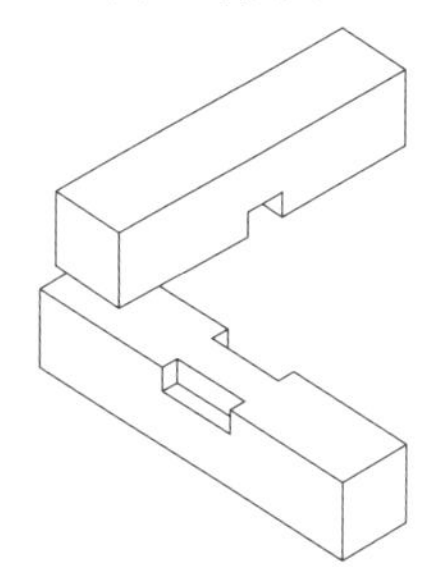

問題 23　セメントモルタルによるタイル後張り工法に関する記述として，**最も不適当なもの**はどれか。

(1)　マスク張りにおいて，タイル裏面へマスク板を当てて，張付けモルタルを金ごてで塗り付けた。

(2)　密着張りにおいて，タイルは下部から上部に張り進めた。

(3)　改良圧着張りにおいて，張付けモルタルの1回に塗り付ける面積は，タイル工1人当たり2 m² とした。

(4)　モザイクタイル張りにおいて，張付けモルタルの1回に塗り付ける面積は，タイル工1人当たり3 m² とした。

問題 24　金属製折板葺に関する記述として，**最も不適当なもの**はどれか。

(1)　はぜ締め形折板は，本締めの前にタイトフレームの間を1 m の間隔で部分締めを行った。

(2)　けらば部分の折板の変形を防ぐため，変形防止材を設けた。

(3)　重ね形折板の重ね部に使用する緊結ボルトの流れ方向の間隔は，900 mm とした。

(4)　重ね形折板のボルト孔は，呼び出しポンチで開孔した。

問題 25　コンクリート壁下地のセメントモルタル塗りに関する記述として，**最も不適当なもの**はどれか。

(1)　吸水調整材は，下地とモルタルの接着力を増強するため，厚膜となるように十分塗布した。

(2)　下塗りは，吸水調整材塗りの後，3時間経過してから行った。

(3)　つけ送りを含む総塗り厚が40 mm となる部分は，下地にアンカーピンを打ち，ネットを取り付けた。

(4)　セメントモルタル張りのタイル下地となるモルタル面は，木ごてで仕上げた。

問題 26　建具金物に関する記述として，**最も不適当なもの**はどれか。

(1)　本締り錠は，握り玉の中心にシリンダーが組み込まれたもので，ラッチボルトがデッドボルトと兼用となっている錠である。

(2)　鎌錠は，鎌状のデッドボルトを突合せ部分の受けに引っかけて施錠するもので，引き戸に使用される

第一次検定

錠である。

(3)　ピボットヒンジは，戸を上下から軸で支える金物で，戸の表面外又は戸厚の中心に取り付ける。

(4)　フロアヒンジは，床に埋め込む箱形の金物で，自閉機能があり，戸の自閉速度の調整をすることができる。

問題 27　木質系素地面の塗装に関する記述として，**最も不適当なもの**はどれか。

(1)　オイルステイン塗りは，塗付け後，乾き切らないうちに余分な材料を拭き取った。

(2)　合成樹脂調合ペイント塗りの中塗りは，塗装回数を明らかにするため，上塗りと色を変えて塗装した。

(3)　つや有合成樹脂エマルションペイント塗りは，塗料の粘度の調整を水で行った。

(4)　クリヤラッカー塗りの下塗りは，ジンクリッチプライマーを用いた。

問題 28　ビニル床シート張りに関する記述として，**最も不適当なもの**はどれか。

(1)　シートを幅木部に張り上げるため，ニトリルゴム系接着剤を使用した。

(2)　熱溶接工法では，シート張付け後，張付け用接着剤が硬化する前に溶接接合を行った。

(3)　シートを壁面に張り上げるため，床と壁が取り合う入隅部に面木を取り付けた。

(4)　湿気のおそれのある下地への張付けには，エポキシ樹脂系接着剤を使用した。

※　**問題番号**問題 29～問題 38 までの **10 問題**は，**全問題を解答**してください。
問題は**四肢択一式**です。正解と思う肢の番号を **1 つ**選んでください。

問題 29　事前調査に関する記述として，**最も不適当なもの**はどれか。

(1)　鉄骨の建方計画に当たり，近隣の商店や工場の業種について調査を行うこととした。

(2)　敷地境界と敷地面積の確認のため，地積測量を行うこととした。

(3)　敷地内の建家，立木，工作物の配置を把握するため，平面測量を行うこととした。

(4)　根切り工事に当たり，埋蔵文化財の有無について調査を行うこととした。

問題 30　仮設計画に関する記述として，**最も不適当なもの**はどれか。

(1)　下小屋は，材料置場の近くに設置し，電力や水道等の設備を設けることとした。

(2)　工事用ゲートの有効高さは，鉄筋コンクリート造の工事のため，最大積載時のトラックアジテータの高さとすることとした。

(3)　工事現場の周辺状況により，危害防止上支障がないことから，仮囲いとしてガードフェンスを設置することとした。

(4)　工事用ゲートには，車両の入退場を知らせる標示灯を設置したが，周辺生活環境に配慮しブザーは設置しないこととした。

問題 31　工事現場における材料の保管に関する記述として，**最も不適当なもの**はどれか。

(1)　巻いた壁紙は，くせが付かないように立てて保管した。

(2)　ビニル床タイルは，乾燥している床に箱詰め梱包のまま，積重ねを 10 段までとして保管した。

(3)　板ガラスは，クッション材を挟み，乾燥した場所に平積みで保管した。

(4)　防水用の袋入りアスファルトは，積重ねを 10 段までとして保管した。

問題 32　工程計画の立案段階で考慮すべき事項として，**最も不適当なもの**はどれか。

(1)　最初に全ての工種別の施工組織体系を把握する。

(2)　敷地周辺の上下水道やガス等の公共埋設物を把握する。

(3)　鉄骨工事の工程計画では，資材や労務の調達状況を調査して，手配を計画する。

(4)　型枠工事の工程計画では，型枠存置期間を考慮して，せき板や支保工の転用を検討する。

問題 33　バーチャート工程表の特徴に関する記述として，ネットワーク工程表と比較した場合，**最も不**

適当なものはどれか。

(1)　手軽に作成することができ，視覚的に工程が把握しやすい。
(2)　作業間調整に伴う修正がしやすい。
(3)　前工程の遅れによる後工程への影響が把握しにくい。
(4)　全体工期の短縮を検討する場合，工程のどこを縮めればいいのかわかりにくい。

問題 34　品質管理に関する記述として，**最も不適当なもの**はどれか。

(1)　品質計画に基づく施工の試験又は検査の結果は，次の計画や設計に活かす。
(2)　川上管理とは，品質に与える影響が大きい前段階や生産工程の上流で品質を管理することである。
(3)　施工品質管理表（QC 工程表）とは，管理項目について管理値，検査の時期，方法，頻度等を明示したものである。
(4)　試験とは，性質又は状態を調べ，判定基準と比較して良否の判断を下すことである。

問題 35　トルシア形高力ボルトのマーキングに関する記述として，**最も不適当なもの**はどれか。

(1)　マーキングは，高力ボルトの取付け後，直ちに行う。
(2)　マーキングは，ボルト軸からナット，座金及び母材にかけて一直線に行う。
(3)　マークのずれによって，軸回りの有無を確認できる。
(4)　マークのずれによって，本締め完了の確認ができる。

問題 36　コンクリートの試験に関する記述として，**最も不適当なもの**はどれか。

(1)　1 回の圧縮強度試験の供試体の個数は，3 個とした。
(2)　1 回の圧縮強度試験は，コンクリート打込み日ごと，打込み工区ごと，かつ，150 m^3 以下にほぼ均等に分割した単位ごとに行った。
(3)　スランプの測定値は，スランプコーンを引き上げた後の，平板からコンクリート最頂部までの高さとした。
(4)　スランプ試験において，スランプコーンを引き上げた後，コンクリートが偏って形が不均衡になったため，別の試料によって新たに試験を行った。

問題 37　建築工事における危害又は迷惑と，それを防止するための対策に関する記述として，**最も不適当なもの**はどれか。

(1)　高所作業による工具等の落下を防ぐため，水平安全ネットを設置した。
(2)　工事用車両による道路面の汚れを防ぐため，洗浄装置を設置した。
(3)　掘削による周辺地盤の崩壊を防ぐため，防護棚を設置した。
(4)　解体工事による粉塵の飛散を防ぐため，散水設備を設置した。

問題 38　建設業の現場における特定元方事業者が講ずべき措置として，「労働安全衛生法」上，**定められていないもの**はどれか。

(1)　機械等が転倒するおそれがある場所において関係請負人の労働者が作業を行うとき，その関係請負人に対する技術上の指導を行うこと。
(2)　関係請負人が行う安全教育に対して，安全教育に使用する資料を提供すること。
(3)　特定元方事業者の労働者及び関係請負人の労働者の作業が同一の場所において行われるとき，作業間の連絡及び調整を行うこと。
(4)　足場の組立て作業において，材料の欠点の有無を点検し，不良品を取り除くこと。

※　**問題番号**問題 39～問題 42 までの **4 問題は能力問題**です。**全問題を解答**してください。
　　問題は，**四肢択二式**です。正解と思う肢の番号を **2 つ**選んでください。

問題 39 型枠の支保工に関する記述として，**不適当なものを 2 つ選べ。**

(1) 上下階の支柱は，できるだけ平面上の同一位置になるように設置した。
(2) 地盤上に直接支柱を立てるため，支柱の下に剛性のある敷板を敷いた。
(3) 支柱は，パイプサポートを 3 本継ぎとした。
(4) パイプサポートに設ける水平つなぎは，番線を用いて緊結した。

問題 40 型枠の存置期間に関する一般的な記述として，**不適当なものを 2 つ選べ。**
ただし，計画供用期間の級は標準とする。

(1) コンクリートの材齢によるせき板の最小存置期間は，普通ポルトランドセメントと高炉セメント B 種では同じである。
(2) コンクリートの材齢によるせき板の最小存置期間は，同じセメントの種類の場合，存置期間中の平均気温の高低に係わらず同じである。
(3) せき板の最小存置期間を定めるコンクリートの圧縮強度は，柱と壁は同じである。
(4) 梁下のせき板の最小存置期間を定めるコンクリートの圧縮強度は，コンクリートの設計基準強度が同じ場合，セメントの種類に係わらず同じである。

問題 41 合成高分子系ルーフィングシート防水の接着工法に関する記述として，**不適当なものを 2 つ選べ。**

(1) 加硫ゴム系シート防水において，プライマーを塗布する範囲は，その日にシートを張り付ける範囲とした。
(2) 加硫ゴム系シート防水において，接着剤を塗布後，オープンタイムを置かずにシートを張り付けた。
(3) 塩化ビニル樹脂系シート防水において，シートを張り付けるエポキシ樹脂系接着剤は，シート裏面に塗布した。
(4) 塩化ビニル樹脂系シート防水において，防水層の立上り末端部は，押え金物で固定し，不定形シール材を用いて処理した。

問題 42 外壁仕上げの劣化とその改修工法に関する記述として，**不適当なものを 2 つ選べ。**

(1) コンクリート打放し面のひび割れは，ポリマーセメントモルタル充填工法で改修した。
(2) 劣化した既存複層仕上塗材は，高圧水洗で除去した。
(3) タイル張り仕上げの浮きは，U カットシール材充填工法で改修した。
(4) モルタル塗り仕上げの浮きは，アンカーピンニング部分エポキシ樹脂注入工法で改修した。

※ **問題番号**問題 43～問題 50 までの **8 問題**のうちから，**6 問題を選択し，解答**してください。ただし，**6 問題を超えて解答した場合，減点となりますから**注意してください。
問題は四肢択一式です。正解と思う肢の番号を 1 つ選んでください。

問題 43 用語の定義に関する記述として，「建築基準法」上，**誤っているもの**はどれか。

(1) 基礎は，構造耐力上主要な部分であるが，主要構造部ではない。
(2) 電波塔に設けた展望室は，建築物である。
(3) コンビニエンスストアは，特殊建築物ではない。
(4) コンクリートや石は，耐水材料である。

問題 44 地上階における居室の採光及び換気に関する記述として，「建築基準法」上，**誤っているもの**はどれか。

(1) 採光に有効な部分の面積を計算する際，天窓は実際の面積よりも大きな面積を有する開口部として扱う。
(2) 換気設備のない居室には，原則として，換気に有効な部分の面積がその居室の床面積の$\frac{1}{20}$以上の換気のための窓その他の開口部を設けなければならない。
(3) 病院の診察室には，採光のための窓その他の開口部を設けなければならない。

第一次検定

(4)　ふすま，障子その他随時開放することができるもので仕切られた2室は，居室の採光及び換気の規定の適用に当たっては，1室とみなす。

問題45　建設業の許可に関する記述として，「建設業法」上，**誤っているもの**はどれか。

(1)　2以上の都道府県の区域内に営業所を設けて営業しようとする者が建設業の許可を受ける場合には，国土交通大臣の許可を受けなければならない。

(2)　国又は地方公共団体が発注者である建設工事を請け負う者は，特定建設業の許可を受けていなければならない。

(3)　建築工事業で一般建設業の許可を受けている者は，発注者から直接請け負う1件の建設工事の下請代金の総額が7,000万円の下請契約をすることができない。

(4)　解体工事業で一般建設業の許可を受けている者は，発注者から直接請け負う1件の建設工事の下請代金の総額が4,500万円の下請契約をすることができない。

問題46　建設工事の請負契約書に記載しなければならない事項として，「建設業法」上，**定められていないもの**はどれか。

(1)　工事の履行に必要となる建設業の許可の種類及び許可番号

(2)　当事者の一方から設計変更の申出があった場合における工期の変更，請負代金の額の変更又は損害の負担及びそれらの額の算定方法に関する定め

(3)　天災その他不可抗力による工期の変更又は損害の負担及びその額の算定方法に関する定め

(4)　注文者が工事の全部又は一部の完成を確認するための検査の時期及び方法並びに引渡しの時期

問題47　労働契約に関する記述として，「労働基準法」上，**誤っているもの**はどれか。

(1)　使用者は，労働契約の不履行について，違約金とその支払の方法を定めて契約しなければならない。

(2)　使用者は，労働契約に附随して貯蓄の契約をさせてはならない。

(3)　使用者は，労働することを条件とする前貸の債権と賃金を相殺してはならない。

(4)　使用者は，労働契約の締結に際し，労働者に対して就業の場所及び従事すべき業務に関する事項を明示しなければならない。

問題48　事業者が，新たに職務に就くことになった職長に対して行う安全衛生教育に関する事項として，「労働安全衛生法」上，**定められていないもの**はどれか。

ただし，作業主任者を除くものとする。

(1)　労働者の配置に関すること

(2)　作業方法の決定に関すること

(3)　労働者に対する指導又は監督の方法に関すること

(4)　作業環境測定の実施に関すること

問題49　工作物の建設工事に伴う次の副産物のうち，「廃棄物の処理及び清掃に関する法律」上，産業廃棄物に**該当しないもの**はどれか。

(1)　除去に伴って生じたコンクリートの破片

(2)　新築に伴って生じたゴムくず

(3)　除去に伴って生じた陶磁器くず

(4)　地下掘削に伴って生じた土砂

問題50　消防用設備等の種類と機械器具又は設備の組合せとして，「消防法」上，**誤っているもの**はどれか。

(1)　警報設備――――――――――漏電火災警報器

(2)　消火設備――――――――――連結送水管

(3)　消火活動上必要な施設――――排煙設備

(4)　避難設備――――――――――救助袋

受検番号	氏　　名

2建二

令和５年度

２級建築施工管理技術検定

第二次検定問題

令和５年11月12日(日)

〔注意事項〕

1．ページ数は，表紙を入れて13ページです。

2．試験時間は，**14時15分から16時15分**です。

3．解答用紙は，別紙（両面）になっています。

4．試験問題は，**５問題**です。

5．**問題１**から**問題３**は，**記述式**です。

解答は，解答用紙の定められた範囲内に，〔HB〕の**黒鉛筆**か**黒シャープペンシル**で記入してください。

6．**問題４**及び**問題５**は，**四肢択一式**です。正解と思う肢の番号を**１つ**選んでください。

解答の記入に当たっては，次によってください。

イ．解答は，選んだ番号を右のマークの塗りつぶし例に従って，〔HB〕の**黒鉛筆**か**黒シャープペンシル**で塗りつぶしてください。

マークの塗りつぶし例 ●

ロ．マークを訂正する場合は，消しゴムできれいに消して訂正してください。

7．**問題５**は，**受検種別**に従って次に該当する問題を**解答**してください。

イ．**受検種別：建　築**の受検者は**問題５－Ａ**を**解答**してください。

ロ．**受検種別：躯　体**の受検者は**問題５－Ｂ**を**解答**してください。

ハ．**受検種別：仕上げ**の受検者は**問題５－Ｃ**を**解答**してください。

8．解答用紙は，雑書きしたり，汚したり，折り曲げたりしないでください。

9．この問題用紙は，計算等に使用しても差し支えありません。

10．漢字に付した**ふりがな**は補足であり，異なる読み方の場合があります。

11．この問題用紙は，試験終了時刻まで在席した場合に限り，持ち帰りを認めます。

途中退席する場合は，持ち帰りできません。

第二次検定問題

問題１　あなたが経験した**建築工事**のうち，あなたの受検種別に係る工事の中から，**工程の管理**を行った工事を**１つ**選び，工事概要を具体的に記入した上で，次の1．及び2．の問いに答えなさい。

なお，**建築工事**とは建築基準法に定める建築物に係る工事とし，建築設備工事を除くものとする。

〔工事概要〕

イ．工事名

ロ．工事場所

ハ．工事の内容
（新築等の場合：建物用途，構造，階数，延べ面積又は施工数量，主な外部仕上げ，主要室の内部仕上げ
改修等の場合：建物用途，建物規模，主な改修内容及び施工数量）

ニ．工期等（工期又は工事に従事した期間を年号又は西暦で年月まで記入）

ホ．あなたの立場

ヘ．あなたの業務内容

1．工事概要であげた工事であなたが担当した工種において，項目Ａのａからｃの中からテーマを選び，それらを手配や配置，施工の計画を立てる際に，**工事を遅延させないため**にあなたがどのようなことを行ったのか，項目Ｂの①から③について具体的な事例を**３つ**記述しなさい。

なお，選んだ項目Ａは○で囲み，3つの事例は同じ項目を選んでもよいものとする。

また，項目Ｂの①**工種名又は作業名等**はあなたの受検種別に係るものとし，同じものでもよいが，②**状況と理由**及び③**行った対策**はそれぞれ異なる内容を記述するものとし，品質管理，安全管理，コスト管理のみについて記述したものは不可とする。

項目Ａ
　a．材料（本工事材料，仮設材料）
　b．工事用機械・器具・設備
　c．作業員（交通誘導警備員は除く）

項目Ｂ
　①　**工種名又は作業名等**
　②　遅延させるかも知れないと考えた当時の**状況**とそれが遅延につながる**理由**
　③　②による遅延を防ぐために実際に**行った対策**

2．工事概要であげた工事に係わらず，あなたの今日までの建築工事の経験を踏まえて，計画どおりに工事を進める上で，関係者に作業工程を周知や共有するための**有効な方法や手段**と，周知や共有が不十分な場合に起こる工程への**影響**について，具体的な事例を**２つ**記述しなさい。

ただし，2つの事例の有効な方法や手段はそれぞれ異なる内容を記述するものとし，1．の③の行った対策と同じ内容の記述は不可とする。

問題２ 次の建築工事に関する用語の一覧表の中から**５つ**用語を選び，解答用紙の用語の記号欄の記号にマークした上で，選んだ用語欄に用語（太字で示す部分のみでも可）を記入し，その用語の説明と施工上留意すべきことを具体的に記述しなさい。
ただし，a 及び b 以外の用語については，作業上の安全に関する記述は不可とする。
また，使用資機材に不良品はないものとする。

用語の一覧表

用語の記号	用　語
a	足場の**手すり先行工法**
b	**親綱**
c	型枠の**剥離剤**
d	グリッパー工法
e	コンクリートの**レイタンス**
f	シーリング工事の**バックアップ材**
g	ジェットバーナー仕上げ
h	隅肉溶接
i	せっこうボード張りにおける**コーナービード**
j	鉄筋の**先組み工法**
k	壁面の**ガラスブロック積み**
l	べた基礎
m	木工事の**仕口**
n	木造住宅の**気密シート**

問題３ 鉄骨造3階建て事務所ビルの新築工事について，工事概要を確認の上，右の工程表及び出来高表に関し，次の1. から3. の問いに答えなさい。
工程表は，予定出来高曲線を破線で表示している。
また，出来高表は4月末時点のものを示しており，合計欄の月別実績出来高及び実績出来高累計の金額は記載していない。
なお，各作業は一般的な手順に従って施工されるものとする。

〔工事概要〕
用　　途：事務所
構造，規模：鉄骨造，地上3階，延べ面積400 m^2
　　　　　　耐火被覆は，耐火材巻付け工法，外周部は合成工法
外部仕上げ：屋上防水は，塩化ビニル樹脂系断熱シート防水
　　　　　　外壁は，押出成形セメント板，耐候性塗料塗り
内部仕上げ：床は，フリーアクセスフロア，タイルカーペット張り
　　　　　　壁は，軽量鉄骨下地せっこうボード張り，合成樹脂エマルションペイント塗り
　　　　　　天井は，軽量鉄骨下地化粧せっこうボード張り
　　　　　　外壁押出成形セメント板の裏面に，断熱材吹付
　　　　　　内部建具扉は，すべて工場塗装品

1．工程表の土工事及び地業工事のⒶ，鉄骨工事のⒷに該当する作業名を記入しなさい。

2．出来高表から，2月末までの実績出来高累計の金額を求め，工事金額の合計に対する比率をパーセントで記入しなさい。

3．工程表は工事計画時に作成していたものであるが，工程上，着手時期が不適当な作業があり，出来高表についても誤った月にその予定出来高の金額と実績出来高の金額が記載されたままとなっている。

これらに関して，次の①から③について答えなさい。

① 工程上，着手時期が不適当な作業名を記入しなさい。

② ①で解答した作業の適当な着手時期を記入しなさい。
ただし，作業着手時期は月と旬日で記入し，旬日は，上旬，中旬，下旬とする。

③ ②で解答した適当な着手時期に合わせて出来高表の誤りを修正した上で，3月末までの実績出来高の累計の金額を記入しなさい。

工程表

工種＼月	1月	2月	3月	4月	5月
仮設工事	仮囲い設置，準備	外部足場組立		外部足場解体	仮囲い解体，完成検査，クリーニング
土工事 地業工事	根切，床付け，捨てコン，杭打設	Ⓐ			
鉄筋コンクリート工事	基礎躯体	1～RF床，パラペット躯体			
鉄骨工事	アンカーボルト設置	鉄骨建方，本締め，デッキプレート，スタッドジベル	Ⓑ		
外壁工事			押出成形セメント板		
防水工事			外部シール	屋上シート防水	
建具工事			外部建具（ガラス取付を含む）	内部建具枠	内部建具扉吊込み
金属工事				アルミ笠木，壁・天井軽量鉄骨下地	
内装工事			断熱材吹付	壁・天井ボード張り	タイルカーペット，フリーアクセスフロア
塗装工事				外壁塗装	内壁塗装
外構工事				外構	外構
設備工事	電気，給排水衛生，空調設備				

予定出来高曲線

出来高%：0，10，20，30，40，50，60，70，80，90，100

第二次検定

出来高表

単位　万円

工種	工事金額	予定出来高 実績出来高	1月	2月	3月	4月	5月
仮設工事	700	予定	150	300	50	50	150
		実績	150	300	50	50	
土工事 地業工事	760	予定	500	260			
		実績	500	260			
鉄筋コンクリート工事	700	予定	490	70	140		
		実績	380	30	290		
鉄骨工事	1,000	予定	40	840	120		
		実績	10	870	120		
外壁工事	600	予定			600		
		実績			600		
防水工事	200	予定			80	120	
		実績			60	140	
建具工事	550	予定			450	60	40
		実績			450	60	
金属工事	200	予定				200	
		実績				200	
内装工事	1,100	予定			50	300	750
		実績			50	300	
塗装工事	190	予定				130	60
		実績				130	
外構工事	500	予定				350	150
		実績				350	
設備工事	1,000	予定	100	100	100	650	50
		実績	100	100	100	650	
合計	7,500	月別予定出来高	1,280	1,570	1,590	1,860	1,200
		月別実績出来高					
		実績出来高累計					

問題４　次の1. から3. の各法文において，［　　］に当てはまる正しい語句を，下の該当する枠内から１つ選びなさい。

1．建設業法（検査及び引渡し）

第24条の4　元請負人は，下請負人からその請け負った建設工事が［①］した旨の通知を受けたときは，当該通知を受けた日から［②］日以内で，かつ，できる限り短い期間内に，その［①］を確認するための検査を完了しなければならない。

2　元請負人は，前項の検査によって建設工事の［①］を確認した後，下請負人が申し出たときは，直ちに，当該建設工事の目的物の引渡しを受けなければならない。ただし，下請契約において定められた工事［①］の時期から［②］日を経過した日以前の一定の日に引渡しを受ける旨の特約がされている場合には，この限りでない。

①	1 完了	2 終了	3 竣工	4 完成
②	1 10	2 15	3 20	4 25

2．建築基準法施行令（工事用材料の集積）

第136条の7　建築工事等における工事用材料の集積は，その倒壊，崩落等による［③］の少ない場所に安全にしなければならない。

2　建築工事等において山留めの周辺又は架構の［④］に工事用材料を集積する場合においては，当該山留め又は架構に予定した荷重以上の荷重を与えないようにしなければならない。

③	1 事故	2 損傷	3 損壊	4 危害
④	1 上	2 下	3 横	4 中

3. 労働安全衛生法（事業者の講ずべき措置等）

第25条の2　建設業その他政令で定める業種に属する事業の仕事で，政令で定めるものを行う事業者は，爆発，火災等が生じたことに伴い労働者の［⑤］に関する措置がとられる場合における労働災害の発生を防止するため，次の措置を講じなければならない。

一　労働者の［⑤］に関し必要な機械等の備付け及び管理を行うこと。

二　労働者の［⑤］に関し必要な事項についての訓練を行うこと。

三　前二号に掲げるもののほか，爆発，火災等に備えて，労働者の［⑤］に関し必要な事項を行うこと。

2　前項に規定する事業者は，厚生労働省令で定める資格を有する者のうちから，厚生労働省令で定めるところにより，同項各号の措置のうち［⑥］的事項を管理する者を選任し，その者に当該［⑥］的事項を管理させなければならない。

⑤	①補　助	②補　佐	③救　護	④避　難

⑥	①技　術	②技　能	③事　務	④実　践

※　**受検種別：建　築**の受検者は**解答**してください。

問題５―A　次の1. から8. の各記述において，［　　］に当てはまる**最も適当な語句又は数値**を，下の枠内から**１つ**選びなさい。

1. 地盤調査において，スクリューウエイト貫入試験（スウェーデン式サウンディング試験）は，荷重による貫入と［①］による貫入を併用しているため，比較的貫入能力に優れ，人力でもある程度の調査が可能であり，住宅等の簡易な建物に多用されている。

①	①打　撃	②振　動	③摩　擦	④回　転

2. 既製コンクリート杭地業において，プレボーリングによる埋込み工法のセメントミルク工法では掘削用のオーガーヘッドに杭径よりも［②］mm程度大きいものを使用する。

②	①100	②150	③200	④250

3. 型枠工事において，内部の柱型枠の高さ方向の加工長さは，一般に階高からスラブ厚さとスラブ用合板せき板の厚さを減じた寸法より，下階のスラブコンクリートの不陸を考慮して［③］mm程度短めに加工する。

③	①5	②10	③25	④40

4. 木造在来軸組構法において，屋根や上階の床等の荷重を土台に伝える鉛直材である柱は，2階建てでは，1階から2階まで通して1本の材を用いる通し柱と，各階ごとに用いる［④］とがある。

④	①継　柱	②止　柱	③管　柱	④間　柱

5. 屋根の金属製折板葺きにおいて，重ね形折板は［⑤］ごとにタイトフレームに固定ボルト締めとし，折板の流れ方向の重ね部を緊結するボルトの間隔は，600 mm 程度とする。

⑤	①各　山	②2　山	③3　山	④4　山

6. 外壁の吹付工事において，複層仕上塗材のゆず肌状の仕上げとする場合，主材及び上塗り材は塗付けを［⑥］とする。

⑥	①はけ塗り	②ローラー塗り	③こて塗り	④吹付け

7. 塗装工事において，塗膜が平らに乾燥せず，ちりめん状あるいは波形模様の凹凸を生じる現象を［⑦］といい，厚塗りによる上乾きの場合等に起こりやすい。

⑦	①にじみ	②だれ	③はけ目	④しわ

8. 屋内の間仕切壁の軽量鉄骨壁下地において，スタッドは，スタッドの高さによる区分に応じたものを使用することとし，塗装下地となるせっこうボードを一重張りとする場合，スタッド間隔は［⑧］mm 程度とする。

⑧	①150	②300	③450	④600

2級建築施工管理技士　令和5年度第一次検定（前期）　解答・解説

問題番号	解答	解　　　説
問題1	(1)	相対湿度とは，空気中に溶け込める水の量＝飽和水蒸気量に対して，実際にどれだけの水が溶け込んでいるかという量のことである。設問は，重量絶対湿度のことである。
問題2	(4)	色温度とは，光色を客観的な物理尺度で表したものである。色温度が低くなれば赤味がかった光色になり，高くなれば青味がかった光色になる。単位はケルビン（K）。
問題3	(1)	無彩色とは，白と黒との混合で得られる色の総称である。彩度が0であることを表している。
問題4	(2)	圧縮力を負担する木材の筋かいは，厚さ3 cm以上で幅9 cm以上とする。
問題5	(1)	構造耐力上主要な部分である柱の主筋の全断面積の割合は，コンクリートの全断面積の0.8%以上とする。
問題6	(3)	溶接と高力ボルトを併用する継手では，高力ボルトを先に行う場合，両方の許容耐力を加算してよい。
問題7	(2)	既製コンクリート杭の埋込み工法の一つで，杭の中空部から掘削土を排出しながら杭を圧入する中堀り工法は，杭径の大きなものの施工に適している。
問題8	(1)	地上部分のある層に作用する地震層せん断力は，算定しようとする層より上の部分の固定荷重と積載荷重の和に，その層の地震層せん断力係数を乗じて計算する。
問題9	(4)	等変分布荷重をわかりやすい分布に分ける。それぞれを集中荷重に置き換えて，重心位置に作用させる。 それぞれの反力を求める。 $\Sigma Y=0$ より 1. $V_{A1}+V_{A2}=\frac{wl}{2}$ $\Sigma M_B=0$ より $V_{A1}\times l-\frac{wl}{2}\times\frac{l}{3}=0$ $\therefore V_{A1}=\frac{wl}{6}$ $V_{B1}=\frac{wl}{3}$ $\Sigma Y=0$ より 2. $V_{A2}+V_{B2}=wl$ $M_B=0$ より $V_{A2}\times l-wl\times\frac{l}{2}=0$ $\therefore V_{A2}=\frac{wl}{2}$ $V_{B2}=\frac{wl}{2}$ 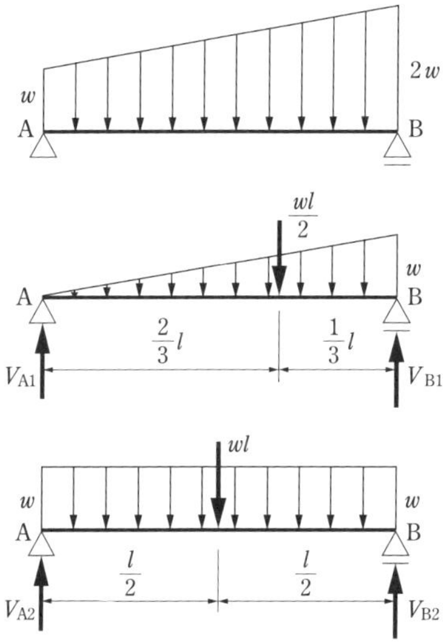

		したがって $V_A = V_{A1} + V_{A2} = \frac{2wl}{3}$ $V_B = V_{B1} + V_{B2} = \frac{5wl}{6}$ $V_A : V_B = 4 : 5$　　　よって(4)が正しい。
問題 10	(1)	まず反力を求める。 $\Sigma Y = 0$ より $V_A + V_B = 0$ $\Sigma M_B = 0$ より $V_A \times 3l - M + M = 0$ $\therefore V_A = 0 \quad V_B = 0$ A–C 間の曲げモーメントは　$M_{AC} = 0$ C–D 間の曲げモーメントは　$M_{CD} = M$ D–B 間の曲げモーメントは　$M_{DB} = 0$ したがって(1)が正しい。
問題 11	(4)	硬化後のコンクリートの引張強度は，圧縮強度の 1/10 程度である。
問題 12	(4)	屋外壁のセメントモルタルによるタイル後張り工法で施工するタイルには，裏あしが必要である。
問題 13	(2)	絶縁用テープは，異種下地の継目部・パネル類の目地部などで，防水層を部分的に絶縁する場合に用い，紙または布を素材にした粘着層付きのテープ状材料のことである。
問題 14	(3)	強化せっこうボードは，心材のせっこうに無機繊維材料を混入したもので，耐火性能を強化したボードのことである。
問題 15	(1)	路盤材料に用いられるクラッシャランは，岩石や玉石を破砕機で砕いたものである。廃コンクリートを砕いたものもある。
問題 16	(4)	PBX は，Private Branch eXchange の略で，構内交換機，つまり企業内の電話交換機のことである。
問題 17	(3)	ポンプ直送方式の給水設備は，配水管から供給された水をいったん貯水槽に貯水し，給水量に応じて給水ポンプの運転台数の変更や回転制御により給水する方式である。設問文は，直結増圧方式のことである。
問題 18	(4)	トレンチカット工法は，建物周辺部の地下躯体を先行施工するため，敷地が狭いと不適である。
問題 19	(2)	防水下地となる部分の型枠は，コーンを取り付けたセパレータ（B 型）を用いる。
問題 20	(3)	JIS では，溶融スラグ骨材は骨材として規定されていない。
問題 21	(2)	大引の継手は，床束心から 150 mm 内外持ち出した位置とする。
問題 22	(1)	蛍光ランプには，水銀が含まれているため，破砕せず適正な方法によって処理する。
問題 23	(4)	通気緩衝シートは，スラブの平場部に張り付ける。
問題 24	(1)	乾式工法は，石材取付用ファスナーの変形追従機構を有しているので，地震時の躯体挙動に追従しやすい。
問題 25	(2)	アルミニウムの自然発色皮膜は，母材を陽極酸化処理によって着色や染色を行わず，アルミニウム合金の材質や電解条件の組み合わせによって発色させる仕上げである。
問題 26	(1)	モルタル面の吸込み止めは，パテかいを行う前に，シーラーを全面に塗り付ける。

問題 27	(4)	根太張り用のフローリングボードは，根太上に接着剤を塗布し，雄ざねの付け根から隠し釘留とする。
問題 28	(3)	かかり代は 30 mm 以上確保する。
問題 29	(4)	防護棚とは，足場上部からの落下物が通行人に危害を及ぼすことのないように設置する設備のことで，地盤の高低や地中埋設物とは関係がない。
問題 30	(3)	仮囲いの下端は，雨水が流れ出ないように幅木をつけたり，土台コンクリートを打つなどして塞ぐ。
問題 31	(2)	寄宿舎設置届は，労働基準監督署長に提出する。
問題 32	(1)	山崩しとは，機械や労務の必要投入量が集中している部分を平準化し，バランスのよい工程計画にするもので，工期短縮にはならない。
問題 33	(2)	バーチャート工程表は，各工事の始まりと終わりを棒線で表したもので，各作業の順番は分かるが作業相互の関係はわかりにくい。また，作業を細分化すると工程の内容が把握しにくくなる。
問題 34	(3)	ALC とは，軽量気泡コンクリートのこと。板状に成形したものを ALC パネルという。
問題 35	(4)	既製コンクリート杭地業において，埋込み杭の根固め液の確認は，圧縮強度試験によって行う。
問題 36	(3)	本締め完了後のナット回転量は，各ボルト群のナット平均回転角度の ±30° 以内にあるものを合格とする。
問題 37	(1)	その日の作業を開始する前に，作業を行う箇所に設けた足場用墜落防止設備の取り外しの有無を点検することは，足場の組立て等作業主任者の職務として定められていない。
問題 38	(2)	高さ 5 m の枠組足場において，壁つなぎの水平方向の間隔は，8 m 以下とする。
問題 39	(3) (4)	かぶり厚さとは，鉄筋外側からコンクリートの表面までの距離である。 捨てコンクリートは，躯体ではなく掘削面の水平化や安定化が目的であるため，かぶり厚さに含まない。
問題 40	(1) (3)	現場溶接を行う箇所およびそれに隣接する両側それぞれ 100 mm 以内，かつ，超音波探傷試験に支障を及ぼす範囲は塗装しない。 素地調整を行なった面は，すぐに錆びるので直ちに錆止め塗装を行う。
問題 41	(1) (2)	吸水調整材塗布後，ブラシ等ですり込んだ後，乾かしてから施工する。 材料の持つ流動性を利用して重力で自然流動させるため，できる限り通風を避けるよう窓や開口部をふさぐ。
問題 42	(1) (4)	アンカーは，開口の隅より 150 mm 程度を端とし，中間部は 500 mm 以下とする。 くつずり裏面のモルタル詰めは，建具枠の取付け前に行う。
問題 43	(4)	**建築主**は，建築物の工事を完了したときは，建築主事又は指定確認検査機関の完了検査を申請しなければならない。
問題 44	(3)	天井の高さが 1 室で異なるときは，その高さは**平均**とし，次の式による。 天井の高さ［m］＝室の容積［m^3］／室の床面積［m^2］
問題 45	(3)	許可を受けた建設業の業種の区分について変更があったときは，**新規に申請**を提出しなければならない。
問題 46	(2)	主任技術者となるには，学歴に基づく要件は，許可を受けようとする建設業に係る工事に関する指定学科を修め，**大学を卒業し 3 年以上**の実務経験を有する者。

問題 47	(4)	「労働基準法」上，**動力により駆動される土木建築用機械の運転の業務**は，満 18 才に満たない者を就かせてはならない。
問題 48	(1)	「労働安全衛生法」上，事業者が**総括安全衛生責任者**，**安全管理者**，**衛生管理者**，産業医を選任したときは，所轄労働基準監督署長へ報告書を提出する必要がある。
問題 49	(1)	**場所打ちコンクリート杭工事の杭頭処理に伴って生じたコンクリート塊**は，特定建設資材廃棄物である。
問題 50	(2)	「騒音規制法」上，さく岩機を使用して作業地点が連続して移動する作業で，**1 日 50 m を超えて移動する作業**は，該当しない。

2級建築施工管理技士　令和５年度第一次検定（後期）　解答・解説

問題番号	解答	解　説
問題1	(3)	機械換気は，送風機などの機械を使って換気する方法であり，第一種換気・第二種換気・第三種換気がある。設問文は自然換気のことである。
問題2	(1)	全天空照度は，直射日光を除いた空からの光（天空光）による地上の水平面照度である。
問題3	(3)	音の強さのレベルが 60 dB の同じ音源が２つ同時に存在する場合，音の強さのレベルは約 63 dB になる。
問題4	(4)	耐震壁の壁量は，地震等の水平力を負担させるため，上階よりも下階が多くなるようにする。
問題5	(2)	構造体の剛性が小さいため，振動障害が生じやすい。
問題6	(1)	丸鋼を用いる筋かいは，主に引張力に抵抗する。
問題7	(4)	直接基礎の鉛直支持力は，基礎スラブの根入れ深さが深くなるほど大きくなる。
問題8	(3)	断面二次半径は，座屈計算するときに必要な値である。断面二次モーメントを断面積で割った値の平方根をとったものが断面二次半径である。
問題9	(3)	まず反力を求める。 Y＝0 より $V_A+V_B=5+5=10$ $\Sigma M_B=0$ より $V_A\times5-5\times4-5\times2=0$ $\therefore V_A=6\ \mathrm{kN}$ $V_B=4\ \mathrm{kN}$ したがって点Ｅのせん断力は $Q_E=V_B=4\ \mathrm{kN}$ 点Ｅの曲げモーメントは $M_E=V_B\times1=4\ \mathrm{kN\cdot m}$ したがって(3)が正しい。 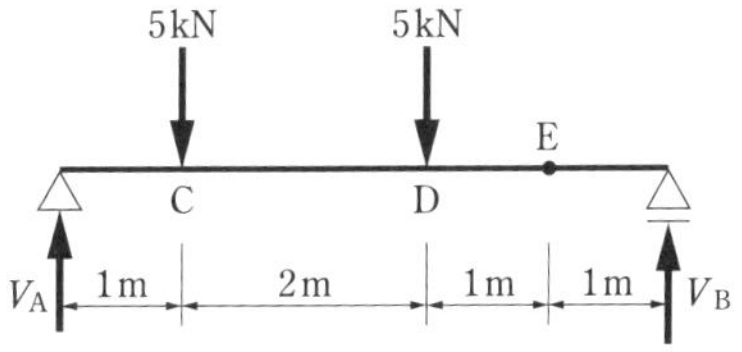 5kN 5kN E C D V_A 1m 2m 1m 1m V_B
問題10	(4)	A–C 間の曲げモーメントは $M_{AC}=0$ C–D 間の曲げモーメントは $M_{CD}=wx\times\frac{x}{2}=\frac{wx^2}{2}$ D–B 間の曲げモーメントは $M_{DB}=\frac{wl}{3}\times\left(\frac{l}{6}+x\right)$ したがって，C–D 間の２次曲線，D–B 間は直線となる(4)が正しい。 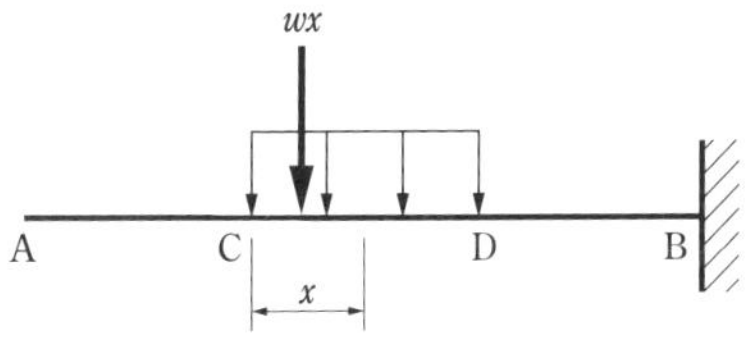 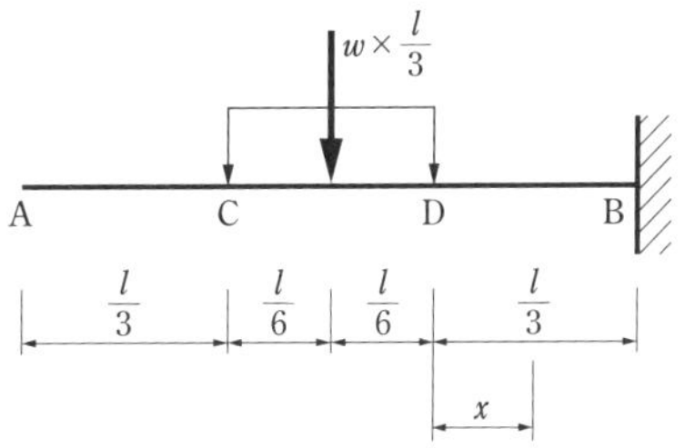 wx A C D B x $w\times\frac{l}{3}$ A C D B $\frac{l}{3}$ $\frac{l}{6}$ $\frac{l}{6}$ $\frac{l}{3}$ x

問題 11	(2)	炭素含有量が多くなると，ねばり強さや伸びが小さくなる。
問題 12	(2)	気乾状態とは，繊維飽和点からさらに木材に含まれる水分が蒸発し，細胞壁から結合水が抜け，周囲の湿度とバランスが取れた含水率 15% の状態をいう。
問題 13	(3)	結露防止性試験では，空気温湿度などの要求される環境条件下での結露発生の有無で判断する。
問題 14	(2)	ポリウレタン系シーリング材は，ガラス周り目地に適していない
問題 15	(3)	鋼製巻尺を用いた測量において，温度補正は必要であるが，湿度補正は必要ない。
問題 16	(2)	LED 照明は，耐熱性に劣り，設置環境の気温が 40～50℃ 以上になる場所には適さない。
問題 17	(1)	ヒートポンプは，空気中にある熱エネルギーを集めて空調や給湯などに使う技術であり，給水設備とは無関係である。
問題 18	(4)	高さの基準墨は，順次下階の墨を上げると誤差を生じやすいので，外部などの基準レベルから高さを取得する。
問題 19	(1)	砂利地業に使用する砂利の粒径は，JIS A5001（道路用砕石）による C-40 程度で，あまり大きくない方がよく，粒径が揃っていない砂混じりの方がよい。
問題 20	(2)	鉄筋相互のあきの最小寸法は，施工時のコンクリートの流動・締固め効果のために鉄筋径や粗骨材寸法で決められており，鉄筋の強度によって決めるものではない。
問題 21	(3)	JIS 形高力ボルトの首下長さは，締付け長さにナットの座金の高さと余長を加えた寸法とする。
問題 22	(4)	図は，「渡りあご」である。
問題 23	(2)	上部から一段置きに水糸にあわせて張ったのち，その間を埋めるように張る。
問題 24	(3)	緊結ボルトの流れ方向の間隔は，600 mm 以下とする。
問題 25	(1)	吸水調整材はドライアウト防止剤であり，接着力を強化するためのものではないため，厚塗りは避けなければならない。
問題 26	(1)	本締り錠は，デッドボルトだけを備えた錠で，鍵またはサムターンで施解錠する。
問題 27	(4)	クリヤラッカー塗りの下塗りは，ラッカー系シーラー（ウッドシーラー）を塗布する。
問題 28	(2)	シート張り付け後，12 時間以上放置してから，溶融接合を行う。
問題 29	(1)	鉄骨の建方計画では，大型車両通行の支障の有無，電波障害の調査等を行う。
問題 30	(2)	ゲートの高さは，トラックアジテータの空荷（車高が高い）のときを基準にして決める。
問題 31	(3)	ガラスは，屋内の乾燥した場所に立置きにし，ロープなどで緊結する。
問題 32	(1)	工程計画の立案段階では，すべての鋼種別の施工組織体系を把握することは考慮しなくてよい。
問題 33	(2)	作業の前後関係が明確にできないため，作業間の調整に伴う修正がしにくい。
問題 34	(4)	試験とは，評価対象の特性を確定させることをいう。
問題 35	(1)	マーキングは，1 次締めの後に行う。
問題 36	(3)	スランプの測定値は，スランプコーンを引き上げた後のコンクリート最頂部の下がり高さとする。
問題 37	(3)	防護棚は，工具等の落下から通行人を守る目的で設置するもので，掘削による周辺地盤の崩壊を防ぐことはできない。

問題 38	(4)	足場の組立て作業において，材料の欠点の有無を点検し，不良品を取り除くことは，特定元方事業者が講ずべき措置として定められていない。
問題 39	(3) (4)	パイプサポートは，3本以上継いではならない。 水平つなぎに用いる鋼材と鋼材の交差部は，クランプ等の金具を用いて緊結する。
問題 40	(1) (2)	コンクリートの材齢によるせき板の最小存置期間は，普通ポルトランドセメントの方が，高炉セメントB種より短い。 コンクリートの材齢によるせき板の最小存置期間は，存置期間中の平均気温が 20℃ 以上になると，20℃ 未満 10℃ 以上よりも短くなる。
問題 41	(2) (3)	接着剤塗布後，所定のオープンタイムをおく。 塩化ビニル樹脂系シート防水は，下地とシート裏面に接着剤を塗布してオープンタイムをとってから，下地にシートを張り付け，ローラーで転圧して張り付ける。
問題 42	(1) (3)	ポリマーセメントモルタル充填工法とはコンクリート打放し仕上げ面の断面欠損を修復する工法である。 Uカットシール材充填工法は，外壁のクラック（ひび割れ）に沿って，ディスクグラインダーなどで外壁にU字形の溝を入れて，そこにシール材を充填する補修工法である。
問題 43	(3)	物品販売業を営む店舗（床面積が 10 m^2 以内のものを除く）は特殊建築物であり，**コンビニエンスストアは特殊建築物**である。（令第 115 条の 3）
問題 44	(3)	病院の病室は，採光のための窓その他の開口部を設ける必要があるが，**診察室は必要がない。**
問題 45	(2)	建設業法では，請け負う建設工事の下請け契約が 4,000 万円未満（建築一式工事では 6,000 万円未満）の場合は一般建設業の許可で良い。
問題 46	(1)	請負契約書に，**工事の履行に必要となる建設業の許可の種類および許可番号は記載する必要はない。**
問題 47	(1)	**賠償予定の禁止**：労働契約の不履行について違約金を定めたり，損害賠償を予定する契約をしてはならない。
問題 48	(4)	**作業環境測定**は，作業環境中に有害な因子がどの程度存在し，労働者がこれらにどの程度さらされているのかを把握をすることであるが，新たに職務に就くことになった職長に対して行う安全衛生教育に関する事項には含まれていない。
問題 49	(4)	**建設発生土**：掘削に伴って生じた土砂は，**産業廃棄物ではない**。
問題 50	(2)	連結散水設備は，火災の際に消防ポンプ自動車から送水口を通じて送水し，散水ヘッドから放水する設備である。**消防法上は消火設備でなく，消火活動上必要な施設である。**

2級建築施工管理技士　令和5年度第2次検定　解答・解説

（※問題5については，5－Aのみ解答を掲載しています。）

問題番号	解答・解説
問題1	〔工事概要〕 各自の現場経験を記載のため，省略。 ［解答例］ 1.

(1)	項目A		ⓐ・b・c
	項目B	①工種名又は作業名等	内装工事
		②状況と理由	内装工事の着手遅れと作業員の確保も十分でないことが予想され，内装工事は多種多様な作業があるため。
		③行った対策	軽量鉄骨下地，プラスターボードは工場で長手方向をプレカットした上で搬入施工とした。
(2)	項目A		a・ⓑ・c
	項目B	①工種名又は作業名等	仮設工事
		②状況と理由	外部足場の解体と仮設材の搬出が遅れると外構工事への着手ができないため。
		③行った対策	クレーンを使用して大払しを行い，地上作業で解体作業の上，仮設材を搬出した。高所での作業が大幅に減り，作業効率は大幅に上昇した。
(3)	項目A		a・b・ⓒ
	項目B	①工種名又は作業名等	左官工事
		②状況と理由	熟練工含む作業人員の確保が厳しいことが予想され，床下地の不陸精度が確保できないと手戻りになるため。
		③行った対策	熟練工以外でもコンクリート床下地の不陸調整ができるため，モルタルから自己水平性を持つセルフレベリング材の活用に変更し，実施した。

2.

(1)	有効な方法や手段	毎日13時から各種工事の職長と本日の進捗状況，明日の予定・人員数などの打合せを実施。打合せメンバー全員で週間工程表を確認。遅れがあれば翌日に戻せる人員配置，作業計画を立て実行する。
	工程への影響	後工程がどんどん遅れ，工程通りに作業ができずに作業待ちや突貫作業が発生し，最終的に全体工程の遅延に繋がる可能性がでる。
(2)	有効な方法や手段	作業員の控室に全体工程表のみならず，月間工程表，週間工程表を掲示した。さらに各種工事で手戻りを発生させないためにチェックシートにてPDCAサイクルで管理。記録したシートも保管した。
	工程への影響	手戻りが発生し工事が進められず，週間・月間・全体工程表の再調整，検討が発生し，工程へ大きな影響がでる。

問題2

a. 足場の手すり先行工法

用語の説明：足場を組み立てる際，手すり付きのユニットで組み立てる工法。常に手すりが先行して付いているため，組立て解体時における安全性が高い。

施工上の留意事項：作業区域への関係労働者以外の立入禁止措置を行い，材料は腐食，傷，亀裂等の強度上の欠点のないものを使用する。

b. 親綱

用語の説明：墜落する危険がある場所で，着用する安全帯を取り付けるのに設置するロープ。

施工上の留意事項：親綱支柱間での親綱の最大スパンは9m以内とする。

c. 型枠の剥離剤

用語の説明：型枠表面に塗布して，脱型時にコンクリートが型枠表面に固着するのを防ぎ取り外しを容易にし，表面の美観を向上させるもの。

施工上の留意事項：均一に塗布し，十分に乾燥させてからコンクリートを打設する。また打継面には使用しない。

d. グリッパー工法

用語の説明：カーペットを敷きつめるために，端部を釘またはグリッパーピンに引っかけて緩みなく固定する方法。

施工上の留意事項：グリッパーは，壁際からのすき間を取って取り付ける。

e. コンクリートのレイタンス

用語の説明：打設したコンクリートの**表面に浮いてきたコンクリートの微粒子が脆弱な層を形成**したもの。

施工上の留意事項：レイタンスは，次のコンクリート打設までにワイヤーブラシ等で完全に除去する。

f. シーリング工事のバックアップ材

用語の説明：シールをする目地にいれて，目地底を形成し深さを調整するもの。

施工上の留意事項：目地の幅にあった深さとなるように位置を決め，汚れや油を除去してからプライマーで接着する。

g. ジェットバーナー仕上げ

用語の説明：石表面に冷却水を散布しながら，加熱用バーナーで表面を焼射し，結晶を爆（は）ぜさせることにより粗面に仕上げる方法。

施工上の留意事項：爆（は）ぜ代を2mm以上確保した石材を採用する。

h. 隅肉溶接

用語の説明：直交する鋼材などで開先を設けずに突き当てた接合面に融着金属を盛り付けるアーク溶接の方法。

施工上の留意事項：アンダーカット，溶け込み不足などの溶接欠陥が生じないように施工条件を注意する。

i. せっこうボード張りにおけるコーナービード

用語の説明：せっこうボードの角がかけないようにはりつける金物やプラスチック製の補強材

施工上の留意事項：変形しないように平置きで保管して施工する。

j. 鉄筋の先組み工法

用語の説明：工場又は現場のヤードであらかじめ組み立てた柱，梁，床などの鉄筋を，クレーンを用いて所定の位置に取り付ける工法。

施工上の留意事項：取付時にゆるまないように鉄筋を緊結し，またクレーンは安全かつ効率的になるよう事前に十分に検討する。

k. 壁面のガラスブロック積み

用語の説明：ガラスブロック（中が空洞になった箱型のガラス，光を通し，断熱性・遮音性や耐火性に優れている）を積み上げていく工法。ブロックを施工する前に，金属枠を取り付けておく。

施工上の留意事項：1段目は積み上げの基礎となるので目地幅を揃え，目地にはモルタルを充分に詰め，よくおさえて上段を積み上げても動かないようにしておく。

l. べた基礎

用語の説明：上部構造の荷重を，単一の基礎スラブまたは基礎小梁と基礎スラブで面的に地盤に伝える基礎。

施工上の留意事項：比較的軟弱な地盤に用いることもあるので，接地面は入念に施工する。

m. 木工事の仕口

用語の説明：2方向からくる木材同士を接合するために設けた，ほぞ，ほぞ穴などの加工のこと

施工上の留意事項：部位ごとに適切な接合法とし，はずれないように補強金物で接合する。

n. 木造住宅の気密シート

用語の説明：木造住宅の壁，天井部分に施工する防湿を目的としたシートのこと。

施工上の留意事項：完全な気密性を保たないと，壁内に結露を起こすことがある。

問題3

【解答】

1	A	埋戻し
	B	耐火被覆
2	36%	
3	①	断熱材吹付
	②	4月初旬
	③	4,370万円

【解説】

1. 土工事および地業工事のAに該当するのは，基礎躯体と鉄骨建方の間に行う埋戻しである。
   鉄骨工事のBに該当するのは，外部建具を行った後に行う耐火被覆である。
2. 2月末までの実績出来高の累計の金額は，
   150＋500＋380＋10＋100＋300＋260＋30＋870＋100＝2,700万円である。総工事金額に対する比率は，2,700/7,500×100＝36% である。
3. ① 断熱材吹付が，耐火被覆の後に行われるはずがないので，完了時期が不適当な作業名は，断熱材吹付である。
   ② 断熱材吹付は，耐火被覆の終了後，壁・天井軽量鉄骨下地の着手前に終了していなくてはならないので，4月初旬が適当な着手時期である。
   ③ 内装工事のうち，3月末の実績に上がっている50万円が4月末の実績になるはずなので，3月末までの実績出来高の累計の金額は，2月末までの2,700万円に3月の出来高（50＋290＋120＋600＋60＋450＋100＝1,670万円）を足した2,700＋1,670＝4,370万円である。

問題4

【解答】

問題番号	正しい番号	正しい語句
①	4	完成
②	3	20
③	4	危害
④	1	上
⑤	3	救護
⑥	1	技術

【解説】

1. 建設業法（検査及び引渡し）

第24条の4　元請負人は，下請負人からその請け負った建設工事が完成した旨の通知を受けたときは，当該通知を受けた日から20日以内で，かつ，できる限り短い期間内に，その完成を確認するための検査を完了しなければならない。

2　元請負人は，前項の検査によって建設工事の完成を確認した後，下請負人が申し出たときは，直ちに，当該建設工事の目的物の引渡しを受けなければならない。ただし，下請契約において定められた工事完成の時期から20日を経過した日以前の一定の日に引渡しを受ける旨の特約がされている場合には，この限りでない。

2. 建築基準法施行令（工事用材料の集積）

第136条の7　建築工事等における工事用材料の集積は，その倒壊，崩落等による危害の少ない場所に安全にしなければならない。

2　建築工事等において山留めの周辺又は架構の上に工事用材料を集積する場合においては，当該山留め又は架構に予定した荷重以上の荷重を与えないようにしなければならない。

3. 労働安全衛生法　(事業者の講ずべき措置等)

第25条の2　建設業その他政令で定める業種に属する事業の仕事で，政令で定めるものを行う事業者は，爆発，火災等が生じたことに伴い労働者の救護に関する措置がとられる場合における労働災害の発生を防止するため，次の措置を講じなければならない。

一　労働者の救護に関し必要な機械等の備付け及び管理を行うこと。

二　労働者の救護に関し必要な事項についての訓練を行うこと。

三　前二号に掲げるもののほか，爆発，火災等に備えて，労働者の救護に関し必要な事項を行うこと。

2　前項に規定する事業者は，厚生労働省令で定める資格を有する者のうちから，厚生労働省令で定めるところにより，同項各号の措置のうち技術的事項を管理する者を選任し，その者に当該技術的事項　を管理させなければならない。

問題5

【解答】

番号		適当な語句または数値	
1	①	④	回転
2	②	①	100
3	③	③	25
4	④	③	管柱（くだばしら）
5	⑤	①	各山
6	⑥	②	ローラー塗り
7	⑦	④	しわ
8	⑧	②	300

【解説】

1. 地盤調査において，スクリューウエイト貫入試験（スウェーデン式サウンディング試験）は，荷重による貫入と回転による貫入を併用している。
2. 既製コンクリート杭地業において，プレボーリングによる埋込み工法のセメントミルク工法では掘削用のオーガーヘッドに杭径よりも100mm程度大きいものを使用する。
3. 内部の柱型枠の高さ方向の加工長さは，一般に階高からスラブ厚さとスラブ用合板せき板の厚さを減じた寸法より，下階のスラブコンクリートの不陸を考慮して25mm程度短めに加工する。
4. 木造在来軸組構法において，屋根や上階の床等の荷重を土台に伝える鉛直材である柱は，2階建てでは，1階から2階まで通して1本の材を用いる通し柱と，各階ごとに用いる管柱（くだばしら）とがある。
5. 屋根の金属製折板葺きにおいて，重ね形折板は各山ごとにタイトフレームに固定ボルト締めとし，折板の流れ方向の重ね部を緊結するボルトの間隔は，600 mm程度とする。
6. 外壁の吹付工事において，複層仕上塗材のゆず肌状の仕上げとする場合，主材及び上塗り材は塗付けをローラー塗りとする。
7. 塗装工事において，塗膜が平らに乾燥せず，ちりめん状あるいは波形模様の凹凸を生じる現象をしわといい，厚塗りによる上乾きの場合等に起こりやすい。
8. 屋内の間仕切壁の軽量鉄骨壁下地において，スタッドは，スタッドの高さによる区分に応じたものを使用することとし，塗装下地となるせっこうボードを一重張りとする場合，スタッド間隔は300mm程度とする。

[執筆者]　宮下　真一　[乾汽船(株)，元東急建設(株)，博士(工学)
構造設計一級建築士]
片山　圭二　[東急建設（株)，博士（工学)]
青木　雅秀　[国際美建（株)，構造設計一級建築士]
平田　啓子　[一級建築士事務所　鈴木アトリエ，一級建築士]

令和６年度版　第一次検定・第二次検定
２級建築施工管理技士　要点テキスト

2024年３月３日　初版印刷
2024年３月15日　初版発行

執筆者　宮　下　真　一
（ほか上記３名）

発行者　澤　崎　明　治

（印刷・製本）大日本法令印刷
（装丁）加藤三喜　（トレース）丸山図芸社

発行所　株式会社　市ヶ谷出版社
東京都千代田区五番町５
電話　03-3265-3711（代）
FAX　03-3265-4008
http://www.ichigayashuppan.co.jp

ISBN 978-4-86797-341-7